基于价值全面实现的
档案信息资源配置

RESEARCH ON THE ALLOCATION OF
ARCHIVES INFORMATION RESOURCES BASED ON
THE COMPREHENSIVE REALIZATION OF VALUE

王运彬　著

社会科学文献出版社
SOCIAL SCIENCES ACADEMIC PRESS (CHINA)

本书为国家社会科学基金青年项目"基于多学科视域的档案价值及实现机制研究"（项目编号 14CTQ047）的最终成果

序　言

　　档案价值及其有效实现问题是档案学理论研究和实践所面临的一个重要课题。从整体上揭示档案价值的本质，发现其实现的规律和特点，并通过有效的资源配置和使用，促进档案价值的实现，是现代档案学研究的核心所在。本书作者通过多年潜心思考，站在各种不同学科尤其是经济学、管理学和行政学等学科视角对档案价值问题进行了深入探索，以全面实现档案价值为切入点，系统阐述了档案信息资源合理配置的思想理论观点。其研究结论对国家制定相关政策、在实践层面有效解决档案资源闲置与社会日益增长的档案信息需求之间的矛盾、建立健全相应的管理机制均具有良好的理论指导价值和实践意义。

　　本书作者将研究对象从国有档案信息资源扩展到社会档案信息资源。这是因为市场经济飞速发展，各个社会领域、各种经济主体都在产生、形成、管理和利用着产权更为复杂、形成过程更为隐蔽的档案信息资源。为此，在开展档案价值问题研究过程中，就不能就价值论价值，而应将档案价值的形成及其作用的有效发挥纳入研究范畴。《基于价值全面实现的档案信息资源配置》认为要实现档案信息资源的价值，研究对象的取舍非常关键，过于单一和局限的取样，难以得出影响深远和关乎全局发展的思想结论和理论研究成果。

　　从一定意义上说，档案价值的实现是一个理论问题，更是一个实践性很强的问题。所以应将该问题的研究，置于新时代的环境中去思考和探索。如何将档案事业的发展战略融入国家的强国战略？如何做好档案事业发展的顶层设计？如何把握新时期档案信息资源的价值实现规律和特征？

如何形成科学的档案价值观？在城镇化国家战略框架下，农村、农业、农民档案的管理有何创新空间，对于助推农民工的身份认同、利益获取有何实践价值？中国共产党第十八次全国代表大会一再强调市场对资源配置的基础性作用，"档案价值的实现"不能忽视这种基础性作用，但也不能过分强调市场作用的单一性，该如何取舍呢？对诸如此类的问题，本书作者均立足于广阔的实践背景，做了颇有理论和实践意义的深入探讨。

本书作者对档案价值及其实现机制的研究，突破了单一学科界限，富有成效地进行了一次跨学科的探索之旅。诚然公共物品理论以及经济学稀缺性分析方法的确给予了档案价值认知极大的启示，但这种方法只是工具而不是目的，两者不能混淆，所以档案价值的全面实现，不是单一档案部门的"内部事务"，而是需要档案部门之间的广泛合作，甚至是跨界合作，才能做好的一项社会性工作。各级各类档案部门应将自身的档案服务融合到部门机构的文档服务中去，以档案价值观驱使机构扁平化变革并融合到政府部门的公共服务中去，达成广泛的社会共识，形成科学的、主流的档案价值观，才能切实有效地做好这项工作。本书作者采用协同合作理念，系统阐明了资源配置的多元化途径。

当然，不管运用哪个学科的"资源配置"的理念，都必须解决档案价值实现的问题。"资源配置"概念源自经济学领域，因为自然资源或社会资源相对于人们无止境的需求而言，总是有限的和稀缺的，所以有必要对这些人力、物力、财力等资源在社会各个领域的分配加以选择，以最小的资源消耗实现最佳的利用效益。既然不论何种方式的配置活动均涉及众多社会领域，需筹集多方面力量，那么引入"多元化"策略就成为一种必然性的选择。"多元化"意味着更多的选择。只要人与人、物与物、事与事之间存在可辨别的差异，这种"多元化"的选择就会出现，而将这些存在差异性的人群、事物以某种方式组合起来便是多元化的本质含义。档案价值不是一元的，实现档案价值的途径也不是单一的，全面实现档案价值必定是多元化途径的复合与优化配置。本书作者始终将"他学"之长落实于中国档案事业的发展变化之中，既回应了档案实践当前之需求，又引领了档案实践发展之潮流。

王运彬博士敏而善思、学术视野开阔。他于2009~2012年在中国人民大学信息资源管理学院攻读博士学位期间，就曾专门研究"信息资源配置""档案事业发展""档案资源开发"等学术理论问题,研究过程中广泛涉猎了经济学、管理学、政治学、公共管理、信息管理、信息法学等学科领域的经典理论和重要案例。尔后于2014~2017年获国家社科基金青年项目"基于多学科视域的档案价值及实现机制研究"资助,将"档案价值"确立为"档案信息资源配置"的逻辑起点,经过博士期间的数据整理、资料搜集等前期研究以及课题研究期间的案例调研、理论借鉴,《基于价值全面实现的档案信息资源配置》一书逐渐成型。本书是王运彬博士近十年来刻苦钻研的思想结晶,其观点明确、思想活跃、内容合理、文笔流畅,是近年来档案学研究中兼具理论创新意义和实践指导价值的一部好作品。

王英玮

于中国人民大学信息资源管理学院

2018.7.30

contents
目 录

第 1 章

绪论：档案价值与资源配置

1.0 引言

　　档案价值研究，一直是档案学学术研究的重点。档案主体价值理论、档案客体价值说、档案价值实现规律论、档案价值实现条件、档案双元价值理论、档案价值认知理论、档案价值相对论等，研究成果十分丰富，但是引入"资源配置"理论解决"档案价值"的实现，乃至解决档案价值的全面实现，在档案学界恐怕还是一个不怎么引人关注的概念或想法。笔者在相关论文表述中直接将其形容为"档案资源配置，在档案学界似乎是一个不怎么起眼的名词"。因为见诸学术报刊的表达更多的是"档案信息资源开发利用""档案信息资源建设体系""档案信息资源安全体系""国家档案事业管理体制"等耳熟能详的惯用专业术语，比较忌讳以"偷换概念"或"文字游戏"等方式进行所谓的"名词创新"和"填补空白"。因此，课题组成员经过多次讨论慎重决定，依然坚持之前笔者在 2012 年前后提出的"档案信息资源配置"的提法，固然全书所使用的"档案信息资源配置""多元化配置""优化配置"等名词恰巧有上述类似的嫌疑，但是笔者无意于对文字的无谓争执，仍然认为该课题研究是运用"资源配置"的核心理念——"生产或形成何种资源、如何生产所需资源、资源在各个主体之间如何分配"，来解决关乎档案事业发展成功与否的关键问题——档案资源领域中"建设怎样的档案信息资源、为谁建设档案信息资源、如何分配档案信息资源、如何全面发挥档案信息资源的作用"——这一看似简单，实则蕴含档案管理学、档案馆学、档案利用学、信息经济学等多门分支学科内容的复杂命题。

引入"资源配置"理念解决档案价值的全面实现，得从档案管理体制的改革说起，毕竟档案资源配置的源头便是我国的档案管理体制或档案事业体系，而且不同于其他经济要素或自然资源配置由多家主体竞相参与的是，"档案信息资源配置"从历史脉络的发展上看，感觉就是行政机构自家的事情，所以研究我国档案管理体制改革，其实就是本课题研究的前传。研究我国档案管理体制改革的学者称，档案行政管理部门经常成为各级政府机构精简甚至撤销的第一个考虑对象，[①] 或者档案保管部门历来总被视为"软机构""故纸堆"，通常很容易被作为精简的对象。[②] 研究我国档案职业的学者们调查发现，档案从业人员对档案职业认同感不强的重要原因便是"领导不重视"和"难以体现价值"。情况果真如此吗？笔者认为这只是事情的表面原因，不是问题的症结。拥有"档案资源"如此巨大的矿藏，却仍然被精简，仍然不受重视，主要在于对原生态的"矿藏"缺乏深度开采，亟须将其变成高附加值的成品以及社会和市场急需的产品，并以适当的方式提供给有能力"消费"的用户。显然，串联这一系列流程的关键就是档案信息资源的配置，而固有的档案管理体制对此有些力不从心。课题组在一家房地产上市企业调研时发现，该企业的纸质档案管理遇到了"双套制"归档乃至"双套运行"的文档管理衔接问题，即前期积累了大量的纸质档案需要数字化归档和移交，从表面上看，就是一个数字化外包的选择问题。但是，从现行的档案管理体制以及档案管理学术水平来看，对库房堆积如山亟待整理和数字化的纸质档案而言，政府档案行政管理部门以及各级档案学术研究协会已经供给了规范化的企业档案归档制度、数字化操作办法等。企业有档案资源，政府有制度办法，看似简单的事情，透露着难以解决的症结：谁来按照政府的办法整理、数字化整合和加工企业的档案资源，从而避免企业董事会不愿花费额外资金聘请专业团队完成此事，或者用该企业副总裁自己的话形容的那样"就算是花钱都不知道请谁来解决此事"的尴尬呢？所以，"领导不重视"式的职业认同，是现

---

① 罗军. 我国档案管理体制改革研究［D］. 中国人民大学博士学位论文，2008：48.
② 王英玮. 知识经济时代档案部门的生存与发展策略［M］. 北京：中国人民大学出版社，2011：25.

行档案管理体制尚未很好建设和配置档案资源、尚未全面实现档案价值的阶段性问题，引入资源配置的理念和做法，就是为了打通档案与用户之间的通道，尤其是当领导也是用户的时候，档案资源价值的全面实现便大有可为。

1.1　选题背景

1.1.1　历史背景

1956 年 4 月 16 日，国务院发布《关于加强国家档案工作的决定》，首次明确了我国档案管理体制的基本原则为"集中统一地管理国家档案，维护档案的完整与安全，便于国家各项工作的利用。全国档案工作，都应该由国家档案管理机关统一地、分层负责地进行指导和监督"，但是各专业系统分别管理档案的状况仍未从根本上得到改变，① 中国共产党各级组织、国家机关和军队系统的档案工作还是由中央办公厅秘书局、国家档案局和中央军委办公厅档案处分别负责管理。② 1959 年 1 月 7 日，中共中央正式发布《关于统一管理党政档案工作的通知》，③ 从此，"集中统一管理全国档案事业"的档案管理体制正式确立。

20 世纪 80 年代初，在改革开放后国务院进行第一次大规模机构改革的背景下，档案管理体制进行了第二次改革。先后发布《中共中央、国务院批转国家档案局关于全国档案工作会议的报告》《科学技术档案工作条例》《机关档案工作条例》《批转关于调整我国档案工作领导体制的请示的通知》等文，一是重申了党政档案统一管理的原则，二是国家档案局由中共中央办公厅领导改为归口国务院领导，三是地方各级档案局改为地方各级人民政府直属局。1987 年 9 月 5 日，第六届全国人大常务委员会第二十

---

① 罗军. 我国档案管理体制改革研究 [D]. 中国人民大学博士学位论文，2008：23.

② 裴桐. 当代中国的档案事业 [M]. 北京：中国社会科学出版，1988：44 – 45.

③ 通知规定，党的档案和政府、军队、群众团体以及各企业、事业档案的档案都有不可分割的联系，而且各机关的档案都必须以党的方针政策为纲好整理，因此，把党的档案工作和政府的档案工作统一起来是完全必要的。在档案工作统一管理之后，各级档案管理机构既是党的机构，又是政府机构；为加强党对档案工作的领导，应规定各级档案管理机构在中央由中央办公厅直接领导，在地方由各级党委秘书长直接领导。参见国家档案局办公室. 档案工作文件汇编（第一集）[B]. 北京：中国档案出版社，1986：3.

二次会议通过《中华人民共和国档案法》（以下简称《档案法》），第一次以法律的形式将"统一领导、分级管理"的档案管理体制确立下来。

1993 年党的十四届三中全会后，为适应健全与发展市场经济体制的需求，国务院开始了新中国成立以来规模最大的政府机构改革，1993 年党中央、国务院批准颁发了《关于印发中央档案馆国家档案局职能设置、内设机构、人员编制方案的通知》，其核心在于职能的转变和机构的精简——实行局馆合一，即一个机构两种职能。

新中国成立以来三次档案管理体制改革的历史，其思路比较单一，进程相对缓慢。每次的改革无一例外地选择"统一领导、分级管理"作为指导思想，对档案信息资源配置影响深远，其实际运作的方式，主要是"采取部门形成的形式把调节各种档案资源的权力集中在中央政府所属各部，而地方政府的相应机构或部门则负责具体的管理与经营"。[①] 这意味着档案信息资源配置的改革几乎等同于档案管理体制的改革，且长期稳定在"始终坚持党政档案工作统一管理的基本原则"[②] 的阶段，即总是在政府配置框架内调整——档案信息资源产生于政府系统内部，服务于政府机构工作，也由政府相应部门调配。

《档案法》规定"我国档案馆是党和国家的科学文化事业机构，是永久保管档案的基地，是科学研究和各方面利用档案史料的中心"，但同时"局馆合一"的局面又把事业单位性质的档案馆和作为行政管理机关的档案局合二为一，且不谈其管理体制是否顺畅，财政负担是否沉重，法制建设是否规范，政府职能是否明确等问题，单就其档案信息资源建设、资源供给、服务保障等方面，容易造成"局部机构不合理，资源浪费严重""社会化服务功能缺位"等问题。[③] 多年来，我国事业单位一直存在政事不分、事企不分、机制不活的情况，影响了公共资源及公益服务供给的总量、质量和效率，对此国家人力资源和社会保障部于 2011 年初制定了全国事业单位改革时间表，[④] 以"行政职能、生产经营和公益服务"作为分类

---

①　金太军. 政府职能梳理与重构 [M]. 广州：广东人民出版社，2002.7：69
②　冯惠玲，张辑哲. 档案学概论 [M]. 北京：中国人民大学出版社，2005：82.
③　成思危. 中国事业单位改革——模式选择与分类指导 [M]. 北京：民主与建设出版社，2000.11：94.
④　新华网、人民网、凤凰网、各大报社均给以重点报道。

指导原则，以社会公众的多样需求为细分导向，促进事业单位改革和发展社会公益事业。在此背景下，档案事业是否也需要由"档案信息资源的单一供给体制"向"档案信息资源的多元化配置方式"发生转变，"档案价值认知、审视、实现和升值的单一和僵化"的局限能否有所改变呢？

1.1.2　现实背景

历史背景关注的焦点集中于档案行政管理体制之于档案信息资源配置的意义和作用，多年来实施的单一供给体制，确实丰富了档案信息资源馆藏，建立了体系完整的全国档案馆网，规划了覆盖人民群众的国家档案信息资源体系、方便人民群众的档案利用体系以及安全保密的档案安全体系，功不可没。但是，近些年来在网络化、市场化和社会化的时代背景下，档案信息资源在宏观和微观配置实践中遇到的各种问题和困惑，却持续不断地向"单一供给体制"下的配置模式提出了一个又一个亟待解决的课题。档案信息资源的丰富不仅是量的丰富，还需真正涵盖除却政府部门之外的广泛涉及社会、民生、经济、文化领域的各种档案。档案馆网设置和利用体系的完善不仅是合理的规划，还需真正具备把自身拥有的各种档案信息资源有效、及时、准确地传递至各类用户的能力和意识。

具体来讲，既然是针对档案信息资源的"价值"和"配置"而展开的课题研究，笔者认为资源的丰富与利用效率的低下之间的矛盾表现最为突出。截至 2011 年，全国档案馆馆藏纸质档案达到 2.401117 亿卷（以件为保管单位的档案为 0.95901221 亿件），[①] 较 2003 年度全国档案事业基本情况统计年报显示的数据，年均增长为 0.1 亿卷左右（以件为保管单位的档案为 0.05 亿~0.1 亿件），其中 2003 年度数据中包含了档案信息资源中的历史档案部分 0.21 亿卷，现行国家机构和政党的档案部分 1.784 亿卷，[②]来源于其他部门（包括私人、私营企业等非国有单位）的仅占 5% 左右。可见，从所有权性质看，"国有"档案信息资源在国家档案信息资源体系中占据数量上的绝对主导地位。然而，以馆藏档案之和为基数计算开放

---

① 数据来源于 2011 年度各省、自治区、直辖市各级国家综合档案馆馆藏档案情况表。详见中国档案年鉴（2012）［M］. 北京：中国文史出版社，2015.1：383－384.
② 数据来源于 2003 年度全国档案事业基本情况统计年报。

率，2011 年度馆藏开放档案以案卷计约为 0.555 亿卷（以件为保管单位约为 0.121 亿件），以卷计——开放率约为 23%，以件计——开放率约为 12.6%。相较于陈永生教授 2006 年的统计情况①来看，其"馆藏档案与 99% 以上的人不相关，档案利用与 90% 以上的馆藏档案不相关"的表述②在十年后的今天，除去以卷计和以件计之间的数据差异外依然有效，开放率并未出现实质性变化或增长。其中，开放率的低下，说明"单一供给体制"形成了庞大的档案信息资源体系，并没有积极、有效、及时地呈现和传递给用户端（包括个人用户、社会团体、企事业单位用户等）；利用率的低下，说明"单一供给体制"呈现给用户端的那一部分又不很符合其需求（不管用户是个人，还是单位；不管需求是原始凭证型，还是信息加工型；不管客户端是数据获取，还是咨询服务，都以单一的资源、固定的方式传递至用户，任凭需求千变万化，服务始终岿然不动）。

针对"资源"与"利用"脱节的现象，国家档案局先后于 2008 年和 2010 年提出了"三个体系"——档案资源体系、档案利用体系和档案安全体系——建设的主导思想，档案资源体系着力于"扩大资源总量、优化资源结构和空间布局"③；档案利用体系着力于"拓宽服务范围、转变服务方式和改进服务手段"④；并以"资源体系"为档案部门的当务之急和根本之策，处于源头，占据主导。笔者认为这种"资源引导利用"和"安全保障资源"的单向线性配置方式，在档案信息资源建设初期，有什么样的档案资源就有什么样的档案需求，以资源建设引领利用需求，于资源自身、于需求满足都是非常有益的。然而在资源拥有量达到一定水平、需求得到一定程度满足之后，两者的地位和关系发生了一些转变——不再是"资源产生、决定和引领需求"的单向线性模式，出现了多元化的"需求客观存在"以及

① 陈永生教授统计数据显示：在 1994 年至 2003 年的十年间平均开放率只有 11.2%，利用档案的卷、件次数占当年馆藏档案总数的 5.10% ~ 5.13%，利用档案的人数只占当年总人口的 1.165% ~ 0.285%。详见陈永生. 档案合理利用研究——从档案部门的角度 [D]. 中国人民大学博士学位论文，2006：50 ~ 78.
② 陈永生. 档案合理利用研究——从档案部门的角度 [D]. 中国人民大学博士学位论文，2006：60 ~ 65.
③ 王国振. 对"三个体系"内涵及相互关系的几点认识 [J]. 档案学研究，2010.5：11 ~ 14.
④ 刘英. 认真贯彻"三个体系"建设要求——扎实推进档案事业科学发展 [J]. 档案学研究，2010.5：15 ~ 18.

"需求满足方式"，仍然以一元式的资源积累和供给方式来服务，必然使两者的矛盾呈现出新的表现形式和发展趋势，所以"需求主导资源建设"或"需求与资源协调发展"应该成为未来一段时期档案信息资源建设的指导思想。

1.1.3　研究意义

　　档案从体制的历史发展脉络引领笔者思考"档案信息资源供给体制是否单一"，现实社会情形引导笔者应该通过需求来主导档案信息资源的建设（档案需求分析或档案用户研究的成果至少应能影响乃至主导档案信息资源建设）。因此，本书以档案资源与档案需求的矛盾运动规律为基础，以经济学稀缺性分析方法、公共管理学公共物品理论、管理学集成管理理论、档案学档案价值理论为指导，以"文化强国"战略、"内容产业"机遇以及"城镇化"趋势为典型时代背景和实证研究案例，阐述档案强国战略何以建构颇具中国特色、走出国门、走向世界的档案价值观，内容产业高速发展何以促使档案信息资源在众多内容信息资源中积极融合，形成独具特色并影响其他行业、学科的档案价值观，城镇化发展潮流何以促使档案信息资源面向农村、面向农民工等形成惠及民生、扎根基层的档案价值观。以档案信息资源的政府组织、市场主体和第三部门（或称之为社会组织、公益组织等）为多元化配置主体，从动力机制、社会基础、实现方法、配置效果和主要困境等方面对各种配置方式进行全面、系统、深入的研究，并试图构建科学、合理、有效的评价指标体系，对多元化配置档案信息资源的格局进行复合和优化，具体见图1－1。历史发展脉络和现实社会情形均指引笔者必须发展和创新档案事业管理的理论与方法，指导档案信息资源体系与利用体系建设，具体体现在三个方面。

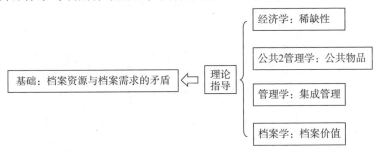

图 1 －1　档案信息资源配置研究思路

一是有利于档案信息资源与档案用户需求关系的研究。我国的档案信息资源总体上数量巨大，但质量并没有与数量的巨大呈现出正比例或正相关关系，而且需求的发展呈现多元化的趋势，品种单一、价值不甚理想的资源构成与日益旺盛的需求现实构成档案信息资源的供需矛盾，因此有必要弄清档案信息资源是总量的不平衡（包括品种太少与绝对数量不高）还是结构的不平衡（包括品种之间数量比例失调、优质资源所占比例过低），现实的档案需求是对数量的需求还是对质量的需求或是对数量、质量双方的需求等。这种矛盾，课题组前期成果中多以数据统计或理论阐释的方式呈现，而本书将重点研究三个方面的实证问题。其一，体现中国特色、讲好中国故事、代表中国价值的档案价值观的国家宏观需求及档案信息资源建设何以应对？其二，体现信息社会转型、发展内容产业的档案事业的社会中观需求及档案信息资源建设何以应对？其三，体现国家城镇化发展背景下农民工切身利益、体现农业农村发展的民生微观需求及档案信息资源建设何以应对？具体见图1－2。

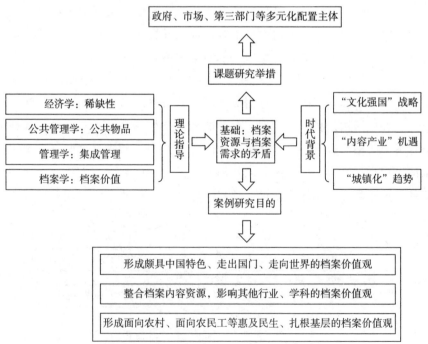

图1－2 档案信息资源配置研究框架

二是有利于档案信息资源的政府配置与其他配置方式相互影响关系的研究。市场经济日益成熟的现代信息社会，更加注重知识产权的保护与利用，档案信息资源的配置不能孤立考察政府行政管理的内容结构和发展趋势，应将档案事业置身于市场经济环境和整个公民社会之中，尤其是要加强市场配置、第三部门配置等其他的档案信息资源配置方式的研究。本书将在实证场景中思考三个实践问题。其一，政府应将有限的精力和条件用来供应何种档案信息资源？具体到档案行业而言，政府究竟是指哪些部门？目前所供应的档案信息资源能否精简或转变？其二，市场配置档案信息资源，就目前文件、信息、档案商业化服务机构的建设和发展水平来看，档案信息资源的产品或服务形态有哪些？这些产品或服务的质量、标准、评价、仲裁的发展水平如何？与其他服务咨询、内容产品等存在哪些差距和亟须改进之处？其三，社会呼吁档案信息资源配置的社会机制，或第三部门参与配置档案信息资源，那么公共档案馆究竟应实行政府机制还是转型至社会机制，当前限于各方条件并未有明确答案，本书后续部分会逐步明晰和揭晓。

三是有利于档案学基础理论的创新。以来源原则为指导进行创新提示了档案信息资源配置必须以"来源"为配置起点；以文件生命周期理论为指导进行创新提示了档案信息资源配置必须以"生命周期"为配置轨迹；以文件连续体理论为指导进行创新提示了档案信息资源配置必须以"群体运动规律"为配置平面。长期以来，国内外档案学界对配置的"点、线、面"的研究给予了足够的关注和持续的研究，然而配置必然置于一定的时间、地点、人物的"立体空间"中，那么配置的"立体空间"是否存在空白，档案信息资源的多元化配置这一"立体式"研究课题能否填补这一空白，是本书的研究重点。本书的理论研究指向仍然寄希望于在档案价值理论框架下进行三个方面的局部创新。其一，档案信息资源的稀缺性价值，是市场经济和信息时代赋予档案价值的新内涵。其二，对档案价值应在资源和需求的互动中不断加深认知的态度和转变实现的方式。其三，档案价值的实现，在档案价值理论体系中应该扮演引领性角色，故而本课题基于当前时代背景以及多学科视域下对档案价值的认知，将全面实现档案价值作为将来一段时间着力研究的重点方向。[①]

1.2 概念界定

1.2.1 档案信息资源

1.2.1.1 档案资源与档案信息资源

"档案资源"概念，一种是广义的理解，即围绕档案的产生、保管、利用等一切活动的各种要素的集合。既包括原始性一次档案（例如未经序化的原生态档案原件），又包括加工型二次、三次档案（例如经过加工、整理、编纂的档案文献）。既包括由"内容＋载体"组成的记录型核心资源要素，例如国家档案资源理论语境下，档案资源的五个主要构成要素——"主体要素、内容要素、时间要素、载体要素、可用性要素"——均是围绕"历史记录"的特性展开的，[②] 国家档案资源增长规律在阐述增长的对象时，均是以"万卷"为单位来衡量记录型档案的；又包括档案数据库、档案计算机系统、档案管理人员等其他相关支持性资源要素，例如集成管理下的档案信息资源，不仅包括静态存量档案记录内容的集合，还涉及档案人力、档案管理、信息技术和档案数据库等的配套资源，[③] 更有学者认为支持性要素中信息技术、信息设备、信息系统的广泛运用，是档案资源发挥作用的必要前提，因此必须注重各种要素之间的相互匹配与协调。

另一种是狭义的理解，仅指经过序化的档案及其信息内容本身。众多档案能成为资源，经过序化具有"有用性、规模性和系统性"特征，是服务于特定用户、满足既定需求的关键。

"档案信息资源"概念，是基于"档案资源"概念的狭义理解，指来源于档案的、反映事物客观事实的、经过加工处理序化的有用信息的集合。虽然支持性、配套型档案信息活动要素中人员、管理、技术、软件、

① 详见王运彬. 国有档案信息资源的多元化配置研究 [D]. 中国人民大学博士学位论文，2012.6：20.

② 刘大江，陈祯祥，黄淑平. 对国家档案资源优化配置的思考 [J]. 档案时空，2008.10：13～15.

③ 王小云，王运彬. 集成理念下的档案信息资源优化配置探析 [J]. 档案学研究，2010.5：45～49.

设备等必不可少，但相较于档案信息（记录）本身，仍然处于次要和辅助地位，其作用的发挥程度仍然受制于档案信息本体这一核心资源要素，因此本书研究的对象以此为主，其概念主要包含了三层基本思想。一是档案信息资源的核心必须是档案信息的集合。诚然不排除某个价值不高的档案全宗里面藏有一份价值极高的文件这种特殊性，但是成为资源必须有一定的规模，即丰裕度和凝聚度，所以学者们大多以"国家档案信息资源""××区域档案信息资源""××行业档案信息资源"等为研究单位。二是档案信息资源的核心必须是序化组织的档案信息集合。诚然不排除有些档案馆馆藏量巨大却组织混乱这种特殊性，这种情况下档案信息过于零散，缺乏组织，难以利用，只会对信息社会构成信息污染，而不是资源。三是档案信息资源的核心有着多种多样的表现形式。依加工程度不同，可分为一次、二次、三次等档案信息资源；依与载体依附关系的紧密程度不同，可分为原始性档案信息资源和数据型档案信息资源；依管理机构不同，可分为档案机构保存的、社会机构保存的、流失海外的、民间存藏的、口述型档案信息资源等，具体概念要素见图 1-3。

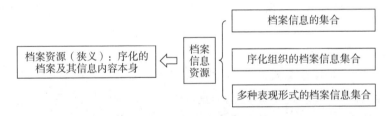

图 1-3 档案信息资源配置概念要素

以上将档案资源划分为广义与狭义并以狭义档案资源概念为基础构建了本书的核心研究对象——档案信息资源，需要特别说明的是，作为"资源配置"这一较为宏观的手段来讲，其配置的对象资源应该被区分为核心资源和外围资源（例如档案馆收藏的档案与收集的政府现行文件），甚至两者之间应该划分多个过渡层次——主要核心资源、待开放的核心资源、可完全开发的核心资源等。而且档案信息资源无法割裂与外围档案资源、次生档案资源之间的关联性，甚至于档案信息资源的价值形成、认知与实现都不同程度地依赖后者。例如有些档案馆成为政府现行文件公开法定场所之后，有些市民在来馆查阅现行文件的同时也顺带着参观、查阅甚至定制档案馆档案查询服务；再如档案馆或自己研发或联合社会力量研发数字化系统，是保障档案信息资源价值得以安全、有效发挥的重要前提，所以仅以广义或狭义的二分法对待档案资源以及从中提取档案信息资源概念内涵的做法，在具体配置时应审慎对待。

1.2.1.2 国家档案信息资源与档案信息资源

"国家档案信息资源"的概念，是从保存价值的角度去认识和确立的，既针对国家机构也面向社会组织和广大公众，包括国家所有的和非国家所有的档案信息资源。本书中国家档案信息资源的概念，是从所有权形式的角度来认识的，其所有权的主体具有唯一性，只能是国家，其他任何单位和个人不能成为该类档案所有权的主体。[①] 我国的国家档案信息资源主要包括由国家机关、国家主管的事业单位、国家出资的各类企业等在社会活动中所形成的或合法拥有的档案信息资源，[②] 即国有档案资源。另外，这些机构也是我国档案信息资源最主要的保管主体。"民营企业、个体户等非公经济以及社会团体、民办事业单位和基金会等民间组织"[③] 形成的档案虽然也属于国家档案信息资源，但并非国家所有，属于非国有档案信息资源。

为什么在"基于价值全面实现的档案信息资源配置"的选题下单独提及"国家档案信息资源"或者本书其他地方以"国有档案信息资源"的字眼表述，意在强调两点。

第一，"档案信息资源"与"国有档案信息资源"的高度重合性以及对本课题研究的影响。两者之间的重合性在市场经济体制尚未建立健全之前，应该说是近似于100%的重合。例如《档案法》第三章关于"档案的管理"规定的表述，"对于集体和个人所有的具有国家和社会价值的档案，只有经过档案行政部门的批准后，才能进行出卖，但严禁倒卖牟利或私自卖给、赠送给外国人"等，在"所有权"制度尚不完善的时代背景下，在管理权、收益权、出版权等权利权限尚不明晰的情况下，是"档案信息资源"还是"国家档案信息资源"或是"国有档案信息资源"都不重要，因为在国家集中统一管理的一元配置体制下，档案所有权性质是单一的，

---

① 张世林. 档案所有权收益新探 [J]. 山西档案，2002.2：17～20.
② 沈蕾. 非档案——概念界定及其构成分析 [J]. 档案学研究，2009.3：5～8.
③ 参照2007年新公布的《劳动合同法》对组织形式的划分，以及民政部下属国家民间组织管理局对民间组织的界定。

档案价值认知是单一的，价值实现途径也必然是单一的。

第二，新时期研究档案信息资源配置，"国家档案信息资源"或"国有档案信息资源"的提法依然具有根本性，只不过被赋予了新的时代内涵。第一点所提及的"单一"，言下之意是档案信息资源全部来自"庙堂"——国家政府机关、国有企事业单位等的记录，来自"乡野"——民间个人、团体、私营企业等记录的通道并未建立健全，学界对此质疑的声音并不少见。以偏概全地否定已有的国家档案信息资源建设成就，笔者认为有失偏颇；相反，历史地看待当时价值认知水平和资源建设状况，恰恰反映出"国家档案信息资源"或"国有档案信息资源"的观念和做法是对档案储备价值的尊重。① 我国现行的档案信息资源体系建设所体现的战略储备价值、科技储备价值、凭证储备价值和信息储备价值，正是由于对"庙堂"的全面记录和存储而绵延不绝。新的时代内涵，是对这种已有价值体系的集成与发展，尤其是在新的社会环境、技术水平和经济形势下，档案信息资源配置是要在保障既有价值认知和实现体系的前提下，在新的价值实现实践中，创新（新的）认知理念，丰富新的理论内涵。仍然以储备价值为例，仅仅有战略储备价值、科技储备价值、凭证储备价值和信息储备价值仍然是不够的，在"文化强国"战略指引下，档案信息资源的文化储备价值应该得到充分认知和实现，在"市场经济体制进一步建立健全"战略指引下，档案信息资源的经济储备价值应该得到充分认知和实现。

当然，"全面实现档案价值"作为档案信息资源配置的目标，文化储备价值也好，经济储备价值也罢，都只是价值认知与实现的一部分，本书提及"国家档案信息资源"或"国有档案信息资源"，旨在提醒读者，从配置对象来讲，这曾经是档案信息资源的全部，现在仍然是档案信息资源的主体，将来很长一段时间仍将保持这种局面。但从配置主体来讲，过去国家曾经是档案信息资源配置主体的全部，现在和将来，"国家"或"国有"这一手段的内涵将会越来越多样化，工具和方式将会越来越智能化，具体逻辑关系见表 1 - 1。

---

① 档案储备价值观：档案的储备价值主要体现在"备用"（即保存备查）上，而非"利用"（即实际利用）上。详见张文浩. 储备与利用——档案价值两面观［J］. 档案学研究，2012. 6：13 ~ 15.

表 1 − 1　国家档案信息资源配置变化取向

时期类别	计划经济	市场经济
档案信息资源配置对象	国家档案信息资源（全部）	国有档案信息资源（主体）、非国有（辅助）
档案信息资源配置主体	政府	政府、市场、其他组织

1.2.2　全面实现档案价值

1.2.2.1　档案需求

档案的用户需求具有客观性与主观性。任何档案用户都处在一定的社会条件（例如档案事业发展水平和档案开放程度）和职业状况（例如职能部门与文档部门的划分）之中，并具有一定的知识结构和素质（例如信息技术水平与档案意识状况），对档案信息的需求是由上述客观条件决定的，而不是在他的主观世界里任意遨游的，这便是档案需求的客观性。

当然，唯物主义在强调世界的物质一元论的同时，也重视人的主观能动性。档案需求也不例外，实际工作、生活中的人，总是受到主观因素和个人意识的影响，同一职业、同一学历的两个人也许有着截然不同的档案需求，这便是档案需求的主观性。这种主观状态（即档案需求的主观状态）或许被当事人意识到或许未被意识到；如果被意识到，且被准确地表达出来，档案需求便呈显性状态。[1]

究竟是先有档案资源，还是先有档案需求，或者是谁决定谁，做此判断不难，档案需求的客观性已经给出明确的答复，有什么样的档案资源，就形成什么样的档案需求。档案用户的需求并非孤立的个体需求，而是客观环境中社会需求在个体或群体用户需求行为中的具体表现。[2]

"客观环境"以档案资源的状况为主。正如非洲人穿鞋故事[3]所讲述的那样，摆出"非洲某地具有不穿鞋的传统"这一客观事实，当然很容易判

---

① 周毅．信息资源宏观配置管理研究［M］．北京：中国档案出版社，2002.5：39.

② 王英玮．论档案用户需求的实现［M］∥陈兆祦．文件论与档案管理．北京：中国档案出版社，1993：335.

③ 非洲某地人们具有不穿鞋的习惯，欧洲某鞋厂推销员甲见状，扭头就离开了，而推销员乙先是免费赠送一些鞋试穿，等到大家习惯了穿鞋之后，再原价销售，取得了巨大的成功。详见非洲土人穿鞋［J］．企业导报，2006.3：78.

断该地很难产生对鞋子的需求。电脑问世之前，档案大都在纸质载体上形成，人们只可能产生纸质档案需求；而在信息技术发达的今天，数字档案资源日益占据主导地位，人们的档案需求才逐渐从纸质档案扩展到数字档案。但是这则故事的精彩部分却峰回路转，一位卖鞋的商人成功地培养了当地人穿鞋的习惯，而使自己的鞋子打开了销路。那么档案部门和档案人员为什么不能通过自己的努力改变人们利用文件与档案信息的习惯，并培育出一个具有"档案信息消费"观念的巨大社会用户群体呢？① 即在既定档案信息资源的客观状况下，档案需求的主观性是可以改变的，达到档案需求的一定程度的主观状态，努力实现档案需求的显性状态，这便是档案信息资源配置的任务之一，即以现有的档案资源条件，"通过档案宣传等方式激发对档案信息资源的认识需求，通过内外调节引导档案信息资源的表达需求"。②

收集、管理、建设甚至是经营档案信息资源的目的是满足档案需求，但是"档案需求作为一个变量，一直在不断扩张，（需求主体）在利用档案得到满足的同时又会使利用主体产生新的档案需求，并随着社会的发展而发展，随着时间、地点、条件的变化而变化，尤其是受到技术环境的影响而呈现明显的阶段性特征"。③ 以"不变的档案资源"应对"万变的档案需求"，显然无法完成档案部门的历史使命和现实任务，以用户需求为导向，收集、管理、建设和经营档案资源，这便是档案资源配置的任务之二，即根据变化了的档案需求状况来改变档案资源的配置。

1.2.2.2 全面实现

不得不承认，"全面实现"档案价值，一定是一种理想状态下的"全面"，即理想的、理论上的"全面"实现档案价值，如何与现阶段的档案事业发展水平、档案信息资源配置水平衔接起来？换言之，回归现实的"全面实现"档案价值，我们如何理解？其实，应该与"档案需求"结合起来考虑，尤其需要重点解答三个方面：静态满足、动态引领和有效

---

① 王英玮. 知识经济时代档案部门的生存与发展策略 [M]. 北京：中国人民大学出版社，2011.4：25.

② 陈永生. 档案合理利用研究——从档案部门的角度 [D]. 中国人民大学博士学位论文，2006.6：113～114.

③ 王运彬. 基于客观环境的档案用户需求变化规律研究 [J]. 档案学通讯，2010.3：28.

实现。

一是"全面实现"是否应该与"档案需求"一一对应？笔者认为答案是肯定的，而且这是"全面实现"档案价值的起点和基础。无论是现实诉求呈现出来的显性利用需求（例如需要查询房产档案以证明房产所有状况），还是潜在可能呈现出来的隐性储备需求（例如储备基建合同档案以威慑"篡改"行为）；无论是以原件凭证形式呈现出来的原生态信息需求（例如浙江省档案馆编纂出版的《档案利用100例》中，以获取档案原件利用为主），还是以信息加工整合形式呈现出来的集成化信息需求（例如档案辅助决策知识库的筹建必须有档案信息资源的重新整合）。此类案例不胜枚举，如此形态多样、层次丰富的档案需求，档案信息资源配置都应该予以发现、研究和满足，即一一对应起来。

二是对"全面实现"的评价是否与"档案需求"的满足一一对应？笔者认为答案是否定的。要"全面实现"档案价值，"档案需求"的满足是起点和基础，可以成为衡量档案信息资源配置实现档案价值程度的重要指标，但不是全部。"评价"行为或评价指标体系的构建，要既能衡量现行状态和水平，又能指引未来建设和发展，所以从某种程度上说，要完成对"全面实现"的评价，应该以"档案需求"为基础筹建一个能够衡量需求满足水平并引领需求发展态势和指导配置机制改革完善的体系。换言之，"全面实现"档案价值，不仅要静态地满足需求（即第一点讲到的一一对应或面面俱到），更要进行动态的需求引领。

例如在基础性的档案整理工作中，有关"简化整理、深化检索"的立卷改革，① 其实是落实了以件为单位的整理方法，极大方便了纸质档案的前整理和数字化，为深入开发利用档案信息资源提供了极大便利，把"重整理、轻利用"时代压制的档案需求释放出来，把档案工作人员从繁重的整理工作中解放出来，转而投入对档案信息的检索、加工、集成和咨询等深层次工作中。

又如宏观层面的档案强国战略规划，作为档案事业领域对接和服务"文化强国"国家战略的部署，意在与实现中华民族伟大复兴的中国梦相

---

① 王英玮等. 档案管理学（第四版）［M］. 北京：中国人民大学出版社，2015.7：117~122.

匹配，与我国社会各项事业的全面提升相匹配。① 那么，如何把档案领域的档案需求放置于更为广阔的文化事业中去？在公益性文化资源建设和服务中档案信息资源应如何融入？在商业性文化资源建设和服务中档案信息资源又应如何对接？思考的路径更广阔，解决的对策更复杂，涉及的领域更多样。"讲好中国故事"是文化强国战略框架下的一个重要决策，这一决策对档案人来讲，其实就可以成为未来一段时期国家层面的档案需求，"全面实现档案价值的档案信息资源配置"就应该把握、引领此类档案需求，为档案事业赢得更多的生存和发展空间。

三是"全面实现"和"档案需求"的静态满足以及动态引领之间还存在一个"有效与否"和"有效程度"的问题，即"全面"与"有效"之间不能直接画等号，"全面实现档案价值的档案信息资源配置"一定不是不计成本地迎合档案需求，而是要在档案信息资源与档案用户需求之间搭建起一座科学合理、及时有效的桥梁，桥梁搭建起来之后的运作应具备可持续性、可复制性和可推广性。例如，"档案数字化外包"业务正是因为较好地满足了档案馆的数字化业务需求，激发了社会用户的数字档案检索和获取需求，才被档案业界深入研究、不断完善和持续推广。相反，如果一味局限在档案馆自身的人力、物力来实施，数字化工程的时间成本、人力成本和经济成本是难以承受的，恐怕一些用户从心底就打消了获取数字档案的想法。这座"桥梁"其实就是"资源配置"本身，有看得见的部分，例如档案馆网体系建设；也有看不见的部分，例如"立卷改革"和"双套归档"等档案管理制度建设；有因照顾公民基本权益而修建"免费灯塔"式的公益桥梁，例如公共档案馆的免费查阅服务；也有因避免"公地悲剧"需要市场适当介入的收费桥梁，例如工商档案馆的档案深加工服务。档案需求固然是全面实现档案价值必须首要考虑的，但是考虑的问题不应止于静态的满足和动态的引领，而应该以更加务实、深入和灵活的方式考量档案信息资源配置机制或模式。"全面实现档案价值"的界定详见图 1 - 4。

---

① 丁海斌. 论建设档案强国［C］. 建设与文化强国相匹配的"档案强国"论文集. 北京：中国文史出版社，2014.8：8~12.

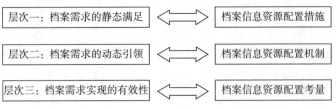

图 1-4 "全面实现档案价值"的界定

1.2.3 多学科视域下档案信息资源配置

与其说是"多学科视域下档案信息资源配置"的界定，不如说是"多学科视域下"对档案价值进行多维审视、认知基础上关于"全面实现档案价值机制"的探讨，"档案信息资源配置"正是在这一基础和背景下应运而生的。之所以在"多学科视域"下界定档案信息资源配置，无外乎三点缘由。

第一，如果仅着眼于档案、档案部门和档案事业，传统的档案管理体制已经足矣，但放眼社会、各种组织以及市场经济，融入其中的档案信息资源必须接受社会万花筒的检验和评判，尤其是多学科视域下档案价值会产生哪些变化，研究方法应如何应对，实现机制应如何调整，等。例如档案学界谈及档案信息资源积极融入内容产业发展时提出，在这一"市场对资源配置起决定性作用"的新环境下，档案信息资源的价值审视还能囿于档案学界的"凭证价值和情报价值"，而置经济要素的稀缺性、市场价值等于不顾吗？

第二，"多学科视域"不仅意味着档案人的视野应该打开，也意味着其他学科同人的视野也应该关注档案信息资源。因为在社会实践分工与融合并存、资源配置方式不再单一的新形势下，档案信息资源在服务于社会、经济和政治的过程中，其他实践部门、学科研究不可能无视这一重要资源的存在，那么它们的实践理念、研究习惯、核心观点将对档案信息资源产生怎样的影响呢？例如行政管理学关于公共管理、公共服务的理念正在我国大范围实施——对全国已有行政事业单位进行细分，尤其是要把行政管理与公共服务部门进行区分和剥离，这一理念和实践到了档案行业便遇到难题，国家综合档案馆要不要真正转型成为档案学界倡导多年的公共档案馆呢？转型的症结之一是，国家综合档案馆保存的档案信息资源是否也要从国家所有转变为公共资源呢？以上表述在档案学科看来极不习惯甚至不通顺，但在公共管理学看来却至关重要且顺理成章的。

　　第三，既然是基于"档案价值全面实现"的档案信息资源配置，必然是从"多学科视域"审视档案。因为档案产生和服务于社会各个实践部门，也就意味着其价值起源和落脚点也是社会各个实践部门，正如档案学经典理论——来源原则首先尊崇的是档案在原有单位的原始整理顺序——一样，档案学研究这些档案信息资源，也应该首先尊重原有实践部门、原有学科领域对档案的各种"作为"，在吸纳和总结的基础上改进和完善其"作为"。当然这又涉及笔者的另一学术观点，即"档案以第一价值为主、第二价值为辅"。[①] 例如电力部门的档案信息资源应该服务于电力事业发展，城建单位的档案信息资源应该尊重城建管理实践，诸如此类。那么另一问题便是，如何驱使部门末端的档案信息资源深入部门全程的服务中去呢？电力档案还能有效、及时地为电力安全管理服务吗？城建档案还能准确、全面地为地铁开工建设服务吗？从理论上看确实应该如此，那驱动力在哪里？如果进一步深入，电力档案和城建档案资料的整理、总结、整合和提炼还能为电力、城建的理论研究服务吗？从理论上看也确实应该如此，那谁来对档案信息资源进行上述"作为"呢？这就涉及法学视角下档案信息资源配置的研究，尤其是档案信息资源的所有权以及所有权的细分和部分让渡问题。

1.2.3.1　行政管理学视角下的档案信息资源配置

　　行政管理学是研究国家权力机关的执行机关管理国家事务、社会公共事务和机关内部事务的客观规律的科学，行政管理主体是国务院和地方各级人民政府，行政管理的客体是国家事务、社会公共事务以及行政机关的内部事务，行政管理活动的根本原则是依法管理。对于档案信息资源的配置，基于行政管理学视角的政府配置是其主要配置方式，其行政管理主体是国家档案局和地方各级档案局，行政管理的客体是国家档案事业、公共档案事务以及行政机关内部的档案管理事务，行政管理的根本原则是依据

[①] 笔者认为学界有些观点过于关注第二价值（或称社会价值），甚至认为第二价值的实现更为重要。这一观点产生的原因在于其立足点总是放在档案馆，而不是档案的直接来源——社会实践和部门机构。

《档案法》及相关法律中的相关条文进行管理。政府在配置档案信息资源过程中，确立了"统一领导、分级管理"的集中式档案事业管理体制，根据档案信息资源的形成流程，设立了内部档案机构——档案室和企业档案馆，集中管理各级机关的档案并提供（档案）利用，中间档案机构——政府文件中心和现行文件资料中心，集中进行现行文件和档案的管理和服务，公共档案机构——国家档案馆和专业档案馆，集中统一管理党和国家以及各个系统需要长远保管的档案和有关资料，已形成覆盖档案信息资源所有分布行政区域、分布专业系统的多门类、多层次的档案馆网络，构成了档案信息资源政府配置的基本框架。

1.2.3.2　经济学视角下的档案信息资源配置

经济学的研究对象之一是资源的稀缺性，研究如何对有限的资源进行合理分配以实现最佳效益。将档案信息资源配置纳入经济学视域，首先要解决的是档案信息资源是否具有经济学意义上的稀缺性，以及经济效益的获取之于档案信息资源配置的意义。经济学家李嘉图的相对稀缺论认为自然资源的不均质性导致高品质资源的数量可能有限，质量的差异造成报酬的递减不可避免，故而形成了资源的相对稀缺，这种观点对于档案信息资源的稀缺性分析同样具有借鉴意义。周毅教授在分析信息资源的经济学属性时，[①] 认为信息资源的物质性决定了它的绝对质量，例如其适用性、可靠性、科学性、先进性、完全性和经济性，绝对质量并不导致稀缺，而信息资源的社会性表明它必须为用户和社会服务，衡量其社会性必然考虑一定的社会标准和用户需求，这种社会性才形成了稀缺性。信息资源不仅具有稀缺性，其有用性和用途可选择性也决定了其完全可以被纳入经济学视野中。陆小华博士则将这种社会性细分为需求价值和稀缺价值，需求价值是主观和个别化的，是主观认定的产物，又与一定的时间、空间等外在条件相联系，而稀缺价值是基于有用性之上的对供求关系的反映，即对需求

---

① 周毅教授对信息资源的经济学特点进行分析时，认为研究的对象主要为核心信息资源，他将核心信息资源理解和表述为信息或记录，与计算机系统、信息系统等支持性信息资源相对应。笔者认为档案信息资源也是核心信息资源的重要成员。详见周毅.信息资源宏观配置管理研究［M］.北京：中国档案出版社.2002.5：38～45.

度的衡量。[①] 这也表明在分析档案信息资源的稀缺性时，需求价值的存在与供求关系的变化都是不可缺少的。

经济学的重要流派之一制度经济学专门研究市场机制如何有效配置稀缺资源以提高经济效率。查先进教授认为新制度经济学理论下的信息资源配置研究，不仅分析信息资源的分配问题，也不仅仅关注政府配置的修补与完善，而且强调从市场、政府、产权等多个方面进行信息资源的合理有效配置，尤其强调市场在信息资源配置中的基础性和主要地位。[②] 虽然档案信息资源是众多信息资源的一员，周毅教授和查先进教授所持有的稀缺性和相对应的市场配置方式却并不完全适用于档案信息资源。一是档案信息资源的数量极其丰富，学界在研究资源建设、资源体系时都是基于该前提来阐述的，并没有以经济学视域下的稀缺性来分析档案信息资源的绝对质量和相对质量，难道是档案信息资源根本不具备经济学意义上的稀缺？二是档案信息资源的配置截至国家"十二五"规划期间，仍然强调政府配置的绝对主体地位，虽然有些零星的课题研究了商业化档案中介机构、档案信息资源的市场化运作和产业化之于档案信息资源配置的意义等问题，但绝对没有达到查先进教授所阐述的"强调市场在信息资源配置中的"基础性主体地位的程度，抑或档案信息资源的公共性决定了市场在此处没有用武之地？笔者将在第三章详细阐述。

1.2.3.3　法学视角下的档案信息资源配置

将档案信息资源配置引入法学视角，主要是研究法律制度如何对该资源配置活动产生影响，以引导改革和完善档案信息资源配置的政治制度和经济制度，把配置活动建立在有效的运行环境之中。这是因为无论是以政府配置为主体的行政事务，还是以市场配置为基础的经济活动，都取决于一定的资源配置活动和一定的法律制度结构。当然，后者是伴随着前者而形成和发展起来的。

法律制度在档案信息资源配置中的作用，体现在三个方面。一是通过法律制度保障配置活动的秩序稳定。缺乏制度的配置活动，只能在混乱无

---

① 陆小华. 信息财产权——民法视角中的新财富保护模式 [M]. 北京：法律出版社，2008.4：173 ~ 180.

② 查先进. 信息资源配置与共享 [M]. 武汉：武汉大学出版社，2008.7：69 ~ 71.

序的状态下进行，难以实现最佳效益。档案行政主体、档案事业单位、商业性档案组织或公益性档案服务机构如果没有法律制度的监管，竞争就没有约束，服务就没有规范，最终只能导致档案信息资源的巨大浪费，也无法保障档案信息资源配置活动的公平、公正和效率。二是通过法律制度激励配置活动并使之生效。知识产权制度，实际上是"发现、经验、认识"等信息资源经历了知识化、知识的价值化、知识的财产化之后，知识财产法律化的具体表现形式。智力成果创造者的相应利益和合法权益诉求需要法律予以确认和保护，才能进一步激发创造者的活力和积极性。在对档案信息资源进行深层次开发和增值过程中，各相关主体也需要相应的法律制度对其合法权益予以确认和保护，而且这种激励机制应该是可持续的和稳定的，即应建立法律的激励制度机制。三是通过法律制度制约和协调配置活动。无论是政府配置的行政主体还是市场配置的经济主体，利益相关者的行为都具有个体性和趋利性，往往导致社会资源分配的不公正和整体效益的低下，此时便需要法律制度规范配置主体的行为，协调各个利益主体间的关系。例如知识产权保护客体的拓宽逐渐背离了传统，使私权的范围扩大，蚕食了公共和社会利益的领地，① 因此需要加大政府投入完善公共服务。对于知识产权滥用行为对社会公众利益的损害也必须予以限制，应重视知识产权制度，兼顾国家、集体和个人利益，并协调知识产权所有者利益与社会公众利益。

1.2.4　档案信息资源配置的多元化

"资源配置"概念源自经济学领域，由于自然资源或社会资源相对于人们无止境的需求而言，总是有限的和稀缺的，所以有必要对这些人力、物力、财力等资源在社会各个领域的分配加以选择，以最小的资源消耗，实现最佳的利用效益。虽然资源的种类多、差异大、稀缺程度不一，加上专业限制和研究对象的既定，影响了界定"资源配置"概念的精确度，但档案学科和档案信息资源的确是一个相对容易明晰化的概念。尽管档案学科或多或少出现了与其他学科融合、交叉的情形，尽管档案信息资源产生于、管理于和服务于社会实践的各行各业，但受惠于档案事业"集中统一

---

① 查先进. 信息资源配置与共享 [M]. 武汉：武汉大学出版社，2008.7：184.

管理"的制度性优势，所配置的资源对象以及配置的制度机制仍处于相对明确和清晰的形态。甚至于本课题所论及的配置的多元化，无论是关于配置机制，还是配置主体，抑或是配置制度等，"多元化"概念的厘定似乎相对容易，毕竟在某个系统里（本书所指为全国档案行业或专业档案系统）保持多元化或实行多元化，即意味着更多的选择。这个系统可以是教育、思维、立法、管理、企业、组织等，只要是人与人、物与物、事与事之间存在可辨别的差异，将这些存在差异性的人群、事物以某种方式组合起来便是多元化。但阐述"多元化"与具体的某一领域，或事物，或流程等结合起来"就事论事"更容易被人理解和接受，例如档案内容产品的多元化、档案信息市场的多元化、外来介入资本的多元化、数字外包经营的多元化、行业协会管理的多元化、档案资源配置主体的多元化等。而且"元"之所以成为多元之一，前提是每一"元"都趋于成熟，多元之间互相平等，有协调统一的基本准则等。资源配置方式有多种，各种"元"方式是否业已成熟，"元"方式之间能否协调统一，能否达成一致目的，这便是资源多元化配置所要考虑的。本书将所研究的资源对象限定为图 1 - 5中的档案信息资源，而图 1 - 5 中所示针对该配置对象的研究视角、配置主体以及配置目标将在第 3 ~ 7 章陆续展开。

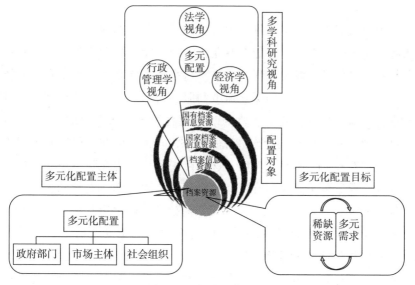

图 1 - 5　相关概念关系

1.3　研究范围

1.3.1　研究假设

第一，政府配置档案信息资源已经达到相当规模和水平，但能力和意愿仍然有限。

从"档案信息资源配置"的流程来看，档案信息资源的"积累或建设"环节是政府配置的主要成就和天生优势，但仍然存在不足。其一，积累的档案资源类型过于单一——主要集中于原始、一次档案信息资源，造成该问题的原因是政府没有能力还是意愿不够呢？其二，档案信息资源的"分配"环节或"为谁建设"环节是当前档案配置过程重点强调的内容，但积累的档案信息资源能否有效传递至档案用户手中呢？政府有能力把已有档案信息资源精准"送达"用户手中吗？政府有意愿或内在驱动力把已有档案信息资源精准"送达"用户手中吗？目前来看，能力和意愿似乎都有问题。

第二，市场配置档案信息资源已经初见端倪并备受关注，但配套建设等仍然不足。

当前对市场配置档案信息资源的研究，实则以商业化档案、文件、信息服务机构为研究对象，它们在专业化、商业化和社会化的发展过程中或参与档案信息资源的配置流程，或参与档案信息资源的原始积累和资源建设，或参与档案信息资源的深度加工和服务合作，其参与的程度和深度都值得期许。这种配置方式对于弥补政府配置档案信息资源的能力和意愿，可达到"非零和博弈"的合作共赢状态，但理论上的配套研究和实践中的制度建设都存在明显不足。例如，这种市场配置行为在强调市场主体的商业行为和商业服务手段的同时，有必要强调组织的商业属性和特性吗？既然强调"商业化"的发展宗旨，那又如何处理专业化运营技术和社会化服务特征的矛盾呢？更为重要的是，如何将"有利于安全有效保管社会记忆、机构证据，降低社会管理成本，完善档案、信息法制建设和推动社会、文化、机构和谐相处、规范发展"的建设宗旨镶嵌于"商业化"的运作外壳中去呢？

第三，档案信息资源的层次性与社会档案需求的多元化之间的辩证矛盾，为配置提供理论可能和实践空间。

如果局限于单一的资源和有限的需求上，"配置"行为就显得没有必要。但是当这一资源在数量、种类、分布、供给、所涉利益方等方面复杂到一定水平，"配置"就显得非常必要。档案信息资源从当前的量级水平上看，明显属于后者。也许用"复杂的层次性"来形容当前的档案信息资源仍显单一，正如前文分析档案信息资源时所阐述的那样，光定义就有多种，可见档案信息资源的界定、内涵、外延及种类之复杂。那么，这样一种复杂资源必然衍生出对应的、复杂的、多元的需求，"资源衍生需求"和"需求得到满足"的社会实践环境不断动态发展变化，又催生着两者之间形成一种"新需求不断形成"和"旧资源难以满足需求"的辩证矛盾。则矛盾的形成、协调、变化等，便为档案信息资源配置提供了理论上研究的可能性和实施配置行为的可操作性。

第四，国家档案馆的公共服务以及"公共化"转型，是社会机制参与档案信息配置的内生动力。

本书所指的多元化配置，实则为三元主体的共同参与，其中第三个主体便是社会组织（或者称之为第三部门）。但是，当前的现实情况是参与档案信息资源配置的社会组织存在诸多不足，或者参与的体制机制障碍并未得到清除。于是，将"国家相关法律对于国家档案馆的性质定位——事业单位"，以及"当前国家顶层设计中国家行政机构和事业单位的重新划分和服务定位"联系起来，能否引发这样一种思考：与其从档案事业的外部社会环境中孕育新的社会组织，还不如从已有的档案事业的内部环境中转型出公共组织。例如，当前学界热议的档案馆的公共化转型、公共档案馆建设、政府公共文化服务和政府公共信息服务中档案馆的定位和服务转型等，即社会机制参与动机中的内生性是必要且可行的。

1.3.2　论证结构

笔者认为，档案信息资源的相对稀缺性与档案用户需求的多元化这一对主要矛盾，是本书研究的主要线索。对档案资源的多元化配置进行全面研究，有以下三个方面。

第一，必须立足于资源本身与需求本身以及两者的互动来展开。既从档案信息资源的相对稀缺性（包括权属）进行分析，这是档案信息资源进行配置的必要前提，又从档案需求的多元化进行分析，这是档案信息配置的多元化策略的必要前提。

第二，围绕档案信息资源多元化配置的具体方面进行系统论述。其一，从传统的政府配置档案信息资源分析，这是目前最主要的甚至唯一的配置方式，必须对现有的政府配置方式进行优化改良，才能充分发挥档案资源的社会效益，满足社会公众的公共需求。其二，从成熟的市场配置档案信息资源分析，这是目前在档案资源配置领域最具争议且势力弱小的配置方式，必须将已有的市场配置方式发展壮大，才能充分发挥档案信息的经济效益，满足社会用户的市场需求。其三，从新兴的第三方部门配置档案信息资源分析，这是从公共管理、信息法学和信息配置领域借鉴而来的，是处于学术研讨及实践探索阶段的一种配置方式，但对于丰富档案信息资源配置方式、激活档案信息资源的权属、满足多元化的社会需求有着重要的作用。

第三，档案信息资源的各种配置方式之间并不是绝对平等的关系，如何处理政府组织、市场组织、第三部门在档案资源配置中的角色定位并制定多元化配置机制，如何评价已有的和未来的档案信息资源配置状况，如何复合与优化各种配置方式以实现效率最大化等尚需深入研究。

本书的具体逻辑框架如图 1-6 所示。

本书的内容体系共由以下 11 章组成。

第 1 章，绪论。提出本书所要研究的课题，界定相关概念，对研究目的、研究意义、研究范围、研究方法、论证结构等进行整体性的说明。

第 2 章，文献述评。提出本课题的理论基础和实践来源，对公共物品理论、档案价值理论和集成管理理论相关成果进行评述，然后根据档案信息资源配置的各个相关主题进行文献调研和主题分析。

第 3 章，逻辑起点。提出相对稀缺的档案资源与多元化的档案需求这一对主要矛盾，并对两者之间的关系展开分析，以经济学稀缺性分析方法等为主。

第 4 章，价值实现。档案价值不是虚幻和想象的，而是根植于社会实践的，尤其当前社会发展的重大趋势和实践改革——单套制、文化强国以及城镇化，应该引领档案价值实现的理论延展和实践发展。

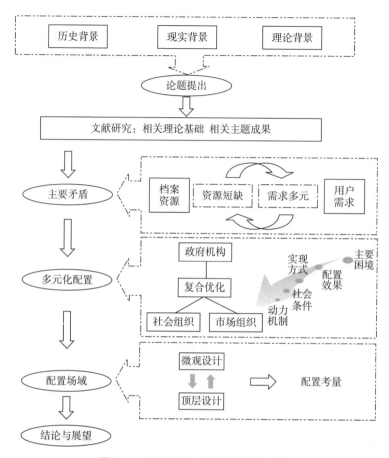

图 1-6　档案信息资源配置逻辑框架

第 5 章，工具价值的实现。档案信息资源的政府配置主要实现了档案信息资源的工具价值，具体包括档案信息资源政府配置的含义、方式、理论支撑，配置状况，存在的主要局限，典型案例，各类遗产工程等。

第 6 章，经济价值的实现。档案信息资源的市场配置主要实现了档案信息资源的经济价值，具体包括档案信息资源市场配置的含义、方式、发挥作用的动力和条件，主要的实现形式及其效果，存在的主要局限，典型案例，档案拍卖等。

第 7 章，社会价值的实现。档案信息资源的社会配置主要实现了档案信息资源的社会价值，具体包括社会配置的含义和方式、发挥作用的动力与社会基础，主要的运行机制和实现形式，存在的主要局限，典型案例，档案众包等。

第8章，微观统计。面向机构层面的档案信息资源配置，包括政府机构、企业、高等院校及其他组织档案信息资源的具体配置、措施和机制等。

第9章，顶层设计。档案信息资源、多元化配置的复合与优化目标，各种配置方式的角色定位与关系协调，复合原则、复合方式以及优化战略等。

第10章，配置考量。档案信息资源配置的评价机制，涉及评价主体的选择、评价对象的构成、评价指标的构建以及指标体系的具体设定等。

第11章，结语。梳理全书研究的主要结论，总结本书研究存在的主要问题及后续研究需要努力的方向。

1.3.3 研究方法

根据研究的基本假设，在上述论证逻辑框架内，本书通过应用已有理论成果对档案信息资源配置活动进行分析，并在对现有理论部分进行修正的基础上，综合运用下述方法实现配置活动的优化与完善。

调查研究法，主要针对政府配置、市场配置、社会配置以及各种不同机构层面的档案信息资源配置，详细调查遗产工程、档案拍卖、档案众包等案例，以网络问卷调查、实地走访调查为主。

比较研究法，主要针对资源稀缺与需求多元的辩证矛盾进行比较研究，对档案信息资源稀缺的根本来源、表现形式与多元化配置目标进行比较研究，并对政府、市场、社会三种配置方式的优缺点进行比较研究。

文献计量法，主要针对概念界定，以及公共物品理论、档案价值理论、集成管理理论、档案信息资源配置研究等文献述评进行数据采集与分析等。

案例分析法，主要针对档案价值的实现领域从新问题（农民工档案）、新平台（互联网＋环境）、新思想（中国梦、文化强国）三个方面列举案例，从政府配置（档案申遗）、市场配置（档案拍卖）、社会配置（档案众包）三种方式列举案例，以及从不同机构（政务文件、科技档案、信用档案、外国政府机构档案、企业档案、高校档案、民间组织档案、非营利性组织档案）档案信息资源配置活动列举案例。

归纳与演绎推理法，主要针对档案配置活动涉及的法律活动、活动主体、活动客体以及档案配置评价活动涉及的主体、机构、对象、目标等进行归纳和演绎。

1.4 拟创新之处

根据公共物品理论对公共物品的细分原则，全面分析档案信息资源的性质特征，与档案学界传统已有的分类方法相比较，以多元化配置为目标研究档案信息资源的细分状况和配置情况。

以稀缺性分析档案信息资源稀缺和需求多元之间的矛盾作为本书的研究主线，将经济学概念中的"稀缺性"运用到档案信息资源的配置中，此种借鉴方法在信息管理学界已有成功案例，笔者希望在档案学界也能产生积极效应。

拟突破政府配置档案信息资源的传统方式和其唯一地位，倡导建立多元的配置模式，并且积极探讨多元配置之间的关系和作用，探索独自发挥作用和协作发挥作用的差异，合理确定各个主体的地位。

将"档案信息资源配置"放置于最具代表意义的现实环境中，以文化环境——文化强国、市场环境——内容产业、政策环境——城镇化为例，探讨档案信息资源配置积极融入其中的应对策略——档案强国、档案内容产业以及农民工档案建设。

详细论证档案信息资源市场配置、社会配置的理论支撑、动力、条件、困境等，列举案例，并通过档案拍卖和档案众包的案例调查使这两种配置方式走向成熟、完善。

从机构层面（微观）与多元化配置方式的组合优化（宏观）两种视角勾勒档案信息资源配置"地图"，并希望通过档案信息资源配置的评价机制来检验配置效果，纠正配置过程中的不足，确保配置活动始终处于科学、发展的轨迹之中。

第2章

文献述评：理论基础与主题分布

2.0 引言

　　课题组成员认为，与"基于价值全面实现的档案信息资源配置"存在关联性的学科支撑主要来自公共管理学、信息管理学以及档案管理学，因为档案信息资源配置从根本上讲依然是一个管理问题，只是存在宏观层面与微观层面的差异而已。管理的对象可以说属于公共管理学所称的公共物品，或者具备公共管理学所提的公共属性；也可以说属于信息管理学所称的信息资源，或者信息产业所提的内容产品；当然最直接地属于档案管理学所称的档案。那么，这些公共物品属性、产品或商品属性、原始凭证属性等为档案信息资源配置提供了哪些理论支持呢？档案价值实现与公共物品有何关联呢？另外，既然是全面实现价值，公共物品属性蕴含何种社会价值？产品或商品属性蕴含何种市场价值？原始凭证属性又衍生出哪些信息价值？档案集成程度与档案价值全面实现程度有何关联？以下三个经典理论将一一回答上述疑问。

　　本章将以公共物品理论、集成管理理论以及档案价值理论为理论支撑，评述国内外文献研究，梳理本课题在档案价值实现、资源建设、用户需求、管理体制、开发利用和资源配置等领域的研究现状。

2.1　相关理论研究述评

2.1.1　公共物品理论

2011 年中华人民共和国第十一届全国人民代表大会第四次会议上上海代表团张喆人等 30 名代表提出了《关于修改〈中华人民共和国档案法〉议案》（教科文卫类第 70 号），其中第三点建议"扩大档案开放范围，取消档案开放期限。可由国家档案局对不宜开放的档案范围进行划定，各形成单位在档案形成之时，结合单位实际对档案确定密级。设密级的档案为未开放档案，不设密级的档案可随时开放利用"①。该提案引发了笔者几点思考：第一，档案是客观存在的，档案开放与否的界限在哪里，为何不能开放利用？并不是说档案这种物品不存在，是否只是制度阻碍了其供给？第二，档案是全体人民所有、政府代为管理的，政府为何设计某些制度阻碍其供给？第三，既然人大代表建议降低或取消这种阻碍，理论上如何解释、实践中如何操作——以达到档案这一物品的合理供给呢？公共物品理论给予了解答。

20 世纪 50 年代后期，政府职能、公共财政等涉及公共物品有效供给不足的"公共问题"引起了西方经济学的关注，并逐渐形成公共物品理论，包含公共物品的内涵界定、资源配置方式、资源配置模型、典型供给方式等，与生态经济学、空间经济学、福利经济学等学科的结合成为该理论发展的新方向。②

对于公共物品的内涵，早期的公共物品理论持有"狭义的公共物品"概念，认为只有那些同时具有"非排他性和非竞争性"③的物品才能称为公共物品。尔后被广泛认同的"广义公共物品理论"则认为具有非排他性或非竞争性的物品均可称为公共物品。基于"排他性、竞争性"的判定是

---

① 李淑香．"两会"有关档案内容的议案、建议、提案简介［M］．中国档案年鉴（2012）．北京：中国文史出版社，2015.1；62～63.
② 沈满洪，谢慧明．公共物品问题及其解决思路——公共物品理论文献综述［J］．浙江大学学报（人文社科版），2009.6；133～134.
③ 非排他性是指一个人使用一种物品并不能阻止他人也使用该物品，非竞争性是指一个人使用一种物品并不会减少他人对该物品的使用。

当前公共物品内涵研究的主流视角，当然也存在其他研究视角，例如制度学派认为政府提供的公共产品或服务即为"公共物品"，那些没有购买任何公共物品的人不能被排除对这种物品的消费；经济学家张五常认为"公共物品不是一种简单的产品，而是一种复杂的制度安排——公共产权制度"[1]，也就是常见的"私人物品即私人产权，公共物品即公共产权"的逻辑思维。

对于公共物品的分类，代表观点有萨缪尔森在 1954 年《公共支出理论》中提出的两分法；[2] 布坎南在 1969 年《准公共物品的市场供应》中提出的三分法；[3] 曼昆在 2001 年《经济学原理》中提出的四分法。[4]

公共物品理论致力于解决公共事务治理面临的三大难题。一是"搭便车"问题，这是针对用户而言的，指参与者不需要支付成本便可以享受到与支付者等价的物品效用。二是排他成本问题，这是针对供应方而言的，指公共物品一旦被提供，就无法排斥那些没有为此物品付费的个人，或因为排他的经济费用高昂，或因为排他的技术难度过大，或因为排他的制度成本过高。三是"公地悲剧"问题，最早于 1968 年由美国学者哈丁提出，[5] 即公共物品如同该术语的字面解释一样，[6] 因为其公共产权无法界定，每个拥有者都有权使用且无权阻止他人使用，因此每个人都争相使用从而导致公共物品被过度使用。上述三大难题得到关注在一定程度上是由于传统公共物品理论的发展是随着各国公共管理的长期实践而出现的，其中以制度学派的观点为甚，认为公共物品只能由政府提供，一方面是因为政府自出现以来一直承担着公共管理的核心主体角色，且在社会主体明显

---

① 张五常. 经济解释［M］. 北京：中信出版社，2015.2：205～207.

② 萨缪尔森将物品分为一系列两分的相对概念：私人消费物品与集体消费物品，私人消费物品与公共消费物品，纯私人物品与纯公共物品。

③ 布坎南将物品分为公共物品、混合物品和私人物品三大类。

④ 曼昆将物品分为私人物品、自然垄断物品、共有资源和纯公共物品四大类。

⑤ G. Hardin. The Tragedy of the Common ［J］Science，Vol. 162，No. 3859（1968），pp. 1243 - 1248.

⑥ 哈丁在《公地悲剧》中假设了这样一个场景：一群牧民被放置于一块公共草地放牧，每个牧民都从自身利益出发，尽量增加自己所养的数量，结果草场被过度开采而使草场质量下降直至无法牧羊，最终导致所有牧民破产，最为悲剧的是每个人都意识到这个下场，却义无反顾。

分化之前，其主体角色是唯一的；① 另一方面是因为公共物品的自身属性，即由上述三大难题衍生出的——"无法将公共物品的成本和收益'追踪'到每个消费者的身上，从而无法避免市场失灵现象"。②

基于上述既成事实，加上对公共物品自身属性的判断，无论是"非排他性"还是"非竞争性"，都使"搭便车"行为无法避免，市场供应要么导致公共物品的闲置，要么导致公共物品的供应不足，政府自此有了利用国家强制力供给公共产品的经济依据和理论依据。③ 一些纯公共物品或者自然垄断性很高的准公共物品，例如国防建设、货币供应、邮政系统、水利兴修、交通基础设施、义务教育、福利医院、产品的质量标准和安全标准等，均采用政府唯一供给公共物品的方式。

但是，随着国家公共建设的范围不断扩大，社会对公共物品的需求不断变化。一方面，有限的财政支出与某些公共物品的过度使用形成鲜明对照，或者是有大力财政资助的某些公共物品却鲜被利用，从而导致公共物品使用效率降低。在政府单一供给情况下，"公共物品的生产不是由消费者（用户）说了算，而是由生产者（即政府）说了算，由此导致了不恰当的公共物品生产的高成本与过度生产"④。另一方面，"我们周围有大量的公共物品，其数量很可能比我们根据免费搭车倾向理论所预期的要多，而且也有许多集团和个人并不隐藏他们对公共物品的偏好"⑤，在这样的情况下，"政府很可能并不是公共物品的唯一提供者"⑥，"在合适的条件和制度安排下，私人其实是有可能有效地或者至少是有可能提供一部分公共物品的"⑦，即使是一些我们习以为常、以为只有政府才能提供的公共服务或产品，其实有很多部分在原则上都是可以独立出来的。例如，美国阿肯色州

---

① 涂晓芳．公共物品的多元化供给 [J]．中国行政管理，2004.2：88.

② 马费成，龙鸷．信息商品和服务的公共物品理论 [J]．情报理论与实践，2002.5：398.

③ 夏义堃．公共信息资源的多元化管理体制研究 [D]．武汉大学博士学位论文，2005.6：9.

④ 宋世明等．西方国家行政改革述评 [M]．北京：国家行政学院出版社，1998：240－241.

⑤ Johnansen，L. The Theory of Public Goods：Misplaced Emphasis？[J] *Journal of Public Economics*，1977.7：148.

⑥ 世界银行．变革世界中的政府．1997 年世界发展报告 [M]．北京：中国财政经济出版社，1997.4：23.

⑦ 高希宁，董金阳．公共物品的产权鉴定、效率分析以及合理安排——读科斯《经济学上的灯塔》中对"公共物品问题"的理解于扩展 [J]．消费导刊，2009.21：74.

的 Salem 防火公司，作为私人消防队，只要任一雇主支付一定的年费，它便可以为其提供年度扑灭火灾服务，当然它只能为那些消费客户服务。暂且不论其是否合理，仅消防队可以以私人方式提供，就证明了公共服务多元化供应是可能的。

上述情况都说明，政府一包到底的公共物品供应是不经济的，其他的供应方式或主体，甚至是多元化供给应该是可以尝试的。就目前所出现的公共物品的典型供给方式来看，沈满洪等认为主要有"政府供给、私人供给、自愿供给与联合供给"四类,① 涂晓芳认为主要有"权威性供给（政府供给）、商业性供给（私人供给）、自主型供给（第三部门供给、社区供给、自愿供给)"三类,② 江永清则认为主要有"政府供给与市场供给"两种。③

就档案信息资源而言，对其公共物品属性没有争议，现有的配置方式仍然是以政府供给为唯一方式。档案部门（主要是指公共档案馆和专业档案馆）作为一种公益性事业机构，其经费全部由国家供给，保证了档案信息资源的无偿供给，取得了一定的社会效益并保障了公民自由获取档案信息的权利，但是这种缺乏经济动力与成本考量的方式，"服务效率普遍低下，提供的档案产品及档案服务往往质量不高、数量有限"④， "商品化"⑤、"产业化"⑥、"市场化"⑦ 等其他对档案信息资源配置方式的有益尝试仍然只是停留在学术争论中。鉴于公共物品理论相关学术观点和社会实践，本课题也并非对当前档案信息资源政府一元供给的否定和反对，而是倡导针对档案信息资源的具体种类和公共属性的差异，采取有针对性的或者多元化的或者混合式的配置模式，允许私人、企业、组织或者第三部

---

① 沈满洪，谢慧明．公共物品问题及其解决思路——公共物品理论文献综述［J］．浙江大学学报（人文社科版），2009.6：139～141.

② 涂晓芳．公共物品的多元化供给［J］．中国行政管理，2004.2：88～93.

③ 江永清．稀缺性、政府与市场作用边界问题——超越传统的公共物品分析途径［J］．成都行政学院学报，2007.4：24～26.

④ 熊志云．档案信息资源产权制度的确立及其效率分析［J］．云南档案，2007.5：3～5.

⑤ 一是争论套用马克思主义政治经济学中"商品"概念于档案的合理性，二是关于档案资源能否成为商品的争论。

⑥ 一是档案事业发展是否需要产业化；二是档案产业化能否可行。

⑦ 一是档案需求都是公共需求，是否存在市场需求；二是档案事业是公益事业，能否市场化运作；三是市场化与现有体制是否存在冲突。

门参与进来，至少达到公共管理学研究所期望的理论有效——档案信息资源这种公共物品的有效供给，或者达到前文提及的修改档案法的议案之诉求——以"取消开放期限"完善档案信息资源的有效供给。①

2.1.2　集成管理理论

伴随着社会经济日益繁荣、科技飞速发展，管理方法和管理思想也不断发展变化，建立在管理学基础理论之上的，以人力、财务、物质、信息、知识、技术、组织等为研究对象的管理理论层出不穷，而集成管理却因其"集合而成"的理念特质备受学界瞩目。

学术界对于"集成"概念的探索有许多不同的认识成果，仅从客观意义上讲，"集成是指某一系统或其核心把若干部分与要素联结起来，使之成为一个有机整体的过程"。② 结合不同的学科背景，学术界也提出了各种见解，例如生命科学学界将其定义为"多种自然因素共同作用所形成的多元生态群落"，社会学界将其定义为"相关企业、部门所组成的战略同盟"，信息资源管理学界将其定义为"信息管理、信息技术与内容要素等的整体管理"，③ 图书馆学界将其定义为"对图书馆整体信息资源、技术服务、机构和人财物的全方位优化管理"，④ 资源配置管理学界将其定义为"将某类事物中好的方面、精华部分集中起来，从而达到整体最优的效果"。⑤

各学科运用集成理念于具体的集成管理时，又形成了各自的集成管理内涵。王乾坤教授从土木工程管理的视角归纳了基于集成理念的集成管理

---

① 仅仅以设置保密等级的做法来代替或取消开放期限，从而达到档案开放程度以及档案在国家综合档案馆层面上的有效供给，笔者认为该提案的初衷是好，意在保证档案能及时、有效、合法地被社会广大用户所获取，但是在实践中存在"新瓶装旧酒""换汤不换药"的可能，即保密等级设置不规范，依然不易对外开放，而成为新版的"开放期限"。其中关于公共物品理论的梳理和借鉴，详见王运彬. 国有档案信息资源的多元化配置研究[D]. 中国人民大学博士学位论文，2012.6：22－24.

② 王乾坤. 集成管理原理分析与运行探索[J]. 武汉大学学报（哲学社会科学版），2006.5：355～359.

③ 王小云，王运彬. 集成理念下的档案信息资源优化配置探析[J]. 档案学研究，2010.5：45～49.

④ 叶鹰. 图书馆集成管理：理论原则和操作法则[J]. 图书馆杂志，2002.12：3～6.

⑤ 霍国庆，杨英. 企业信息资源的集成管理[J]. 情报学报，2001.2：2～9.

的四大运行组成部分——理念集成、组织集成、过程集成、方法集成；①安小米教授从城建文档管理的视角将集成管理与集成服务概念进行了融合；②周毅教授从电子政务的视角提出了政务信息资源配置的指导思想、原则与目标；③薛四新博士将集成理论视为服务型数字档案馆建设的理论依据；④李宝山教授以"管理主体、管理对象、管理方法和管理手段"为集成管理的核心对其空间结构要素进行一一解构。⑤ 将集成管理理念运用于各学科和管理领域实践的价值和应用途径远不止以上所列举的学者和领域，档案学领域也不例外。如果把研究视野限定在档案领域、档案事业、档案学科和档案馆室的话，档案信息资源配置也许就是一个档案系统的内部问题，但是细细分析档案信息资源所涉及社会实践领域之广、价值认知所涉及学科门类之多、价值实现所涉及社会领域之众，就不难发现档案信息资源配置需要把各行各业产生的档案、各个馆室收集保存的档案，以最经济、安全、有效的方式传递至复杂、多样、变化的档案用户手中，需要将资源进行集成——档案与其他信息资源的集成，将资源加工流程进行集成——档案一次文献、二次文献、三次文献编纂方法与数字化、网络化、移动化平台的集成，将资源整合者进行集成——将行政管理者、市场组织者、外包承接方、多元客户端等进行集成，集成管理理论也许提供了最直接的理论指导。笔者认为，集成管理理念语境下的档案信息资源，应着重关注以下两点。

一是强调资源本身的集成。包括静态资源与动态资源的各种集成。静态资源是指馆藏中的档案原件及其信息，例如中国档案年鉴年度报告中发

① 王乾坤. 集成管理原理分析与运行探索 [J]. 武汉大学学报（哲学社会科学版），2006.5：355～359.

② 将集成管理与集成服务一起定义：采用集成的理念和原则，以用户服务为核心，将信息管理与信息服务的全过程看成一个复杂系统，融用户服务控制、管理过程控制和管理结果控制为一体，达到用户服务满意、管理过程经济高效和管理结果最大价值实现的一个管理与服务的优化整合过程、一种最优化管理理念和一种最佳实践模式，详见安小米. 城市建设文件、档案信息集成管理与集成服务的理论框架 [J]. 档案学通讯，2004.2：88～92.

③ 周毅. 电子政府信息资源集成管理研究 [J]. 情报理论与实践，2004.3：254～257.

④ 薛四新. 基于集成管理思想的服务型数字档案馆研究 [J]. 档案学通讯，2010.2：59～63.

⑤ 霍国庆，杨英. 企业信息资源的集成管理 [J]. 情报学报，2001.2：2～9.

布的各省、自治区、直辖市各级国家综合档案馆馆藏档案、年度收集进馆档案，及以此为基础开放的档案和资料等。动态资源涉及档案管理业务中的人力资源、管理资源、技术资源、数据库资源等支持性档案资源，例如各省、自治区、直辖市档案事业机构、各级档案行政管理部门人员、各级综合档案馆人员、各级国家综合档案馆管库及馆内设备、各级档案行政管理部门和国家综合档案馆事业费及基建情况等。当然，以上动态与静态档案资源的划分，是沿用信息资源管理学中核心资源与外围支持性资源的划分方法，意在突出各种资源的地位、作用以及相互协调性，而本书引进集成理念审视档案信息资源，不仅强调以上两种资源之间的协调和聚合，而且强调档案行业的"特色"——将"沉睡"的档案（无论是静态还是动态）信息资源，通过有效的匹配和集成进行"激活"。例如苏州市工商档案管理中心，把分散的改制企业档案资源、企业退休人员档案、公共档案机构以及有限的经费投入整合，建立了一套改制企业档案资源整合与共享新模式——苏州模式，[①] 或者将某几种有效资源整合为档案信息资源，为"三个体系"建设服务。再如近几年业界联合多方力量，利用物联网技术开发智能管库系统，珠海泰坦软件系统有限公司、珠海市档案局、广东省档案局联合开发了"档案馆智能管库系统"，中国移动广东分公司研发了"'五全'智慧档案管理系统（FIRST - AMS）"，[②] 中国联通山东分公司研发了"山东联通档案管理与信息安全系统"。[③] 简言之，此种集成可以是静态档案信息资源内部的集成，也可以是动态档案信息资源内部的集成，还可以是静态与动态档案信息资源之间的集成。集成的出发点是各种档案信

---

① 卜鉴民等．产权制度改革大背景下改制企业档案资源整合与共享模式研究．苏州市档案局．详见国家档案局，中央档案馆．中国档案年鉴（2012）［M］．北京：中国文史出版社，2015.1：243～244.

② 该系统包括档案资源收集、档案业务管理、档案信息服务三大子系统，满足信息化企业的"泛档案"实时智慧管理的需要。并且结合移动通信运营企业的特色，建立收集检索门户，满足公司员工档案实时利用需求，实现手机 App 浏览档案资源。详见国家档案局，中央档案馆．中国档案年鉴（2012）［M］．北京：中国文史出版社，2015.1：248.

③ 该成果是一个覆盖全省、市、县公司多门类、分层级的档案管理系统，实现了与公文、合同、工程管理及新闻报送、财务审计等系统的有机衔接，把档案信息资源与公司其他各种信息资源有机衔接集成，将档案系统与其他业务系统的标准进行衔接，与其他工作流程规范进行整合，实现档案管理和信息支撑的最优化集成。详见国家档案局，中央档案馆．中国档案年鉴（2012）［M］．北京：中国文史出版社，2015.1：249.

息资源之间存在互补性（亦可能是潜在的互补性），集成的落脚点是各种档案信息资源与其他资源在新的平台、系统、模式中发挥更大的价值和作用。

二是强调"全产业链"式的集成。将"档案事业"比喻为一个产业，而将"产业链条"上的各个环节进行科学管理和有效集成，尤其是将以往档案"产业链条"不曾包含的资源、管理、机构和模式吸纳进来，将会极大提升档案事业在新形势下的服务形象、文化形象和社会形象。因此，"全产业链"式的语境表述也好，"稀缺性"的经济学研究方法也罢，放置于档案这一实情实景中时，不仅可以根据档案信息资源在中国档案年鉴年度报告中公布的绝对数量的多少和客观质量的高低来衡量稀缺与否，更可以强调集成管理与集成服务的融合，重点以"档案信息的有效供给"和"档案需求的多元变化"双边视角来综合评价。虽然我国档案馆藏具有巨大的数量优势、① 档案事业管理的体制优势、② 档案馆网的规模优势，③ 然而档案需求却已发生巨大变化，相对于"社会多元化的需求共生、公共需求与市场需求共存"的局面，过去的档案事业管理体制下的"产业化链条"运作和档案信息资源配置可能只会提供"无动于衷"或"变化缓慢"的供给，只能人为加剧档案信息资源的稀缺程度或造成档案信息资源的制度性稀缺。践行集成管理思想于档案事业管理或档案"产业化链条"或本书所称的档案信息资源配置，不止需要理念的集成，即"集成理念指导—稀缺资源结论—资源配置必要"，④ 还需要从国家各个文化与信息服务职能

---

① 原因在于我国档案馆要求具有长期和永久保存价值的档案都必须入馆，而美国等国实行的是只有有永久价值的档案才能入馆的制度。

② 我国实行集中统一的档案管理体制，这在纸质档案时代得到了很好的实行，却在数字时代因为一个个"数字孤岛"的出现，优势反而得不到发挥；而美国等国在纸质档案时代就没有实行集中统一的管理体制，却在数字时代电子文件的技术实施标准等方面悄然集中统一。

③ 我国在各行政区域内都设置了相应级别的档案局（馆）。

④ 经济学意义上的稀缺是资源配置存在的必要前提，即解决稀缺性问题时，人类社会必须对如何使用资源做出选择，一是生产什么物品与生产多少，二是如何生产，三是生产出来的产品如何分配。没有静动、供需的集成理念指导，便不知档案资源的集成，更不知档案资源配置的必要。详见谷书堂. 社会主义经济学通讯［M］. 北京：高等教育出版社，2000：4~6.

机构、① 部门内部②和业务之间③等多个层面进行组织模块的集成，从流程、技术、标准等方面进行业务过程的集成，从开放、服务和供给体制等视角进行思想方法的集成。例如，政府供给体制与市场供给机制在传统的档案事业管理体制下，似乎是两条并行不悖的平行线，但是在"匹配文化强国战略"、④"文化强国建设需要引进市场机制"以及"强调市场对资源配置起决定性作用"的多元背景下，两者的集成，甚至是社会机制等多元化档案信息资源的集成，也是迫切需要的。⑤

2.1.3 档案价值理论

最能直接而又全面指导本课题研究的，便是档案价值理论，甚至从某种程度上讲，本课题的思想、观点是档案价值理论在当前学术、社会、政治、经济和技术土壤中孕育而生的，毕竟，"档案信息资源配置"，以资源本身价值的认识为起点，以资源全部价值的实现为目标。

资源配置是基于对资源本身价值的认识并以实现这种价值为目标的一种管理活动，档案信息资源配置也必须以其配置对象——档案——的价值为基础，认识档案价值，掌握档案价值规律，并努力实现档案价值，而档案价值理论正是以档案价值的现象、本质及其运动规律为研究对象的档案学基础理论。⑥ 该理论涵盖三部分内容，一是档案价值本体论；二是档案价值认识论；三是档案价值实现论。

---

① 例如从国家层面对图书馆、博物馆、档案馆等公共服务机构的宏观调配。

② 例如从机构层面对档案管理流程中人力、财力、物资、技术等进行全程控制。

③ 例如从业务层面实现职能活动、文件管理和档案管理的集成，实现文档系统和信息系统的集成，实现电子文件管理与机构记忆保障的集成。

④ 国家档案局（2012）提出"档案价值建设与文化强国地位相匹配的档案强国"，即档案强国战略，时任局长杨冬权将其解释为"档案工作主要方面或档案工作主要领域的世界强国，是在国际档案界中有巨大影响的强大国家"。详见王小云，王运彬. 档案强国梦：档案人的中国梦［J］. 兰台世界，2017.2：26－29.

⑤ 对于集成管理理论的分析和运用，详见王运彬. 国有档案信息资源的多元化配置研究［D］. 中国人民大学博士学位论文，2012.6：38～40.

⑥ 张斌. 档案价值论［J］. 档案学通讯，2003.3：43～46.

　　档案价值本体论以档案价值的概念为出发点，[①] 研究档案价值的本质特点及其存在形式，追溯档案的价值根源（有两种代表性观点，一是认为档案价值来源于主体需要；二是认为档案价值来源于社会实践活动[②]或是社会实践活动中有意义的劳动创造），[③] 分析档案价值的属性（有多种不同的表述，例如"客观性、社会性与民族性"[④]，"客观性、绝对与相对的统一、唯一性"[⑤]，"客观性与潜在性、历史性与现代性、绝对性与相对性、异质性与不可替代性、增值性与贬值性"[⑥] 等），以及档案价值的各种形态。

　　档案价值认识论是指将档案价值视为一种客观存在，主体思维如何认识、反映这种档案价值客体，即人类从主观上如何认知档案价值和评价档案价值。张斌教授以系统论为指导，构建了档案价值认识的系统结构——由"档案价值主体"、"档案价值客体"以及"社会实践活动"三部分组成，其核心观点在于档案价值认识主体必须依赖档案工作实践以及相关的认识工具或认识中介，才可以客观地反映档案价值，并由此展开，分别论述了档案价值的认识形式、认识方法、鉴定体系等。

　　档案价值实现论具代表性的观点有三种，一是档案价值规律说，即规律和规律的实现是有区别的，价值规律（档案价值的时效递减律、整合递增律、压制消退律、梯度转移律、不守衡律等）是客观存在的，而价值规律的实现是有条件的，且只有条件具备时，价值规律才能表现出来；[⑦] 二是档案价值运动规律说，即认为档案价值形成之后如何与社会、用户形成互动具有运动规律，例如傅荣校教授的"档案价值时空转变律、档案情报

---

① 其研究视角有三种，一是档案客体价值说，即档案价值存在或来源于档案客体所包含的内容或信息，或来源于档案客体所存在的形成机构的内在联系；二是档案主体价值说，即由主体需要的程度和状况直接决定；三是主客体价值说，是指档案的存在、属性及其变化是否满足主体的需要。

② 张斌.档案价值论 [M].北京：中央文献出版社，2000：22.

③ 王英玮.档案文化论 [M].北京：中国人民大学出版社，1998：86.

④ 王英玮.档案文化论 [M].北京：中国人民大学出版社，1998：89～91.

⑤ 张斌.档案价值论 [M].北京：中央文献出版社，2000.5：28～35.

⑥ 周家荣.档案价值的特性与运动规律在档案价值实现中的意义——兼论档案价值的特性与运动规律之间的关系 [J].档案与建设，2007.4：15～17.

⑦ 王英玮.关于档案学研究中的"惯性"与"规律"的思考 [J].档案学研究，2005.4：3～6.

价值递增律、档案价值外显条件律"①，又如周家荣先生的"档案价值的效用递变律、聚散转变律、内外化转变律"②；三是档案价值实现规律说，即从档案价值实现的多种外在方式和途径之间的差异，归纳出价值实现的共同的内在的一般规律性，例如张斌教授的"时间对档案价值实现的双向影响规律，档案价值实现的社会性递增规律，档案价值实现的环境或条件规律"③，又如冯惠玲教授的规律与条件说，包括"档案价值的扩展律、档案价值的时效律以及实现档案价值的条件"④。

档案价值理论源远流长，最早可以追溯到早期的来源原则和职能鉴定论，也正是对"来源"这种核心价值的认同和对"职能"这一基本价值的评定，才形成了档案学最具影响力的两大理论支柱。我国改革开放以来，社会实践活动的巨大变化和档案事业的快速发展，使档案价值理论不断吸收新鲜血液，增强自身的理论阐释力，同时也形成了以下几种具有鲜明时代特征的档案价值理论。

一是档案商品价值论。学界对此有四种代表性的观点，其一，档案是人类劳动的产品，含有马克思政治经济学意义上的价值，并因对生产、生活有用而具有使用价值，在商品经济条件下，可以成为用于交换的产品，据此归纳档案具有商品价值；其二，只有部分进入交换领域的含有科技成果和知识产权的档案具有商品价值；其三，以《档案法》明令"禁止国家所有档案出卖"的条文为依据，认定档案复制品才可以具有商品价值；其四，否定档案的商品价值属性。本书无意于档案是否具有商品价值属性的争论，而是从各家之言中吸取合理的成分，突破常规的哲学和管理学视角，以经济学意义上的商品价值属性和资源稀缺视角研究档案的价值，对于丰富我国档案价值的实现途径、优化档案信息资源的配置具有一定价值。

二是档案双元价值观。覃兆刿教授基于中国档案事业的传统与现代化

---

① 傅荣校，刘敏. 档案价值运动规律研究 [J]. 浙江档案，2004.2：14～16.

② 周家荣. 档案价值的特性与运动规律在档案价值实现中的意义——兼论档案价值的特性与运动规律之间的关系 [J]. 档案与建设，2007.4：15～17.

③ 张斌. 档案价值论 [M]. 北京：中央文献出版社，2000.5：145～152.

④ 冯惠玲，张辑哲. 档案学概论（第二版）[M]. 北京：中国人民大学出版社，2006.8：58～64.

的视角，对档案的价值进行了全新的梳理，传统意义上的档案价值形态"利用价值和保存价值""现实价值和长远价值""第一价值和第二价值""证据价值和情报价值"等被覃教授归纳为"双元价值与档案作为'行为方式'和'对象实体'的双重属性"。① 档案信息资源的价值之源是其工具价值，要求在对其进行配置的过程中务必注重档案信息的内容真实性维护，控制档案形成和运动的全流程；而档案信息资源的价值实现却有赖于档案信息的有效组织与共享，这要求在对其进行配置的过程中务必强调使档案信息反映丰富的社会实践活动来源和呈现合目的性②的逻辑结构，以共享的水平和程度来衡量档案信息资源配置。

三是档案相对价值论。普鲁士机密国家档案馆馆长迈斯奈尔以档案之间的年龄关系确立档案的相对价值，即"高龄案卷应当受到尊重"；荷兰档案学者卡林斯基以档案的形成部门之间的关系确立档案的相对价值，即"级别更高的机构，其文件重要性更高"；苏联档案学家多尔吉赫从文件与机构历史的关系来确立档案的相对价值；③ 中国人民大学冯惠玲教授以档案与被鉴定档案之间的相对因素来确立档案的相对价值；④ 和宝荣教授从档案客体属性与满足档案需求的程度提出"相对价值标准"；⑤ 王英玮教授提出了基于"来源、内容、形成实践、职能、形式"因素的档案相对价值判断方法。⑥ 档案相对价值论关于馆藏档案之间、档案与图书文件资料、档案与用户需求关系的观点，改变了档案馆藏建设、档案信息资源配置的传统思维习惯、研究主题和范围，把档案信息资源配置的视野扩宽至档案、图书、情报等各种信息资源，树立形成了以机构、馆藏部门、利用个

① 覃兆刿. 双元价值观的视野：中国档案事业的传统与现代化［M］. 北京：中国档案出版社，2003.6：22~23.
② 覃兆刿教授将其解释为将形成机构保存备查的目的与档案机构塑造档案文化的目的合二为一。详见覃兆刿. 双元价值观的视野：中国档案事业的传统与现代化［M］. 北京：中国档案出版社，2003.6：199~203.
③ 以档案全宗的完整程度衡量其价值，如果某个全宗不完整，并缺少机关的基本文件，那么机关历史的次要文件必须永久保存。详见王英玮. 档案文化论［M］. 北京：中国人民大学出版社，1998.5：112~114.
④ 三种相对因素：所存档案的完整程度、档案内容的可替代程度、档案馆内档案的重复程度。详见冯惠玲，档案管理概要［M］. 北京：中国劳动出版社，1990.5：43~45.
⑤ 和宝荣. 机关档案工作［M］. 北京：高等教育出版社，1994.5：25~30.
⑥ 王英玮，史习人. 档案价值相对论［J］. 档案学研究，2013.2：4~8.

体等多元化主体为资源配置主体的价值导向。

此外，档案储备价值观所揭示的"无用档案"并非真正无用，其存在本身就具有一种威慑作用，而不管其是否实际被利用过，是对"档案无用论"的有力反击①，给本课题在研究政府部门作为档案信息资源配置的主体时提供了一些新的思路——我国现行的政治体制下，对于档案信息资源的储备价值及其实现，以政府或者其主导的公共服务部门作为主体应该是最佳选择；信息文明视域下的"档案价值实现机理"② 中档案价值的实现应该回归社会管理及其实践的理性化程度，把改善档案工作的社会环境和社会实践主体的档案利用水平结合起来，在档案与社会的良性互动中理性实现档案价值。③

2.2　档案信息资源配置研究述评

2.2.1　研究成果概况

对档案信息资源配置国内外相关文献的梳理分为三个阶段进行探索，课题前期研究 2012 年 9 ~ 10 月，课题中期研究 2016 年 11 ~ 12 月，课题后期研究 2018 年 5 ~ 6 月，下列数据为三个探索阶段的总梳理。

2.2.1.1　国外研究情况

笔者主要运用三个数据库 Springer 外文电子期刊、ProQuest 学位论文全文数据库、Emerald 管理学数据库④以及查阅 *Archive Science*、*Archivaria*、*The American Archivist*、*Archives & Records*、*Records Management Journal*、*Archifacts*、*Archives & Manuscripts*、*Restaurator*、*African Journal of Library*、*Archives & Information Science*、*Prologue*、*African Journal of Library*，*Archives &*

---

① 张文浩. 储备与利用——档案价值两面观 [J]. 档案学研究，2012.6：13 ~ 15.

② 倪丽娟，任越. 信息文明视阈下档案价值实现机理分析 [J]. 档案学研究，2012.6：20 ~ 23.

③ 对于档案价值理论的相关分析，详见王运彬. 国有档案信息资源的多元化配置研究 [D]. 中国人民大学博士学位论文，2012.6：25 ~ 27.

④ 包括 Emerald Management iJournals 200 多种专家评审的管理学术期刊、Emerald Management Review 管理学评论、Case Study Collection 学习案例集、Literature Review Collection 学术评论集、Interview Collection 访谈集。

Information Science、*Journal of the Society of Archivists*（期刊）等相关文献来对国外的档案信息资源配置研究进行分析。

在使用 Springer① 外文电子期刊数据库进行检索时，分别以 "archival value realization" "archives information resources construction" "archives users' requirement analysis" "archives administration system" "development and utilization of archives" "information resource allocation" 为检索词，除去误检的完全不相关文献，余下相关度较大的有 24 篇，其中档案价值实现 3 篇，档案信息资源建设 5 篇，档案需求分析 3 篇，档案事业管理体制 1 篇，档案开发利用 3 篇，信息资源配置 9 篇。其结果详见表 2－1。

表 2－1　国外档案及信息资源配置研究

主题	发表时间	篇名	作者	来源
档案价值实现	2000 年	Enduring paradigm, new opportunities: the value of the archival perspective in the digital environment	M Sniffin-Marinoff	*Library Hi Tech*
	2017 年	Creating archival value in a changing mediascape: the "world in a cube" project	Lan Christie, Wendy Earle, Eleni Liarou, Karen Merkel, Akim Mogaji	*Cultural Policy, Innovation and the Creative Economy*
	2017 年	Identity and archives: return and expansion of the social value of archives	H Feng	*Archival Science*
档案信息资源建设	2010 年	Managing texts and records in early modern England	Nicholas Popper	*Archival Science*
	2010 年	Ordering the archive in early modern Venice (1400－1650)	Filippo De Vivo	*Archival Science*
	2010 年	Preface: historical research on archives and knowledge cultures: an interdisciplinary wave	Randolph C. Head	*Archival Science*
	2011 年	Politics and race in American historical popular music: contextualized access and minstrel music archives	Maurice B. Wheeler	*Archival Science*

---

① 检索地址为福建师范大学电子镜像数据网址，https：//vpn. fjnu. edu. cn/web/1/http/0/china. springerlink. com/home/main. mpx。

续表

主题	发表时间	篇名	作者	来源
档案信息资源建设	2015 年	Exploring the Kyoto digital archives project：challenging the funding model of digital archive development	Noriko Asato, Andrew Wertheimer	*Digital Libraries：Providing Quality Information*
档案需求分析	2010 年	Records out and archives in：early modern cities as creators of records and as communities of archives	Eric Ketelaar	*Archival Science*
	2011 年	SIAR：a user-centric digital archive system	Maristella Agosti, Nicola Ferro, Andreina Rigon, Gianmaria Silvello, Erilde Terenzoni, Cristina Tommasi	*Digital Libraries and Archives*
	2013 年	Digital archives：semantic search and retrieval	Dimitris Spiliotopoulos, Efstratios Tzoannos, Cosmin Cabulea, Dominik Frey	*Proceedings*
档案事业管理体制	2011 年	The power of a family archive	Victor Rosenberg	*Archival Science*
档案开发利用	2011 年	Toward an understanding of archives as a feature of collective memory	Anthea Josias	*Archival Science*
	2012 年	Event retrieval in video archives using rough set theory and partially supervised learning	Kimiaki Shirahama	*Multimedia Tools and Applications*
	2015 年	Research on applied-information technology with trendy utilization of archival information resources	Shisheng Cheng, Yongqing Zhang, Haiyan Ma	*Proceedings*
信息资源配置	1991 年	Intrafirm resource allocation with asymmetric information and negative externalities	C H Kriebel, T Mukhopadhyay, R Nadimiti	*Information Systems Research*
	1997 年	Information acquisition policies for resource allocation among multiple agents	J C Moore, H R Rao, A B Whinston, K Nam, T S Raghu	*INFORMS*
	2009 年	Inverse optimization for resources allocation of information services in IMC	Y Huo, L Ma, X Zhang, P Liang	*International Conference on Innovative Computing*

续表

主题	发表时间	篇名	作者	来源
信息资源配置	2010 年	Study on collaboration mechanisms of information resources allocation strategy in national innovation system	J Zeng, Y Zhao, X Zhang	*International Conference on Computational Inteligence & Soft Engeneering*
	2011 年	System dynamics modeling and simulation for information resources allocation in R&D cooperation	Zhao Yang, Zhang Liyi	*New Technology of Library & Information Service*
	2011 年	Analyzing allocation strategies of government information resources using system dynamic feedback archetypes	P Zhou, Z J Le	*International Journal of Digital Content Techn & Its Applications*
	2012 年	Construction and implementation of distributed information resources allocation system for collaborative innovation	Y Zhao, Q Song	*Information Science*
	2013 年	Visualizing the evolution of information resource allocation research	D Gao, L Wen	*International Conference on Information Techonology & Electronic Commerce*
	2014 年	The evolution of information resource allocation research based on knowledge mapping	L Wen	*International Journal of Database Theory & Application*

在使用 ProQuest 学位论文全文数据库①检索时，首先选定数据库为"Dissertations & Theses, Academic Research Library"，其次限定主题为"Archives AND Archives & records AND Archives & records"，输入"archives resources allocation"检索词时，结果为 0 篇，表明该数据库中仍然没有收录专门研究档案信息资源配置的论文，然后分别以"value""construction""requirement or needs""development and utilization""administration system""information resource allocation"为检索词，检索结果除去误检的完全不相关文献，分别为档案价值实现 0 篇、档案信息资源建设 9 篇、档案需求分析 1 篇、档案事业管理体制 37 篇、档案开发利用 21 篇、信息资源配置 16

① 检索为中国人民大学图书馆电子资源数据库，以及福建师范大学图书馆电子资源数据库。

篇（见表 2 - 2），再次把学科限定为图书馆、信息管理等相关学科，[1] 限定主题为"allocation"，其中基于信息管理视角[2]的有 16 篇、基于信息科学[3]的有 16 篇、基于信息共享[4]的有 12 篇、基于数据收集[5]的有 38 篇。

表 2 - 2　外文文献来源分布表

主题 ＼ 数据库	Springer 外文电子期刊	ProQuest 学位论文全文数据库	总计
档案价值实现	3	0	3
档案信息资源建设	5	9	14
档案需求分析	3	1	4
档案事业管理体制	1	37	38
档案开发利用	3	21	24
信息资源配置	9	16	25
总计	24	84	108

由于中外各国在档案信息资源配置及管理体制上的差异，国外专门研究"档案信息资源配置"的文献非常少，而且从该主题的分支来看，大多是基于组织层面或者机构层面进行研究的，分布十分零星。

2.2.1.2　国内研究情况

围绕"档案价值实现"[6]、"档案信息资源建设"[7]、"档案需求分析"[8]、"档案事业管理体制"[9]、"档案开发利用"[10]、"信息资源配置"等主题进行文献检索，检索范围涉及专著、科研项目、硕博士论文、期刊论

---

[1]　Information management AND information access AND Information centers AND Information AND Information science AND Information services AND Information sharing AND Information sources AND Information warfare AND Library services AND Library science AND Library programs.

[2]　Information management AND Resource allocation.

[3]　Information AND Resource allocation.

[4]　Information sharing AND Resource allocation.

[5]　Data collection AND Resource allocation.

[6]　以档案价值理论为核心，包括档案价值认知及其实现。

[7]　即前文提及的"建设怎样的档案信息资源"。

[8]　即前文提及的"为谁建设档案信息资源"。

[9]　即前文提及的"如何分配档案信息资源"之部门如何供给。

[10]　即前文提及的"如何分配档案信息资源"之用户如何获取。

文等。其中专著是以国家图书馆馆藏目录为依据；科研项目以国家社会科学基金网公布的历年项目名单为主要依据，同时参考了教育部社科网公布的年度项目以及国家档案局科研项目；博士论文以中国期刊网博士论文库为主要依据，同时结合中国人民大学和武汉大学图书馆收藏的本校博士论文选题目录；硕士论文以中国期刊网优秀硕士论文库为依据；期刊以中国期刊网分1979年以前、1979年以后每十年为一期的论文总数为依据（见表2-3、表2-4）。

表2-3 中文文献来源分布表

主题 \ 类型	专著	科研项目	博士论文	硕士论文	总计
档案价值实现	2	3	1	5	11
档案信息资源建设	2	7	1	7	17
档案需求分析	2	1	1	3	7
档案事业管理体制	7	8	4	6	25
档案开发利用	8	3	2	6	19
信息资源配置	3	9	9	3	24
总计	24	31	18	30	103

表2-4 中文期刊年度分布表

主题 \ 年份	1949~1979	1980~1989	1990~1999	2000~2009	2010至今	总计
档案价值实现	9	20	10	113	52	204
档案信息资源建设	23	15	28	140	40	246
档案需求分析	1	0	16	54	6	77
档案事业管理体制	24	14	52	91	19	200
档案开发利用	16	22	155	440	70	703
信息资源配置	0	0	20	154	34	208
总计	73	71	281	992	221	1638

此外需要特别说明的是，1979年以前，考虑到"信息资源配置"以及"档案信息配置"是近些年的提法，并不符合时代特征，大多以"档案管理"等传统词汇统筹相关概念界定、实践做法以及学术研究，故而以"档

案管理"为对象进行篇名模糊检索，显示 194 篇，剔除"政报""简讯""决定""动态""命令""体会""做法"等类型文献，余下文献 73 篇，通过逐一阅读标题及文摘，得出前六个主题的文献数据。

通过以上分析，可以认为该领域的研究为本课题组提供了较好的理论支持和实践经验，但仍然呈现出"理论成果的关联度不大、实践经验的集成度不高、理论与实践的结合度不够"等总体特征，细分为以下几点。

一是对档案信息资源配置的研究，无论是资源建设、管理体制，还是开发利用或是需求分析，大多从宏观层面出发，而从中观或是微观层面切入探讨档案信息资源配置的较少，或者说中观以及微观层面研究较多以档案管理程序、步骤、方法的视角切入，而较少关心"串联"起这些程序、方法、人员、动力、利益的机理机制。①

二是在"档案信息资源配置"的提法尚未得到主流期刊和多数学者认同之时，部分研究人员把"档案信息资源配置"与档案信息资源建设或档案信息资源管理等同起来，即研究"档案信息资源配置"某一专题领域（例如国家档案局提出"三个体系"建设，学界对此进行了广泛而又深入的探讨）的文献较多，而系统研究"档案信息资源配置"的文献较少，或者说实践领域很少出现专门从事"档案信息资源配置"的对口部门和专门机构（从当前的档案管理体制的职能划分或从当前的档案馆网体系的机构设置来看，没有哪个单位挂上"配置"之名）。②

---

① 笔者认为文件连续体的理论贡献之一，便在于电子虚拟空间文件运动的顺序不再遵循线性规律运动、不再遵循时间序列规律流转，而是完全可能从传统的归档末端运动至业务的运作前端。以企业档案管理为例，如何让库房的"生产保单"记录重新焕发生机、融入新的安全生产制度、新的操作流程规范且呈现到一线工人面前，有没有一个机制"串联"起档案人员、档案资源、安全生产、制度规范、高层管理呢？学界大多以"企业档案信息资源开发利用"等词汇表达，而笔者以为微观层面或机构层级的"档案信息资源配置"也是一种思路。详见覃兆刿. 企业档案的价值与管理规范 [M]. 上海：世界图书出版公司，2010：230 - 234.

② 笔者认为当下涌现的商业性文件、信息和档案服务机构，可以被认定为"档案信息资源配置"的对口部门之一，21 世纪初档案学界的关注焦点之一"档案中介机构"其实就是此类部门的前身。它们的行业宗旨、价值观念、道德准则已经经历了行政机关—事业单位—半官半民—商业机构的转型，这就是一种档案信息资源配置主体的蜕变，而档案行业的从业主体从单一的行政单位到多样的介入主体的转型，则是一种档案信息资源配置理念的进步。详见黄霄羽. 文件、信息商业化服务机构建设研究 [M]. 北京：中国人民大学出版社，2014：96 ~ 145.

三是"信息资源配置"研究成果多见于与经济学、法学、公共管理学、信息管理学领域成熟理论的交叉地带，而"档案信息资源配置"的有限成果仍然受限于"档案能否商品化""档案行业能否产业化""档案到底具备什么公共物品属性""社会效益与经济效益孰重孰轻"等学术争论，依然停留在自己的一亩三分地，而较少涉及"对于具有公共物品属性的档案资源与服务"，供给的主体选择可否多样化，各个主体以怎样的产业化方式开展，开展的结果如何衡量或评价等问题。

四是对于档案信息资源配置与档案价值的关系研究较少，"档案价值实现"方面的研究大多可被归于"档案价值理论"，较多以"档案价值认知"等方面的理论指导"档案管理工作"等方面的实践，至于是什么方面的"档案管理工作"则较少涉及或具体指明，而"档案信息资源配置"方面的研究，更多"扎根于"实践层次的档案管理体制、档案事业规划、档案资源建设等，至于以什么作为自己的逻辑起点和理论支撑则较少涉及或具体指明。

2.2.2 研究主题分布

笔者将档案信息资源配置的研究细化为"档案价值实现""档案信息资源建设""档案需求分析""档案事业管理体制""档案开发利用""信息资源配置"六个主题，上述六个主题与档案信息资源配置的逻辑关系见表 2-5。通过研究上述六个主题的文献分布，来进一步说明该课题的研究概况①。

表 2-5 研究主题与档案信息资源配置的逻辑关系

研究主题名称	档案信息资源配置	逻辑关系
档案价值实现	为什么要配置	配置前提
档案信息资源建设	资源如何形成、生产或加工	配置基础
档案需求分析	资源为谁提供、加工和服务	配置服务对象
档案事业管理体制	资源如何分配	配置主体

---

① 对于相关主题的细分和总结，参见王运彬．国有档案信息资源的多元化配置研究 [D]．中国人民大学博士学位论文，2012.6：40~48.

研究主题名称	档案信息资源配置	逻辑关系
档案开发利用	资源如何流通、整合或集成	配置流向
信息资源配置	如何与其他学科资源共融	配置环境

2.2.2.1　档案价值实现

该领域之于"基于价值全面实现的档案信息资源配置"，是一个"资源为何要进行配置"的子命题。由于"档案价值"研究长期以来是档案学术界的关注重点，相关研究成果颇为丰富，在此不再赘述，主要以"档案价值实现"为主题进行阐述。但考虑到相关学术成果并不一定仅仅将"档案价值实现"作为题中之义，而且多从"档案价值"论述起，连带阐述"认知"、"实现"以及"实践指导"等相关话题，所以课题组成员认为归纳这一主题内容，应该囊括三点关联性话题。一是从档案管理的程序、步骤入手，审视档案价值实现，例如"档案价值鉴定"牵涉到的价值显现、档案利用以及档案存毁之间的博弈，① 又如"档案保管保存"牵涉到的储备价值、档案无用与利用价值之间的辨析。② 二是从档案工作的发展变化入手，审视档案价值实现，例如社会实践发展、信息文明水平等会影响档案工作发展对策的制定。③ 三是从档案所处的专门领域入手，审视档案价值的实现，例如与当前纪录片发展迅猛相关的探讨纪录片档案价值实现的策略，④ 又如与当前记忆工程发展迅猛相关的探讨乡村档案记忆资源开发的策略，⑤ 再如与当前文化产业迅猛发展相关的探讨档案文化资源商业价值开发的策略。⑥

---

① 周林兴，吕维．价值与认知：档案存毁之间的博弈 [J]．档案学通讯，2016.5：29～33.

② 张文浩．储备与利用——档案价值两面观 [J]．档案学研究，2012.6：13～15.

③ 倪丽娟．基于档案价值认知转型的档案工作发展对策探究 [J]．档案学研究，2016.4：25～29.

④ 程结晶，甘敏，聂云霞，张加欣．纪录片档案价值构建的障碍及其策略 [J]．档案学通讯，2016.3：94～97.

⑤ 丁华东．讲好乡村故事——论乡村档案记忆资源开发的定位与方向 [J]．档案学通讯，2016.5：53～56.

⑥ 蒋卫荣等．关于档案文化资源商业化的思考——基于苏州数家档案馆现状的调查与分析 [J]．档案学研究，2016.6：70～73.

立足于档案管理程序步骤的全局，而不是某一个环节——尤其是仅仅局限于"档案（提供）利用"这一步，来审视档案价值的实现，笔者认为这是"全面实现档案价值"的起点之一。周林兴教授对"档案利用系列案例"进行了档案价值思考，他援引 Elaine 的观点——档案价值显现存在很大的偶然性与随机性，很难找到一个准确答案来回答其价值的大小，或许可以找到一个能被大家所理解的近似的不那么完美的"档案价值"①，对于"弱化档案价值鉴定"② 提出了系列建议，尤其驳斥了实践工作中经常出现的、以及新闻媒体经常报道的类似于"根据对某地区多家单位档案整理工作的调查了解，无利用价值的档案竟高达多少比例"③ 的档案价值认知误区。如果仅仅局限于根据是否经历档案馆的提供利用环节，来判断档案价值是否实现，的确是存在很大偏见的，因为档案信息资源毕竟不同于图书报刊等大众化信息，很可能绝大多数档案并不会与社会中的个人、单位发生关联，但也很可能任何个人或单位都可以档案用户的面貌出现在利用服务的任何时间节点上。看似矛盾却又合乎逻辑的表述，明确指向一点——"全面实现档案价值，需要对档案管理步骤进行统筹规划和优化配置"。对本课题的研究给予的启示——档案价值的实现，既是一个理论问题——它由"档案价值实现"这一理论规律予以解释但又不止于此，因为价值认知水平在某种程度上决定了价值实现程度；又是一个实践命题——它由"档案开发利用"这一实践步骤显现出来但又不止于此，因为档案储备水平在某种程度上决定了档案利用概率。

立足于档案工作发展变化的全局，而不是某一个部门——尤其是仅仅局限于"档案局、档案馆、档案室"这一部门，来审视档案价值的实现，笔者认为这是"全面实现档案价值"的起点之二。倪丽娟教授先后站在"信息文明发展"和"社会实践分工"的视域下，探讨了档案认知转型对档案价值实现和档案工作发展所带来的机遇、挑战以及应对策略，其核心

---

① 周林兴，吕维 . 价值与认知：档案存毁之间的博弈 [J]. 档案学通讯，2016. 5：29～33. 转引自 Elaine Samantha Marston Penn. Esploring Archival Value：An Axiological Approach [D]. London：University College London，2014：246.

② 周林兴 . 重申弱化档案价值鉴定的合理性存在 [J]. 档案学通讯，2016. 2：31～36.

③ 龙福英 . 应进一步重视档案资料的鉴定销毁工作 [N]. 中国档案报，2013－12－13（2）.

观点在于档案价值的实现应着重解决社会实践领域存在的制约价值实现的基础性条件问题，例如社会档案意识、社会信息能力只是触发档案利用行为和实现档案价值的必要条件，而社会实践的内在诉求和需求才是引发档案实际利用和实现档案价值的充分条件，后者取决于社会的有机联系、社会信息文明的发展程度以及社会管理实践的理性化水平。从档案行业从业者和管理者角度来讲，最为实际的就是要促使众多社会实践主体理性审视档案、① 积极利用档案规范其本职工作、② 提高社会实践理性水平，最终达到档案价值实现多种影响因素的良性互动。苏君华教授在其国家社会科学基金项目"公共文化服务体系中公共档案馆发展战略研究"中谈及的公共档案馆社会合作问题，则直接切中"档案工作发展变化的全局"的要害，她认为基于资源交换、服务拓展、价值认同的社会合作，将使公共档案馆能够更好地协调与其他社会主体之间的关系，使其社会使命与社会价值得到更好的实现。即将公共档案馆放置于公共文化建设这一更大的实践背景下审视其保管的档案资源的"社会性"价值，从而达成档案价值"不仅局限于档案部门内部的实现，而且要扩展到图书馆、博物馆、高等院校、新闻媒体、中小学校、基金会、社会个人等更多社会主体"的宏伟目标。③

　　立足于档案所处的专门领域，而不是档案行业系统——尤其是仅仅局限于"档案学、档案工作和档案事业"这一行当，来审视档案价值的实现，笔者认为这是"全面实现档案价值"的起点之三。档案起初来源于社会实践分工之后的各个行业系统，尔后通过档案管理程序和档案局馆工作收集归置在统一的档案行业系统，但最终仍然要面向除却档案行业系统之外的各个源头单位和社会实践主体，即从各个专门领域的视角来审视和实现档案价值，既可以被认定为"全面实现档案价值"的起点之三，也可以

---

① 例如倪丽娟教授指出，做好社会档案文化启蒙工作并提升社会公众处理档案事务的能力，成为社会转型赋予当下档案工作者的一项重要社会责任。详见倪丽娟. 基于档案价值认知转型的档案工作发展对策探究 [J]. 档案学研究，2016. 4：25 - 29.

② 例如倪丽娟教授指出，档案事业管理部门应通过指导性规划来引导社会非公组织、社区以及个人、家庭建立自身的档案资源，丰富社会档案资源体系，为未来社会发展积累档案财富。详见倪丽娟. 基于档案价值认知转型的档案工作发展对策探究 [J]. 档案学研究，2016. 4：25 - 29.

③ 苏君华，李莎. 论公共档案馆的社会合作研究 [J]. 档案学研究，2016. 5：36 ~ 39.

被视作其最终落脚点。纪录片的发展源自距离档案事业较远的影视产业，然而程结晶教授却以"档案与纪录片相互融合所表现的原始性纪实"为切入点，从纪录片档案的片源拓展、资金引入、受众主体、传播途径等多个维度，深入分析了创造性的排列组合纪录片档案价值实现的各个要素，以及发挥纪录片媒介之档案的最大效益和实现纪录片档案服务影视产业的最终目的。记忆工程的研究在档案学界兴起较早（非并独此一家），各种层次的例如世界记忆、国家记忆、城乡记忆，各个城市的例如北京记忆、福州记忆、上饶记忆，遍地开花的局面凝聚出一种共识——"各项记忆工程的筹建主体愈发认识到档案的价值"。习近平总书记提出"讲好中国故事"系列重要讲话精神指着上述筹建主体朝着"讲好乡村故事"（例如丁华东教授指出乡村档案记忆资源的开发就可以定位记忆资源的发掘开发、描述开发和生产开发）、"讲好侨乡故事"（例如孙建党教授指出侨批档案的开发就应该挖掘其中的人物情节、民族命运和侨乡文化）等方向前进。文化产业的发展更是引起了档案学界的关注，但是较多以档案部门的眼光来谈论档案馆如何服务于文化产业，例如蒋卫荣教授等基于苏州数家档案馆现状的调查与分析，思考了档案文化资源商业化的技术可行性、经济可行性和社会可行性。① 然而正如倪丽娟教授所说的信息文明和实践理性一样，能否实现文化产业的档案理性和价值自觉呢？换言之，人家开发自家的档案，服务于自己的产业，已经不需要档案部门"劳心劳力"了。

2.2.2.2　档案信息资源建设

该领域之于"基于价值全面实现的档案信息资源配置"，是一个"资源如何形成、生产或加工"的子命题。当前国内的研究思路主要有三种，一是立足国家层面，从综合档案馆的角度，阐述国家档案资源体系的建立，当然这一层面也是当前实践的实际做法，在国家档案局提出"三个体系"建设方案之后被进一步提升为档案行业的顶层设计方案乃至国家战略；二是立足技术层面，从网络档案资源建设的角度，阐述电子政务建设中数字档案信息资源的建立，或者对前一时期数字化方案的反思与整合，

---

① 蒋卫荣，赵之咏，董庆凤，黄青，李倩雯. 关于档案文化资源商业化的思考——基于苏州数家档案馆现状的调查与分析 [J]. 档案学研究，2016. 6：70～73.

以及部署下一阶段数字档案信息资源建设的研究思路；三是立足组织层面，从图书、情报、档案或文博一体化建设的角度，对某一具体的部门（或政府机构、或公司企业等）阐述其信息资源的整合共享。

　　关于国家层面的档案信息资源建设，论述最为全面的当数付华先生在其博士论文中①阐述的国家需要保存和国家实际保存的档案信息资源状况，从两者之间的差异中归纳档案信息资源的不合理流动与不完整建设，并提出国家档案信息资源建设的指导思想。黄存勋②、傅华③、黄项飞④、徐欣⑤先后提出国家档案资源概念，认为国家档案资源建设应该对"国家档案全宗理论"进行扬弃，在档案权属明晰的前提下，国家档案资源体系不仅应包括国家所有的档案，也应该包括非国家所有而具有社会价值的档案，即应跨越所有权的归属，把社会价值评判奉为圭臬。当然近年来也出现过一些反对的声音，例如曹勤民认为"国家综合档案馆应当坚持档案收集的底线"⑥，而贾玖花则质疑了扩大档案收集范围的论点。⑦ 沿着"社会价值"的线索，张林华⑧、王英玮⑨、左健⑩、金幼囡⑪、马灵⑫等先后从民生、专业、历史、地方、社团等非行政管理视角的社会价值方面论述了档案信息资源的建设。档案信息资源建设中的"社会价值"评判是要满足纷繁复杂的公共需求，已然跨越了档案权属，反映了档案权属多元化的现实，而由综合档案馆、国家档案馆或公共档案馆一元供给或主要供给仍

---

①　付华．国家档案资源建设研究［D］．中国人民大学博士学位论文，2004：35～50.

②　黄存勋．论国家档案资源建设的理念与体制创新［J］．档案学通讯，2004.2：76～79.

③　傅华．国家档案资源建设研究［J］．档案学通讯，2005.2：41～43.

④　黄项飞．国家档案资源建设的创新思维［J］．浙江档案，2005.4：18～19.

⑤　徐欣．浅谈档案馆档案资源的建设［J］．档案学通讯，2006.1：82～84.

⑥　曹勤民．国家综合档案馆应当坚持档案收集的底线［J］．中国档案，2010.4：58～59.

⑦　贾玖花．"扩大档案收集范围论"质疑［J］．山西档案，2010.5：25～26.

⑧　张林华，刘欣璇．论民生档案资源建设及利用［J］．档案学通讯．2009.5：80～83.

⑨　王英玮．关于专门档案在综合档案馆资源建设中的地位与作用思考［J］．档案学研究，2007.2：6～9.

⑩　左健．口述历史——外交档案资源建设的有意尝试［J］．中国档案，2005.6：45～46.

⑪　金幼囡．地方特色档案资源建设方法谈［J］．浙江档案，2010.9：36～37.

⑫　马灵．档案资源建设中一个值得关注的问题——科技社团档案的收集利用［J］．档案，2007.6：56～57.

是学界的共识，一些国家社会科学基金项目①②、国家档案局科技项目③④⑤⑥⑦、学术论坛⑧⑨等，研究视角无一例外地放在档案馆，详见表2-6、表2-7。

表 2-6   2010～2018 年国家社会科学基金关于档案信息资源建设的立项⑩

年度	项目名称	负责人	工作单位	项目类别
2010	优化用户体验与感知和建立信息质量综合评价指标研究	刘冰	天津师范大学	一般项目
	工业信息资源发展的国家战略框架研究	田景熙	江苏省信息中心	一般项目
	金融与期货行业信息资源的协同配置与集成服务研究	赵海军	广东商学院	一般项目
	区域创新体系中的信息资源配置与服务模式研究	余以胜	华南师范大学	青年项目
	行业信息资源的协同配置与集成服务研究	胡潜	华中师范大学	青年项目
	政府信息资源公众服务的需求分析与实现路径研究	章燕华	浙江大学	青年项目
	公共健康信息资源协同配置与集成服务研究	向菲	华中科技大学	青年项目
	信息资源公共获取中的质量保障政策研究	唐琼	中山大学	青年项目

① 陈智为. 档案事业建设与社会发展. 中国人民大学档案学院. 国家社会科学基金重点项目（项目号：96ATQ004）.

② 郭红解. "城市记忆" 档案文献资源整合研究. 上海市档案局. 国家社会科学基金一般项目（项目号：06BTQ013）.

③ 窦晓光. 转型期的档案管理体制研究. 安徽大学管理学院. 国家社会科学基金一般项目（项目号：02BTQ020）.

④ 何振. 电子政府环境下的档案资源整合与共享. 湘潭大学管理学院. 国家档案局科技项目，2003.

⑤ 陈文樵. 电子政务建设中档案信息资源的开发与利用. 湖北省档案局. 国家档案局科技项目，2003.

⑥ 崔海燕. 国家档案信息资源建设研究. 安徽省档案局. 国家档案局科技项目，2003.

⑦ 安徽省档案局. 新时期国家档案信息资源管理模式研究. 国家档案局科技项目，2006.

⑧ 详见王天泉. 为了记忆不再缺失——专家学者研讨国家档案资源建设 [J]. 中国档案，2006.12：35～38.

⑨ 中国人民大学举办的第二届中国档案学博士论坛的主题是：档案：资源的开发与学科的自觉.

⑩ 本数据由项目组团队根据全国哲学社会科学工作办公室网站 www.npopss-cn.gov.cn 内容整理所得.

续表

年度	项目名称	负责人	工作单位	项目类别
2011	俄罗斯图书馆国家信息资源建设与保障制度研究	贺延辉	黑龙江大学	一般项目
	基于知识管理的跨部门政府信息资源整合与共享路径研究	姚乐野	四川大学	一般项目
	政府信息资源管理创新的理论与方法	赖茂生	北京大学	一般项目
	社会网络环境下用户参与的图书馆数字信息资源建设模式研究	刘磊	南京农业大学	一般项目
	云计算环境下图书馆信息资源安全政策法律研究	黄国彬	北京师范大学	青年项目
	基于互操作协议标准的档案信息资源整合模式研究	包海峰	南京大学	青年项目
	面向社会的档案信息资源规划研究	周林兴	南昌大学	青年项目
2012	基于社会网络的数字信息资源开放获取与共享机制研究	盛小平	华南师范大学	一般项目
	网络环境下科技信息资源建设中的质量元数据及评估应用研究	宋立荣	中国科技信息研究所	一般项目
	国家层面的私人档案信息资源体系建设研究	孙爱萍	北京联合大学	一般项目
	推动我国学术信息资源开放获取的政策体系研究	张新鹤	西北大学	青年项目
	农村文化信息资源共享的路径选择与实现策略	王丽华	上海大学	青年项目
2013	面向城乡公共服务均等化的信息资源公益性开发研究	王云娣	浙江师范大学	一般项目
	面向公共安全决策需求的信息资源开发利用战略及政策研究	马德辉	中国人民公安大学	一般项目
	"资源—资产"视角下我国政府信息资源商业价值实现路径研究	陈兰杰	河北大学	青年项目
	民族地区城乡义务教育信息资源协同配置与绩效评估研究	罗廷锦	云南民族大学	青年项目
2014	基于用户与情境视域的网络学术信息资源评价研究	刘冰	天津师范大学	重点项目
	基于云计算的国家数字学术信息资源安全保障体系构建研究	刘万国	东北师范大学	重点项目
	多民族语言信息资源跨语种共享策略研究	赵生辉	西藏民族学院	一般项目
	基于信息生态的信息资源协同建设研究	裴成发	山西大学	一般项目
	数据开放环境下政府数字信息资源质量保障研究	白献阳	河北大学	青年项目
	大数据时代科技成果信息资源的个性化推荐服务研究	李晓慧	中国科学技术信息研究所	青年项目

续表

年度	项目名称	负责人	工作单位	项目类别
2015	大数据环境下战略性新兴产业的信息资源服务创新研究	王学东	华中师范大学	重点项目
	网络信息资源著作权侵权风险动态评估及风险沟通机制研究	张文德	福州大学	一般项目
	大数据环境下政务信息资源优化配置与服务模式创新研究	毛太田	湘潭大学	一般项目
	网络信息资源长期保存中信息安全保护机制研究	李伟超	郑州航空工业管理学院	一般项目
	信息化条件下档案社会化媒体信息资源的整合路径与机制研究	王兰成	解放军南京政治学院	一般项目
	城乡一体化进程中公共信息资源均衡配置的激励机制及实现路径研究	严密	常州大学	青年项目
2016	"一带一路"战略的东盟信息资源支撑及开发策略研究	苏瑞竹	广西民族大学	一般项目
	"一带一路"倡议的信息资源支撑及开发策略研究	丁波涛	上海社科院	一般项目
	档案信息资源的集中与分布式共享整合模式研究	曹航	上海大学	一般项目
2017	基于语义关联的多源医学信息资源发现服务体系研究	张军亮	新乡医学院	青年项目
2018	创新扩散理论视阈下档案信息资源自媒体传播研究	邢变变	郑州大学	青年项目

表 2 - 7   2017 ~ 2018 年国家档案局科技项目统计①

年度	项目名称	承担单位	负责人	推荐单位
2017	政府信息公开引发的档案行政诉讼研究	江苏省南通市档案局	苏远明	江苏省档案局
	基于新兴媒体的档案信息资源服务优化创新研究	桂林电子科技大学	葛俊杰	广西壮族自治区档案局
	民生档案信息资源的开发与利用——居民出生死亡信息管理利用现状及对策研究	上海市徐汇区档案局、上海市徐汇区疾病预防控制中心	阎宗桂	上海市档案局
	数字档案资源共建共享研究	河南省档案局、中原工学院	张荣斌	河南省档案局

---

① 本数据由项目组团队根据全国哲学社会科学工作办公室网站 www.npopss-cn.gov.cn 内容整理所得。

年度	项目名称	承担单位	负责人	推荐单位
2017	基于移动设备的数字档案信息开放共享和泛在智能服务的研究	天津职业技术师范大学	李莉	天津市档案局
	基于"互联网＋"流动人员人事档案公共服务管理信息平台的应用研究	广西壮族自治区档案局、深圳市畅飞扬信息系统有限公司	韦家友	广西壮族自治区档案局
	档案信息资源服务与共享的制度性保障研究	福建省档案局	雷乃明	福建省档案局
	大数据背景下内蒙古地区高校档案工作信息化建设及蒙古文档案管理方法研究	内蒙古大学	朱玉明	内蒙古自治区档案局
	基于房管档案信息资源整合开发的商品住宅供应周期分析方法研究	湖北省武汉市房产档案馆、华中师范大学经济与工商管理学院	缪涛	湖北省档案局
2018	内蒙古乌兰牧骑档案资源建设及珍贵音视频档案数字化抢救技术研究	内蒙古自治区档案局	罗永俊	内蒙古自治区档案局
	基于史学研究利用需求的档案资源体系结构研究	青岛市档案局、山东大学历史文化学院	杨来青 曲春梅	山东省档案局
	基于大数据的政务信息资源归档研究	青岛市档案局、青岛市电子政务和信息资源管理办公室	杨来青	山东省档案局
	交通行业档案政务信息资源目录体系建设与数据开放共享应用研究	广东省交通运输档案信息管理中心	巫建文	广东省档案局
	民生档案数字资源信息共享研究	北京市档案局	崔伟	北京市档案局
	重庆市公共档案信息资源在线共享利用服务应用研究	重庆市档案局	刘泽利	重庆市档案局

关于技术层面的档案信息资源建设，较早进行论述的侯俊芳在 1995 年的撰文中指出，在"三金工程"背景下，档案部门要想与我国的信息网络顺利接轨，应该考虑从国家信息资源网建设的战略问题出发，使档案信息资源网尽早成为（金）桥下之网。① 尔后随着信息技术的进步和电子政务的成熟，电子文件在档案家族中扮演着越来越重要的角色，"档案数字化与数字档案馆""XML、档案网站与在线获取""档案信息化建设与档案知识管理""数字档案资源长期保存"等成为重点研究领域。笔者无意对各

---

① 侯俊芳．三金工程与档案资源建设［J］．档案学通讯，1995.4：46 ~ 47.

种信息技术进行全面归纳，也无力评述哪种信息技术孰优孰劣，而是从档案信息资源建设的视角，评述各种信息技术的运用，即技术的管理。例如李海军提出信息技术框架务必实现"档案信息资源建设向档案知识积累"的转变；① 王健针对数字化的误区，提出档案数字化的五个同步前期战略和五个优先原则；② 刘家真在国家自然科学基金项目"保证数字信息长期可读的管理方案研究"的课题研究中，专门从管理方案的视角来探讨数字资产保存；③ 马跃福认为面临众多的数字存储、容灾、备份和归档技术，更重要的是建立一个标准的数据管理平台；④ 赵淑梅指出信息化浪潮下的数字档案资源建设，不仅需要技术环节，更需要管理环节与理论环节的指导；⑤ 国际性电子文件研究项目——"电子系统中文件永久性凭证性问题研究项目"（简称 InterPARES 项目）也一直致力于数字化环境下，数字档案资源长期保存的指导原则、策略和标准等管理因素的研究。⑥

关于组织层面的档案信息资源建设，主题围绕组织内部所有文献信息资源的融合与共享，尤其是图书、情报、档案甚至博物资源的一体化。较早涉足图情档一体化研究的学者之一黄宗忠，首先从哲学高度分析图情档的共同本质，⑦ 并根据社会需求的整体化发展趋势，提出图情档资源建设中要注重分类、著录、标引和检索标准的统一化和规范化；⑧ 万青则依托中国科学院 1978 年提出并践行的"图书情报一体化"方案，分析了档案与图书情报的同宗同源关系，并预测了三者在信息时代的同归之路；⑨ 黄

① 李海军. 档案信息转化为"档案知识"的技术框架探讨 [J]. 山西档案，2007.1：28 ~ 30.
② 王健. 关于档案数字化优化模式的探讨——档案数字化对象之优化鉴选 [J]. 档案学通讯，2007.1：55 ~ 58.
③ 详见刘家真. 拯救数字信息——数据安全存储与读取策略研究 [M]. 北京：科学出版社，2004：1 ~ 2.
④ 马跃福，王平，杨静. 统一档案数据存储管理平台建设 [J]. 档案与建设，2010.10：28 ~ 30.
⑤ 赵淑梅. 数字档案资源的建设 [J]. 辽宁大学学报（哲学社会学科版），2003.3.
⑥ The InterPARES Project [EB/OL]. www. npopss-cn. gov. cn/.
⑦ 黄宗忠. 试论图书情报档案一体化 [J]. 中国档案，1987.1：27 ~ 29.
⑧ 黄宗忠. 试论图书情报档案一体化的发展趋势 [J]. 武汉大学学报（社会科学版），1986.6：89 ~ 96.
⑨ 万青. 试论图书情报档案一体化 [J]. 高校图书馆工作，1994.3：17 ~ 22.

媛认为图情档一体化的理论基础在于"文献交流理论"；① 豆敏则分析了图情档一体化的技术基础为信息交换技术。② 对于如何实现一体化，多位学者先后从各种组织机构视角出发进行分析，例如徐益基于"文献信息中心"③、张芳霖基于现成的"档案行政管理机构"④、季晓林基于"泰达图书馆办馆模式"⑤、何振基于"企业信息资源管理系统"⑥，提出了图情档资源一体化的建设方案。迄今为止，国家对此领域给予最大资助的项目之一——"图书、博物、档案数字化服务融合研究"⑦，教育部"十五"计划资助项目——"我国图书馆、档案馆与博物馆资源整合研究"⑧，则认为完整的文献信息资源，除了已有的图情档一体化，也应该将博物资源积极纳入其中，详见表 2 - 8。

表 2 - 8　2010 ~ 2017 年图情档一体化研究统计表⑨

年份	篇名	作者	来源
2010	图书、情报、档案一体化动力机制研究	王晓	国家图书馆学刊
	图情档信息资源一体化管理的可行性分析	蔡玉兰	西藏科技
2011	图书情报档案一体化融合的动力	黄曼丽　陈鹏	法制与经济（下旬）
2012	古代徽州民生文献研究——关于图情档一体化的实证分析	王安培	图书馆工作与研究

---

① 黄媛. 对我国图书、情报、档案一体化管理研究的回顾与展望［J］. 情报资料工作，2009.1：83 ~ 85.
② 豆敏. 浅析图书、情报、档案一体化中的信息交换［J］. 北京档案，2010.9：27 ~ 28.
③ 徐益. 关于图书、情报、档案一体化管理的新思考［J］. 图书情报工作，2001.11：70 ~ 71.
④ 张芳霖. 信息时代图书、情报、档案一体化管理研究［J］. 档案学通讯，2003.3：84 ~ 87.
⑤ 季晓林. 图书、情报、档案一体化管理的探索和思考［J］. 情报资料工作，2005.5：91 ~ 93.
⑥ 何振，蒋冠. 电子政务环境下企业图书、情报、档案一体化探析［J］. 档案学研究，2005.6：47 ~ 50.
⑦ 朱学芳. 图书、博物、档案数字化服务融合研究. 南京大学. 国家社科基金重大招标项目，2010.
⑧ 详见刘家真. 我国图书馆、档案馆与博物馆资源整合初探［J］. 中国图书馆学报，2003.3：36 ~ 38.
⑨ 本数据由中国知网整理所得. 详见 http：//kns. cnki. net/kns/brief/result. aspx? dbprefix = SCDB.

年份	篇名	作者	来源
2012	对图情档一体化管理可行性的思考	孙青	内蒙古科技与经济
	网络环境下图书情报一体化管理模式的构建	陈洁	新课程（上）
2013	图情档一体化管理的理念与实践	徐亚男	兰台世界
	私家图书档案馆的新概念——关于图书情报档案一体化的再思考	张学辉 裴友泉	图书馆工作与研究
2015	大型工业企业图情档信息一体化管理研究	吕成	黑龙江大学
2016	图情档一体化管理探究	蒋慧	才智
	医院图情档一体化管理制约因素分析及对策	王芳	兰台世界
	整合与转型：从战略规划到战略管理——图情一体化进程中上海图书馆的战略管理实践	陈超	图书馆杂志
2017	图情档专业课程资源一体化建设研究	王小云	图书馆学研究

虽然国家层面、技术层面和组织层面的档案信息资源建设三者各有侧重，但是于"档案价值"来讲，都是其储备价值的体现和其他价值实现的前提，档案信息资源配置只有同时兼顾三者利益，科学处理好三者之间关系，方可为后续的价值实现实践机制提供条件。

2.2.2.3 档案需求分析

该领域之于"基于价值全面实现的档案信息资源配置"，是一个"资源为谁提供、加工和服务"的子命题。国内学者的研究思路集中在四个方面，一是对档案信息资源的用户需求进行不同范围的调研；二是总结社会发展、网络技术与市场成熟条件下的需求变化规律；三是从各个具体的领域、部门、学科介绍需求的具体情况；四是研究与探索需求的服务模式，包括提供档案利用的公共服务与商业化运作的市场服务。

档案信息资源的用户需求调研是指了解和掌握某一部门、区域乃至全国范围内档案的实际利用情况，预测社会档案的需求总量与结构。陈永生教授以各年度《中国档案年鉴》和《档案事业基本情况统计年报》[①] 提供的数据为基础，结合自己的调研情况，用图表的形式表示了"1987 年至

---

① 《中国档案年鉴》和《档案事业基本情况统计年报》作为全国范围内的档案事业总体情况汇总表，对每一年度各省、自治区、直辖市各级国家综合档案馆的档案开放、利用情况进行了详细统计。

2003 年我国档案利用者的需求类型及相关档案利用数量和比例"，以及"满足编史修志、工作参考、学术研究、经济建设和其他利用需求的档案利用数量曲线图"；① 戴泳江调查分析了射阳县档案馆 1986～2005 年的档案利用情况；② 杨崇调研了上海市浦东新区的档案用户需求；③ 浙江省档案馆课题调研组对浙江省内重点县市档案馆开展了需求实地调研；④ "档案中介机构理论与实践研究"课题组，于 2003 年对档案用户的市场服务需求在上海和深圳两市进行了实地调研。⑤

依据调研情况归纳出档案用户需求的变化规律，表现在三个方面。一是网络技术对档案用户需求产生了巨大的影响，包括积极方面和巨大挑战，例如网络查询的便利性尤其是档案馆 App 的兴起，逐渐吸引着一批以年轻人为代表的不愿走进档案馆或对档案馆的利用手续之烦琐心存抵触的人群，与此同时挑战着档案馆的数字化水平、网络化水平甚至与移动互联网的融合程度。例如档案学界和实践部门关于"重检索、轻整理"问题的研究，体现了档案管理业务的改革必须面向网络技术对档案事业产生巨大影响的事实和具体情况。二是社会发展拓宽或改变了档案用户需求的实践领域，总体上以科研、生产、生活为重，具体上表现为社会分工的变化导致一些领域日益壮大而另一些组织日渐消亡，那么其档案管理、利用和服务需求也会随之壮大或消亡。例如档案学界关于"档案价值鉴定"的理论和实践的争论，实则体现了档案管理流程的改革必须面向社会实践这一大背景变化所带来的影响，而不是局限于某一鉴定工作人员、某一利用行为、某一组织用户需求。三是市场机制的日益成熟催生出档案管理流程囊括的各项配套服务的市场需求，这些需求都是应网络技术和社会发展而形成、细化和扩大的。例如综合档案馆和大型企业的数字化需求、改制转型

---

① 陈永生. 档案合理利用研究——从档案部门的角度 [D]. 北京：中国人民大学博士学位论文，2006.

② 戴泳江. 着眼社会需求 提高利用效率——江苏射阳县档案馆 1986～2005 年档案利用工作的分析报告 [J]. 中国档案，2006.11：48～49.

③ 杨崇. 1999—2007 年上海浦东新区档案馆总体利用情况分析 [J]. 档案管理，2008.6：60.

④ 浙江省档案馆课题调研组. 档案资料与现行文件利用的新转折——档案资料与现行文件社会需求和发展趋势调研报告 [J]. 浙江档案，2006.1：32～34.

⑤ 李国庆. 档案中介机构理论与实践研究 [M]. 北京：中国档案出版社，2006：8.

重组企业的档案整理需求、组织机构的文档管理流程改造需求、企事业单位档案寄存需求等，市场机制尚不成熟时，这些需求不是不存在，而是市面上没人供给，只好自给自足，需求被压抑而已，一旦市场成熟、供给出现，需求便显现甚至涌现出来。

高等院校的档案用户群体主要包括高校行政部门、教学院系、教学人员以及大学生等群体，关于他们的研究包括，高校与社会其他行业档案需求的对比，以及高校内部各种用户需求特点的分析；人事档案需求领域的研究包括，相应档案需求的定义、内涵、种类等，以及根据需求特点对人事档案管理的一些具体建议，例如建立干部业绩档案。① 此外，北京市大兴区档案局课题组以"三农"建设类档案需求作为研究对象，② 何虹对艺术声像档案的需求结构和内容进行了阐述③。

需求服务模式包括公益供给与商业化供给的档案需求服务。鉴于公共档案馆的功能定位和本质属性，周林兴④、肖文建⑤以社会弱势群体和小众化服务为重点阐述了公益供给档案信息资源的必要与措施，夏义堃⑥以美国政府信息资源管理为例论证了商业化供给的可行性，华春雷等建议以小范围内商业化开发的实践来检验商业化开发服务模式的效果。⑦ 笔者认为，采取何种需求模式，取决于资源与需求之间的互动情况，即供给何种资源以满足何种需求。

2.2.2.4　档案事业管理体制

该领域之于"基于价值全面实现的档案信息资源配置"，是一个"资源如何分配"的子命题。国内学者的研究思路主要有三种：一是从宏观视角论述国家档案事业的管理体制及其改革；二是从微观视角论述机构组织

---

① 温海萍，卫蔚．浅析人事档案用户需求及服务策略 [J]．河北工程大学学报（社会科学版），2007.3：124～125.

② 北京市大兴区档案局课题组．农民需求档案室初探 [J]．北京档案，2003.9：28～29.

③ 何虹．戏曲研究单位档案服务的需求特点 [J]．兰台世界，2008.2：39～40.

④ 周林兴，罗辉．公共档案馆服务的制度分析及政策启示 [J]．山西档案，2006.5：22～24.

⑤ 肖文建，王广宇，彭宁波．和谐社会构建中档案馆关注弱势群体研究——基于信息能力与信息需求的思考 [J]．档案学研究，2009.1：21～24.

⑥ 夏义堃．公共信息资源市场配置的实践与问题 [J]．中国图书馆学报，2007.4：68～72.

⑦ 华春雷．公共档案馆开发档案文化资源的商业化模式——文化产业发展背景下档案文化资源开发探析之二 [J]．云南档案，2007.2：31～33＋40.

内部的档案管理制度及其改造；三是从市场经济视角论述档案资源供给，涉及公共档案信息资源的市场供给以及非公共档案资源的市场供给。

　　关于宏观视角的档案事业管理体制，较早对该主题进行系统研究的是 1996 年的"档案事业建设与社会发展"研究项目①、"转型期的档案管理体制研究"研究项目②，孙爱萍③、陈永生④、罗军⑤先后在博士论文中分别从非国有档案信息资源、档案馆所有资源、档案行政管理体制的视角阐述了管理体制对档案资源配置的作用和意义。"新时期国家档案信息资源管理模式研究"项目⑥以及安徽和县"档案管理体制改革"⑦实践，则是引发该领域理论创新和实践改革的高潮，诸多学者之前的学术设想终于获得了一片试验田。例如黄存勋提出的"行政体制创新：对档案事业实施全方位管理"和"机构设置创新：馆网结构的合理布局与中间性档案机构的社会化"⑧，戴志强的"建立多种形式的档案文件管理中心"设想，⑨浦东新区 2001 年实施的"区档案局、区档案馆和区城建档案信息中心的整合"⑩试验。然而，安徽和县模式并不完美，亦有学者提出不能简单否定专业系统的档案信息资源条块管理体制并提倡多种不同的档案信息资源管理模式并存，⑪认为应该在行政体制改革和文化体制改革两种不同的背景

---

① 陈智为．档案事业建设与社会发展．中国人民大学档案学院．国家社会科学基金重点项目（项目号：96ATQ004）．

② 窦晓光．转型期的档案管理体制研究．安徽大学管理学院．国家社会科学基金一般项目（项目号：02BTQ020）．

③ 孙爱萍．非国有档案信息资源管理研究［D］．中国人民大学博士学位论文，2004：53.

④ 陈永生．档案合理利用研究——从档案部门的角度［D］．中国人民大学博士学位论文，2006：97.

⑤ 罗军．我国档案管理体制改革研究［D］．中国人民大学博士学位论文，2008：45.

⑥ 2008 年度国家档案局优秀科技成果奖励项目，该项目首创了以国家档案信息资源集中统一管理、强化档案监管、档案"一站式"服务为基本内容的档案管理新模式——"和县模式"。

⑦ 安徽省于 2004 年起以和县为试点进行档案管理模式改革，并在 2005 年底将和县经验向全省推广。详见田白雪．安徽档案管理模式改革探析——从"和县模式"到"徽式探索"［D］．云南大学硕士学位论文，2016：1.

⑧ 黄存勋．论国家档案资源建设的理念与体制创新［J］．档案学通讯，2004.2：76～79.

⑨ 戴志强．国家档案资源整合的含义及其运作机制探讨［J］．档案学通讯，2003.2：4～7.

⑩ 张向东．浦东新区档案管理体制整合创新实践与思考［J］．上海档案，2011.4：17～19.

⑪ 曹航，杨智勇．档案管理模式改革：困境与对策——从和县模式的现状说开去［J］．档案学通讯．2010.3：84－88.

下进行。考虑到我国档案信息资源地区分布失衡①、城乡分布失衡②和行业系统分布失衡③的现实，应该实施以行政手段统领经济手段、法律手段和整合技术手段等的综合方法，以激发数量庞大的档案室藏档案资源，丰富公共档案馆的综合性档案资源，加大馆际以及档案馆与其他信息机构的协调和共赢。考虑到我国文化体制改革的大背景以及档案事业、档案资源与社会文化之间的密切联系，经营性、产业性的档案资源管理体制能否在档案行政管理体制一枝独秀的环境中得到些许的生存空间，还有较大的学术争论，但产业化的概念在文化体制改革中深入人心已是不争的事实。

关于微观层面的档案信息资源管理制度，该主题涉及档案部门、行政机构、企事业单位，与"组织层面的档案资源建设"有部分交叉，共同点在于两者均以具体的组织、机构、单位为观察视角；不同点在于前者更加注重档案资源的管理，而后者更加注重多种信息资源的融合。例如，在行政管理学领域行政机构内部扁平化背景下，业务机构——档案室——的文档管理制度往往是以文件生命周期理论为指导的手工方式的文档一体化，无法适应机构精简、层级扁平化的趋势，而文件中心、联合档案室等新型的档案管理机构若想承担此重任，还需假以时日。又如，企业基于电子文件管理平台对档案资源的管理从文件形成之前就给予掌控，是否还需要适应现代企业制度改革实施基于信息管理视角的文档管理流程或职能管理流程再造呢？④ 再如，高校档案资源的管理，《高校档案管理办法》明确规定了学校规模决定档案馆的设立与否，⑤ 但我国高校规模、种类差异大，对

---

① 陈永生. 档案信息资源地区分布状况分析——我国档案信息资源分布状况及均衡配置研究之一 [J]. 浙江档案，2008.8：14～16.

② 陈永生. 档案信息资源城乡分布状况分析——我国档案信息资源分布状况及均衡配置研究之二 [J]. 浙江档案，2008.9：14～16.

③ 陈永生. 档案信息资源均衡配置方案——我国档案信息资源分布状况及均衡配置研究之三 [J]. 浙江档案，2008.10：17～19.

④ 张斌. 现代企业制度下的企业档案信息管理研究. 中国人民大学档案学院. 国家社会科学基金一般项目，2003.

⑤ 《高等学校档案管理办法》明确指出：建校在50年以上、全日制在校生规模在1万人以上、已集中保管的档案资料在3万卷以上的高校应设立档案馆.

档案资源的管理模式也不尽相同，范明①、徐欣②等提出"大档案"的概念，倡导抛开高校之间的差异性，实行高校内部档案机构、档案功能、档案队伍的整合，甚至鼓励施行高校文博资源、校史、档案等的一体化管理机制。

关于市场经济下的档案信息资源供给方式，该主题在档案学界一直颇受争议。国家信息中心时任副主任胡小明认为政府信息资源积累了很多，但并没有很好地为社会所用，原因之一便是政府一包到底的提供服务的方式并不经济，③ 政府没有敏锐的市场观察力洞悉变幻莫测的各种需求，政府信息增值服务的市场风险使政府望而却步，对政府信息资源不加分类地以纯公共物品提供的方式只会产生不计成本的、低效率的过度共享。④ 而对具有准公共物品属性⑤的档案信息资源，部分采用商业化的运作模式，以获取经济效益为导向，从而实现档案信息及其服务的市场价值，是档案产业化得以发展的根本所在。京津沪渝档案学会第四次研讨会"档案文化产业"学术论坛、《北京档案》专栏节目——"众说档案文化产业"、国家档案局科技项目"档案信息产业化问题研究"课题等先后就档案文化产业或档案信息产业的基本概念、内涵与外延、运作模式、产业价值链、主要障碍、发展原则等进行了全方位的论述，尔后王协舟等关于档案信息服务及其产业化的经济学分析系列论文，从产业性档案信息服务与公益性档案信息服务的关系入手，⑥ 徐焱运用经济学原理，分析了档案信息的商品属性和转化为商品的条件。⑦

2.2.2.5　档案开发利用

该领域之于"基于价值全面实现的档案信息资源配置"，是一个"资源如何流通、整合或集成"的子命题，与"档案价值实现"存在交叉与重

①　范明. 对高校建设大档案管理体制的思考 [J]. 中国档案，2009.12：27～28.

②　徐欣. 整合高校档案资源——实行"大档案"管理研究 [J]. 档案学研究，2008.5：28～31.

③　胡小明. 四种不同的信息资源共享模式 [J]. 中国信息界，2004.9：14～16

④　胡小明. 信息共享目标合理性检讨 [J]. 中国信息界，2004.10：15～17.

⑤　详见胡振荣. 档案产业发展的必然性和必要性研究 [J]. 档案时空，2008.6：9～12.

⑥　王协舟，刘安福. 档案信息服务与产业型档案信息服务——档案信息服务及其产业化的经济学分析之一 [J]. 图书馆，2007.1：105～108.

⑦　徐焱. 档案信息商品论——档案信息服务及其产业化的经济学分析之二 [J]. 图书馆，2007.3：79～81.

合，后者的研究以"理论"为主，兼顾价值实现的实践，而关于档案开发利用的研究以"实践"为主，兼顾价值的认知拓展。以开发利用的效益导向或目标作为划分标准，国内的研究主要沿着两条线索展开：一是以社会效益为主的公益开发利用，包括以职务活动为主的档案文献编研活动、馆藏档案数字化、档案网站建设与档案馆网布局等；二是以经济效益为主的增值开发利用，包括档案服务的外包、档案数字化的商业运作、政府信息资源的市场供给等。

以社会效益为主的档案信息资源开发利用，即由档案馆面向用户集中供应，提供者与利用者之间的档案信息资源流通方式是直接互动。以社会效益为主，是由档案馆本身的性质和任务所决定的，也是由档案信息资源的准公共物品属性所决定的，中山大学资讯管理学院（前身为信息管理系）是对该领域进行系统研究的学术团队之一。田炳珍分析了档案信息资源开发的五个层次：档案文献序化开发、主题揭示开发、知识揭示开发、知识重组开发、知识活化开发，[①] 以及四点原则：序化准备原则、扩大利用原则、知识激活原则、全面效益原则。[②] 陈永生在其专著中对档案资源开发利用的社会效益进行了全面分析，并在政府信息公开成为社会关注热点的背景下[③]由国家社会科学基金资助完成了数字档案资源的开发利用效益研究，[④] 而且其基于政府信息开发、公共信息资源开发的档案资源开发利用研究一直备受学界关注。张世林[⑤]、颜祥林[⑥]先后就开发利用的法律问题和网络环境下的法律问题进行了研究。国家档案局技术部对全国档案资源开发利用经验进行了系统汇编。[⑦] 国家社会科学基金于 2009 年资助了黄

① 田炳珍. 论档案信息的开发层次 [J]. 档案，1997.1：27～29.

② 田炳珍. 档案信息资源开发利用 [J]. 山西档案，1997.1：15～17.

③ 2003 年 1 月 1 日《广州市政府信息公开规定》正式实施，2008 年 5 月 1 日《中华人民共和国政府信息公开条例》正式实施，借助政府信息公开的绝佳契机开发利用档案信息资源，是近些年该领域的研究新动向。

④ 陈永生. 数字化档案信息利用及其效益研究. 中山大学信息管理系. 国家社会科学基金一般项目，2003.

⑤ 张世林. 档案信息利用法律研究 [M]. 北京：中国法制出版社，2004：23～60.

⑥ 颜祥林. 档案信息网络传播——法律问题与策略 [M]. 北京：中国档案出版社，2006：23～50.

⑦ 国家档案局技术部编. 档案信息资源开发利用试点经验汇编 [M]. 北京：中国档案出版社，2008：55～70.

夏基的"政府信息公开环境广西档案开发利用问题研究"课题。① 陈艳红对近 30 年来档案资源开发利用的研究综述发现，公共档案馆档案信息资源的开发利用以及政府信息公开背景下的档案信息资源开发利用一直占据该领域的主导地位。②

以经济效益为主的档案信息资源增值服务，即由档案信息资源拥有者同时面向用户和中间机构，提供者与利用者之间的档案信息资源流通方式有直接的互动也有间接的联系。增值服务是指对档案信息资源进行深度开发而形成的档案信息资源增值产品或服务，可以是商业目的或经济效益导向的营利性行为，也可以是公益目的或社会效益导向的非营利性行为，显然，这里要评述的是前者。作为档案资源开发利用最为传统和历史悠久的方式之一，档案文献编纂活动一直把一次文献、二次文献和三次文献作为最主要的编纂成果，倡导的是为科学研究服务、为领导决策服务、为经济建设服务，社会价值彰显无疑。而中国档案学会档案文献编纂学术委员会早在 1996 年就提出了信息增值概念，认为注入了编纂者智力的编纂成果是一种实用资源、显态资源和动态资源，与社会实践活动的方方面面有着密切的联系。程万高将这种增值产品定位为准公共物品，那么供给主体就不应该把企业、第三方机构和社会团体排除在外。③ 梁孟华直接分析了档案资源增值服务的运作模式，认为科技档案信息中心、档案信息交易所、档案服务的网络推销平台、档案信息产品展交会、档案信息利用代理业务等都是实现档案资源经济效益的中间方式，当然也不排除档案部门自身的有偿智力型服务。④ 亦有学者⑤干脆提出商业价值、经济效益的实现是档案资源增值服务的重要形式，只有大量的档案信息商品进入市场，才能形成增值服务的规模效应和规模化的档案信息资源服务市场。

---

① 黄夏基. 政府信息公开环境下广西档案开发利用问题研究. 广西民族大学. 国家社会科学基金一般项目，2009.

② 陈艳红. 30 年来档案信息资源开发利用研究评述 [J]. 档案学研究，2010.2：45～48.

③ 程万高. 基于公共物品理论的政府信息资源增值服务供给机制研究 [D]. 武汉大学博士学位论文，2010：64～67.

④ 梁孟华. 面向用户的档案信息资源的市场服务模式 [J]. 档案学通讯，2006.4：76～79.

⑤ 详见刘安福，王协舟. 档案信息服务市场的运作模式——档案信息服务及其产业化的经济学分析 [J]. 档案时空，2008.12：24～26.

2.2.2.6 信息资源配置

该领域之于"基于价值全面实现的档案信息资源配置",是对前述子命题的整合、提炼和抽象,以及对"配置环境"进行描述和归纳的问题。鉴于"信息资源配置"领域的研究专著、论文和课题等成果较为丰富,本书主要偏重于对符合档案行业特点、遵循档案学术研究规律且对档案信息资源配置有借鉴意义的研究成果进行评述,那么此类成果主要体现在三个方面。一是基于不同层面的信息资源配置,包括国家层面的宏观信息资源配置、区域范围的中观信息资源配置、组织层面的微观信息资源配置。此类基于层级差异的信息资源配置,在前述几个子命题中多次体现,无论是"档案事业管理体制",还是"档案信息资源建设",都运用此类研究视角。二是基于不同模式的信息资源配置,包括信息资源的政府配置、产权配置和市场配置。此类基于学科视域下的研究模式而形成的配置模式,在"档案开发利用"的研究述评中直接得以体现,但体现得不足够或不充分,刚好为本课题的研究提供了空间,即以不同学科视域形成的配置模式应该在"档案信息资源配置"中给予重视。三是基于评价目的的信息资源配置,包括配置效率的基本衡量标准、配置的基本原则和最终目的、共享宗旨下的社会效益与经济效益等。此类研究成果属于"他山之石",能否"攻玉"取决于能否设计出符合档案信息资源特点、档案事业发展实际情况以及移动互联网时代特色的综合评价体系。

2.3　本章小结

本章首先通过借鉴公共物品理论相关学术观点和实践成果,呼吁针对档案信息资源的具体种类和公共属性的差异性,力争实现档案信息资源这种公共物品的有效供给。

其次,整理相关文献,提出可通过档案信息资源本身的集成以及与档案信息资源相关的"全产业链"式的集成,达到档案价值全面实现的目的。

再次,通过梳理档案价值理论,希望以对档案信息资源本身价值的认识为起点,达到档案信息资源全部价值实现的终极目标。

复次,通过对档案信息资源配置外文文献的统计发现,国外专门研究档案信息资源配置的文献非常少，大多是基于组织层面或机构层面进行研究的，发文分散，国内成果则关联度不大、实践经验集成度不高、理论与实践的结合度不够。

最后，通过对档案信息资源配置的相关研究成果进行主题统计和分析，发现近些年来档案学界对于该领域的关注并不深入，主要呈现出丰富但不够系统的特点。丰富，主要是分专题和分领域的成果颇多，例如在资源建设、管理体制、用户需求和开发利用等方面，无论是期刊论文，还是硕博士学位论文，或者是科研项目和专著，都呈现出逐年增长的趋势。不够系统，或过于分散，是指很少以"资源配置"的视角将资源建设与用户需求互动模式下的管理体制和开发利用结合起来，或者是以相应的管理体制替代了狭义上的资源配置功能，这都是不够系统或不够全面的。

故而本书将在公共物品理论、集成管理理论和档案价值理论的支持下，借鉴国内外相应子课题的研究成果，以资源稀缺与需求多元之间的矛盾为起点和突破口，阐释和探索政府、市场和社会等多元主体参与档案信息资源配置以及最终全面实现档案价值的理论与实践之路。

第3章
逻辑起点：资源稀缺与需求多元的辩证矛盾

3.0 引言

  稀缺性，作为经济学研究的一个基本事实和必要前提，是指为满足人类欲望而提供的资源是有限的。稀缺，说明了资源价值的存在，要想获得资源必须付出代价，否则就会出现供需不平衡、资源被浪费甚至枯竭的情况，因此西方经济学家普遍认为稀缺性是经济学中的基本范畴，其中以美国著名经济学家萨缪尔森和诺德豪斯最为典型。[①] 稀缺性，也引起政治学家的极大兴趣，他们认为经济学以市场机制作为配置稀缺性资源来实现微观效率的基本手段，而政治学以政府的行政管理配置稀缺性资源来实现宏观效率。[②] 著名政治学家王浦劬认为政治学意义上对稀缺性的研究，即如何筹措社会稀缺的资源、如何分配这些稀缺资源、如何维持和控制稀缺资源是政府存在的必要基础。[③]

  档案学既不隶属经济学范畴，也不隶属政治学范畴，但作为管理学学科之一，与经济学和政治学在一些交叉领域又有着共同的研究对象和研究

[①] 萨缪尔森和诺德豪斯对经济学曾做如下定义：经济学研究社会如何利用稀缺性资源用于生产有价值的商品以及在不同群体中分配，详见 Samuelson and Nordhaus：Economics, 16th Edition, MaGraw—Hill Book Company, 1998.

[②] 政治本质上是人们在一定经济基础上，围绕着特定利益，借助于社会公共权力来规定和实现特定权利的一种社会关系。详见李元书. 什么是政治——政治含义的再探讨 [J]. 学习与探索, 1997. 5：78～83.

[③] 王浦劬. 西方当代政治冲突理论述评 [J]. 学术界, 1991. 6：42～48.

方法。档案信息资源从其具体保管情况和微观配置状况来看，散落于各个政府部门、企事业单位、社会团体及个人，如何用最低的保管成本以实现最高的经济利用效率，是各个单位最为关心的话题。也许一些档案学者以"档案无法成为商品且无法进入市场而由市场对其进行基础配置"为由拒绝借鉴经济学领域在微观配置方面的方法和成就，然而档案外包服务、档案数据公司等以市场手段建立的涵盖各种档案信息资源类型的机构和单位却确确实实存在。档案信息资源的价值有着丰富多彩的表现形式，其作用远不止教科书所罗列的那么简单，经济学范畴的稀缺性分析，较好地演绎了档案信息资源的稀缺性，能应对千变万化的市场需求，是有其存在价值和实践意义的。

档案信息资源从其全国分布情况和宏观配置状况来看，主要集中于各级国家档案馆，如何用最科学的保存方法和管理措施以实现最大化的社会利用效率，是各个国家综合档案馆迫切需要解决的问题。目前很多档案学者以"档案利用权利""档案公平利用""档案公布权"等法律命题为中心，研究政府对档案信息资源如何发挥其最核心的价值、需求最大的价值，更有学者建议以"公共档案馆""公共档案信息资源"等概念取代"国家档案馆""档案信息资源"，暂且不谈其建议的合理与否，这些观点和建议确确实实在一定程度上契合政治学范畴的稀缺性分析，较好地演绎了档案信息资源的稀缺性。档案信息资源的价值虽然有着丰富多彩的表现形式，但其原始记录性的价值根源从来就没有变化过，只不过大家认识程度有别而已，因为公共需求万变不离其宗。

因此，对档案信息资源的稀缺性分析，一般从两个方面展开，一是其根源，即抽象价值；二是其表现形式，即具体作用。稀缺本身就是一个辩证矛盾体，这个矛盾的产生是多个方面共同作用的结果，矛盾本身又是具有多个特征的综合体。离开档案信息资源的根源谈稀缺，稀缺性就犹如无源之水无本之木，使档案信息资源的稀缺性研究成为简单的数量统计或是供需模型构建。离开档案信息资源的具体作用谈稀缺，将稀缺性引用到档案信息资源的配置，在谈及其稀缺性的表现形式（具体作用）时，必然要结合档案信息资源自身的特点，否则档案信息资源的稀缺性就会成为放之四海而皆准的东西，犹如空中浮云飘浮不定。根本来源和表现形式，缺一不可，前者意味着档案信息资源的经济学稀缺性研究或稀缺价值实现，必须挖掘出档案信息资源的与众不同之处，即核心竞争力；后者意味着档案信息资源的稀缺性分析目的，必须结合档案信息资源的各种环境、背景和条件来探讨价值实现，即价值条件性。

3.1 档案信息资源稀缺的根本来源

既然稀缺性的具体指向是人类需要，且该资源供给存在相对不足，所以稀缺性这一客观状态并非先天就有，而是源自人类需求或需求的变化。[①]以此分析，剖析档案信息资源的稀缺性概念，必须结合"资源"（档案的固有价值）、"欲望"（人类的档案需求）以及"资源与欲望之间的矛盾关系"（供需关系矛盾）三者来综合权衡，即稀缺性是由三者共同作用所产生的矛盾结果。

3.1.1 档案信息资源客观性价值

"一物之所以具有使用价值，正是由于它本身的属性，即对人来说是财富的要素。如果去掉使葡萄成为葡萄的那些属性，那么它作为葡萄对人的使用价值就消失了。"[②] 又或者如马克思所比喻的那样，"珍珠或金刚石之所以有价值，是因为它们是珍珠或金刚石，也就是由于它们的属性"。[③]价值或者使用价值，是这些物品被人们视为财富的根源，没有价值属性的事物也就根本无法被列入稀缺资源行列，事物的固有价值是稀缺性的前提之一。档案亦是如此，档案信息资源源自政府部门、企事业单位等在社会实践活动（以职能行使为主）中直接形成的原始记录信息，别无他物能够具备这种客观性价值，这正是产生需求的根本来源，这种价值的客观性表现在三个方面。

一是档案信息资源的客体价值具有客观性。"原始记录性"一直被视为档案的本质特征和根本价值，是档案区别于其他事物尤其是相似事物的

---

① 贺卫. 寻租的政治经济学分析 [D]. 上海财经大学博士学位论文，1998.6：100～103.

② 《马克思恩格斯全集》第26卷Ⅲ：139. 转自张斌. 档案价值论 [M]. 北京：中央文献出版社，2004.5：28.

③ 《马克思恩格斯全集》第26卷Ⅲ：176. 转自张斌. 档案价值论 [M]. 北京：中央文献出版社，2004.5：28.

独一无二的属性，但是这种原始记录性在现实中却有着多种多样的表现形式，不能僵硬地固化地认识它。作为获取政府机关、企事业单位等原始记录的途径，档案信息资源并不是唯一的。这些部门的文稿、书稿当然是档案，以此成型的文章、图书、报刊却不是档案；这些单位制作视频节目的脚本、场记、母片、播发稿等记录物当然是档案，以此成型的多媒体电视产品却不是档案。而且不是档案的事物也有助于充分了解单位的这些职能活动过程，即不是档案的东西也貌似间接具备了原始记录性。但是在与这些相关事物及其相关因素的对照对比中可以发现，虽然许多信息物都有助于人们获取原始记录信息，但证实、考据历史事实程度最高、最可信赖的原始记录性，只有档案具备。因为文章、图书、报刊、电视栏目、影视节目诚然蕴含着大量的原始记录，但只有稿本、书稿、脚本、场记、母片、播发稿可记录及确证前者的内容和形成过程。如此一来，原始记录性并不是档案所独有，却被档案最纯正最完整地保持着。这种最纯正最完整的东西就是档案信息资源的客体价值，即与生俱来的、内在的，与人们的利用行为和复杂的社会需求没有关系。德国的策赫尔认为"文件含有'内在价值'，而不管历史学家有无需求"；[1] 我国的档案学者勤拙也撰文指出"档案的价值根源于原始的历史记录之中，存在于档案内容所包含的信息与知识之中"；[2] 刘智勇则完全反对"主体价值说"[3] 和"主客体价值说"，[4] 认为"档案价值既不是主观的，也不是主客体的统一，而完全是客观的，它是由档案自身的状况决定的，与主体需求无关"。[5]

二是档案信息资源的价值联系具有客观性。国外一些"新来源原则"主义者崇尚档案资源本身与来源机构之间的联系，尤其是形成机构的职能决定了这种资源的价值。对此，众多的学者给予了支持。德国的汉斯·布

① 原载于黄坤坊. 欧美档案学概要［M］. 档案出版社.1986：101，转载自张斌. 档案价值论［M］，北京：中央文献出版社，2004：4.

② 原载于勤拙等. 档案价值观点评述［J］. 档案文荟.1989.4；转载自张斌. 档案价值论［M］. 北京：中央文献出版社，2004：4.

③ 持有"主体价值说"的理论观点，认为档案价值是由档案利用者及其需求决定的。

④ 持有"主客体价值说"的理论观点，认为档案价值是档案这一客体对主体的意义，是档案与主体对它的需要之间的一种特定关系，是指档案的存在、属性及其变化是否满足主体需求以及满足的程度。

⑤ 刘智勇. 档案价值主体性质疑［J］. 档案，1992.5；转载自张斌. 档案价值论［M］. 北京：中央文献出版社，2004：4.

鲁斯认为档案的社会价值不应直接通过对社会动力和公众舆论的研究来确定，而应间接地通过了解哪些为实现社会需求和愿望的重要文件形成者的职能来判断；① 波兰档案学者卡林斯基认为档案文件的价值大小和保管期限的长短与其形成机关的地位高低和职能重要性在总体上成正比；② 美国档案学家海伦·塞缪尔斯提倡的职能鉴定法认为，不必再像过去那样迷失在文件繁杂的内容之中，但是分析需要建立在对形成机构的文件的传统研究的基础上。③ 虽然"职能鉴定论"或者"新来源原则"强调从形成机关的外在角度去鉴定价值，但仅以形成机关的地位高低来决定档案的保存期限，而不是具体分析每份文件的内在信息，难免有片面之嫌且容易遭人诟病。笔者无意争论该理论观点正确与否，而是借鉴其中有益的成分，即职能本身以及内容与机构的联系，这些客观存在的成分在档案信息资源的价值体系中至关重要。档案信息资源大多来源于国家政府部门，国家所有的企业、公共事业单位等，这些机构在国家、经济、社会发展中具有举足轻重的地位，其职能决定档案信息资源的这种客观价值也是举足轻重的。

三是档案信息资源的主体价值具有客观性。"主体价值"概念来源于"利用决定论"，该理论观点认为档案的价值由档案利用者及其主体需求来决定，需求程度的大小决定着价值的大小，代表人物有菲斯本④、布里奇弗德⑤和芬奇⑥，典型的论点是将研究人员尤其是历史学家的学术需求和利用行为视为鉴定档案价值大小的最重要标准，强调第二价值决定档案的根本性质，而忽视甚至摒弃了档案与其来源及机构之间的联系。显然该观点破坏了国家档案信息资源与其形成机构业务活动的有机联系，忽略了形成机构延续机构记忆的功能需求，其表面错误是对需求的片面理解，而实际

---

① 特里·库克.1898年荷兰手册出版以来档案理论与时间的相互影响［C］.第十三届国际档案大会报告集.中国档案出版社，1997.95.

② 冯惠玲，张辑哲.档案学概论（第二版）［M］.北京：中国人民大学出版社，2006.5：274.

③ Helen Samules. Who Controls the Past［J］. Americam Archivist，1986.2：109~124.

④ 美国档案学家，持有"编史工作的最新趋势是判断文件价值的首要标准"的观点。

⑤ 美国档案学家，持有"文件的鉴定最好是作为一种过程来考虑。这种过程要求广泛地培养工作人员，对文件系列的来源和特征进行全面分析，掌握区分和挑选文件的技术，了解研究方法和需要的发展，依次考虑文件的行政价值、管理价值和档案价值"的观点。

⑥ 美国档案学家，持有"了解用户为什么和怎样接近档案，将为我们提供鉴定文件的新标准"的观点。

上是犯了主观主义的错误，认为价值就是主观的、唯我的，把关于人、主体等的客观事物，看作精神、观念、主观的东西，混淆了"主体"与"主观"的区别，即唯心主义。马克思主义唯物史观在论述人、主体时，始终坚持人或主体不是抽象的主观存在，而是社会中客观存在的人或主体，由人或主体形成的需求也是客观存在的，因为无论其什么层次的需求（生理需求、心理需求、信息需求等），都与个人或主体所依赖的客观存在的社会相联系，社会实践活动规定着和制约着需求的实际内容。例如，"文革"结束后一段时期，档案信息资源中的人事档案由于对于确证个人信息十分重要而成为一段时间需求的热点，而这一需求是与"文革"这一社会实践活动紧密联系的。所以，档案信息资源的主体价值虽然从形式上表现为用户或利用者的主观需求，以要求或愿望或欲望的主观形态存在，但其实质内容却是客观的，是客观存在于现实世界中的一个复杂现象，具体受制于科学技术、经济发展、物质条件、思维方式等微观环境发展阶段的影响，客观受到国家政策、社会发展、民族情感、历史渊源等宏观环境的影响，即任何需求所表现出来的主体价值都要以制约它的客观因素及其规律性为前提，主体需求的形成条件和发展环境的客观性决定了主体价值的客观性。又如，专门档案与社会分工、融合、纵深发展密切相关，在为社会各行各业的发展提供档案咨询和信息服务的同时，也不断拓展着自身的来源和渠道，是证明档案信息资源主体价值的客观性来源的典型案例。20世纪90年代限于经济、社会发展水平，对专门档案只涉及经济领域、司法领域、人事领域、艺术领域等形成的档案的简单划分。21世纪初，不能适应社会、政治、经济、文化领域改革浪潮的专门档案门类逐渐衰落，反映市场经济发展、适应市场经济体制改革的市场监管、审计档案，标准档案，统计档案等被逐渐单列出来。再如，在高校扩招和本科教学评估全面铺开的背景下，教学档案分类日益细化；房地产行业近些年来飞速发展，以前统称房地产档案的做法已经不能如实反映该行业的发展水平和精细化程度，于是诞生了招投标档案、测绘档案、资产评估档案等。在已有的档案信息资源基础上档案种类不断丰富，催生了社会对该资源的需求，而且重点行业重要档案，需求度高主体价值大，汽车、钢铁、石化、纺织、电子信息、房地产等行业的档案信息资源数量和规模也越来越大。再如，基建档案在20世纪80年代初期在专门档案门类划分中地位不高，而近些年来随着国家基础设施建设投资规模的扩大，这些项目管理过程中形成的大量文件、档案、资料，极大地充实了基建类档案资源的内容，提高了此类档案的社会影响力，必然更加吸引国家和社会的注意力，提升公众的需求度。因此可以说，行业分工细了，专门档案的门类划分也细了，专门档案的需求也跟着细化；某一行业地位显赫了，其档案信息资源也愈显重要，需求度的高涨也激发了主体价值的提升。①

3.1.2 档案需求自身的不断变化

美国著名社会心理学家亚伯拉罕·马斯洛在其所著的《人的动机理论》一书中提出的"需求层次论"在西方的行为科学中被广泛应用，其观点认为人有着生理、安全、归属与爱、尊重和自我实现的需要，只有尚未被满足的需要才会影响行为，如饥饿能够使人的思想发生变化。当人的一种需要得到满足后，另一种更高层次的需要就会占据主导地位。从激励的角度来看，没有一种需要会得到完全满足，但只要得到部分满足，个体就会转向追求其他方面的需要。② 马斯洛的"需求层次论"从个人层面对需求进行层次性划分，说明了人的需求是不断向产生相对优越感的层次变化。

对于个体而言，需求具有层次性，但是需求的社会性不可忽视，上文已经说明人的需求的实质内容是客观的，人作为社会的客观存在，是"一切社会关系的总和"，并不是抽象的，故需求归根结底是社会性的需求。另外，人的需求是物质需求和精神需求的统一，受到社会存在的影响和制约。

再者，需求是个体内不满足和满足所构成的一对矛盾运动，不满足是绝对的，不断发生变化的，而满足是相对的，短时间的。无论任何人，在任何时候都存在需求的心理活动，这是需求的普遍性和绝对性，这种普遍性和绝对性也体现了需求的社会性。不同意识的人产生不同的需求结构，不同社会生产水平产生不同的需求水平，这是需求的特殊性和相对性，这

---

① 详见王运彬. 国有档案信息资源的多元化配置研究［D］. 中国人民大学博士学位论文，2012.6：60～63.

② 胡鸿杰. 维度与境界：管理随想录［M］. 沈阳：辽宁大学出版社，2015.6：185.

种特殊性和相对性体现着需求的不同的社会性。[①]

　　需求的社会性，使其实际内容和满足方式都受到了社会历史条件及发展状况的影响和制约。例如，空气这种极大丰富、无处不在的资源，在一般情况下并不会成为稀缺资源，但是在特定的环境下，如空气污染严重，或处于太空中，空气就成为一种稀缺资源。现实生活中，笔者就在某宝上遇到卖空气的商家，售卖加拿大班夫新鲜空气，5 瓶 8 升的空气需要 540元的价格，竟也有不少买家。又如，农耕时代，环境问题并未成为重要社会问题，"空气"这一物质根本不算"稀缺性"资源，也许连"资源"都谈不上，而工业时代以来空气污染日趋严重，呼吸新鲜空气的需求于是凸显出来。同样，也不能想象奴隶社会的人们会对电视、手机产生需求。所以说，需求归根结底是受社会实践水平等客观因素影响制约的。

　　信息时代，信息就像空气一样遍布于社会的每个角落。在大数据观念逐渐普及的背景下，人们已经不仅仅满足于样本（少量、随机数据），过去由于数据获取的成本高、难度大，研究人员较习惯于采用调查取样的方式去研究事物的一般规律。[②] 随着现代数据收集、分析工具的发展和成熟以及大数据整合水平的提高，现在的用户更需要的是"样本 = 总体"的全数据模式，[③] 即对所有数据进行获取，从所有数据中获取新的、细节性、相关性的发现，这里"所有数据"中自然包括档案信息资源。社会公众对于档案信息资源的需求是一个不断扩张的变量，[④] 某次利用行为在满足了某一需求的同时又会催生新的需求，某一需求也会因社会环境中的时空条件而变，特别是信息技术与网络环境的升级换代导致了需求呈现的阶段性变化。前文已经阐述档案需求有着主观的表现形式，受到个人心理、群体观念、用户行为和利用习惯等主观因素的影响，但其内在实质上是客观的，而且通过对近 20 年档案学界关于档案用户需求的研究成果统计来看，"国家政治环境""社会环境变化""市场经济体制""电子文件时代""政

①　王新华. 马斯洛"需求层次"的评介 [J]. 消费经济，1986.1：69～75.
②　当然也是源于抽样调查之研究方法的可行性和必要性。
③　维克托·迈尔·舍恩伯格等. 大数据时代　生活、工作于思维的大变革 [M]. 杭州：浙江人民出版社，2013.1：14～19.
④　这里的需求不仅仅包含社会公众的需求，还应考虑到档案形成者和档案管理者的需求变化，他们对于档案需求与社会公众的需求是有所区别的，而且也是档案需求的重要来源，从某个方面来说，他们也属于档案用户，不应忽略不计。

务信息管理""档案网站建设"等是这些成果的关键词，即上述客观环境是决定和影响档案需求的首要因素。

3.1.2.1 档案需求趋势变化

需求是客观存在于现实世界的一个复杂现象，它与科学技术、经济基础、物质条件乃至人们的思维方式和处理问题的方法都有着直接联系，它客观地受到国家、社会、民族、历史等宏观环境的影响。[1]

社会全面发展促进了档案需求内容功能的层次化。与马斯洛的需求层次化不同，社会环境下的档案用户需求层次化是基于社会实践在功能上发生的层次变化，其包括"社会科研与技术开发创新层面的需求，社会管理与生产运作层面的需求，社会文化普及与日常生活休闲层面的需求"，[2] 是由于在社会全面发展背景下，档案用户需求逐渐遍及社会各个领域。

虽然档案用户需求往往在形式上表现为主观的，并以个人愿望、要求或欲望的主观形态存在于世，但是需求的立体化发展趋势的根基在于社会实践。卞昭玲在论述信息需求与政治体制改革时，强调了目前所进行的政治体制改革反映在社会发展上，从根本上推动了社会生产力的发展，从而优化了用户的需求与利用模式，更重要的是"社会政治制度一旦确定下来，其具体方针和政策又决定了具体的信息需求状况"。[3] 又如，任何档案用户需求的发展趋势总是在一定的国家法律框架和社会道德约束中被规范和调节的，任何档案用户需求的总量总是受到社会人口因素以及人口分布状况的影响，任何档案用户需求的激发程度总是受到国家教育发展水平和国民信息素养高低的影响，任何档案用户需求的实际内容总是受到社会职业分工和行业发展水平的影响。2009年国务院审议通过"十大产业振兴计划"[4]，也意味着十大产业在经济规模不断壮大、社会影响不断提升的同时，其文档信息管理也在日益规范，见证这些发展轨迹的档案信息资源也将备受关注。

① 黄萃. 档案利用者需求特征研究 [J]. 上海档案，2001.1：19～21.
② 王运彬. 基于客观环境的档案用户需求变化规律研究 [J]. 档案学通讯，2010.3：28～31.
③ 卞昭玲. 档案信息服务论 [D]. 中国人民大学博士学位论文，2004.6：38.
④ 十大产业包括汽车和钢铁、船舶、石化、纺织、轻工、有色金属、装备制造、电子信息、房地产等国民经济的支柱产业。

　　档案信息资源的确因社会实践领域的扩展而不断丰富，也相应改变了档案需求的内容、结构与数量，但档案需求在主观心理和利用行为作用下，受到用户主体的工作性质、职业地位、文化素养和信息能力等主观因素的间接影响。结合两者综合分析，档案用户需求必将沿着立体化的发展趋势，形成一个类似于金字塔的需求层次结构，且随着社会发展变化逐渐转化为气泡型结构（见图 3 - 1）。

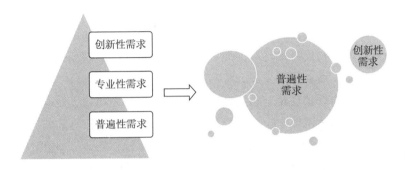

图 3 - 1　档案用户需求层次型与气泡型结构转化①

　　图 3 - 1 有三层内涵。

　　第一层是指档案用户需求呈现为三个层次，即普遍性、专业性与创新性需求。档案是人类文明发展历程的见证和各个民族文化的永恒记忆，任一国家、地区、民族的存在与发展都依赖于对所拥有的档案信息资源的开发利用。个人在社会各个领域的实践活动都在一定程度上需要档案信息资源的印证和支持，都要或多或少地接触、查阅或利用档案信息资源。尤其是随着信息时代的到来，每个社会公民与档案信息资源的联系将更加紧密，这是产生普遍性需求的源泉。而每一组织、单位、公民又都处在社会大分工之中，机构因履行自己的职能而得以存在和发展，个人因完成自己的专业技能而得以立足和生存。例如，行政管理、生产运作工作人员的日常工作以制订和修订计划、调控管理过程为主，他们所需要的是方向性、政策性、宏观性的档案信息资源（作为今后工作的基础）；教学科研人员主要从事教学一线工作、科学实验和专业实践等，要求获取微观的、翔实

---

　　①　详见王运彬. 基于客观环境的档案用户需求变化规律研究 [J]. 档案学通讯，2010. 3：28 ~ 31.

的、原始的一手档案信息资源，这便是专业性需求。创新是一个国家、一个民族持续发展的灵魂所在，然而无论是技术创新、产品创新、管理创新，还是知识创新，都需要对档案信息资源的深度挖掘，因为创新需要对以往成果的继承与发展，也就产生了创新性档案需求。

第二层是指各层次档案用户需求之间存在量与质的区别。如图3-1所示，对于量的需求方面，金字塔结构图显示普遍性需求量是最大的，需求量自下而上逐层减少；对于质的需求方面，金字塔结构图显示创新性需求质是最高的，需求质量自下而上逐层深化。需要给予说明的是，上述需求数量的逐层增加和质量的逐层深化并不是一成不变的，它是动态的，会随着社会的变化发展而不断发展和提高。[①]

第三层是指需求层次结构逐渐演化为气泡型需求结构，意味着档案用户需求种类之间的主体与次要地位发生变化。而且随着社会实践"土壤与水分"的变化，可能随时"冒出"一种新型档案用户需求，且新型需求并不必然属于前三个业已归纳好的需求种类，这也意味着对档案价值的全面认知和档案价值的全面实现不可能是固定不变的层次"结构"，必须因势利导、发掘需求、认知价值和全面实现整个流程的转变。

3.1.2.2 档案需求内容变化

一是社会实践的全面发展，促进档案需求内容多样化，主要变化为"新型"档案及其利用的涌现。对于各级各类的档案馆而言，增加馆藏档案数量和拓宽馆藏档案种类是其目标之一，也是其提供多样化服务的前提，这是各级各类档案馆自身发展的需求。因为档案用户（社会公众）对档案资源需求的多样化，导致档案馆对于自身档案信息资源建设的需求也是多样化、动态变化发展的，从过去只是收集政府档案，到现在重视平民档案（家庭档案）、信用档案、私人档案（有价值的私人档案）的建设和征集。例如，闽粤两省联合申遗成功的世界记忆——侨批档案，都在一定程度上增加了档案馆馆藏档案的数量和种类，提升了馆藏档案信息资源的质量，下面以民生档案、家庭档案和信用档案为例说明。

2000年至今，民生问题催生了民生档案。随着全社会对于民生问题的重视，公众对关乎民生方面的档案的利用需求也不断提高，民生档案应运

---

① 程栋梁. 浅谈社会档案信息需求规律及影响因素 [J]. 档案与建设，2007. 11：11~13.

而生。2010 年 5 月 12 日，国家档案局前局长杨冬权在谈到"三个体系"建设时也做出明确说明，档案工作也是以人为本的，档案的最大价值应该是满足最大多数人的各种需要，档案工作的终极目标应该是为社会中最大多数人提供他们需要的档案服务，并对民生档案的定义、分类、种类、管理规范等做了说明，民生档案也成为档案学界研究的热点。① 肖秋会对全国 60 多个基层档案馆的民生档案工作进行了调研，分析了其现状、问题并提出了对策。② 安小米对信息惠民背景下的民生档案建设进行了现状调查。③

2007 年左右，为平民建档，共建社会记忆，提高档案内容全面性，促进了全社会共同建设档案资源，家庭档案成为研究新热点。④ 20 世纪 80 年代我国就开始了对家庭档案的研究，最早提出家庭档案的是济南市档案局孙嘉焯同志。⑤ 他论述了家庭档案的种类、特点、作用及管理等问题，立即引起了社会有关方面特别是档案界的关注，此后不少专家学者开始对家庭档案进行探讨，对家庭档案的研究逐渐升温，家庭建档成了家庭生活的热门话题之一。⑥ 冯惠玲认为家庭建档具有为平民保存历史和提高社会档案意识两个方面的意义。⑦ 任越用档案双元价值理论对家庭档案所蕴含的文化价值进行了解读，提出了家庭档案的文化记录、教育、传承与传播功能，并从档案工具价值和信息价值两个层面阐述了其文化功能的实现路径。⑧ 对家庭档案的研究有助于填补档案缺失，有利于提高档案内容的社会性。

2010 年左右，不诚信现象频发，失信、违约危害社会，为了打造"信

---

① 宁宇龙 . "5·12"强调档案安全"三个体系"体现指导思想全国档案安全体系建设工作会议召开杨冬权在会上讲话钟勉致辞 [N]. 中国档案报，2010 − 5 − 17.

② 肖秋会，张欣 . 基层档案馆民生档案工作：现状、问题与对策研究 [J]. 档案学通讯，2014.2：96 ~ 100.

③ 安小米，加小双，宋懿 . 信息惠民视角下的地方民生档案资源整合与服务现状调查 [J]. 档案学通讯，2016.1：48 ~ 54.

④ 冯惠玲 . 家庭建档的双向意义 [J]. 档案学研究，2007.5：8 ~ 11.

⑤ 孙嘉焯 . 谈谈建立家庭档案 [J]. 家庭，1985.1：40.

⑥ 苏晓蓓 . 家庭档案的管理模式探析 [D]. 山东大学硕士学位论文，2012.6：40 ~ 59.

⑦ 冯惠玲 . 家庭建档的双向意义 [J]. 档案学研究，2007.5：8 ~ 11.

⑧ 任越，杨桂明 . 档案双元价值视阈下家庭档案的价值及其文化功能探析 [J]. 档案学通讯，2014.6：87 ~ 91.

用社会"，加强信用档案建设应时而生。2014 年 6 月 14 日，国务院印发了《社会信用体系建设规划纲要 （2014—2020 年）》，明确提到要建立公务员诚信档案，加强重点领域信用记录建设，完善从业人员信用档案。随着社会对于诚信的重视，以及社会信用体系建设的不断深入，许多地方都纷纷出台针对失信行为的规章和规定，很多失信行为将被记入档案，如旅游游客诚信档案、银行信用卡信用记录、交通违章记录等，都引起了新的研究热潮和社会关注。

二是市场经济发展促进档案需求多样化。社会分工的深化与网络环境的成熟所导致的档案用户需求变化规律只是囊括了公共档案馆等公共事业机构所提供的档案信息资源及其服务，仅仅反映了公共档案馆馆藏与相应用户需求之间的互动，并没有对市场经济体制下档案信息资源产品及其服务的性质进行涉猎。诚然，对与市场经济和市场运作有关的 "档案服务产业" 等概念一直颇有争议，[①] 而且限于档案信息资源的 "国家所有权的公共物品属性" 只能是公共免费供给的传统认识，"市场经济建设""多样档案用户需求""档案服务产业" 等领域的研究从未进入主流档案学界的视野。但是这些研究对于丰富档案用户需求研究，尤其是涵盖档案信息资源的市场需求以及培育以此需求为前提的档案信息资源市场配置机制，促进多样需求背景下的档案信息资源多元配置，有着重要的意义。

三是档案信息资源的基本属性决定了市场需求的存在。档案信息资源具有原始凭证属性和情报信息属性。以凭证性为基础衍生的具体需求资源及其服务，以原件提供服务最为典型。因为国家提供的公共服务必须以维护社会公平为主并适当照顾弱势群体，故此类需求通常以免费服务来满足。现行《档案法》规定，"属于集体和个人所有的档案在遵照有关法律规定的前提下，可以出卖和转让，还有作为科学技术载体的科技档案，在通过鉴定或获得专利权之后，在无须保守秘密的情况下也可以出卖和转让"。[②] 因而客观上存在档案原件的交易市场。档案信息资源与集体和个人所有档案的区别在于所有权不同，以及由此衍生出来的各种权利存在的差

①　朱玉媛，李海涛. 近年来档案学基础理论研究评述，载朱玉媛主编. 档案学研究进展
　　［M］. 武汉：武汉大学出版社，2007.7：9.
②　胡振荣. 档案产业发展的必然性和必要性研究 ［J］. 档案时空，2008.6：8～12.

异，因此现行《档案法》禁止出售国家所有档案，但是并未排斥"原始凭证属性"类服务的外包。与原来档案馆一包到底地提供原件服务相比，如果外包公司以低廉的价格向社会供应了更为完善的原件服务甚至是原件增值服务，原先的免费公共需求也不无可能扩展到收费的市场需求，这种情况在情报信息属性的需求上更加明显。以情报性为基础衍生的具体需求资源及其服务，以档案查询、数字拷贝、档案编研等最为典型。同样源于考虑社会公平即普通公众信息权利的要求，此类需求也有免费服务，但此类资源及其服务的供给，开发成本效率问题凸显，尤其是"涉及经贸、科技、娱乐等具有商业开发价值的档案信息，经过加工、组织、生产等创造性劳动而形成的档案信息，具有价值和使用价值，完全可以作为劳动产品进行交换"，[①] 因此档案信息资源的市场开发满足特殊需求存在可能。

四是档案信息资源的管理属性催生了市场需求的存在。"这是因为档案一方面作为管理的必备要素，可以为管理流程服务；另一方面，档案管理作为众多管理步骤之一，可以为其他环节或流程提供服务，对这两方面的认可和追求，也促使了档案用户市场需求的存在"。[②] 诚然，将"档案管理"视为资源，是源于资源观的转变。自然资源时代，煤炭、石油、木材等物质或能量资源，无论身处何地，保存是否良好，都是重要的战略资源。到了信息资源时代，各种电子信息杂乱无章地散落于互联网的各个角落，不仅不能成为资源，反而污染了网络世界，只有依附于管理有序的数据库和开发流程，才能被视为资源。档案也不例外，不能像物质能量那样自然成为资源，科学合理的管理流程也是资源的必要条件和组成部分。所以，政府、企事业单位掌握完善、科学、合理的档案管理流程和管理人员，也可以以此展开各种市场服务。例如，企业需要提升档案管理水平时，它们一方面需要相应机构提供档案教育咨询、培训等服务；另一方面也需要档案信息管理流程服务。又如，各种公司、事业单位在改革、改组、产权流动时，原有的档案寄存、鉴定、整理服务，都是档案信息资源市场需求的发展对象。

---

① 陈永成. 档案信息的产业化 ［J］. 中国档案，2002.11：11～12.
② 王运彬. 基于客观环境的档案用户需求变化规律研究 ［J］. 档案学通讯，2010.3：28～31.

3.1.2.3　档案需求程度变化

市场运行的日益规范促使着档案需求向深层次发展。伴随着市场经济体制的建立健全、市场运行的日益规范以及企业经营体制改革的不断深入，形成了诸多与档案信息资源相关的遗留问题。例如，一些中小型国企在进行破产、兼并或重组时，之前形成的档案如果达不到国家档案馆的接收标准或收集范围便有无处可去的可能，资产管理部门、法院以及资产清算单位对此也并无良策。对于类似的情形，不能说这些国企对档案信息资源及其服务没有任何需求，而是在将经营成本和利用效益的考量置于信息资源需求之上时，档案需求被隐藏了罢了。为此，挖掘此类隐形档案需求的服务机构便应运而生。例如上海市、深圳市先后成立了档案寄存中心，专门为企事业单位、公民个人甚至是政府机构提供优质的档案信息资源管理服务，帮助客户实现档案管理成本最小化、档案资源利用最优化的目标。

也许在纸质文件时代，上述深层次的需求还不够明显，那么在电子文件时代需求的复杂多变则相当显性化了。美国证券交易委员会于2003年1月24日颁布实施《审计、符合文件保管办法》，对于公司会计账目的电子文档管理提出了更为严格的要求，紧接着IT界巨头IBM公司宣布涉足电子文件管理软件领域。如此高规格地重视企业文档工作，与其说是"美国社会对于文档管理工作的重新发现，崇尚文档管理已然成为机构信息化建设中必然恪守的基本原则"，[1] 还不如说是社会对于规范化的能保障电子文件真实性的电子文件管理软件需求突然被激发或唤醒。[2] 除了开发应用软件，一些商业化信息经纪公司或信息咨询机构，采取与部门合作的方式开发出市场急需的某类专题档案信息资源数据库，类似的做法虽然源于商业机构的市场行为，但这是市场本身应对电子文档资源的自身特色及其相应需求的敏锐嗅觉，自发形成的新兴产业型档案信息资源和服务，非常值得档案信息资源的所有权机构借鉴和参考。例如，商业性信息经济公司与政府部门合作的案例之一便是中关村数海数据资产评估中心（以下简称"评

---

① 于丽娟. 档案管理软件的市场走向及思考——由IBM公司收购Tarian公司想到的 [J]. 北京档案，2003.8：40～41.

② 王运彬. 基于客观环境的档案用户需求变化规律研究 [J]. 档案学通讯，2010.3：28～31.

估中心"），据评估中心相关负责人介绍，这是全国首家开展数据资产登记确权赋值的服务机构。评估中心将以数据资产登记确权、数据资产盘点、数据资产整合、数据资产评估等为主要业务，并为企业提供数据资产抵押贷款、数据资产证券化等服务，解决数据资产确权与估值问题。成立大会上，数海科技董事长、评估中心主任秦嚚与贵阳市政府、淮南市政府、重庆渝北区政府、盐城市城南科教城管委会的代表签订战略合作协议，将建设贵阳、淮南、重庆、盐城四个分中心，开展政府数据资源梳理、数据资产目录编制和登记工作，为当地设计并在当地实施数据流通信息备案保管机制，建设数据流通信息追溯体系，对数据流通信息进行记录和追踪，对数据的开放交换进行完整的信息保全，并代表政府对违反数据使用行为的违规方进行公诉。

当然，市场孕育的档案信息资源需求远不止于此，政府机构监管市场的运行，公司企业参与市场竞争，都需要利用档案信息资源，现今一些新颖的市场交易方式也能形成相应的需求。例如，展览业的日益成熟催生了展览经济和展览市场，展交会、博览会也在尝试邀请档案信息产品生产商和服务供应商出席参展，直接向政府、企事业单位、各种组织或个人推介他们的产品和服务。又如，对以档案信息资源为基础开发的技术、经济效益较高的带有知识产权性质的科技项目的档案资料，不同于公共档案馆，不能提供原件的免费服务，否则无法激励开发者的积极性，因而不可能无偿向社会公众供给，于是拍卖这种价高者得的高度市场化的交易行为也为档案信息资源的开发推广所运用，供应方提供集成化的档案信息资源并报出底价，拍卖单位或公证机构负责审查其价值，拍卖公司组织拍卖，客户竞买成交。

3.1.2.4 档案需求实现方式变化

需求方式是需求的基本形式，面对不同需求主体会有所不同，以个人、档案工作者及组织需求方式的变化为例。

首先是个人的档案需求方式。满足个人档案需求的机构主要为政府（即各级各类的档案馆）。此时需求方式应该包括两个方面：一是档案信息资源的服务方式（供给方式），即档案配置主体向用户提供档案信息资源的方式和手段；二是档案用户的表达或反馈方式，即档案用户向档案信息资源配置主体表达自身档案信息资源需求以及在需求结束后反馈的手段和方式。随着社会、市场和网络等客观环境的不断发展，需求方式的互动性越发显著。

档案信息资源服务方式呈多样化。从纸质档案时代的实体库房到数字档案时代的档案资源库，从纸质载体时代的文档一体化设想到数字载体时代的文档一体化、前端控制、全程控制的实现，从纸质实体借阅的时空局限到网络虚拟传输的实时访问等，纸质环境过渡到网络平台，这一转变给档案用户提供了极大的便利，档案信息资源发布、公开以及利用平台的改变极大提升了档案用户需求实现的预期。其一，档案用户在需求实现的广度上不断拓展，这是因为信息技术的运用扩展了利用者接受器官的功能，接受的时间、接受的空间、接受的便利都获得了极大的提升，为满足档案用户需求创造了十分有利的条件。例如，用户随时随地只要具备上网条件便可浏览档案信息资源数据库和相关网站，或在线查阅下载拷贝相关数据等。其二，档案用户在需求实现的深度上不断细化，这是因为信息技术的运用拓展了档案信息资源的形成领域，丰富了资源的内容和形式，从源头上激发甚至引领了档案用户的信息意识和潜在需求，数字化、智能化程度高的档案馆完全可以实现远程资源共享、收集服务，这在纸媒时代是无法想象的。另外，网络化促进了档案信息资源的主动服务方式，通过网络平台，档案信息资源配置主体能更加便利地向用户宣传和提供档案服务，促进档案部门向自觉服务社会转变，如各个省区市档案馆开通官方微博、微信等，主动向用户推送服务信息。

重视档案用户需求的表达与反馈，需求方式互动性显著。一方面，档案信息资源的配置主体在实现供给方式多元化的同时，开始关注到与用户的互动性，通过对用户反馈的收集，可以进行有针对性的个性化服务并了解用户需求趋势，提高自身的服务水平；另一方面，档案需求用户在从模糊的潜在需求及其表达方式向精确的显性需求及其表达方式转变，从滞后的被动需求向实时的主动需求转变。许多档案信息网站，均设置了在线咨询板块，例如，深圳档案信息网设置了互动交流板块，作为档案信息网页的主要功能之一。又如，为了促进服务，提高各省区市服务渗透范围，一些省区市档案馆不仅针对网页平台开拓服务功能，还把眼光放到了手机这样的掌上移动设备上，各地省市级别的档案馆开通了微信公众号，并在主页设置了相关功能，所推文章也开通了留言功能。如湖北十堰市档案馆的微信公众号截至 2015 年底共发布 3000 余条微信消息，拥有粉丝 1.6 万人次，其微信公众号设有"趣味互动"功能，加强了用户与档案馆的互动交流。除了微信、微博等宣传媒介，有的档案馆直接开发了基于自身档案馆的档案 App，如温州档案馆开发的"档案云阅读"软件，专门开设了咨询功能，所发文章也有评论功能。网络环境的发展，给档案用户的需求方式带来了一次彻底的变革。档案不再是档案馆里遥不可及的事物，现在用户能够在任何地方、任何时间进行查阅。档案工作者与档案用户之间的互动也变得常态化。

其次是档案工作者的档案需求方式。档案工作者对自身业务的提升也属于一种档案需求，此处档案工作者应该包括实践工作人员和档案学术研究人员，一个从事档案实际工作，一个为档案学术理论研究服务。随着市场经济发展，社会档案意识的提升，各行各业在加强自身档案信息建设的同时，对于内部档案管理人员的专业素质要求也在提升。例如，由于地域和机构重视程度等因素的影响，企业档案工作人员想要提高自身的业务水平，获得更专业化的档案管理技巧，而往往参加档案馆开设的培训课程比较困难，那么就需要通过市场获得有偿培训，这是市场经济对于档案行业影响的一个表现，只要有需求就会有供应。目前，已经出现了档案业务在线有偿培训，如隶属郑州鼎新数码科技有限公司的牡丹哥档案管理，提供了档案实操业务培训在线课程，目前培训过的档案工作人员已经接近10000 人次，视频点击数已超过 10 万次，公司目前发展良好。另外，随着社会的全面发展，档案事业的不断进步，新时期对于档案事业提出了不少挑战，如电子文件的产生如何促进档案管理实践与理论结合，相关机构应如何应对等，发展中的社会不断对档案工作者提出要求，这些要求也直接确定了档案工作者或者档案事业关于自身发展的需求，这些要求不仅仅包括对档案信息资源的建设，其所涉及的内容相当广泛。

网络环境的变化，使档案需求的内容和形式不断更新。人的需求发展是一种"形成需求—满足需求—更高需求"的螺旋式上升过程，档案信息资源某种需求的满足并不是某一利用活动的终结，而意味着新的认识活动的开始和更高级需求的出现。网络环境就是这一螺旋上升过程的促进剂，在它为档案用户提供极大便利和满足既定需求的同时，档案用户需求也在不断地变化和形成新的需求内容。比如，从单一性的凭证需求向综合性的情报需求转变，从查询性的临时的、随机的需求向知识性的长期的、固定的需求转变，从一般性的大众需求向个性化的小众需求转变等，这对档案信息资源多元载体的集成水平、多种信息内容的集成水平、多样服务方式的集成水平，以及服务体制、手段和范围都将提出更高要求。①

最后是组织对于档案信息资源需求方式的变化。这个组织包含的范围比较广泛，既包括各级各类的档案馆，也包括企事业单位和各种社会组织。企业和事业单位对档案信息资源建设的需求是基于自身生存和发展的需要。随着信息化的发展，组织对档案信息资源的需求实现方式不再着眼于收集、存储和发挥基础作用，比如凭证、情报作用，而在于对其进行分析。以企业为例，现代化企业不只是对档案信息进行收集然后存储，它们已逐渐意识到档案数据所产生的巨大经济效益，开始对过去存储的信息进行分析，发现要素之间的相关性，以便发挥信息的其他潜在价值。

网络环境的发展，数据分析工具的不断革新，是个人、档案工作者和组织的需求方式变化的最大推动力，是完成以上需求方式转变的前提条件，对满足用户需求功不可没，同时也不断刺激新的档案需求。但是面临不断变化发展的档案用户需求，目前的网络技术和环境，比如高新技术的高成本、各种技术的参差不齐等给数据分析带来了一定阻力。由于政府机关、企事业单位等对所有档案信息资源数字化、网络化的要求和水平不一样，数量巨大的档案信息资源在发展水平参差不齐的电子政务、档案网站建设面前，必然存在资源分散无序、变化不同步、分布不均、组织混乱的情况，且在传输中存在速度过慢、收费过高、重复率较高等问题，也极大制约了档案用户需求的有效满足。再加上网络化的档案信息资源在不同区域之间发展的不平衡，档案用户在计算机水平、检索技能、外语能力等综合信息素质方面的差异，计算机软硬件设备的差异性也能加剧和扩大这种差异，进一步造成档案信息资源的贫富分化以至于部分档案资源的垄断。例如，一些非专业用户如果跟不上网络服务手段的发展速度，只会迷失在信息海洋之中，或者排斥网络环境的档案信息资源。如何推动复杂网络环境与档案用户需求的互动，或许促成档案信息资源的有效配置是最为科

---

① 详见王运彬. 国有档案信息资源的多元化配置研究 ［D］. 中国人民大学博士学位论文, 2012.6: 70～75.

学、合理的解决路径。

3.1.3　资源有限与需求无限的矛盾关系

资源与需求的良性关系，应该是当需求因客观环境不断变化时，资源供应也能通过改变或者调节，确保在一定程度上满足需求。当然不可能存在理论上的绝对满足，众口难调在情理之中，但至少需求与供应之间的差距应该很小。随着需求的不断满足，新的需求又会被提出，资源供应又不断适应需求的变化，形成一种螺旋式上升关系，这才是供需发展的良性趋势。实践中档案信息资源的供应与需求存在矛盾关系，笔者清楚，提出档案信息资源稀缺性容易使读者产生一种疑惑：现实生活中，对档案的需求不是很多，档案信息资源怎么就成了稀缺的呢？

档案是一种珍贵的信息资源，随着社会全面发展、市场和网络环境的不断进步，二者的矛盾关系本应更加明显，但在我国不管是档案管理机构还是档案用户似乎都没有感受到这种矛盾的加剧。笔者认为，我国档案信息资源由于受到历史条件的影响，从封建时代到现在，大部分都掌握在权力阶级或国家政府手中，这种情况往往导致一个局面，那就是由于供应方太过强势，社会需求即使出现，也会由于长期得不到满足，最后因营养不良而被不断压制甚至夭折。这种情况的出现，增加了理解二者供需矛盾关系的难度。由于长期历史原因，档案虽然属于一种信息资源，这个毋庸置疑，但在信息资源等学术理论研究中和档案管理等开放实践中却始终处于一种被有意或者无意"无视"的尴尬地位。档案信息资源供应与需求之间的矛盾关系这一客观存在目前虽不突出、不明显，但这只是不健康发展产生的不合理现象和矛盾，迟早会因为社会不断进步而逐渐凸显和被激发出来。

当前，管理型政府开始向服务型政府转变，加之近年来国家战略一再强调市场在资源配置中的基础性作用，很多由政府"垄断"的各种资源，开始逐渐走向市场，以市场为导向进行配置，档案信息资源便是其一。但是，由于社会档案意识水平低、对档案重视不足、档案人员服务意识不够等原因，档案信息资源的市场配置，为社会公众服务的进度相比其他的资源来得慢，引起的社会共鸣也较弱，令人欣慰的是，至少在三个方面发生了显著变化。一是档案馆主动提供利用档案，简化档案利用手续，公民主张开放档案等成为常态。二是市场不断规范，不同行业也开始重视档案，除发挥其法律凭证和情报等基础作用、利用档案维护组织自身正常运行和合法权益以外，开始发现和重视档案信息的潜在价值。三是在倡导大数据积极创造价值（不仅是经济效益，有些社会组织和事业单位还利用自身数据的优势，利用大数据创造社会效益）的时代背景下，缺乏档案信息的数据是不完整的，大数据需重视对所有数据的收集和分析。例如，平民历史被关注，公民民主意识增强，公民重视记录自身的经历和历史，社会也开始利用档案作为规范某些行为的工具，档案的内容不断得以更新。随着时代发展，档案必将在社会公民生产生活中占据更加重要的位置。

上述关系的出现真正体现出了档案信息资源的稀缺性。产生这种矛盾关系的原因，一方面是前文提到的档案信息资源的客观性价值存在；另一方面是人们有这方面的需求，但是需求不断变化，现实生活中种种原因的制约导致资源"有限"①无法满足不断变化的需求，从而最终导致了稀缺这个矛盾的结果。稀缺性程度取决于这种矛盾关系的紧张程度，即档案信息资源与需求之间的关系越紧张，档案信息资源的稀缺性越突出。客观上，由于我国档案信息资源配置主体单一，虽然我国档案信息资源并不少，储量也相对丰富，截至 2017 年年底，全国综合档案馆馆藏档案65371.1 万卷（件），但是目前实际开放的各类档案为 10151.7 万卷（件），仅占全部档案总数的 15.5%。②主观上，如全国政协委员、南开大学法学院教授侯欣一所言："对许多该依法开放的档案通过行政手段人为设定限制，不让查阅；查阅档案手续繁琐，查阅一些档案必须经过某一级部门批准，然后转上一级部门同意，再转回档案馆办理；人为设定查阅数量和次数；查阅和复印档案的收费标准太高；不提供具体的档案分类目录，使查阅者无法提供查阅信息及申请；以档案正在数据化为理由拒绝查阅；不重视档案的整理和研究等等。对于历史学研究而言，资料是研究工作的前提，而在资料中，档案又是最可信的资料。上述现象的存在严重地制约着

---

① 此处的有限并不仅仅是数量上的有限，有时也代表了供给有限。

② 数据来源：国家档案局网站，http://www.saac.gov.cn/daj/zhdt/201809/5f431e512259458895a2186c9ef66ae6.shtml.

学术的发展，并最终影响到整个国家和民族对一些历史问题的认知。"①侯教授所言虽不能代表档案开放利用的普遍现象，却在一定程度上说明了我国即使把开放的档案利用起来也比较困难。

随着社会、市场和网络等客观环境的不断发展，档案用户需求必定会发生变化，不仅是在学术方面的需求变化，民生档案的需求近年也不断呈现上升趋势。每次政府出台相关惠民政策，都会引起一场"查档潮"。如2017 年 3 月 15 日福州购买房屋政策发生变化，购房套数明确以家庭为主体，且个人转让住房营业税征收计算时点，按契税完税凭证时间与房屋所有权证记载时间孰先原则认定。据福州市房屋登记中心统计，2016 年 4 月 8～10 日三天，该中心共受理业务 5438 件，在"4·11 新政"首日，全天查档业务就发出近 700 号，当天查档业务人员加班至晚上十点多。需求在增长，在变化，但政府单一配置档案信息资源所存在的问题对满足需求造成了一定的困扰，储量丰富的档案信息资源不能很好地满足档案用户需求的现象越发显著，二者矛盾关系已经出现，并且已经表现出相对紧张的状况。

解决这种矛盾关系，促进档案信息资源供应与需求二者关系的良性发展，并不仅仅意味着政府不断开放档案，虽然这个确实能够在一定程度上缓和这种紧张的矛盾关系，但这并不是唯一方式。政府开放档案只是扩大了公民查阅的档案范围，由于政府能力有限以及意愿方面的原因，其作为单一的配置主体，仅能够满足较低层次、基础性的档案用户需求。随着需求层次不断提升，满足较低层次的需求之后，人们又会追求新的、相对更高标准的需求，仅依靠政府的配置难以适应不断变化的需求趋势。培养多元化的配置主体，在各个配置主体的运作之下，结合自身的特点，满足不断变化的需求，成为本书的研究目的。②

---

① 全国政协委员侯欣一．让档案多和研究者"见见面"［EB/OL］．http：//www．rmzxb．com．cn/c/2016－03－09/729090．shtml．

② 对于这种矛盾关系的分析，参见王运彬．国有档案信息资源的多元化配置研究［J］．档案学通讯，2013．2：50～52．

3.2 档案信息资源稀缺的表现形式

关于资源稀缺的论述中，经济学家马尔萨斯曾经提出过绝对稀缺论，认为人口的绝对增长与自然资源的相对恒定是矛盾的，后者并不因为前者的增加和需求的增长而扩张，即自然资源物理数量和质量的有限，并不因为技术进步和社会发展而改变。[①] 此后，学者大卫·李嘉图[②]提出相对稀缺论，认为绝对稀缺论没有经济学上的研究意义，因为自然资源的不均质性，数量相同的资源可能存在质量上的差异，尤其是高品质的资源可能有限，因而造成报酬递减不可避免以及资源的相对稀缺性。上述观点限于时代局限，只是论及了实物形态的硬资源，而对于信息时代汹涌而至的软资源没有涉及，但对于现时代的档案信息资源配置仍然具有较强的指导意义，尤其是相对稀缺论。相对稀缺论的核心观点有两点：一是基于有用性的稀缺，即有用性的特别体现，有用性是指档案信息资源作为生产要素或者是管理要素的人类需求性；二是基于供求关系的反映，即稀缺反映的是这样一种状态，相对于需求，档案信息资源的数量储备、质量水平和有效供给总是有限的。因此，稀缺性的前提必然是有用性，但有可能是超出有用性的部分，对此大卫·李嘉图给予了特殊说明："有些商品的价值是由其稀缺性决定的，劳动不能增加它们的数量，因此其价值不能由于供给的增加而减少。"[③] 笔者认为，档案信息资源的稀缺主要表现在三个层次上。

3.2.1 档案信息资源的有用性

有用性导致档案信息资源稀缺成为可能，是为第一层次上的稀缺。有用性强调的是档案信息资源客体之于人们主体需求的价值体现，再次提及主体需求，仍然离不开对主体需求或是主体价值客观性的分析，这里不再重复哲学层面上的客观性分析，而是延展开人们对档案信息资源需求的表

---

① 马尔萨斯. 人口论 [M]. 北京：高等教育出版社，2016：16.

② 〔英〕大卫·李嘉图. 政治经济学及赋税原理 [M]. 周洁译. 上海：华夏出版社，2005.4：2～8.

③ 〔英〕大卫·李嘉图. 政治经济学及赋税原理 [M]. 周洁译. 上海：华夏出版社，2005.4：10.

现状态。一般而言，任何需求都表现为三个层次。一是客观状态，即前文分析的主体价值的客观性。据著名情报学家科亨的论述，"一定社会条件和职业状态下具有一定知识结构和素质的人，有着一定的信息资源需求状态，这是由客观条件决定的，不以人类主观认识为转移的信息资源需求状态"。① 社会、组织或个人与政府、企事业单位有着千丝万缕的联系，档案信息资源的形成与管理更是在形成单位与社会、各种组织或个人的互动中完成的，这一联系与过程的客观存在，决定着对应的需求也是客观存在的，只不过实际工作中或某一条件下，由于主观认识水平和个人意识的差异，单位也好、个人也罢，也许并未意识到这种客观存在对档案信息资源需求的影响，或是意识得不够充分，这便是第二个层次，认识状态。要满足潜在的客观状态的主观需求，认识得不够充分显然不行，充分认识而又未完全表达出来也不行，所以主体必须通过各种实践活动将自己的需求表达出来，即第三个层次，表达状态。

实现客观状态、认识状态、表达状态的统一，必须正确、全面地认识档案信息资源的功能与作用，具体表现在三个方面。

第一，档案信息资源之于政治、经济、文化等可持续发展的利益保障功能。

正如冯惠玲教授形容档案信息资源在国家利益的捍卫力时所说的那样，"捍卫国家利益最基本的两种形式是证明正义和打击敌方侵犯，而档案信息正是兼具这两种功能的具有特殊威力的武器，在某些场合可以有力地保护自己、击败敌方"。②

在政治、文化方面，档案在维护主权、保护国家利益方面也具有不可或缺的作用。比如我国与日本的钓鱼岛争端，双方都拿出了相关证据来证明"钓鱼岛属于谁"，但是在我国所列的种种史料档案证据面前，日本这场闹剧根本站不住脚。更何况，在 2014 年 12 月 30 日，英国国家档案馆解密了 1982 年 9 月英国首脑会谈谈话记录，解密档案显示，时任日本首相铃木善幸当时在会见到访的英国首相撒切尔夫人时曾透露，日中之间就钓鱼

---

① 周毅．信息资源宏观配置管理研究 [M]．北京：中国档案出版社，2002.5：39.
② 冯惠玲．档案信息资源在国家经济社会发展中的综合贡献力 [J]．档案学研究，2006.3：13 ~ 16.

岛归属问题达成谅解和共识，同意"维持现状"，并不如日方所言，中日双方否定该共识存在。中方、日本（很多日本自己的档案都表明了钓鱼岛并不属于日本）以及第三方的档案都强力打击了日本打算将钓鱼岛"化为己有"的阴谋，维护了中国的领土主权，保护了国家利益。

在经济方面，档案信息资源是企事业单位进行资产评估、确定产权归属的原始凭证材料，在资产清理时若出现账物不符或是产权争议，唯有档案才能证明和保护资产，尤其是无形资产。例如，法律确定的专利权、发明权、商标权、特许经营权等都配备了国家有关部门颁发的证明文件以及申请、审批的原始档案材料。又如，不具备法律效力和不拥有正式法律地位的设计图纸、加工工艺、材料配方、施工流程、管理经验等智力型劳动成果，都没有实物形态，对其进行评估、处理纠纷的重要依据就是档案信息资源。

在我国，随着市场经济改革的不断深化，政府也不断强调市场在资源配置中的基础地位。随着经济全球化的发展，社会档案意识的不断加强，企业逐步开始关注自身的档案建设，发现档案在经济活动中所具有的重要作用。过去计划经济时代，所有经济活动都在国家的监控之下，有国家这把"大伞"，企业完全可以不过问市场和自身的经济效益，企业信息需求几乎是没有的。[①] 然而，现代企业的发展却离不开信息，随着政府对企业的干预逐渐减少，企业为了自身的生存和发展，不仅要考虑外部社会信息，也要重视自身内部信息的建设，特别是档案，作为企业管理活动的衍生物，是企业活动的原始记录，也是企业的生产要素之一。

加强企业档案的建设对其发展具有重要作用。对中国贸易救济信息网的查询显示，2013 年全年，中国遭受的反倾销调查总量达 71 起。2014 年全年，中国遭受反倾销调查总量达 62 起。2015 年全年，中国遭受反倾销调查总量达 72 起。2016 年全年，中国遭受反倾销调查总量达 94 起。2017 年全年，中国遭受反倾销调查总量达 58 起。中国已经连续 23 年成为遭遇反倾销调查最多的国家。面对反倾销起诉，中国企业大多数没有积极应对，有些企业根本就不知道如何应对，有些干脆放弃应对。究其原因，有法律观念不足、信心不够等，但还有一条重要原因，就是缺乏标准化的商

---

① 查先进. 现代企业信息需求及其实现 [J]. 情报资料工作，1995.3：27～29.

务档案信息支持，没有完整的证据材料，如何去应诉？除了在应对国际诉讼方面中国企业后劲不足，在国内诉讼过程中，企业因缺乏重要档案证据而败诉的案例也不少。例如，某施工企业在与发包方签订一座长达 13 公里的跨海大桥的施工合同后，由于将调整决算价格的重要补充协议遗失，因而在后期讨要工程欠款的诉讼中，使因价格调差而本应得到的 8000 万元工程款付之东流。① 再如，国家税务局稽查局由于《税务稽查工作底稿》以及《进销存账（分类账）统计表》等自认材料在证据形式上存在瑕疵，而且缺乏会计凭证等证据材料而在一起案件中败诉。② 由此可见，在市场经济环境下，要想保护企业合法正当利益不受损，惩罚不良企业的偷税漏税行为，没有完整的档案是不行的。档案信息不仅能够提供证据支持等基础性作用，对档案进行综合和分析，对档案信息进行二次利用甚至多次利用，还能节约管理成本，发现诸多潜在价值。

第二，档案信息资源之于政治、经济、文化等可持续发展的监督控制功能。

无论是政府在宏观经济发展战略上的制定与选择，还是企业在微观经营活动中的管理与运行，都离不开利用所属档案信息资源对运作过程的监督控制，唯此方能保证计划目标与实施结果的吻合。目前，我国社会正在经历大规模的诚信危机，官员腐败、贪赃枉法事件频频出现在公众视野，对我国政治、经济发展造成了不利影响。自从习近平总书记上台以来，中国反腐行动一直在持续进行中，不管是"大老虎"还是"苍蝇"，发现一起查一起。目前，各省区市在陆续建立公务员诚信档案，并将其作为任用依据，我国也正在实行官员信息公开制度，发挥档案的"工具价值"。这也只是档案在推进反腐工作中发挥监督作用的部分事例。除了通过档案对重点群体进行约束，显示了档案对于组织核心——干部（人）——的监督控制作用外，档案对于组织运行过程的保障和预警作用也不容忽视。例如，电子健康档案警报系统改善了医生的工作效率，在美国西北医学院，医生所应用的电子健康档案医护体系出现问题时，系统会用黄色警示灯提

---

① 路建华. 从几类案件的败诉看企业档案的重要性［J］. 山西档案，2009. 5：27 ~ 28.

② 一起因证据问题导致的税务局败诉案［EB/OL］. http：//www. cnnsr. com. cn/cssw/swhtml/20150408101313177036. html.

示医生，医生将进一步输入对警示的应对措施，并在季度绩效报告中显示，该系统还有助于找到需重点关注的患者和病症。[1] 在国内，也有一些学者提出了从城市建设角度发挥城建档案在建设工程寿命预警中的作用。[2]

第三，档案信息资源之于经济可持续发展的保值增值功能。

档案信息资源不仅"全面映射"监督控制，而且"身临其境"作为管理要素渗入管理活动中实现增值功能，能够极大地提高企业生产运作、经营管理的水平。对此冯惠玲教授举例说明，可"利用档案信息降低技术开发、产品设计、生产过程的成本，以充分的档案信息支持决策，降低或消除因信息失灵而导致的市场缺陷和决策失误，实现资源配置优化等"，[3] 这便是第三个功能，档案信息资源之于经济可持续发展的保值增值功能。虽然档案信息资源能否作为生产要素介入市场经济活动，进而实现档案信息资源的产品化和产业化获取经济效益，饱受学界的争议，但是随着全球信息内容产业发展浪潮的兴起，作为信息资源的一员，档案信息资源应该非常有潜力独立开发或者与其他信息资源联合开发出符合市场需求的产品和服务，拓展现有信息资源产业和信息服务业的市场发展空间。例如，台北故宫博物院推出的"朕知道了"纸胶带，就是利用了康熙批阅奏折时的朱批作为设计元素，此胶带一经推出，仅仅八个月就为台北故宫赚进新台币2660万元，成为游客必买的纪念品。[4] 奏折是档案的一种，这无须辩驳，只是因为其所处场所不同，其实现价值的方式就有了天壤之别。在档案馆，朱批所能实现的仅是为用户所查阅，而博物馆却能将其与文化创意产品相结合，使之成为文化创意产业的一员，为博物馆带来巨大的经济效益和社会效益。这一事件不得不让我们反思，档案的经济价值在这个时代已经慢慢得以凸显，我们是固守陈旧还是跟着时代进步，我想答案是不言而喻的。

---

① 肖婧婧. 电子健康档案警报系统改善医生工作效率 [J]. 中国数字医学，2011.12：82.

② 李明娟等. 城市公共安全视角下城建档案对建设工程寿命预警的思考 [J]. 档案学通讯，2015.1：96～99.

③ 冯惠玲. 档案信息资源在国家经济社会发展中的综合贡献力 [J]. 档案学研究，2006.3：13～16.

④ 台北故宫博物院卖萌"朕知道了"纸胶带热销 [EB/OL]. http://shizheng.xilu.com/20151203/1000150004564474.html.

3.2.2 档案信息资源的非同质性

非同质性导致档案信息资源稀缺成为必然，是为第二层次上的稀缺。美国著名经济学家保尔丁格教授曾以铝合金和铝合金配方为例论述了信息资源的非同质性。例如，对于既定种类的铝合金，市场上需求更多，意味着该种类、品质、质地组成相同的同一铝合金资源在数量上的扩张；但信息资源不同。对于给定种类的铝合金配方，市场上需求更多，意味着相同的种类、品质、质地组成已经不能满足需求，市场需要更详细的、质地组成变化的、更多品种的铝合金配方信息，不同配方之间，必然存在非同质性。[①] 武汉大学查先进教授认为，信息资源的共享性与信息管理的合理性，共同决定了信息资源非同质性存在的必然。一是共享性导致某一信息资源一旦形成并对社会公众公开，便意味着该资源没有必要在其他领域其他时段再次生产；二是在某一信息社会或信息组织范围内，其信息的组织、协调、流通、分配工作均十分合理的情况下，各种各样的信息资源均是不同质的，即从某一信息管理十分合理的社会或机构的整体来看，所有信息资源都存在显著的区别，这也可以解释为什么信息市场上提供信息资源产品的企业很容易垄断该类产品的供给。但是需要给予特殊说明的是，在实际的经济管理活动中，由于信息资源的共享性存在程度和时限上的差别，以及信息活动普及的广泛性、信息资源申报和管理制度上的欠缺，信息资源重复生产的现象经常出现。[②]

如果说信息资源具备非同质性，一是需要广泛的共享性这一理论前提，二是需要信息管理的合理性这一实践前提，那么在档案信息资源领域，这一"非同质性"则犹如天生一般显得更为明显。政府系统、企事业系统、公共档案馆系统内，即便是档案提供利用的程度不高，范围不广，即便这些机构的信息组织、协调、流通等管理工作不到位，其形成的档案信息资源之间也仍然是非同质的。这是因为不同国度、不同区域、不同部门、不同组织、不同全宗之间，档案信息的来源是截然不同的，根据档案整理与分类的至上原则——来源原则——对档案本质属性的维护与保持，

---

① 马费成. 信息经济学 [M]. 武汉：武汉大学出版社，2012.6：260.
② 查先进. 信息资源配置与共享 [M]. 武汉：武汉大学出版社，2008.7：8.

来源不同，档案亦不同，即档案是属于"孤本"的信息资源。从内容上看，档案是从当时情境下直接使用的文件转化而来的，并非事后因利用需要而再度另行编制的，因而能够客观记录以往的历史情况，不同的历史情况必然形成非同质的档案。从形式上看，档案真切保留着各式各样的历史标记，有些文件的全文是当事人的亲笔手稿，有些文件留着负责人和相关人员的亲笔签名，有些文件盖有机关或个人的印信，不同历史标记"组合"在不同的档案文件上，当然形成非同质的档案。非同质性决定了档案信息资源可以被视为接近垄断的信息资源，而它的主要保存机构——国家档案馆或公共档案馆——几乎垄断了该类资源的供给，恰恰又为制度上的设计提供了便利。

3.2.3　档案信息资源的制度性稀缺

制度设计导致档案信息资源稀缺成为常态，是为第三层次上的稀缺。我国形成了以档案信息资源所有权制度为核心的制度设计。所有权是一种基本的民事权利，是所有权主体对其所有之物的一种排他性权利。首先，我国综合档案馆保存的档案明确强调其所有权主体是国家，由中央级、省级、设区的市级和县级档案机构分别代为行使，这一点在我国现行法律制度层面没有任何异议。其次，关于所有权的分割，《民法通则》第七十一条规定，"财产所有权是指所有人依法对自己的财产享有的占有、使用、收益和处分的权利"，档案信息资源所有权也包括这四项权利，但现行的法律制度或实施办法并没有给予很好的说明。

占有权主要表现为对档案的保管权。[①] 档案信息资源首先由其形成机关——政府部门及企事业单位的档案室（馆）——保管，既定期限后将其中具有社会价值的档案移交给国家档案馆保管，而且这种占有强调的是对档案的实体占有，即静态归属。虽然档案原件所承载的信息使档案信息资源有了无形财产的形态，但是"档案信息资源的法律规制以及使用制度并不是以其中所记载的信息作为出发点，而是着眼于档案本身的查阅、复制和摘录，可以说是以档案的物的属性作为法律规制的基础的"。[②]《档案法》

---

① 杨立人. 档案所有权的保护与限制［J］. 档案学通讯，2007.3：18.
② 张建文. 公物法视角下的档案所有权解读［J］. 北京档案，2010.1：10.

强调了档案信息资源占有权的不可流通性，明确了档案信息资源不能通过市场途径和非市场途径转移，也不存在善意取得的可能。但是档案毕竟是实体与信息的集合，尤其是在电子文件时代，信息的比重更大，对于档案的意义更为重要。例如依据原件开发出来的档案二次、三次产品，强调"控制权"比强调"占有权"更有实际意义。控制权是指权利主体对作为客体的档案信息资源所享有的支配权，客体一旦处于合法控制之下，控制者便拥有了"自由行使的，并不受他人干涉的关于资源的权利"。[①] 这种控制权可以因投入档案信息资源的形成、管理过程而获得，亦可凭契约获取对该资源的控制，档案信息资源"实体占有权"的制度设计保障了前者即形成单位的权利，但忽略了档案信息资源加工链中的中下游机构的权利。鉴于档案信息的非物质性、可复制性，对其资源产品的控制状态可以是多重的，并存着档案信息资源权利人（形成者）的控制权和在该基础之上加工整理出的资源产品权利人（例如编纂者）的控制权，后者的控制权没有在"实体占有权"制度框架内得到确认和尊重，因而他们缺乏生产档案信息资源产品的积极性，导致我国档案原件颇多、档案加工品偏少的情况。此外，控制权的理念，除了具备"占有权"制度框架内的保护功能，即对控制状态或支配状态的保护，还具备继续保护功能，即对档案信息资源加工链的所有环节维持继续控制的权利。

使用权是指对档案的利用权。"所有权主体有权利用属于自己的档案，并有权排除他人的利用"。[②] 政府各部门、各企事业单位享有利用本单位保管的档案的权利，非本单位人员、组织、机构需要利用的必须征得该单位的同意。建立在"实体占有权"概念基础上的使用权，缺乏"信息控制权"的概念基础，不是完整意义上的使用权。档案信息资源的使用权，包括但不止于加工权、复制权、传播权。作为档案信息资源利用的基本形式之一，"加工"确认并不断提升着档案信息的原始价值和存在意义，在档案界对"加工"传统的称谓为编研、编纂或汇编等，但这不是加工的全部，对档案信息的加工应该包括更深度的开发。最初的加工方式就是整

---

① FH Lawson，B Rudden. *The Low of Property*［M］. 牛津大学出版社，2002：114；转引自梅夏英. 财产权构造的基础分析［M］. 北京：人民法院出版社，2002：171.

② 杨立人. 档案所有权的保护与限制［J］. 档案学通讯. 2007.3：18.

理、分类，即发现、发掘、构建和强化档案信息之间的关联性。来源原则对于指导档案的第一次整理，即实体档案的整理，具有划时代的意义，一直被中外档案学界奉为圭臬。但对于档案信息的整理，尤其是标准化、规模化的档案信息加工，其地位和作用尚不可得知，当然这要归咎于"实体占有权"衍生的"实体加工权"，即以档案"实体"作为加工的始终原料，没有半成品和中间产品的概念，更没有标准、规模化的加工流程，也就把满足既定市场需求的市场加工方式排除在外了，只限于档案信息资源"占有部门"自己加工自己占有的实体档案。复制是完整再现档案信息的方式之一，是传播行为的基础。现行档案法规对复制权的解释，以档案馆的阅览室为主要场所，以提供复制件为主要方式。传播是档案信息资源体现、实现和创造价值的基础，现行档案法规对于复制权和传播权的控制以"实体"控制为主。实体档案固化于有形载体，其信息伴随载体而复制或传播，其原始作者清晰，即便是复制或传播，作者著作权也容易体现。而虚拟的电子空间中形成的档案信息资源，其复制和传播都借助于网络完成，载体不参与转移，电子档案信息资源经过多次复制和传播，已是大量数据和信息的集合，原始作者的劳动很难再被一一区分，也就意味着任何加工者的积极性都再难以激发，因为他们的再次加工都可能是无偿的。

收益权是指形成者通过对自己所有档案的利用、处分而获得经济收益和社会效益的权利。档案信息资源的收益权一般具有外部性、长期性与多元性等特征。现行《档案法》根据财产的法律本质构建了档案信息资源的利用制度，在收益权方面规定了档案在促进社会福祉、促进科技进步、保障公民权益、加强信息传播等领域的义务，以公共利益为主，因此其外部性特征即为正的外部性，所有权人（国家）一系列的档案信息资源管理与服务活动使社会公众受益，且社会公众无须花费代价，与此同时，理所当然地把收益权的私有化排除在外。档案信息资源的价值会随着时间延续而不断发生变化，或因时间推移其价值呈下降趋势（即价值时效性，例如，一些具有行政或法律效力的档案文件，在某一时间内有参考作用，甚至利用率很高，但一旦过了有效期限，其价值就会减少甚至消失），或因时间推移而其价值呈上升趋势（即价值递增律，例如"一些保存时间较长的档案与现行事务的联系越来越少，行政查考的必要性也逐步减少，利用者多是从科学文化、历史研究的角度利用档案，也许从某种意义上讲，是科学文化价值随着时间的推移而递增了")。① 档案信息资源收益权的长期性由其价值的递增律和时效性决定，尤其是潜在的效用价值"不是一次使用或消费就能实现的"，② 而且档案信息资源的自然属性决定了"其具有所谓'不可磨损性'，权利人一旦'控制'该资源，就可以反复利用、长期收益，直至终生"。③ 当然，档案信息资源的收益也可能存在时间滞后性，即一段时间过后才能实现或是达到最大值。档案信息资源收益的多元性，源于收益权客体的不可绝对交割性，即档案中信息成分的转移（与实体转移相对应）、后来者的获取和利用不以排除先占者的原有获知、认识和占有为条件，不能是完全转移和绝对交割，而只是支配状态的相对转移。因此档案信息资源可能为若干个主体同时"占有"，为许多人所利用，无论在档案室阶段，还是档案馆阶段，或是外包给中间服务商阶段，都可以因为该资源为若干主体同时"虚拟占有"而获得多元收益。但是，前文"占有权"部分已经论述过，现行法律认可和维护"实体占有"，对"虚拟占有"带来的收益不予认可和保护，从而使后来者缺乏不断加工档案信息资源实现"虚拟占有"带来的收益的积极性。

　　处分权是指档案所有者享有销毁、出让、赠予、公布自己所有档案的权利。档案信息资源在现行的法律框架内，属于财产形态上的有体物，与档案信息资源所承载内容的无形性相区分，因为承载的内容信息属于无形财产，但"档案的法律规制以及使用制度并不是以其中所记载的信息作为出发点的，而是着眼于档案本身的查阅、复制和摘录，可以说是以档案的物的属性作为法律规制的基础"。④ 对于这种有体物处分权的保护与控制，现行档案法律规定了档案只能由各级各类国家档案馆和档案的形成机关、团体、企事业单位公布和销毁，并禁止出售档案，同时已经移交至国家档案馆的档案的利用权由该级档案行政管理部门保护，尚未移交的档案的利用权由保管单位行使。上述做法，很好地保护了所有权人（即国家）对档案信息资源中有形部分的处分权，但对于无形部分的处分权尚未涉及，是

---

① 张斌．档案价值论［M］．北京：中央文献出版社：北京，2000.4：148～149.

② 乌家培，谢康，王明明．信息经济学［M］．北京：高等教育出版社．2002：31.

③ 陆小华．信息财产权——民法视角中的新财富保护模式［M］．北京：法律出版社，2009.4：371～372.

④ 张建文．公物法视角下的档案所有权解读［J］．北京档案，2010.1：10～12.

有意回避还是无意忽视？如果是有意回避，显然是认识到了档案信息资源中的无形财产部分可以同时为若干主体所"占有"，为许多人所利用。因为对于无形财产部分的处分，不一定导致所有权人对该资源控制权的绝对或相对消失，故选择了着眼于有形财产部分的归属与占有，同时以"若干年保护期限"和保密相关规定绑定了有形部分与无形部分，以阻碍和降低无形财产部分被若干主体共同占有的可能性，达到独享档案信息资源处分权的目的。如果是无意忽视，没有认识到无形部分有可能已经被多个主体共同占有而形成事实上的处分权，认为只要实现有形部分的处分权就已经可以实现物质财产时代的独占与处分，或是认为即便无法最高程度实现这种处分权，也不能给予该"事实上的处分权"法律上的认可。还有一种可能，有心承认和保护档案信息资源无形财产部分的处分权，但无力为之。《政府现行文件公开条例》的颁布与实施，使有些档案在被收集进入保管机构之前，就被社会大众所共享，减小了国家对档案信息资源占有有形部分所导致的处分权独占的意义，既然身前（归档之前）已被若干主体同时处分，那么身后（归档之后）档案信息资源的保管机构就没必要提供利用让社会公众同时享用。无论是哪一种情形，都是没有认清"国家是代表社会公众形成档案信息资源处分权"的法律事实，是无视社会公众也享有档案信息资源无形财产部分的相应权利，是为档案信息资源无形财产部分的供给不足或低效提供免责的借口。[①]

　　综上所述，从目前的法律规制来看，档案信息资源的占有、使用、收益和处分均是通过对"档案实体"的"所有权"控制来达到档案信息资源"稀缺"的目的。对档案保管机构而言，这种制度性稀缺十分有利于其行使各种权利；对档案信息资源的优化配置和价值发挥而言，则需要转换视角，从"档案实体"控制转向"档案信息"合理流动。

3.3　档案信息资源多元化配置的目标

　　查先进教授在论及信息资源配置目标时，引用了经济学术语"社会福

---

① 关于"档案信息资源的稀缺性"的相关分析，参见王运彬，郝志军. 档案信息资源的稀缺性研究［J］. 档案学通讯，2012.6：48～51.

利最大化"作为均衡合理配置信息资源的最终目标；[①] 周毅教授把"反贫困""知识创新""信息经济的发展"视为信息资源配置的基本功能；[②] 陈永生教授认为档案信息资源在本质上有别于图书与情报，其配置的首要目标是要实现档案实体布局的科学与协调，以消除在空间分布上的地区失衡和城乡失衡；[③] 郭建平以档案信息的公共资源属性为基础，将"供求均衡"甚至是"档案信息市场的供求均衡"，尤其是基于"经济成本"考量的供应方与利用者的双赢和收益的最大化视为档案信息资源配置的目标。[④]

　　鉴于本书将"资源"与"需求"的矛盾视为研究的逻辑起点，围绕着"资源决定需求、需求影响资源"的逻辑思路来解决档案信息资源配置问题，因此在目标的设定和功能的取舍上依然如此。档案信息资源配置就是要通过对档案信息资源的分布与流动进行规划和调整，以尽可能小的成本取得尽可能大的社会效益或经济收益，即"建设资源、满足需求、反映供求"三个功能。[⑤]

3.3.1　实现基本的资源建设要求

　　第一，不同层次的档案信息资源配置须以基本的资源建设为前提。

　　马克思唯物主义始终坚持"物质决定意识，意识反作用于物质"的观念，运用辩证方法剖析了物质与意识的矛盾关系，对档案信息资源与其需求之间的关系亦是如此。档案信息资源的建设状况决定着需求的内容与形式、需求产生的时间与地点、需求满足的程度和水平，因此将"实现基本的资源建设要求"列在多元化配置的基本功能之首。缺乏基本的资源，档案信息资源的多元化配置犹如"无米之炊"，多么合理、完美的配置方案也只能是空中楼阁，故而一些信息资源管理学者将"信息贫困"也视为地

[①]　查先进，曹晨．近 20 年我国信息资源配置研究文献计量分析［J］．图书情报工作，2010，54. 20：6~10.

[②]　周毅．信息资源宏观配置管理研究［J］．档案学通讯，2004. 3：50~53.

[③]　陈永生．档案信息资源均衡配置方案——我国档案信息资源分布状况及均衡配置研究之三［J］．浙江档案，2008. 10：17~19.

[④]　郭建平．档案信息的公共资源属性及供求均衡［J］．档案学研究，2010. 4：17~20.

[⑤]　三个基本功能的提出，借鉴于王运彬．国有档案信息资源的多元化配置研究［D］．中国人民大学博士学位论文，2012. 6：90~96.

区、国家贫困的重要表现，[①] 甚至认为信息贫困从某种程度上讲就是造成经济欠发达地区发展滞后的重要原因，[②] 甚至是主要原因。档案信息资源在客体空间分布上的失衡现象，也引起了一些档案学者的关注，他们虽然没有将该失衡现象与"经济贫困"直接联系起来，却对"地区分布不协调、城乡分布不均衡现象的客观存在，生成了诸多制约社会整体协调发展的'档案信息鸿沟'"达成了基本的共识。[③] 解决地区或城乡的档案信息资源分布失衡，只是基于中观层次的配置，实现基本的资源建设要求，还包括档案信息资源基于宏观层次的战略配置，以及基于微观层次的实体配置。

第二，建设基本的档案信息资源须关注内外围环境的动态发展。

人类社会的实践活动处在永不停歇的运动和发展之中，档案的形成主体及其实践活动也在不断变化着，作为该主体及主体活动的原始记录——档案信息资源，也处在不断形成、积累、变化的过程中，因而是一种动态的资源，因时间而变，因地区而异，建设该资源的均衡、合理的状态也只是相对的，总的趋势都是运动的。随着档案信息资源的内容、种类、质量、时效、价值等的变化，档案利用的法规政策、技术条件和社会环境的变化，基本的资源建设要求的内涵、结构、过程、结果等均需要重新改变，否则"实现基本的资源建设要求"只能是过去时。但是，这种改变如果仅仅局限于资源内部本身，则很难实现由"某一时空的有序"渐变为"另一时空的无序"、质变为"另一时空的有序"的趋向合理、提高效率的过程。这种思想得益于1977年诺贝尔化学奖得主伊利亚·普里戈金（Ilya Prigogine）的耗散结构理论（dissipative structure）在社会科学的运用，尤其是在信息资源管理学中的运用。查先进认为："在信息资源系统中，信息资源不论通过何种配置方式——政府配置、市场配置或者产权配置，随着时间的推移，都会产生类似于'耗散结构'的现象，信息资源的配置过程本质上则是一个从不合理逐步趋向合理、从无效率或低效率逐步趋向有

---

① 周毅. 信息资源宏观配置管理研究 [M]. 北京：中国档案出版社，2000.5：55~56.

② 周毅. 信息资源宏观配置管理研究 [M]. 北京：中国档案出版社. 2000：55~56. 转引自陈夏尔. 竞争情报与贫困地区的发展 [J]. 情报杂志，2000.1：64~66.

③ 陈永生. 档案合理利用研究——从档案部门的角度 [D]. 中国人民大学. 2006.6：167.

效的过程。"① 因此建设基本的档案信息资源，应该遵循动态变化的基本要求，以渐进式的转变逐步实现尽可能大的配置效益。简言之，基本的资源，是档案信息资源配置矢志不渝的目标之一。

3.3.2 满足基本的档案用户需求

第一，满足基本的档案用户需求，对需求对象进行细分是前提。

已有关于档案信息资源的用户需求分析，依然借鉴了公共物品理论，尤其是在对该资源的公共物品属性进行研究时，需要注意两点，一是不能根据"档案信息资源由广大公众或政府占有并服务于公共利益"而否定其复杂的公共物品属性表现形式。文燕平指出公共物品仅仅是一个经济学概念，单指该物品的消费利用是否具有竞争性和非排他性或者竞争性和排他性的程度如何，② 与类似于"被谁所有、为谁服务"的社会或政治含义没有严格的直接对应关系，因此更不能认定档案信息资源需求具有单一性或对公共物品只能有某单一属性的追求。故本书将该需求初步划分成源于纯公共物品属性的需求、源于准公共物品属性或混合公共物品属性的需求和源于市场产品属性的需求（市场产品虽然不属于公共物品，但其属性特征与公共物品有着典型的对应关系，后文会详细分析）。简言之，满足基本的档案用户需求，必须对需求的对象——档案信息资源——进行属性的辨析和分类。二是试图建立资源本身特征与公共物品属性的某种联系，注定是非常牵强的，也无法得出正确的结论。戈尔丁分析指出，公共物品利用有"平等进入"与"选择性进入"，前者不限制任何人来消费利用，如公园中定期的义务演出；后者限定了利用者必须满足某些约束条件，如剧院中举办的商业演出，③ 即不存在任何资源及其服务是由其属性特征来决定其是否具有公共物品属性的，公共物品属性应由资源及其服务的供给方式

---

① 查先进. 信息资源配置与共享［M］. 武汉：武汉大学出版社，2008.7：31.

② 文燕平. 信息资源的公共物品属性辨析［J］. 情报杂志，2009.1：173～174.

③ 转引自 Goldin, Kenneth D. Equal Access VS Select Access：Acritigque of Public Goods Theory［J］. *Public Choice*，1977.29：53～79.

的差异来决定,① 而且无论源自何种供应方式的利用需求,都总是希望以最小的代价甚至没有代价即政府埋单获取更多优质的档案信息资源产品,甚至采取任何方式的供应方都总是希望降低各种形成、积累、保管、加工性开支,以最大限度地谋取社会效益或经济利益。简言之,满足基本的档案用户需求,必须对需求的供应方式进行细分研究。

由于档案信息资源的利用不存在竞争关系,某一利用主体对公共档案馆的某一档案的借用、阅读、摘抄、引用或者解释行为,意味着他获取了该份档案的外在形态和内在信息,但并没有影响其他主体的利用,甚至前者的摘抄、引用、解释、传播行为更有助于后者的利用。换句话说,档案信息资源利用对任何用户都是可以平等提供的,所以需求和供应的细分的目的,都是为了在最大范围内实现档案信息资源的共享,这种共享除了受到政治、经济等大环境的影响之外,主要取决于资源本身的质量和品种(优质并丰富的资源自然会加速自身的共享),以及资源的扩散速度(数字化、网络化的资源自然共享更快)。

第二,满足基本的档案用户需求,对需求及其供应方式进行细分是关键。

在论及档案信息资源需求时,研究视角往往容易把用户限定于单个的社会主体,这也是对"基本的档案用户需求"中"基本"二字的狭隘或片面解读,或者可将其理解为一种微观视角。周毅教授认为配置研究的宏观视角更为重要,他把"反贫困""促进知识创新""发展信息经济"视为信息资源配置的基本功能,因此"基本"二字也应该把国家这个抽象的利用主体涵盖进去。例如反贫困,相当多的管理者已经认识到贫困地区的劣势不仅是自然资源、土地、劳动力等有形资源要素不如发达地区,信息资源等无形要素更为落后,更为重要的是认识到有形资源要素的挖掘只是反贫困的短期规划,不断提高地区的信息资源配置水平、增强信息潜力和信息竞争力才是经济可持续发展的长期战略。作为信息资源的核心要素,档案信息资源无疑应该成为这种长期战略优先考虑的对象。2016 年中华人民

---

① 满足基本的档案用户需求,不仅应体现档案信息资源的公共物品属性,即着眼于公共利益、政府利益和社会利益,还应尊重档案信息资源的其他属性,例如其小众化利益、平民化利益、商业性经济利益等。详见王运彬等. 档案信息资源配置的目标定位研究〔J〕. 档案学研究,2012. 6;36~37.

共和国全国人民代表大会和中国人民政治协商会议上，联想集团董事长杨元庆提出应加大力度推进我国"信息扶贫"事业发展，通过打造一个以互联网应用与服务为支撑的社会扶贫信息服务平台，建档立卡，充分挖掘贫困村、贫困户的帮扶需求。另外，建档立卡精准扶贫早在 2013 年中共中央办公厅、国务院办公厅的《关于创新机制扎实推进农村扶贫开发工作意见》中就已提及，故国家的区域平衡发展需求是"基本"之一。又如促进知识创新，任何新知识的创造，都依赖于两个必要条件，显性知识基础和隐性知识投入，国家战略层面的知识创新，必须提供丰富的显性知识数据库和促进隐性知识显性化的政策，档案信息资源是原始的、优质的显性知识，构建其资源库的需求也是"基本"之一。再如发展信息经济，虽然档案信息的经济学属性和市场价值等概念一直备受争议，但是档案信息对国家经济发展的拉动力却是有目共睹的，[①] 尤其是国家发展信息资源产业例如开发档案信息资源数据库的商业驱动模式的需求也是"基本"之一。

3.3.3 反映基本的资源供求变化

"建设资源"和"满足需求"已经是资源供求的两个方面，但不是资源供求的全部，因为无论资源本身，还是资源需求，都是动态变化的，而且不一定是协调一致变化的，更多的是"供应资源—满足需求—需求提升—资源落后—资源提升—满足需求……"的螺旋式变化，单一的资源建设或是封闭的需求研究都不足以满足这种变化趋势，因而"反映基本的资源供求变化"也理应成为档案信息资源配置功能的题中之义。

反映基本的资源供求变化，目的在于使闲置的档案信息资源得到充分利用，使档案信息资源的供应情况和档案用户的不同需求得到全面而又及时的反映，避免供应情况与需求状况信息不畅造成资源的闲置浪费或需求的无法满足，并且在档案信息资源与用户需求的互动中对资源配置过程不断进行调节。

资源供应与用户需求的互动总是不断变化的，总体而言有两个阶段。一是资源主导型，即档案信息资源配置应在首先符合资源基本建设的情况

---

① 冯惠玲. 档案信息资源在国家经济社会发展中的综合贡献力 [J]. 档案学研究，2006. 3：14 ~ 15.

下进行，以提供尽可能多的、丰富的档案信息资源和不断提高资源的质量作为主要任务；二是需求主导型，即档案信息资源应在必须符合社会档案需求的状况下进行，信息资源管理学专家认为社会信息需求的满足程度是决定信息资源配置合理化程度的首要指标，[①] 而无论是供不应求还是供过于求，实质上都是档案用户需求满足程度低下的表现，即国内一些专家所称的"有效供给不足"。[②] 解决该问题的关键就在于以档案用户需求作为档案信息资源配置的导向。上述两种类型的划分没有绝对的时间先后顺序，也没有绝对的孰优孰劣比较关系，而是要根据档案信息资源配置的实际状况做出对应的选择，即判断资源供求变化的情况。档案信息资源现阶段的配置状况和供应态势是向着有利于供应方倾斜的，再加上档案本身所具有的原始性强、通用性差、可替代性小、竞争性小等特点，造成供应一方即使提供数量不足、质量偏低的档案信息资源，也同样可以赢得生存空间，这就意味着需求一方还不足以影响甚至决定供应一方。"需求形成市场，市场赢得利润"的市场生存法则在这里还没有发挥的空间，如果是基于这种"基本的资源供求变化"的判断，档案信息资源配置所要解决的问题，就不应该局限于信息资源市场专家说的"供给状况不能适应用户信息资源质量需求不断上升的要求"，[③] 而应该首先培育出足以影响供应数量、供应质量的档案需求以及满足需求的供求机制。

3.4 本章小结

档案信息资源具有稀缺性。其一，档案信息资源因其客体价值、价值联系、主体价值都具有客观性而具有典型的客观性价值。其二，社会全面发展促进档案需求内容功能的层次化，社会实践、市场经济的全面发展以及市场运行的日益规范促进了档案需求的多样化，网络环境的变化和发展使档案需求的内容、形式不断更新，档案需求的不断变化使档案需求的实现方式——供求双方即档案信息资源的服务方式和档案用户需求的反馈方

---

① 周毅.信息资源宏观配置管理研究 [M].北京：中国档案出版社，2002：178.
② 马费成.信息经济学 [M].武汉：武汉大学出版社，1997.263.
③ 周毅.信息资源宏观配置管理研究 [M].北京：中国档案出版社，2002：179.

式——都随之变化。其三，档案信息资源的客观性价值说明了稀缺性存在的合理性，档案需求的不断变化说明了稀缺性存在的必要性，而稀缺性最终是否产生——资源有限与需求无限的矛盾关系——则取决于这种矛盾关系的紧张程度。

资源稀缺与需求多元之间的矛盾是辩证统一的，其对立的一面是指档案信息资源在抽象价值层面和具体表现形式上都是稀缺的，而档案用户需求却因为社会的全面发展、复杂的网络环境和市场经济的成熟呈现"立体化""互动性""多样化"等多元发展趋势，两者似乎存在不可调和的矛盾。

此种矛盾通过档案信息资源的有用性（档案信息资源之于政治、经济、文化等可持续发展的利益保障功能以及监督控制功能）、非同质性（档案信息资源从形式上类似"孤本"、从内容上记录"历史真实"、一定程度上属于档案馆的"垄断"资源）、制度性稀缺（形成了以档案所有权为核心的制度设计，对档案信息资源的占有、使用、收益和处分的权利大多归属于档案管理部门）表现出来。

此种矛盾的统一通过档案信息资源的多元化配置（"实现基本的资源建设要求"、"满足基本的档案用户需求"和"反映基本的资源供求变化"来实现资源与需求的良性互动，达到档案信息资源多元化配置的复合与优化）予以解决。

第4章

价值实现：档案价值全面实现的路径拓展

4.0 引言

在"互联网＋"国家战略背景下，档案学界积极探讨了基于互联网的档案部门服务的转型方向——移动化、个性化、协同化和平台化，构建线上线下一体化的档案公共服务生态圈。关于协同合作的对象、作用、机制等，学界从不同的实践领域进行了阐述。一是档案部门与媒体行业协同合作，推动档案事业向外向型发展转型，例如利用档案部门的优质档案资源和新闻媒体的宣传平台，联合打造极富地方特色、历史特色、革命传统的档案文化精品。二是档案部门与文博部门协同合作，推动档案事业对记忆工程的涉足和引领，例如城市记忆工程需要档案部门与城乡建设部门、文物保护部门、新闻传媒部门、旅游生产部门、地方史志部门等跨界合作。三是档案部门与各类服务部门协同合作，推动档案信息资源深度开发、有效服务，例如图书馆、文化馆、情报所等公共文化/信息服务机构，将各自的数字形态馆藏有效整合，通过网络提供服务。四是各地档案部门建立跨地域、跨行业或综合性的"一站式"服务平台，例如面向京津冀、珠三角等城市圈的档案工作合作交流机制，面向"三农"、工商、金融等专业系统的档案建设系统规范与示范工程。五是档案部门与文书部门、职能部门的协同合作，推动组织机构内部"增量档案"的电子全文归档工作，推动档案部门在区域性政务平台中的规范制定、文档服务等职能的发挥。

国外档案学、图书馆学、文化遗产、信息管理等研究领域也对档案部门的协同合作给予了较大关注，主要表现在三个方面。一是档案馆与图书馆、博物馆、民间收藏机构之间的合作，虽然各自在现实的管理世界中仍然存在"支离破碎""互不来往"的实际情况，但是局部性的、本地域的、基于互联网的协同合作逐渐成为趋势，尤其是加拿大国家图书馆和国家档案馆的合并，的确实现了两者在馆藏和服务之间的协同作用，高效实现了社会公众对所有馆藏无缝衔接、跨界获取的需求。二是档案部门在政府公共服务平台的框架下，与相关部门的协同合作，例如政府信息出版物的编辑、出版和发行，又如政府公共信息服务平台中前台参考咨询人员的信息素养培训，再如政府公共信息数据库中档案部门的导入导出规范、标准等。三是"互联网＋"驱动档案事业跨界融合，包括机构的跨界融合——例如超级图书档案馆（加拿大）；角色的跨界融合——例如图书馆充当当地历史记录者（美国）；行业的跨界融合——例如利用档案建立设计图书馆（英国）；领导体制的跨界融合——例如州立档案馆纳入大学管理体系（美国）；空间的跨界融合——例如去月球存档计划（英国）。

　　以上学术成果以及实践探索，的确为本书研究提供了重要基础，但也存在以下三点不足。第一，研究的视野存在局限，要么局限于组织机构内部，要么局限于公共服务机构，要么局限于具体合作事项，未能将档案部门参与协同合作和档案部门自身服务转型结合起来；第二，研究的取向存在局限，要么从某一行业利益出发，要么从某一学科角度出发，要么从某一实践案例出发，未能从组织层面、社会层面和国际层面全面研究档案部门的协同合作；第三，研究的方法存在局限，"协同"合作在强调合作各方的主体性、独立性、差异性的同时，注重共同使命、合作机制、参与利益，需要综合运用管理学、政治学、经济学、社会学等跨学科方法，来研究档案部门的协同合作。

　　对档案价值的认知是一个层面，对档案价值实现乃至全面实现的认知却是另一个层面，甚至可以表述为前者是后者的基础和前提，但后者是对前者的包容和提升。仅仅有档案价值本体论层面的认知是不充分和不完整的，务必扎根到广泛的档案社会实践中并形成档案价值全面实现的本体论与实践层的认知结合，本章将要阐述的"档案价值全面实现的认知转型及领域性拓展"，被赋予了承担"从档案价值之理论研究过渡到档案配置之实践探索"的中介桥梁的作用。

　　此桥梁，始于档案信息的管理流程，壮大于档案资源的部门合作，实现于各种新问题、新平台、新思想之中。此桥梁，既是对"资源稀缺与需求多元的辩证矛盾"的逻辑起点的延伸——进一步从档案信息与档案价值的认知转型阐释档案信息资源的稀缺性，又是对档案信息资源工具价值、经济价值、社会价值全面实现的导入——为档案信息资源的政府配置、市场配置、社会配置夯实理论基础并提供先验范例。

4.1 档案价值实现的流程拓展：
文档部门→职能部门

近些年来，政府机构大力投资兴建政务管理系统、电子政府平台等，以促使自身业务的信息化管理和信息资源的高度共享。在此影响下，社会上多数机构、组织或部门也都热衷于搭建属于自己的信息化管理平台，谁也不愿在数字化浪潮下落后。于是，公司、企业大力投资建设企业管理系统、电子商务平台，各类学校持续投资建设学校管理系统、电子校务平台，寺庙、宗教机构新建电子庙务，餐饮服务企业需要餐饮服务系统等。学术界研究此类电子政务建设，大多立足于宏观视角，即以社会公众的需求为中心，消除部门职能信息割据造成的低质量社会服务和管理，使上下级政务之间、不同政府部门之间能够在信息资源按需共享的条件下，实现跨组织的、高效率的网络政务协同。① 而微观视角的切入是当前较为缺乏但又十分必要的视角，即以某一机构（或称为立档单位）为观察对象，以职能管理或业务办理的需求为中心，消除内部各单位信息割据、系统孤立、职能差异造成的低质量业务管理和信息共享，使上下级部门之间、不同业务部门之间能够在信息资源按需共享的条件下，实现跨流程的、高效率的数字业务协同。

切入的具体路径，因具体的立档单位的特征而有所差异。例如，工商部门以"及时公开公示企业登记信息"为路径导向，促成了工商管理单位将内部纳税管理、金融管理、行政处罚等进行协同和集成，以及全国企业

---

① 樊博. 跨部门政府信息资源共享的推进体制、机制和方法［J］. 上海交通大学学报（哲学社会科学版），2008.2：13～20.

信用信息公示系统的建成。① 又如，医疗部门以"内部利益分配和微观循环动力"为路径导向，促成了医院等医疗单位将内部的医生诊疗系统、药品采集系统、检查设备系统、医疗监管系统、医保服务系统等进行协同和集成，以及与国民健康保障信息化政务系统进行对接。② 再如，高等院校以"保障校园网日常运行以及电子文件正常运转"为路径导向，促成了高等院校将教学管理系统、科研管理系统、人事管理系统、资产管理系统等进行协同和集成，以及基于 OAIS 的高校电子文件管理系统的兴起。③

但是，无论哪种切入路径，内向管理型的业务流也好，外向合作型的信息流也罢，都以汇集成档案信息资源为中转站，即针对内部管理而言，档案部门成为其终点站——尤其是在电子文件单轨制改革模式下，这个终点站与前端部门的协同程度决定着"业务办理能否顺畅和信息资源能否共享"的基本问题；针对部门合作而言，档案部门转型为发起点——尤其是在政府扁平化改革浪潮下，这个发起点与项目单位的协同程度决定着"行政层级能否减少和信息流动能否高效"的基本问题；档案部门似乎是无所不在的，因为档案部门在设计档案管理系统时"收得进、保得住、用得上、联得通、交得出"④ 的功能要求，恰恰是在档案部门与文书部门、职能部门、社会机构等建立良好协同合作的基础上，实现数字时代服务转型的基本目标之一。

4.1.1　单套制改革背景下档案部门与文书部门的协同合作

从机构各个内部部门来看，档案部门应如何与前端业务系统合作？此类合作早已有之，且颇为成熟，问题在于合作的产物——传统文档管理体系或双套制文档管理机制，或电子文件管理系统，能否契合"单套制"政

①　孙军．"职责"导向的政府信息共享实践——全国企业信用信息公示系统的成功经验与完善［J］．档案学研究，2016.3：38～43.

②　张铠麟，王娜，黄磊，王英，张汉坤．构建协同公共服务：政府信息化顶层设计方法研究［J］．管理世界，2013.8：91～100.

③　周洁纯．基于 OAIS 的高校电子文件管理系统［J］．办公自动化，2016.11：55～57.

④　广东省委常委、常务副省长徐少华对陈永生教授领衔的科研团队的《广东省党政机构电子文件管理研究报告》等成果做出的充分肯定和高度评价。详见：陈永生，杨茜茜，侯衡，苏焕宁．电子政务系统中的档案管理：问题与思考［J］．档案学研究，2015.2：28～37.

府电子文件管理改革趋势,能否契合"单套制"反向驱使企业组织管理流程再造,其中需要研究的课题有档案学领域的,例如电子文件管理的前段控制理论和全程控制理论,也有管理学领域的,例如科层制与扁平化的冲突、妥协与融合。

4.1.1.1 电子文件单套制改革需要提升协同合作

第一,无论国外还是国内,学术上还是实践上,电子文件单套制都已成趋势。

电子文件单套制,① 是相对于双轨制或双套制而言的,是指文件以电子状态运行的全生命周期不再以纸质状态存在,归档之后的电子档案整理、保存与利用等阶段也不例外。美国、澳大利亚、加拿大、英国等国均已逐步推进单轨制。例如,美国先是国家档案与文件署对美国联邦政府电子文件的接收完全电子化,对于相同内容的文件只接收电子版本,② 然后由美国总统办公室以备忘录形式颁布指令,规定 2019 年联邦机关将以电子形式管理所有永久电子档案。③ 又如,澳大利亚国家档案馆持续敦促所有联邦政府机构向电子形式的文件/档案管理转型,以过渡到纯电子形式的文件形成、管理与档案整理、保存,甚至只接收纸质文件的数字化扫描版本。④ 这股趋势不仅存在于国外,在国内,2016 年,国家档案局制定《全国档案事业发展"十三五"规划纲要》,明确指出"在有条件的部门开展电子档案'单套制'管理试点的要求"。⑤ 2017 年,上海自贸区管委会保税区管理局在上海市档案局指导下,积极开展电子档案"单套制"管理的全国首创试点,研发出电子档案管理原型系统,完善了电子文档一体化管理流程,制定了电子档案"单套制"管理配套制度等;⑥ 浙江建立了"一键归档、单套保存、一站查询"的行政审批电子文件归档管理模式;湖北率先在省直机关实现了电子文件线上归档工作;2017 年全国局馆长会议更

① 由于单轨制指称电子文件的动态运行管理,单套制指称电子文件的静态归档要求,两者之间并无实质性差异,故下文统一简称为"单套制"。
② 廖倩文. 电子文件单套制管理问题的策略研究 [J]. 档案与建设, 2017.8:27~30.
③ 王岚. 美国总统办公室发布《政府档案管理指令》[N]. 中国档案报, 2012-1-12:3.
④ 杨茜茜. 我国文件档案"双轨制"管理模式转型——澳大利亚政府数字转型政策的启示 [J]. 档案学研究, 2014.4:9~13.
⑤ 国家档案局. 全国档案事业发展"十三五"规划纲要 [J]. 兰台世界, 2016.4:14~17.
⑥ 吴頔. 上海自贸区推广电子档案"单套制"为全国首创 [N]. 解放日报, 2017-3-10.

是对这种形式做出研判："存量数字化、增量电子化"的单套制或已成为未来主流。①

第二，电子文件单套制情形下，文书部门和档案部门的互补性被逐渐放大。

纸质载体管理时期，或者双套运行管理状态下，文书部门和档案部门无论各自的文件标准以及管理系统多么不兼容，纸质载体承载的信息流动都不存在障碍。而单套制情形下，标准不协调、系统不兼容所导致的文件格式不符、文件规范不符、载体规格不符等问题，对文书部门和档案部门的工作而言都难以接受，有时文书部门形成的电子文件难以归档至档案部门形成电子档案，有时档案部门保存的电子档案难以匹配文书部门的电子文件利用阅读平台，此类矛盾恰恰凸显出两者之间的互补性被逐渐放大，忽视任何一方，对另一方正常业务的开展都是困难的，这种互补性主要体现在"文件归档"上。

一方面，两者的责任存在交叉，即对电子文件及其元数据共同负有管理责任，文书部门要保证电子文件在形成过程中不受篡改与破坏，对电子文件的真实性、可靠性负责，而档案部门对接收到的电子文件进行合规性检验，对电子文件的真实性、完整性、有效性进行鉴定，② 意味着对上述真实可靠之责任的标准定位、详细解读和具体执行，两者必须协同进行。另一方面，两者的权限存在差异，以文书部门的业务系统或数据库为例，逻辑归档模式要求在不更改存储位置的前提下将电子文件的管理权限移交至档案部门，此模式从理论上分析，要求两者共同承担对电子档案的实际管理权限，如果出现管理不善，责任划分将面临难题；从实践上看，"共同承担"的前提是档案部门的管理权限是由文书部门授权的，受到文书部门主观意愿的制约，难以完全实现。只有厘清两者权限的差异，将逻辑归档转变为物理归档，才有利于划分两者的责任边界，即形成过程中的电子文件及其元数据由前者负责，归档保存的电子文件及其元数据由后者负责。

---

① 档案馆. 解读全国局馆长会议：档案业务外包和单套制或成主流［EB/OL］. 档案小报. 2017 - 01 - 03.

② 陈永生. 侯衡. 苏焕宁. 杨茜茜. 电子政务系统中的档案管理：文件归档［J］. 档案学研究，2015.3：10～20.

4.1.1.2　协同合作与前端控制和全程管理的区别

前端控制和全程管理的逻辑起点是电子文件，在理论上以"大电子文件观"统摄和涵盖电子档案，强调电子文件与电子档案的共性，而对于两者的差异较少提及甚至模糊处理，在实践上以"档案部门的职能拓展""联合文档管理中心"等提法为代表，探讨数字化平台下两者合二为一的可行性。而协同合作的逻辑起点则是在尊重电子文件和电子档案的差异和特色的基础上，在理论上以"协同理论在政务领域的运用"指导和协调文书部门和档案部门，强调两者为不同的业务实体，避免出现职责交叉重叠和管理空白；在实践上将"电子文件"与"电子档案"予以区分，将文书部门与档案部门的权责予以明确，尤其是应该明确档案部门的职责在于"电子档案"，而全生命周期的全程管理以及电子文件的前端控制则应交由文书部门等相应部门完成，档案部门可协同参与但不必独立承担。原因在于，电子文件管理日趋复杂，客观上某个单一部门难以独立承建，即以前端控制为手段来实现文书部门或档案部门对电子文件的全程管理，理论初衷虽好，但实践起来困难，现实情境下更为需要的是协同合作。

薛四新等认为，电子文件管理的组织与落实，需要跨越现有社会分工在体制机制上的组织边界和职能约束，来解决跨职能部门间甚至是跨机构间的资源整合和沟通协作的问题。这就要求机构内部具有跨部门地组织、拥有、管理电子文件的能力，[1] 可将其概括为"组织运作能力""技术实现能力""文件控制能力""信息服务能力"。

首先，就组织运作能力而言，关于电子文件管理的领导体制、组织机构的信息管理架构、公共信息资源的调度配置、法律法规标准规范的学习理解落实等，档案部门必须与领导部门、法务部门、公关部门等协同筹建。

其次，就技术实现能力而言，电子文件管理必须借助 IT 系统实现，例如数字化工具、业务数据存储、运行环境升级等，档案部门必须与信息部门或技术部门或文书部门等协同筹建。

再次，就文件控制能力而言，电子文件管理必须实现文件鉴定、证据

---

[1]　薛四新，徐华，杨艳，王改娇，籍淑丽，张晓. 机构电子文件管理能力体系的构建［J］.北京档案，2016.4：12～14.

留存、文件分类、文件处置、文件保护、文件销毁、文件统计等多个方面的功能，[①] 就业务类型来讲这些属于文书部门和档案部门的核心业务，但是上述业务必须基于职能而建构、基于系统而展开。

最后，就信息服务能力而言，档案部门之外的机构或人员对于电子文件信息的公开公布、检索利用、集成共享、主题编研、知识提取等方面的需求越来越大，意味着处于后端保存的电子档案管理部门的系统必须与其他系统兼容，接口必须具备包容性，服务必须随时随地。[②]

4.1.1.3　协同合作对文书部门和档案部门的要求

第一，对于权责边界予以确认，保障协同双方参与的独立性。

文书部门与档案部门的权责边界在纸质载体的文件/档案管理时期，是明确的、具体的、可操作的，即以归档为界限，文书部门将符合归档要求的材料移交给档案部门，档案部门交接时对其进行合规性检验，符合归档要求和标准的予以接收归档，否则退回形成部门重新整理，等待再次检验。因为纸质载体的文件/档案管理历时久远、经验丰富、标准成熟，双方权利责任界限十分清晰，前者工作的失误例如文件所用纸张不合规、打印字迹不耐久等，一般不会影响到后者，后者工作的失误例如档案全宗丢失部分文件、珍贵手稿受损影响阅读等，同样不会归责于前者。

但是从纸质载体向双套制、由双套制向单套制的转型过程中，或因各自要求职能拓展——例如档案部门以前端控制为理论支撑要求指导、介入甚至合并文书部门，或因系统建设问题等——例如逻辑归档以系统授权的方式分解、分配和获取电子文件的某项管理权限，双方的权责边界容易出现模糊不清的情况。因此，确认权责边界十分必要。一是要从理论建设上，将电子文件与电子档案从概念体系上予以区分，继承和发展纸质档案管理时期将逻辑起点定位于归档的思想，可将电子档案管理时期的逻辑起

[①]　任守信，钱毅，刘越男，梁凯，李泽锋 . GB/T29194 - 2012 电子文件管理系统的通用标准要求 [S].

[②]　在文件生命周期理论指导下，电子文件的信息流是线性单向运动，而根据文件连续体理论，电子文件的信息流转变为立体多维运动，后端数据流也可能跳转至前端业务阶段，这就要求电子档案保管部门的信息服务必须随时随地迎接前端业务管理的利用。

点创新为捕获或预归档；① 二是要从实践操作中，将电子文件的实体转移作为双方权责划分的起点，无论是在线归档的方式，还是离线归档的方式，均为实体的物理归档，唯有如此，档案部门的控制权限才具有真正意义，后续工作才得以以此为起点来展开。②

第二，对于共同使命予以明确，带动协同双方参与的积极性。

作为组织机构的内部单位，其共同使命以工作性质为标准，可细分为四个方面：为整个组织的领导决策服务，为整个组织的工作人员服务，为整个组织的资源配置服务，为整个组织的技术协同服务。

以文书部门为例，服务于领导决策的文件制定、修改、发布是其日常业务，但是文件管理制度规范的制定和执行是在档案部门的协同参与下共同完成的；服务于业务职能的文件利用、传递、整理也是其日常业务，但是其文件流转程序、技术规范、元数据标准、保密管理制度的制定和执行也是在档案等部门的协同参与下共同完成的；服务于资源配置的文件出台、内容修改、执行检查、检验监管等也是其日常业务，但是文件运动至哪个部门、谁来采集、做何处置需要档案等部门协同参与共同完成；服务于技术协同的文件元数据标准、系统建设需求、文件运动流程等是其日常业务，但与档案元数据标准、电子档案管理需求、档案管理系统接口建设的匹配等也需要档案等部门协同参与才能共同完成。

以档案部门为例，其主要是与文书部门共同加强文件编制质量管理和文件内容管理，尤其是公司、企业等市场组织的前期文件管理存在的诸多问题，是文书部门和档案部门需要合力解决的共同使命。例如，建筑工程单位大多存在重项目建设、轻文件管理的现象，针对此类问题，可以强化组织内部的联合文档中心的作用，在明确责任主体的基础上，工程总包商负责文档中心的日常管理，对项目文档从产生到归档的全部流程进行控制。又如，电力工程单位存在文件收集与项目不同步的现象，针对此类问题，档案部门可与文书部门联合创新实施分段验收模式，联合提前编制各阶段文件清单等。

---

① 陈永生教授领衔的"党政机关电子文件安全保密技术研发"课题组，调研广东省党政机关档案管理系统后，所提出的理论建议。详见陈永生，杨茜茜，侯衡，苏焕宁．电子政务系统中的档案管理：问题与思考［J］．档案学研究，2015.2：28~37.

② 刘越男．辨析电子文件归档中的几对关系［J］．中国档案，2004.9：44.

第三，对于合作障碍予以解决，形成协同双方参与的互操作。

将文书部门和档案部门视为两个职能独立且存在共同使命的合作单位，那么双方在实际合作过程中便会遇到各种障碍，从政务协同处理的宏观视角来看，可能缘于双方尚未建构共同使命和目标策略，存在社会环境经济环境的干扰，缺乏资金支持和成员利益协调机制，合作双方的协同动机不够等。① 例如，可能有双方管理系统的协同——公文办公系统与档案管理系统；可能有双方工作人员的协同——文秘人员与档案人员；也有可能有人与对方系统之间的协同——高级文秘与档案系统；双方可以存在永久性的协同关系——综合办公室统筹公文与档案工作，也可以存在临时性的协同项目——临时文档联合中心，协同类型越复杂，利益越交错，协同障碍就越大。从组织办公自动化系统的微观视角来看，可能缘于组织办公自动化系统的公共管理从横向上存在文件管理与档案管理衔接不畅的问题，从纵向上存在各职能部门信息沟通不畅的问题。② 例如，局部文书办理与组织整体目标之间可能存在矛盾——文书部门的单个公文处理程序往往以维护部门利益或满足上级要求为目标，而忽略对整个文件流程的责任心甚至影响到文件后续流程等全局利益。

面临诸多层面的合作障碍，学界提供了多层面的解决思路，有从宏观视角建议加强国家层面的电子文件管理顶层设计，亦有从体制视角建议统一文档管理体制，实现文档一体化全程管理，还有从微观视角建议更新传统的办公自动化系统开发模式和流程再造。上述思路有的已经上升为国家战略，有的已经颠覆组织管理模式，但将合作对象具体指向组织内部的文书部门和档案部门时，要解决协同合作的障碍，笔者认为，形成协同双方参与的互操作从而实现双方高效的资源配置是最为实际且有效的方式之一，即通过各种政策、管理和信息通信技术手段识别协同双方的依赖关系，确定决策权，从而解决协同双方之间存在的差异并实现互操作。③

---

① Chun SALF Luna-Reyes et al. . 2012. Collaborative E-Government. Transforming Government：People，*Process and Policy*，6（1）：5 - 12.

② 赵屹，陈晓辉. 文档一体化流程：政府办公自动化的瓶颈［J］. 档案与建设，2011. 10：4～7.

③ Pardo TA，T Nam et al. . "E-Government Interoperablility Interaction of Policy，Management and Technology Dimensions"，*Social Science Computer Review*，2012，30（1）：7 - 23.

首先，协同双方参与的互操作之目标，是解决异构信息系统的数据和流程异质性问题，实现以公文和档案形式呈现的信息、知识、流程和服务的共享集成，协调协同双方之间的利益和战略目标等矛盾，实现分布式协同或集中式协同，为组织整体提供无缝集成的"一站式"信息服务，最终实现信息资源的高效配置。其次，协同双方参与的互操作之内容，包括技术互操作——主要通过 Web 服务等数据集成和交换技术实现，语义互操作——通过本体、叙词表、元数据或分类系统等技术手段实现，组织互操作——通过业务流程集成、重组、再造以及相关的信息交换实现，归根到底，都是追求各类信息资源无缝衔接，发挥其价值。① 最后，协同双方参与的互操作之跨越边界层次，可能是水平维度的跨越——例如政府机构内部的综合办公室和机构档案室之间，亦可能是垂直维度的跨越——例如企业档案馆和外驻项目档案员之间，还可能是错层维度的跨越——例如企业集团总裁办与事业部文档部之间，文档资源的高效配置、流动一览无余。

4.1.2 扁平化改革背景下档案部门与职能部门的协同合作

4.1.2.1 扁平化改革对档案价值实现的影响

20 世纪 90 年代以来信息技术与管理理念不断创新和发展，使西方众多企业内外经营环境发生了巨大变化，传统的科层式结构严重影响了企业的经营效率。为了适应现代企业经营环境的变化，哈默和钱皮打破传统组织管理理念，提出了革命性的企业流程再造概念，即减少管理层次、扩大管理幅度，建立横向的弹性管理体系。② 扁平化不仅适用于企业组织机构，让员工打破部门界限，绕开中间管理层级，直接面对顾客，直接向公司高层负责，同样也适用于政府组织机构，因为公务员面对大量信息和变化形势时需要及时做出决断，扁平化组织结构上下沟通更为方便，信息传递失真降低，工作效率明显提高。

扁平化改革的实施及其效果的呈现，一定要伴随着基本条件的成熟，然而，"扁平化"组织流程再造的提法已历经多年，但并未取得理想效果

---

① 吴鹏，高升，甘利人. 电子政务信息资源语义互操作模型研究［J］. 中国图书馆学报，2010. 2：77～82.

② 陆岷峰，虞鹏飞. 商业银行转型升级与"扁平化"战略的并轨研究［J］. 哈尔滨金融学院学报，2015. 12：1～8.

而得到全面推广。最为关键之处在于，信息技术的飞速发展已经能与原有组织管理达到完美契合的程度。如果仅仅是办公手段信息化、信息传递便捷化、社会管理网络化，还不足以支撑扁平化改革的成熟，因为"中间层级消失的同时却又不影响组织正常工作"与"把原有科层管理模式照抄照搬到管理信息系统中"是存在天然矛盾的，此时此刻的信息技术扁平化还不是真正的扁平化，必须使管理模式与其对应的信息技术同时扁平化才是真正的扁平化，而近几年兴起的"互联网＋"浪潮，极有可能把扁平化改革引向深入。

此外，组织管理理念是否深入人心（如在扁平化情境下，一线工人的智慧是否可以直接反馈给公司高层、一线教师的灵感是否可以直接汇报至学校校长、部门科员的想法是否可以直接与部门首长沟通，参与管理、民主决策、强调授权等方式都会促使组织上下有动力着手扁平化），员工综合素质是否全面提高（如在扁平化情境下，车间工人是否对车间管理系统采集数据的方式了然于心，授课教师是否对校务管理系统采集数据的方式产生抵触，外出勤务的科员是否对定位管理系统的监控习以为常等），都影响着扁平化改革的深化。

那么上述关键条件以及外围措施，与档案部门有何必然联系呢？换言之，档案部门能为组织机构的扁平化改革提供哪些帮助呢？或者档案部门能为自身在组织机构的地位、价值和作用提升产生哪些积极影响呢？笔者认为，从政府机构各个职能部门之间的关系来看，档案部门如何打破行政隶属管理与科层官僚管理的壁垒，实现横向沟通渠道畅通与纵向沟通渠道简化，是档案部门介入其中的契机。而且此类合作并非没有，而是合作的深度颇受局限，问题在于合作的方式（同级档案行政管理部门的业务指导，能否解决各部门行政服务的差异、壁垒乃至孤岛、碎片等问题），当然需要研究的课题多为交叉学科领域，例如档案行政监督指导部门在协调各个机构内部档案部门关系上如何发挥作用，以及扁平化组织模式下档案部门如何进行角色定位与实体转型等。

职能部门是科层制组织结构的代表，要改变其反应迟钝、运作低效的金字塔式管理模式，最为基本的是利用信息网络技术将其改造成以团队为组织单位和以流程为导向的运营模式，并加强组织单元之间的沟通协同，使组织对事务做出快速反应和正确决策,[①] 也即扁平化的两个核心在于职能部门要进行"团队化"和"流程化"改造,以及档案部门参与其协同合作,要扮演好自己的角色。

4.1.2.2 基于"团队化"改造的档案部门协同合作

团队化改造,意味着原有科层制中间层级的一升一降,一升是指人力资源、财务管理、研发中心等中层职能部门的领导者进入组织的决策层,作为组织的运营团队,负责组织的战略规划、蓝图制定、部门协作、重大决策等;一降是指上述部门中除领导者之外的所有人员被重新划分、进入组织的工作层或客户层,工作层和客户层根据事务、项目、对象被划分为不同的团队,例如建筑公司所划分的各种项目事业部,工业企业所划分的各种产品研发事业部,互联网公司所划分的各种软件产品事业部等。这种改造,要求领导层团队与各个工作层团队(亦包括客户层团队)之间必须存在视频、音频、文档等的远程适时互动,且已经嵌入了事务管理、客户管理、行政管理、党务管理等功能。

一升一降之间,档案部门必须与原有职能部门协同处理好以下两个选择。一是组织的档案部门是伴随着职能部门中领导层的上升,进入公司决策团队,统管全局的文档工作,还是伴随着职能部门中工作层的下沉,进入公司工作团队,协调各个事业部的文档工作?二是档案部门是"独善其身"划清自身的职能界限,保持传统的责权边界,还是受领导于组织的决策层成为其下属单位,或者独立于决策团队和工作团队之外接收所有档案,成为组织服务的传统职能部门?似乎这些选择有些不是档案部门能够自主选择的,也有些更是与档案工作"集中统一"的管理体制规定相违背,凡此种种皆由"扁平化"的核心所触及:科层制讲究的是集中,扁平化崇尚的是分散。档案管理的至上原则——来源原则——便是由"职能来源"演化而来,现将"职能"转变为"事由",来源原则是否应该适时转变为"事由原则"呢?甚至由来源原则所指导组建的档案管理体制和档案管理部门也应该顺势转型呢?笔者认为此种担心有其道理。第一,"事由原则"被档案学界所诟病的根源在于,科层制组织管理结构以及其职能部

---

① 贾振全,韩勇畴.基于信息化的扁平化组织运营模式案例研究 [J]. 中国管理信息化,2009.8:88~90.

门划分的事实，不利于对"事由原则"的遵循，而现有组织架构实施扁平化改造之后，"事由原则"的实施条件已经发生些许变化，我们能否对原有的"来源原则"对"同一职能部门的档案必须归于同一全宗"的理解进行适当调整——同一工作事业/事务的档案必须归于同一全宗？第二，"集中统一"的档案管理体制体现在组织机构内，就是将全部档案实体统一归置在档案部门的掌管下，在信息化（尤其是单套制）＋扁平化的情境下，"集中统一"的必要性和可行性已经发生些许变化，我们能否对"档案部门独立设置、统一掌管全组织档案"的模式进行适当调整——档案部门转型为"实体＋虚拟"的组织模式，实体组织依旧保管原有的纸质档案和接收今后归档的电子档案、"上升"至组织的决策团队，虚拟组织负责捕捉或预归档将要归档的电子档案、分散"下沉"至组织的各个工作团队？若如此，则会形成如下局面：组织的领导层由档案部门为其直接服务，组织的工作层也由档案部门为其直接服务，只是两种服务的服务内容、服务方式有所差异而已，这取决于双方的协同程度，如果协同程度较浅，双方合作意愿有待加强，可以暂时就"增量电子化、存量数字化"达成合作意向；如果协同程度已经深至为某个工作团队提供前期文档管理、提供系统设计意见、提供图纸设计参考、提供系统接口标准等全方位的服务，那么将又涉及组织的"流程化"改造。

4.1.2.3　基于"流程化"改造的档案部门协同合作

组织的"流程化"改造，既体现行使职能的事务办理流程，又体现行使职能的信息处理流程，即两者有共通之处——都以行使职能为目标，也有不同之处——事务处理毕竟不同于信息处理，否则就会陷入"以公文落实公文""以信息传递代替事务处理"的电子政务官僚主义。所以，组织的"流程化"改造，虽然以事务处理流程的改造为目的，但信息处理流程的改造是其必备过程。

首先，针对"流程化"改造过程，必须明确几种改造的具体阶段，集权式流程、授权式流程、松散式流程和孤岛式流程。

集权式事务办理或信息处理流程，是指设立专门的协同指挥中心，由该中心代表上级组织全权行使整项职能的指挥大权，甚至成为组织中的一个实质性部门，有编制有预算，是处理既定事务的唯一中枢，组织将所有权力归置于该中心，中心完成工作、处理相关事务和相关信息时有权调动相关的任何部门。例如高等院校建立的人才工作领导小组，省市政府建立的人才工作领导小组，城市管理部门建立的应急联动中心等，都属于部门协同合作的集权式流程模式。从信息处理流程来看，这种方式似乎优点明显——推动相关部门的信息资源整合和共享，促进部门协同的顺利推动，保证服务需求的快速实现。但是该模式得以存在的基础是组织履行该项职能的基础特别薄弱，同时该项职能将长期存在而且具有重大价值，[①] 否则其首先面临的就是组织既有管理体制和职权分配的阻力，同时这种方式会造成原有组织的部门设置过于臃肿的问题，最为头疼的便是面临如何激发原有职能部门积极性和能动性的问题，即信息处理流程背后隐藏的事务办理流程是相当困难的。

授权式流程，是指确定牵头部门，由该部门负责代表政府全权行使整顿职能的指挥权力，并负责协同其他相关部门联合处理。例如政府部门设立的 110 警务联动、人民防空办，高等院校设立的学术/教授委员会等，都是通过对相应信息进行初步整合，然后通过信息流授权来处理事务。从信息处理流程来看，其充分利用了原有部门的信息资源管理基础，进行初步整合推动部门协同办理，优点似乎明显——既有授权部门归口管理，又有协同部门参与办理。但实施效果受到多个因素制约，授权部门的合理选择至关重要，授权内容的归责程度如何以及如何激发其他部门积极性也很重要。

松散式流程，是指组织内各个部门在协同过程中共同制定规则、分工协作、联合指挥、联合行动，例如联合整治违章建筑等，该行为中没有信息整合和共享、没有信息流的互通有无——信息采集、传递、存储、应用均由各自独立完成，仅有简单的相互通信而已。此方式不触及现有组织管理体制，不涉及部门既有利益，符合现行职能分工体系。而该方式如果进一步发展，直至完全没有信息整合、完全没有信息共享、完全没有协同使命，便形成孤岛式流程——只从自身角度考虑部门利益和服务请求，而不顾其他部门情况，也不顾服务请求的复杂性。

上述四种类型代表了协同合作的四个阶段，"流程化"改造应该逐步实现孤岛式流程→松散式流程→授权式流程→集权式流程。现代社会的事

---

① 朱晓峰. 政府信息流研究及模型构建 [J]. 中国图书馆学报，2005，3：42~46.

务越来越复杂，牵涉多个职能部门，职能部门虽然是通过对以往事务的处理经验设立的，却是预先设立的，而事务事项却是后来发生的，预设必然跟不上将来发展步伐，导致现有职能部门必须打破职能界限，协同处理现在以及将来的事务。所以，在不对原有职能部门大刀阔斧地进行改动之前，协同合作程度的提高是最为经济有效的，而其中信息流程的协同更是可以先于事务流程的协同来实施。

其次，对"流程化"改造过程，必须明确首要的改造方式，将组织的金字塔形流程改造成蜘蛛网形流程。

金字塔形流程，是对应于科层制组织架构而言的，即组织的信息收集、处理、存储、传递、加工等所有流程都是纵向式的，由上下各级部门组成信息点，按照等级层次呈垂直状流动，一级管一级。优点是便于政府统一管理信息流程。缺点在于层级多导致反应速度慢和失真情况多，进而影响事务办理速度和效率，层次灵活性差导致任一层次发生问题都会引起整个信息流程反应迟钝、混乱甚至瘫痪，进而导致事务办理停滞。蜘蛛网形流程，是对应于扁平化组织结构而言的，越来越多的组织部门将处于同一信息流动层级——纵向层级减少而横向联通增加，不论是平级部门，还是不同层级、不同组织的信息都能互相交换、对接、整合和共享。就像搜索引擎的蜘蛛爬行技术原理一样，信息流程为代表事务处理的信息流提供尽可能便利的爬行捷径，不限层次，不限部门，不限系统。

这一改造过程的实质体现在两个方面。第一，事务办理的驱动不再受限于职能权责划分，而是取决于信息系统的信息流程设计以及信息流动；第二，金字塔形信息流动看似统一有序，实则流动易受人为干扰且灵活性差，蜘蛛网形信息流动看似杂乱无章，实则流动更为顺畅且不易遭受阻碍。而信息流程最为核心的文档管理理论和设计理念，是设计上述改造的关键。

最后，针对"流程化"改造过程，必须明确档案部门的可作为之处，对档案部门的理论基础和协同合作实践进行适时转型。

既然从"单线且定向"的流程转为"多线且不定向"的流程，将对档案学基础理论之一的文件生命周期理论产生较大影响，固定的生命周期/阶段划分方法的适用性大为降低，各个阶段的定向流程以及所制定的保管阶段的理论指导性大为降低，档案部门将面临两种选择，一是将庞大繁杂的蛛网形信息流与单线直接的金字塔形信息流视为同一事务，借用"黑箱"理论，使档案部门提供一个数据归档接口即可，文件在流转、使用、办理等过程中形成的管理元数据完全由文书部门及其系统负责；二是将蛛网形信息流中的每个信息节点都纳入档案部门的监控范围，在其信息系统中适时插入"预归档"模块，甚至将文件信息流的"蜘蛛爬行流转"与适时的"蜘蛛爬行监控"结合起来，信息爬行至何处，信息流附带的监控、元数据采集或预归档程序便随行至何处，如何监控、采集元数据范围、何种情况下判断预归档等，均由档案部门与文件部门、职能部门联合研发、预先嵌入系统中去。两种选择并无绝对正确与错误之分，关键在于档案部门与文书部门尤其是与职能部门的协同程度。

就像文件连续体理论的提出是对文件生命周期理论的调整和修正一样，"流程化"改造更加强调文件工作者和档案工作者在管理文件/档案以及建立文档管理体系方面的合作性和共同责任，协同方式的选择同样面临调整和修正，"流程化"改造便是其中的核心内容，更加强调档案部门与文书部门、职能部门的共同使命与协同合作。所以，"黑箱"模式指导下的"权责清晰"的接口负责方式，仍然是当前存在的主要方式，但可以适时调整为其他方式。

4.2 档案价值实现的部门拓展：具体业务→ 数据整合→文化精品

从政府管理或企业管理的视角出发，强调不同行政层级和相同层级政府间业务流程的整合，最初是基于政府内各部门间的功能整合，解决政府各部门在提供公共服务时存在的行政壁垒，要求在政府不同部门及职责间建立横向的整合与联系，解决政府部门的碎片化问题。

政府的基本功能之一便是为社会提供公共服务，政务中心、市民中心之类的新型机构发展迅速，与其说是新建机构（因为新建了政府服务大楼，新开发了政务信息系统），倒不如说是已有机构的前台服务大汇集（因为新建大楼内市民所需各项服务在此可以一站式办齐）。在百姓为此改革拍手称快的同时，政府不能沾沾自喜而停止公共服务的改革步伐，下一步需要着力解决的是已有机构的后台系统大集成，即公共服务集成，尤其是公共档案馆与政府同级机构之间的合作在已有基础上，实现跨越和转型的问题。

4.2.1 政府信息公开背景下面向具体事务的协同合作

自《政府信息公开条例》颁布以来，学界以及业界都致力于研究将档案馆作为政府现行文件公开场所的可行性、必要性以及重要性，当然也有省市级档案馆已经实践实施了的，其实主要解决的就是政府现行文件公开这一项新的诉求形成时承担主体的选择问题。那么公共档案馆作为档案部门的特殊代表，如何与政府其他机构开辟合作内容，建立新型合作关系，能否在已有合作基础上实现跨越和转型呢？或者说，政府信息公开其实需要解决的是"现行文件"如何在政府各个部门与社会公众之间有效配置的问题，以及政府现行文件资源有效建设如何跟上社会公众需求扩大的问题。

4.2.1.1 档案部门承揽政府信息公开业务的法律与理论分析

政府信息公开是指政府机构依据相关法律规定，公开其在履行职责过程中形成的与行政运作有关的各种信息，并通过多种方式提供给公民查询。而《政府信息公开条例》虽然规定了县级以上人民政府应明确负责政府信息公开的管理机关，但是在实际工作开展时，谁来承揽此项业务，各地政府的做法并不一致。例如，可由政府信息中心负责，亦可由综合办公室管理，图书馆、档案馆等文化事业单位承揽的情况也并不少见。尤其是《政府信息公开条例》在此后的修订和实施过程中，将档案部门作为政府信息的查阅场所，并规定行政机关应及时向档案馆提供主动公开的政府信息，使档案部门的现行文件公开服务得到了法律的认可与支持。[①] 在此背景下，现行文件利用服务中心已在我国档案馆中普遍建立，向社会开展已公开现行文件的利用服务。[②]

美国在政府信息公开方面形成了独具特色的运作模式，其中最值得"实行档案管理集中统一制度"的中国学习的就是两个统一，一是统一的

---

① 段志飞. 档案开放与现行文件公开的比较研究［J］. 城建档案，2013.3：44～46.
② 刘东斌. 档案形成在前说对现行文件公开利用的解读——七论档案形成在前［J］. 档案管理，2008.4：18～23

信息公开窗口；二是统一的政府信息公开窗口的管理机构（为档案与文件署下属机构）。这套模式以联邦记录法为法理依据，在全国范围内遵照执行。笔者在十年前曾撰文指出，我国是否也应以法律形式制定一套科学的政府信息公开模式，明确一个管理机构，使其法制化和科学化。现在看来，"一个管理机构"的提法虽然存在囿于专业学科和职能部门限制的嫌疑，但是从《政府信息公开条例》的制定与修订历程，以及与《档案法》等相关法律法规的关系来看，档案部门通过自身业已开展的档案公布、提供利用等工作承担了政府信息公开的部分职能，是完全合法之行为。

不仅合法，而且合情合理。一是从体制上看，我国现成的集中统一管理之档案管理体制，为政府信息管理的基础之一，该体制发展历史悠久，机构设置完善，安全可控规范，而政府信息公开只有十年左右的发展历史，即便是《政府信息公开条例》的颁布也并未给予规范、统一和有效的管理体制及执行机关指向，我们是否可以解释为"现成的并为实践证明行之有效的档案管理体制恰恰是政府信息公开所需采纳的最优管理模式"呢？[①] 二是从资源上看，档案信息资源与政府信息资源在分类标准、整理程序、数据加工、管理系统、序化诉求、凭证属性等方面具有同宗同源的关联性。依照《档案法》、实施办法以及各级部门规章，各级机关应将具有保存价值的文件归档，移交给档案部门，由后者对其进行整理、分类、排列等序化工作便于各方利用，而且相比较于政府职能部门自身而言，所收纳和公布的政府信息更为丰富和综合。三是从成本上看，档案部门设立现行文件阅览中心等类似的政府信息公开机构，其自身的工作人员有着长期的文件、档案、资料借阅服务经验，无须另设、招聘和培训信息专员，其自身也有着从事文件、档案、信息整理加工、编研出版等经验，无须政府职能部门自己制定信息公开手册，编辑出版内部汇编。

此外，"增量电子化"的纯电子化档案归档业务的普遍推广，是否意味着政府各级各类机关的信息尤其是现行文件，都在档案部门"系统捕获"或"预备归档"的监控范围之内呢？如果是，能否进一步推理出"政府信息公开"或"现行文件公开"直接、完全交由档案部门全程承办的发

---

① 王运彬，王小云. 档案部门在政府信息公开中的地位探讨 [J]. 档案学研究，2005.6：42～44.

展趋势呢？毕竟，政府职能部门也好，政府信息中心也罢，其所有的信息都已被档案部门全程监控甚至已经归档。如果不是，能否进一步推理出上述业务绝对不能少了档案部门的协同参与，毕竟档案部门现存的体制优势、资源优势、成本优势，是《政府信息公开条例》的未来修订、公共信息服务的标准化拟定、公共文化服务的均等化研究等都不能忽视的。

4.2.1.2　档案部门与其他承揽政府信息公开业务单位的博弈

只要《政府信息公开条例》只是约定"需明确一个政府机构承担此项业务"而没有指定由哪个具体的政府机构来承担此项业务，就存在众多部门例如政府信息中心、信息化办公室、档案馆、图书馆、情报信息中心等来力争承揽的博弈，甚至存在学科学术研究之间的博弈，例如新闻学、法学、行政管理学、信息管理学等都曾献计献策，从各自学科视角探讨政府信息公开的最优模式。所以，笔者从档案学视角探讨了档案部门承揽政府信息公开的合情合理合法之处，是"囿于自身学科局限"的一种表现，综合分析比较其他承揽政府信息公开业务单位的诉求，才可理解各方博弈的核心。

图书馆作为公开主体之一的观点。国外以澳大利亚图书馆为例，基本持有两种观点。一是认为作为政府出资建设的公共图书馆提供政府电子信息和资源的接入点是其固有的责任之一，公共图书馆作为政府信息公开的渠道之一，向公民提供政府发布的信息是其已有服务的延伸；二是认为在互联网日益发达的情况下，政府机关可以联合参与提供信息，而图书馆应该转而提供更有价值的政府信息服务，例如信息评价等不同于传统意义上的"信息增值服务"的服务。[①] 国内以黑龙江省图书馆为例，"政府信息公开查阅室"于 2008 年正式开放，除了收藏政府信息方面的文献资料外，还配备法律法规方面的文献工具书，可以通过网络登录省内各政府信息网，还可索取黑龙江省人民政府公报和哈尔滨市人民政府公报，同时计划建立"文件呈缴制度"以保证政府信息全面准确和规范的发布等。[②] 但是，天津市图书馆张为江研究员的观点一语道破图书馆参与政府信息公开最大

①　周吉，李丹. 澳大利亚公共图书馆在政府信息公开制度中的作用［J］. 中国图书馆学报，2008.4：83~86.

②　王殿杰. 公共图书馆政府信息公开工作研究［J］. 图书馆学研究，2009.3：64~66.

的软肋，就是行政机关如未能及时向图书馆提供主动公开的政府信息，则公共图书馆由于缺乏对应的法律措施而在政府信息资源的存储方面没有任何优势，除政府公报或当时作为地方文献收集的政府信息外，别无其他资源。① 甚至老百姓要查阅各种专题文档，解决历史遗留问题，大多需查阅2003年以前的政策文件，而图书馆收藏的政府信息全都限定在2003年以后，其中的尴尬可想而知。

政府信息中心作为公开主体的观点。陈剑波以宁波市政府信息公开管理平台建设为例，认为各级政府需要建立以政府网站为主要载体的政府信息公开管理平台，建立统一的政府信息公开目录体系，从源头上保障信息规范、有效和及时，形成上下同步、规范统一的政府信息公开监督管理体系。② 马东升也持有相同观点，认为政府信息公开体系中政府网站具有明显的信息发布优势，尤其是在信息发布的形式、内容、检索上，也对由网站发布政府信息的程序合法性、内容细节性和技术保障性等提出了自己的策略建议。③

政府职能部门作为公开主体的观点。法学专家认为《政府信息公开条例》本身充斥着混杂与矛盾，本意上看是行政机关有义务公开，且公开的只是原始信息，即原汁原味的、无须加工和再制作的信息，但是从政府信息公开的协调机制看，行政机关又被附加了进一步调查核实和校正纠错的义务。依据行政主体理论，大多数行政诉讼案件中，大多数法院依据"谁制作，谁公开"的原则认定被告，尤其是行政机关的工作人员更是严格地将公开主体界定为"是在法律上有权批准和发布的机关，是信息的完成机关"。如此一来，容易在实践中造成另一种情境："谁制作和谁公开"的捆绑式方法，暗含"过错追究和行政问责"且在法院诉讼案件中极为常见，导致非制作机关即便持有相关的政府信息，也不愿公开，宁可对当事人呼来唤去，也不愿招惹是非。④

---

① 张为江. 试析公共图书馆在政府信息公开服务中的作为——以天津图书馆政府信息公开查阅中心为例 [J]. 图书馆工作与研究, 2011.6: 84~87.

② 陈剑波. 政府信息公开管理平台技术研究——以宁波市政府信息公开管理平台的建设为例 [J]. 图书情报工作, 2009.12: 123~127.

③ 马东升. 政府信息公开策略研究 [J]. 档案学研究, 2008.2: 29~31.

④ 余凌云. 政府信息公开的若干问题——基于315起案件的分析 [J]. 中外法学, 2014.4: 907~924.

档案部门作为公开主体之一的观点。魏玉玲等认为在政府信息公开体系中档案馆不必大包大揽，应有自己的工作重点，例如积极介入地方政府信息公开中集中查阅和满足不同层次利用需求上。① 赵力华等则探讨了档案馆介入公开业务，应平衡好档案保密与开放利用的关系，完善政府信息公开环境下档案开放与政府信息公开的协调和制度建设。② 但是，依据《政府信息公开条例》第十七条"法律、法规对政府信息公开的权限另有规定的，从其规定"，以档案馆为例，行政机关要求当事人去档案馆查询这种"将制作或获取的行政机关转手至'另有规定'的其他机关"的做法，给法院判决以及当事人查询信息以"隔断感"，执行起来不够通畅。

4.2.1.3　档案部门与政府其他职能部门在公开业务上的协同

解决业务协同问题的第一要务是必须厘清《政府信息公开条例》与《档案法》《保守国家秘密法》之间的掣肘与冲突。政府信息本身是一种客观存在，不因定密或归档而改变，但因为有着不同立法，被定密或归档的政府信息在公开上似乎就呈现出了特殊性。前者是由国务院制定的行政法规，其法律位阶不如后者或未归档信息。经常出现将较为保守的同位阶或位阶更高的法律规范作为特别法律规范优先适用，或者以"不予公开的规定优先"为标准的现象。③ 例如，档案学界存在常被诟病的"政府信息在归档之前是公开的，反而归档之后却要经历一段既定的封闭期"的情形，当事人去制作机关申请查询，制作机关可依据《政府信息公开条例》酌情公布和提供查询，而当事人去档案部门申请查询，档案部门可依据《档案法》不予公布和提供查询，当事人、制作机关和档案部门在明显矛盾的场域中却似乎都义正词严。法学专家分析，这种混乱的根本原因在于前述各法之间的冲突以及解决之道是仅以"秩序行政"之原理来解读，即路径选择出现错误。政府信息公开算是"授益行政"，偏向服务行政和给付行政，是向相对人提供信息的公共服务，在其法律法规的规制上呈现出不同于"秩序行政"的特点。秩序行政下，良好秩序的形成一般通过限制或侵害公民权利的方式来实现，在人民主权和代议制民主下，下位法就不得与上

---

① 魏玉玲. 基于《政府信息公开条例》施行下的档案馆政府信息公开服务工作研究 [J]. 档案学研究，2008. 1：8～11.

② 赵力华. 政府信息公开提速下的档案开放立法对策 [J]. 档案学通讯，2009. 1：33～37.

③ 朱芒. 公共企事业单位应如何信息公开 [J]. 中国法学，2013. 2：147～163.

位法相抵触，最终将对公民权利的法律处分权归于法律，这才符合主权在民的思想。而授益行政中，要充分发挥地方政府的能力，只要财政力所能及，就应最大限度地满足公众诉求，所以上位法一般规定的是最低必须满足的标准，不妨碍下位法提出更高更多的授益目标。所以，在法律适用的选择上，《政府信息公开条例》与《档案法》《保守国家秘密法》规定不一致时，不适用"上位法优于下位法"，而是适用"最有利于当事人原则"。①

对公开业务中的资源对象展开协同合作，即对"政府信息"的概念定位、建构解释和资源建设等。《政府信息公开条例》第二条将其定义为"行政机关在履行职责过程中制作或者获取的，以一定形式记录、保存的信息"，其中几个关键词需要进一步厘清。"履行职责过程"——职责应涉及"行政"事务；"制作或获取"——该信息一定是程序运作的结果或者作为程序继续运作下去的基础，而"信息的整理、分类或保管"等程序不包括在内；"准确与完整"——众多法院判决案例将其定位为"以行政机关存有的原始状态的信息为准，即便与行政机关给出的正式文本有出入，或者不符合规范要求，存在笔误，也不足以否认其真实和准确"，或"不以行政机关制作或获取时的原始文件为准，而是以实际情况为准，即赋予行政机关进一步调查核实的职责"。② 从档案管理程序和相关法律法规来看，正式启用和运行的现行文件与后续经历归档、移交等程序进入档案阶段的档案在内容上是一致的，即便是电子文件时代前端控制理论、全程管理思想以及增量电子化实践等，都意在保障"正式"文件之格式、内容、版式、元数据等真实完整。所以档案学界所了解的"政府信息公开"中的资源对象应该是以此类文件信息为准的，没想到法学理论界以及大量司法判决案例表明，"正式"文本并不是唯一的，之前的"稿底"原始版本、之后的"修订"原始版本，甚至实际施行过程等"非正式"文件信息也是可以作为凭据的。如此一来，为保证"现行文件公开""政府信息公开"阶段与"档案公布""档案提供利用"阶段资源内容上的一致性，档案部

---

① 余凌云. 政府信息公开的若干问题——基于 315 起案件的分析 [J]. 中外法学，2014.4：907～924.

② 余凌云. 政府信息公开的若干问题——基于 315 起案件的分析 [J]. 中外法学，2014.4：907～924.

门应该着手与政府机关就归档文件材料的范围、种类尤其是正式文件的"前世今生"和"具体施行"等附注材料予以纳入，至少保证，不管谁来公开，公开的资源在内容上保持连贯性和一致性。

对公开业务中的程序规范展开协同合作，即制作主体与公开主体就公开程序展开商讨与规范。信息时代强调信息资源获取的手段便捷和途径多元，对于任一政府信息的需求用户来讲，查询习惯、信息素养、技术水平等不可能一致，决定着政府信息公开的程序（包括途径、主体、网站、App 等）选择可以多样。档案部门参与其中，也不例外。首先，档案部门参与政府信息公开之后，不能让信息制作机关以"信息已经归档、移交给档案部门，'公开'的义务也随之移交给档案部门"为理由，对政府信息查阅人予以拒绝，所以双方应就此项达成共识——各自均有公开义务，且当事人向谁申请谁都不得推诿拒绝。其次，就"主动公开"与"依申请公开"，可以开展有重点的合作，"主动公开"属于社会需求量大的一类信息，主动公开能够减少屡次回复公众经常申请的行政成本，[①] 而对于"需求程度较低"的政府信息，为节约公开成本，应依申请公开。[②] 档案部门，尤其是公共档案馆作为公众文化服务、社会信息服务的专门机构，可以承担"主动公开"等信息数量大、公众需求高、查阅简单的相关业务，而政府机关，在当事人对所获取的信息的原始性、真实性、完整性等有疑虑或者司法机关介入调查取证等情形时，可以承担"依申请公开"等信息数量小、公众需求低、查阅烦琐的相关业务。

档案部门、其他部门承揽政府信息公开业务，表面上看，是政府信息公开的对象——政府文件——在不同部门间的流转问题以及政府文件价值实现和价值拓展问题，其实质则落脚于档案部门与政府其他职能部门在信息公开业务上的协同，即政府文件如何在不同部门间优化配置从而最大化满足用户需求。此种配置，与档案信息资源配置一样，单靠单个部门、单种手段难以取得良好效果，必须多个部门协同参与，在配置内容、配置手段、配置方式、配置职责等多方面综合出击，我国的政府信息公开才能取

---

① David Banisar. "Freedom of Information around the Word 2006：A Golbal Survey of Access to Government Information Laws", Privacy International Report, 25（2006）. http：//www. freedominfo. org/documents/global_survey2006. pdf.

② 程洁. 政府信息公开的法律适用问题研究［J］. 政治与法律，2009.3：28～36.

得长足进步，才能让人民群众满意。

4.2.2　政府集成服务背景下面向数据整合的协同合作

政府公共服务集成，既可以是实体性机构的重组，亦可以是虚拟性机构的合作，或者是两者兼而有之。那么，放眼当前政府公共服务集成的实际实施情形，仅主体选择，就呈现出多元、混乱局面，有的地市选择档案馆作为政府现行文件公开主体，也有的选择公共图书馆，也有的新建政府信息中心。那么问题来了，档案部门与其他的政府公共服务提供者之间应该如何合作，才能早日度过"谁先争得这块地，谁就最终占有这块地"的初级磨合阶段，从而进入"抛开学界、部门利益而最终实现政府公共服务集成与优化"的终极合作阶段？浙江省运用系统集成方法，以"一窗受理、集成服务"为主抓手推进"最多跑一次"改革，推动了群众办事从"找部门"到"找政府"的转变。将原来按部门职能分设的窗口整合为投资项目审批、商事登记、不动产交易登记、医保社保、公安服务等综合窗口，全面推行"前台综合受理、后台分类审批、综合窗口出件"的政务服务新模式，使群众只需进行政服务中心"一个门"，到综合窗口"一个窗"就能把"一件事"办成。同时，积极推进"一窗受理、集成服务"改革向基层延伸，加强乡镇（街道）、村（社区）统一窗口出件的服务模式，努力实现政务服务"就近能办、同城通办、异地可办"。①

4.2.2.1　档案部门从"主动承揽"到"协同参与"的合作内涵

与公共图书馆相比，档案部门与行政机构有着极其密切的关系，档案信息与政府信息的同源性，档案部门归档、接收、整理、征集以及档案开发利用等工作与行政机构文书工作关系的密切，使档案学界以及档案部门对政府信息公开有着特殊的关注，并积极参与进来。档案部门开展政府公开信息查阅工作，是档案部门抓住行政改革契机和提升社会影响力的产物，反映了档案职业社会服务意识的觉醒，显示了档案职业的敏感性。②

前些年就档案部门承揽政府信息公开业务而言，学术界观点较具代表

---

① 车俊. 坚持以人民为中心的发展思想——将"最多跑一次"改革进行到底 [J]. 求是. 2017. 20：10～13.

② 张敏，王霞. 对国家档案馆在政府信息公开工作中所扮演的角色的思考 [J]. 档案学通讯，2010. 4：11～14.

性的有：何嘉荪教授建议将档案部门集中提供公开现行文件利用的工作基础制度化和规模化，纳入正规的档案馆藏建设框架，从而实现将现行的文件阅览中心发展成正规的、全面收藏现行文件的"文件中心"或"数字文件中心"；① 周毅教授认为档案馆主办的现行文件阅览中心之合法性非常重要，在此基础上可再筹建现行文件集中管理和利用机制，并开展用户需求和服务创新。② 实践部门中比较具有代表性的做法有：上海市档案馆首先成为政府依申请公开的委托代理机构，对政府已公开信息按照用户需求重新组织分类，而且从档案事业发展的角度，把政府信息公开工作和档案馆业务工作有机结合起来，在已公开政府现行文件的分类、组合、装订、保存和利用等工作环节方面，探讨并形成了一系列新的管理方法。③

但是，政府信息公开工作开展这些年来，（包括档案部门参与的）相关业务存在诸多问题和困惑。一是政府信息公开与档案公布之间在法律上的矛盾；二是档案部门难以要求政府信息制作部门完整、及时、准确地将需公开信息提交到档案部门。让笔者思考的是，档案部门只是公开场所之一，如何让"之一"变得有特色、发挥特殊作用？是围绕政府信息公开工作来做好政府档案信息资源的整理、整合、开放与共享，还是根据已有的档案管理资源体系、利用体系与安全体系来做好政府信息公开工作？孰重孰轻？尤其是应如何选择方向？笔者认为，从"主动承揽"到"协同参与"的转变，是档案部门参与政府信息公开工作的合方式之选，是档案信息资源配置全局中合角色转变之选，是档案价值全面实现的合环境发展之选。

4.2.2.2 档案部门从"业务合作"到"数据整合"的合作转型

浙江省政务服务"最多跑一次"的改革，也启示着市民服务、公共服务、信息服务等凡是由政府供给、社会热点、公民需求的各项业务，都应该秉承习近平总书记关于政府服务"系统集成"的改革思想。档案部门应该主动加入"最多跑一次"式的改革进程中来，不仅如浙江省档案部门那样参与制定电子文件归档相关规范和标准，更要将自身以前"业已承担政

---

① 何嘉荪. 现行文件阅览中、文件中心与数字档案馆 [J]. 档案学研究. 2003.1：32～35.

② 周毅. 政务信息公开与档案馆现行文件阅览中心的建立 [J]. 档案学研究，2002.3：37～39.

③ 赵嘉庆. 政府信息公开：以上海市档案馆为例 [J]. 中国档案，2009.4：44～49.

府信息公开相应业务"的做法转型为"承担业务不如提供数据、业务协作不如数据集成"的理念。

第一，摒弃"场所之一"的观念，逐渐放弃承办现行文件实体查阅场所的想法，转为协助建设现行文件查阅系统和数据库筹建。例如，福建省档案部门入驻福州、闽侯等政务中心，但不实际承担现行文件查阅服务，而是在市民查阅其他服务窗口信息或文件不全、不实、不真或时间久远的凭证时，及时为市民做好查询的"数据接力"和"数据保障"工作。

第二，搁置"文件公开、档案封闭"的争议和矛盾，在档案开放的时间、力度和范围上做文章，而不在意档案内容在现行文件阶段是否公开。例如，在档案开放时间的规定方面，可以约定内容在现行文件阶段就已公开的，归档、移交至档案部门之后仍然应予以公开；又如，在档案开放力度的规定方面，可以围绕"现行阶段就已公开，尔后转为档案阶段"的相关信息、资料、档案予以整合公开；再如，在档案开放范围的规定方面，既要全面又要照顾重点，全面是指与政府信息公开、现行文件开放相关的档案面向全社会公开，需要者可以来馆查阅，重点是指将与政府信息公开、现行文件开放相关的档案分主题、分领域与政府信息服务窗口和数据库相对接。

第三，改变"直接面向当事人"的做法，无论是法院判决案例，还是当事人查阅偏好，都表明社会公众更倾向于政府一站式服务中心，例如，市民中心、政务中心。档案部门参与政府信息公开，可不必想方设法吸引社会公众来馆查阅利用，即不再为社会公众直接服务，而是参与政府信息数据库建设和后台数据提供，直接面对政务中心等一站式平台下分设的用户需求窗口平台。如为不动产交易窗口提供相应的不动产档案等数据服务，为银行等金融服务窗口提供相应的个人征信档案等数据服务。

档案部门与其他部门从"业务合作"到"数据整合"，是档案信息资源从档案部门向其他部门、向社会配置档案资源的必然要求。这种"合作转型"，是政府集成服务的必然，是政府机构改革背景下档案部门的生存之道。也就是说，基于价值全面实现的档案信息资源配置，关乎档案部门融入政府集成服务的生存之道。

4.2.3　文化强国建设背景下面向文化精品的协同合作

习近平总书记在关于文化强国战略的阐述中，提及了"多措并举：提高国家文化软实力"，其中"一项改革"就是"审核文化体制改革"，要坚持以人民为中心的工作导向，坚持把社会效益放在首位，社会效益和经济效益相统一，以激发全民族文化创造活力为中心环节，进一步深化文化体制改革。按照政企分开、政事分开原则，推动政府部门由办文化向管文化转变。没有这项改革，国家文化软实力就会缺少充满生机和活力的"造血"功能，也会缺少传播工具、平台和渠道。① 档案部门作为文化事业单位，积极融入文化强国战略理所当然，国家档案局在档案事业"十二五"规划中提出的档案强国战略便是最好体现。前两个层次的跨界合作和服务转型，都仅限于政府机构、行政部门，或者说，其资源配置的手段以政府为主，而文化强国不仅面向全社会，更要面向全世界。档案事业主管部门在领导实施档案强国战略过程中，不可能单方面解决所有问题，需要在文化强国战略实施中，既发挥自身的独特优势，又处理好与其他文化机构的合作，其资源配置方式更加多元。

4.2.3.1　面向新型文化业态：档案事业与文化产业的协同合作

党的十九大报告中"文化自信"篇章第五点"推动文化事业和文化产业发展"中，提及要"完善公共文化服务体系，深入实施文化惠民工程，丰富群众性文化活动。加强文物保护利用和文化遗产保护传承。健全现代文化产业体系和市场体系，创新生产经营机制，完善文化经济政策，培育新型文化业态"。在文化产品供给上，档案部门通过已有档案业务流程积累了大量的档案信息资源，但这些资源或服务并非面向社会和市场，如何从档案变成资源、变成产品或者以产业化、商业化的途径实现档案信息价值，恐怕档案部门一家难以解决产品供给链条上的所有问题，需要档案部门与政府业务部门、数据整合部门、数据库开发机构、商业化数据公司等通力合作，其合作深度绝对是跨越档案部门以往传统业务领域的。

（1）档案部门从服务国家文化事业到服务新型文化业态的转型

新型文化业态，是应国家文化事业发展趋势而出现的，国家文化事业在发展的内涵、途径、方式等方面发生的深刻变化，为新型文化业态的出现和壮大提供了前提和条件。新型文化业态，需要健全现代文化产业体系

---

① 张国祚. 习近平文化强国战略大思路，http://theory.people.com.cn/n/2014/0911/c112848 - 25643796 - 2. html. 2017. 11. 5.

和市场体系，必须与文化产业紧密结合。档案部门培育和加入新型文化业态，始终离不开文化产业；基于价值全面实现的档案信息资源配置，要响应新型文化业态的号召，各种配置方式都要与文化产业紧密联系、协调发展。新型文化业态，要创新生产经营机制，完善文化经济政策，这与档案信息配置的配套机制相助相长。档案部门从服务国家文化事业到服务新型文化业态的转型，既为档案部门提供了新机遇，为档案价值实现提供了新路径，又为档案信息资源配置提供了新环境。

（2）档案部门从独立承担档案供给到协同共建档案资源的转型

档案部门服务国家文化事业的方式，无非就是通过承担档案信息资源的积累、建设和供应工作来完成，但新型文化业态的出现，预示着档案信息资源的积累、集成与服务将发生深刻的变化。档案信息资源的积累从原件向数字资源转变，档案信息资源的集成从单个档案原件数据库向多个档案信息数据库、档案文献数据库转变，档案信息资源的服务从凭证服务、检索服务向专题服务、个性化服务转变。更为关键的是，上述转变的核心在于强调协同共建以及多种方式的高效，而不在于关注档案部门独立承担，合作共赢是转变的基本形态和最终目的。

4.2.3.2　面向国际传播能力：档案事业与涉外部门的协同合作

党的十九大报告还提到要"推进国际传播能力建设，讲好中国故事，展现真实、立体、全面的中国，提高国家文化软实力"。"中国故事"既要体现中国特色社会主义，又要展现中华优秀传统文化，必须依赖文化资源建设"有声有色有气势、出新出彩出精品"。档案精品战略有着继"档案强国战略"之后，再次提升为档案事业发展国家战略的必要性和紧迫感。档案部门积累的大量档案信息资源，绝对在中华传统文化资源领域中独树一帜，但也存在资源孤岛问题。例如，档案系统与文博系统的历史文化资源如何整合、共享平台如何筹建等仍须深入研究。又如，文化研究领域十分广泛，对合作的要求较高，海上丝绸之路建设中对侨批文化的深入研究必不可少。但是侨批档案资源的建设也不是档案馆独家拥有的，而是分散在多家，更不是档案学者在进行独家研究，而是各个领域各领风骚，其合作的对象、合作的内容肯定是跨越以往档案部门传统职能范围的。讲好"侨批档案里的中国故事"，涉及挑选好选材、组织好编纂、传播好渠道、遴选好讲者、服务好听众等，单靠档案部门是无法取得较好效果的。

（1）档案部门从服务国内公众用户到同时面向全球视野的转型

"中国故事"既是中国的，也是世界的，因此其材料的选择、资料的汇集、故事的编排、讲述的方式、传播的渠道等，也应该既要秉持中国特色，又要符合国际惯例。这也要求档案部门在推进国际传播能力的过程中，必须注重与外事部门、涉侨部门、涉台部门等的协同，将汇集中华特色的档案信息资源的服务对象从国内公众扩展到全球用户。

（2）档案部门从积累原始档案数据到建设中华精品档案的转型

"中国故事"不是庸俗的、虚构的，而是高尚的、真实的，展现出体现中国特色社会主义的、体现中华优秀传统文化的"中国故事"，不是一个优秀的故事编剧就能完成的，也不是一个优秀的数据公司就能建设好的，更不是一个优秀的传媒企业就能传播的，档案部门也不例外。做自己最擅长的，就是将自身积累的大量优质的原始档案数据转变为中华精品档案数据，从而服务于"中国故事"的"生产制作流程"。

（3）档案部门从独家编辑档案故事到参与讲好中国故事的转型

从档案里发掘出好故事，档案部门早已进行，"侨批里的中国故事"甚至可以说国家档案局近几年组织遴选的"中华文献遗产工程"中的典型，每一个国家级档案文献遗产（包括已列入世界记忆的）里都有一个乃至多个"中国故事"。但这只是"独家编辑档案故事"，只是保证了"档案故事"的真实、完整、系统，也只是局限于档案事业等较小范围的传播，距离"飞入寻常百姓家""上得了领导案头、下得了百姓床头""外国人也能耳熟能详"还很遥远，把这些真实、完整、系统的"档案故事"拓展为好看、好听、有趣的"中国故事"尚需时日。把这些极富档案原始真实特性的"中国故事"纳入对台宣传统战等工作中，需要涉台部门的协同合作，从而保证在政治用语、专业术语、历史惯例、最新动态等方面与"祖国统一大业"相吻合；纳入侨胞统一战线工作中，需要涉侨部门的协同合作，从而保证这些故事编排更具针对性、传播更具精准性、内容更具地域性；纳入外事交流宣传等工作中，需要外事部门的协同合作，从而保证"中国故事"的原材料"中外合璧"（一些极为珍贵的档案、善本、文物曾被外国侵略者占有，现保存在国外文博档部门，在暂时难以追回原本原件的现实条件下，实现其内容的回归不失为一种折中的办法，例如影印版本，在版本完整、内容完整、校勘完整等基础上编辑的"中国故事"才不会"缺章少页")。

例如，2017 年 6 月福建省委常委、宣传部部长高翔专门对侨批档案宣传做出批示："福建不缺故事，关键要讲好，要保护和利用好侨批故事，把其中蕴含的美德发掘出来，传播开来"，"要求福建日报社和福建省广播影视集团配合'一带一路'建设，进一步讲好侨批故事。"①

4.3 档案价值实现的领域拓展：
新问题→新思想

如果说信息化社会的深入发展，影响着档案信息的独立存在，以两次分离②促成了档案价值的实现，那么新形势下档案涉及实践领域的拓展，尤其是城镇化国家战略、"文化强国"国家战略的影响，对档案价值的实现则起到了关键性的引领作用。这是因为"档案价值的全面实现"不仅是一个理论性问题，需要梳理出工具化—产品化—产业化③的发展阶段，更是一个实践性问题，需要放置于"城镇化"国家战略下出现的"农民工档案"的"新问题"以及"文化强国"战略中档案价值观的"新思想"等现实场景中去观察、验证和总结。这种领域拓展，与档案信息资源配置，又有何关联呢？

4.3.1 城镇化国家战略下农民工档案问题与价值实现

国家统计局 2014 年在《全国农民工监测调查报告》中指出，农民工是指户籍仍在农村，在本地从事非农产业或外出从业 6 个月及以上的劳动者，可分为本地农民工，即在户籍所在乡镇地域以内从业的农民工，以及

① 林真. 立足特色　加强协同　拓展宣传——福建省档案馆资源开发、展示与宣传 [J]. 福建档案，2017.4：5～10.
② 档案经历数字化加工得以数据化的方式独立表达，从而实现了信息内容与人类主体、档案信息与档案载体的分离。参见王小云. 档案信息的独立存在与价值实现 [J]. 档案学研究，2017.2：29～34.
③ 工具化阶段，即信息逐渐演化为重要的生产工具、生活工具、生存工具。产品化阶段，即通过提供足够多样的信息产品满足用户需求。产业化阶段，是指信息产品的生产达到了社会承认的一定的规模，信息生产和信息交换的目的主要是通过市场实现效益。参见王小云. 档案资产论 [J]. 档案学通讯，2016.4：80～83.

外出农民工，即在户籍所在乡镇地域以外从业的农民工。《国家新型城镇化规划（2014—2020年）》指出，城镇化是伴随工业化发展，非农产业在城镇集聚、农村人口向城镇集中的自然历史过程，是人类社会发展的客观趋势，是国家现代化的重要标志。城镇化对全面建成小康社会、加快社会主义现代化建设进程、实现中华民族伟大复兴的中国梦，具有重大现实意义和深远历史意义。自改革开放以来，我国城镇化势头迅猛，1978～2013年，城镇常住人口从1.7亿人增加到7.3亿人，城镇化率从17.9%提升到53.7%，年均提高1.02个百分点；城市数量从193个增加到658个，建制镇数量从2173个增加到20113个。① 根据世界城镇化发展的普遍规律，我国现阶段仍处于城镇化率30%～70%的快速发展区间。② 城镇化发展中农民工是主力军，2012年12月中央经济工作会议指出，要把有序推进农业人口转移作为重点任务抓实抓好。然而，现阶段我国城镇化的发展却也面临着一些亟待解决的问题，农民工档案问题就是其中之一。这不仅影响着农民工更好地融入城市，也对农民工档案建设与管理方面提出了新要求。换句话说，就是要考虑如何解决我国城镇化国家战略背景下与农民工档案相关的问题。实现农民工档案的价值，与全国档案事业发展"十三五"规划纲要中提出的"完善农业农村和城市社区档案管理"相匹配。

4.3.1.1 农民工档案的价值内涵

从目前的研究看，对农民工档案内涵的认知有两种模式。一是直接下定义式，如原良娇认为农民工档案是以农民工个人为单位建立起来的人事档案，③ 马林青认为农民工档案是记述和反映农民工个人基本信息、务工经历及其相关情况的真实记录。④ 二是列举式，如王莉荣认为农民工档案包括农民工社保档案、健康档案、技能培训档案、务工档案、信用档案

---

① 2014年全国农民工监测调查报告 [EB/OL]. [2015 - 5 - 24]. http://www.gov.cn/gong-bao/content/2014/content_2644805.htm.
② 4.3.1部分中的数据如无特别说明，均来源于国家统计局2014年《全国农民工监测调查报告》。
③ 原良娇. 基于"十二五"规划谈农民工档案的现实作用 [J]. 兰台世界，2011.8. 中旬：52～53.
④ 马林青. 新型城镇化背景下农民工档案工作：挑战与应对 [J]. 兰台世界，2015.2. 中旬：1～4.

等。① 2011 年 8 月 16 日的《工人日报》撰文指出农民工档案是一种特殊的专门档案，其种类依照档案形成的主体分为三种类型，即个人档案、企业档案、相关档案；依照档案来源可分为暂住及流动档案、合同档案、农民工从业档案、技能档案、技术培训档案、安全生产档案、工资档案、嘉奖违纪档案等。② 笔者基本赞同马林青的观点，认为农民工档案是记述和反映农民工个人基本信息、务工经历及其他情况的原始记录。其内容可以包括：一是农民工个人身份资历信息，比如户籍信息、文化程度、政治面貌等，反映农民工最基本情况；二是农民工社会关系信息，比如家庭成员、社会关系等，帮助进一步了解农民工个人状况；三是农民工求职信息，比如个人专业、求职意愿、具体相关要求等，帮助农民工就业；四是农民工在就业过程中产生的劳动关系材料，包括劳动合同、劳动协议等相关材料，帮助农民工在求职工作中维护自身合法权益；五是农民工参与其他社会活动而产生的材料，比如参加医疗、卫生、工伤、养老等方面的社会保障材料，接受就业专业技术技能培训的情况等。其中，第一、二部分反映农民工个人基本信息，第三、四部分反映农民工务工经历，第五部分反映农民工其他情况。需进一步说明的是，社会上一部分人认为农民工档案既是人事档案，又是务工档案，如全国人大代表、步长集团总裁赵超在其2014 年的两会提案"完善农民工信息档案管理机制"中建议"应该完善农民工信息档案，逐步以有序、规范的用工形式取代依靠传统的血缘、地缘人际关系网络等形式建立起来的用工形式，建立农民工用工市场的规范化和透明化"。③ 上述看法根源于农民工是城镇化建设的主力军，与其实践活动相对应反映在农民工档案中的则是其务工经历的记录，这种认识有其合理性。但从农民工档案的范围看，其内涵远不止如此，笔者认为只要是能反映农民工身份、确保农民工利益、见证农民工生活的原始记录均能作为农民工档案收集起来以备利用。

① 王莉荣. 广西城镇化视角下农民工档案管理模式探析 ［J］. 兰台世界，2014.6. 中旬：75 ~ 76.

② 农民工档案应是国家档案的重要组成 ［EB/OL］. ［2015 – 5 – 7］. http：//news. cntv. cn/20110816/108957. shtml.

③ 人大代表赵超建议：完善农民工信息档案管理机制 ［EB/OL］. ［2015 – 5 – 7］. http：//finance. sina. com. cn/china/hgjj/20140304/151918400602. shtml.

4.3.1.2 农民工档案对实施城镇化国家战略的重要意义

一是城镇化是农民工进入城市的身份的融入，而档案是实现其身份融入的重要体现。《国家新型城镇化规划（2014—2020年）》强调："新型城镇化应当有序推进农业转移人口市民化，保障农民工在教育、就业、医疗、养老、保障性住房等方面享受城镇居民的基本公共服务，逐步实现在城镇落户，促进农民社会融入。"2014年《国务院关于进一步做好为农民工服务工作的意见》指出"努力推进农民工本人融入企业、子女融入学校、家庭融入社区、群体融入城镇"。可见，城镇化应是农民工身份的融入，农民工档案能具体体现农民工的市民身份，助推农民工身份融入，是农民工市民化的具体实现路径和重要体现。

二是城镇化是农民工利益的融入，而档案是确保其利益的重要手段。笔者根据国家统计局2013~2016年《全国农民工监测调查报告》，整理出表4-1和表4-2数据。

表4-1 2013~2016年农民工权益保障情况对比

年份＼类目	未签订劳动合同（%）	被拖欠工资（%）	平均被拖欠工资（元）
2013	61.9	1	8119
2014	62	0.8	9511
2015	63.8	1.0	9788
2016	64.9	0.84	11433
差率	+0.1~+1.8	-0.16~-0.2	+1392~+1545

表4-2 2013年、2014年农民工"五险一金"参保率对比

年份＼类目	工伤保险	医疗保险	养老保险	失业保险	生育保险	住房公积金
2013	25%	17.1%	16.2%	9.8%	7.2%	5%
2014	26.2%	17.6%	16.7%	10.5%	7.8%	5.5%
差率	+1.2	+0.5	+0.5	+0.7	+0.6	+0.5

从表4-1可看出，农民工被拖欠工资比例略有下降后又有所提升，但未签订劳动合同比例和被拖欠工资平均数额均有上升。从表4-2可看出，

我国农民工"五险一金"参保率均稳步提升（国家统计局没有提供 2015～2016 年农民工"五险一金"参保率），但参保率总体水平偏低，参保率最高的工伤保险不足三成。可见，农民工被用工单位拖欠和克扣工资、有意不与农民工签订劳动合同、工伤无法认定、职业病不能防治、无法等同享受社会公共物品供给和分配、难以纳入社会保障体系等现象比较普遍，原因之一在于劳动合同、工资条、工伤病例等凭证不是没有签订就是未能妥善保管，"举证难"使农民工合法权益难以保障，而档案的凭证价值在保护农民工权益、完善农民工公共服务等方面作用显著，是确保农民工利益的重要手段。

三是城镇化是农民工生活的融入，而档案是见证其生活的有效方式。2014 年我国农民工总量为 27395 万人，比上年增长 1.9%，其中外出农民工 16821 万人，增长 1.3%，本地农民工 10574 万人，增长 2.8%，外出农民工中举家外出的从 2010 年至 2014 年分别为 3071 万人、3279 万人、3375 万人、3525 万人、3578 万人，增势明显。而有关学者预测未来我国将形成 5 亿城市人口、5 亿农村人口、5 亿农民工"三分天下"的人口格局。[1] 可见农民工基数庞大，很多农民工是全家所有人员都迁移长住于城市，必定产生大量各类与其生活息息相关的档案。例如既有农民工个人参加社会保障、医疗保险、劳动就业等产生的档案，也有农民工家庭成员及其子女产生的一系列档案等。而正是这些复杂多样的档案充分见证了农民工融入城市生活的方方面面，也只有档案能全面、真实、完整地记录农民工鲜活的生活历史，创建农民工生活的城市记忆。

4.3.1.3　建设农民工档案、实现农民工档案价值面临的困境

一是对农民工档案的研究不够深入，跟不上城镇化发展的节奏。按输出地分，2014 年我国东部地区农民工 10664 万人，比上年增加 210 万人，增长 2.0%，东部地区农民工占农民工总量的 38.9%；中部地区农民工 9446 万人，比上年增加 111 万人，增长 1.2%，中部地区农民工占农民工总量的 34.5%；西部地区农民工 7285 万人，比上年增加 180 万人，增长 2.5%，西部地区农民工占农民工总量的 26.6%。西部地区农民工增长速

---

① 刘义强. 游民政治、社会风险与群体性事件的结构背景 [J]. 华中师范大学学报，2009.6：8－13.

度分别比东部、中部地区高出 0.5 和 1.3 个百分点。① 面对如此快速的城镇化发展节奏，笔者检索中国期刊网、硕博士论文数据库等发现，现有的关于农民工档案的研究仅有 59 篇，总体数量偏少。虽以上研究对农民工档案的定义、内容、种类、管理模式等有所涉猎，但总体来说学界远未就农民工档案的定义、内容、具体管理需求、建设主体等达成共识，更没有针对城镇化发展特点，例如东部、中部、西部农民工发展特点和差异的农民工区域分布、就业行业分布等进行有针对性的研究和提出可行性措施，研究水准未能及时跟上城镇化发展节奏。

二是农民工档案建设工作滞后，与城镇化快速发展需求差距较大。关于农民工档案建设工作，除了散见于期刊论文、报纸、人大代表等提出的农民工档案管理模式、方法、对策之外，主要实践来自中央和地方相关政策。中央层面，如 2002 年农业部在《关于做好农村富余劳动力转移就业服务工作的意见》中提出要逐步建立农村富余劳动力外出就业管理档案；2004 年劳动和社会保障部在《建设领域农民工工资支付管理暂行办法》中规定要跟农民工签订劳动合同并将企业拖欠工资行为记入信用档案；2007 年国家档案局《关于加强民生档案工作的意见》中农民工档案位列其中；2009 年全国总工会在《关于深入扎实做好当前维护农民工合法权益工作的通知》中提出要建立困难农民工档案；2010 年卫生部办公厅在《关于开展农民工健康关爱工程项目试点工作的通知》中提出要建立农民工健康档案，集中用人单位农民工健康档案建立率要达到 80% 以上；2013 年银监会在《关于改进农民工金融服务工作的通知》中提出要建立农民工信用档案；2014 年国务院在《关于进一步做好为农民工服务工作的意见》中提出要为农民工开展职业健康检查，建立监护档案；2016 年中华人民共和国人力资源和社会保障部发布《重大劳动保障违法行为社会公布办法》，提及将重大劳动保障违法行为及其社会公布情况记入用人单位劳动保障守法诚信档案；2017 年《国务院关于印发"十三五"推进基本公共服务均等化规划的通知》提出，国务院有关部门所属人才中介服务机构开展流动人员

---

① 东部地区包括北京、天津、河北、辽宁、上海、江苏、浙江、福建、山东、广东、海南 11 个省（市），中部地区包括山西、吉林、黑龙江、安徽、江西、河南、湖北、湖南 8 个省，西部地区包括内蒙古、广西、重庆、四川、贵州、云南、西藏、陕西、甘肃、青海、宁夏、新疆 12 个省（区、市）。

人事档案管理所需经费由中央财政予以补助，其余由地方人民政府负责。地方层面，在中央号召下有相对应的政策，如 2005 年《重庆市进城务工农民权益保护和服务管理办法》中提出应当建立健全农民工档案，2007 年《山西省农民工权益保护条例》、2013 年《河北省农民工权益保障条例》、2016 年《关于〈寿县特困职工档案建档工作实施细则〉的几点说明》、2017 年攀枝花《关于调整我市工会困难职工、农民工建档标准的通知》等都要求为农民工建立健康监护档案等。在中央和地方政策号召下，我国部分地区陆陆续续开始建立农民工档案。例如，济南市建设管理局在 2003 年底为 6 万农民工建立了用工档案，① 哈尔滨市于 2004 年 10 月建立了农民工档案馆，为 1.4 万农村劳动人口建立了个人档案，这是我国建立的首个农民工档案馆，2005 年天津市为大约 320 万农民工建立了健康体检档案和信用档案，重庆市渝中区为本区的农民工建立了电子档案，② 2007 年天津市又提出对建筑农民工实行实名制管理，要求劳务企业建立农民工用工管理档案和工资档案等，③ 2015 年福州市为使更多农民工子女享受到助学服务，继续放宽困难农民工建档条件，④ 2016 年十堰市人民政府提出建立建档立卡贫困户稳定就业创业信息库。⑤

　　上述政策一方面主要提出了要建立某一类型或某一行业农民工档案，但缺乏具体操作办法；另一方面多从自身职能出发，缺少农民工档案建设的全局规划，容易出现"断档"、"死档"、利用率低等问题。况且，目前宏观层面还没有专门的关于农民工档案管理的相关法规；中观层面大部分地区还没有建立专门的农民工档案管理机构；微观层面缺乏具体的管理标准、管理模式等。与此相对应的是，笔者参照国务院 2014 年《关于进一步做好为农民工服务工作的意见》，统计可能涉及农民工活动的职能部门

---

① 六万省城建筑农民工有了档案［EB/OL］.［2015－5－7］. http://t. uc. cn/2fXM8.
② 邓琼，彭海燕. 农民工档案工作的对策研究［J］. 商业文化，2009.4：313～314.
③ 天津落实建筑农民工工资支付制度和工伤保险制度［EB/OL］.［2015－5－7］. http://t. uc. cn/2fXBM.
④ 福州市总工会放宽困难农民工建档条件 圆学子求学梦［EB/OL］. http://fz. fjsen. com/2015－07/18/content_16373571. htm.
⑤ 市人民政府办公室关于扶持建档立卡贫困户稳定就业和支持农民工返乡创业的实施意见［EB/OL］. http://www. shiyan. gov. cn/sysgovinfo/szf/xxgkml/zcfg/zfbwj/szbf/2016/201609/t20160913_637172. shtml.

有人力资源和社会保障部、国务院农民工工作领导小组办公室、发展改革委、教育部、科技部、财政部、住房和城乡建设部、农业部、安全监管总局、统计局、扶贫办、全国总工会、共青团中央、全国妇联、民政部、商务部、人民银行、税务总局、工商总局、最高法院、卫生健康委、法制办、公安部、交通运输部、国资委、司法部、国土资源部、中央农办、文化部、中央宣传部等 30 个单位。所以农民工档案建设部门多、各自为政、内容分散、建档率低，只有少数大城市为农民工建档就是自然而然的事情了。另外，要为 5 亿农民工建档、补充多年来没有为农民工建档的历史欠账确实难度大，任务重，不可能一蹴而就。更为复杂的是，2014 年我国跨省流动农民工 7867 万人，比上年增长 1.7%，流入地级以上城市的农民工比重继续上升，跨省流动农民工 77% 流入地级以上大城市，省内流动农民工 53.9% 流入地级以上大城市。流动性如此明显，要在短时期真正实现"档随人走""人动档动"难度较大。

4.3.1.4 解决农民工建档问题、全面实现农民工档案价值的对策

一是弄清农民工档案配置对象：由重点到一般。我国农民工，男性占 67%，20～50 岁农民工占 79.4%，初中学历的农民工占 60.3%，跨省流动农民工 77% 流入地级以上大城市，省内流动农民工 53.9% 流入地级以上大城市。[①] 由此可见，农民工档案的建设对象应以地级以上大城市的中青年男性农民工为主，这对实施农民工档案管理意义十分重大。对涉及农民工档案的职能部门而言，有关部门能更有针对性地提高农民工自身的档案意识，包括可重点关注地级以上大城市的中青年男性农民工档案的建设、收集、保存、流转，注重其家庭成员档案的管理，注重其多种形式档案的管理，帮助其利用档案维权、发挥档案效用等，让其在实践中感知档案的效用，逐渐形成良好的建档氛围等。对档案管理部门而言，这有利于其制定加强农民工档案管理的可行性措施和立档规范，对已经建档的部门加强指导和监管，向有关部门呼吁制定农民工建档的有关法律或者在相关法律中增加具体条款，更有针对性地为农民工做好档案服务，为城镇化国家战略的实施贡献好档案管理部门自己的力量。然后，再逐步推进为重点人群

---

① 该部分数据如无特殊说明，均来自国家统计局 2013—2016 年《全国农民工监测调查报告》。

家庭成员建档、为其他农民工建档。

二是厘清农民工档案配置重点区域：由东向西。包括北京、天津、河北、辽宁、上海、江苏、浙江、福建、山东、广东、海南11个省（市）的东部地区的农民工占我国农民工总量的38.9%，接近四成，再加上东部地区相对而言经济更为发达，城镇化发展的后劲可能更足，比照这几年增长趋势，农民工比重可能会持续增加，这里也更加具有建设全面、系统的农民工档案的条件。因此东部地区应该是农民工档案建设的重点区域（这与笔者在前文列举的农民工档案建设实践活动也是东部地区居多相互印证），然后逐渐推广，逐步建立覆盖全国的农民工专用的档案信息数据库方是长久之策。具体而言，笔者认为可按农民工输出地和输入地来分别建立农民工基础信息数据库和农民工详细信息数据库。对农民工输出地而言，农民工所在的乡镇对农民工的出生背景、亲属关系、文化素质等比较熟悉，因此可以乡镇政府为基本单位，由其某一部门最好是档案管理部门主要负责农民工档案的收集、整理、保管、利用、数字化等工作，建立农民工个人及家庭成员基础信息数据库；对农民工输入地而言，中介机构和劳务市场是其求职的重要场所，可由所在地中介机构负责管理其档案，主要侧重农民工医疗保险、生育保险、工伤保险等社会保障，就业、失业材料，劳动合同（协议）签订等档案的收集、补充和更新，建立农民工详细信息数据库，再合并成全国统一的专用数据库。在数据库的建设过程中，也可由东部开始，逐渐推广至全国。

三是划清农民工档案配置主体部门：由近及远。牵涉农民工档案建设的主体部门约有30个，主要源于农民工档案涉及农民工活动的方方面面，其档案建设本身就是一个系统工程。然而2014年《国务院关于进一步做好为农民工服务工作的意见》中"着力维护农民工的劳动保障权益，着力推动农民工逐步实现平等享受城镇基本公共服务和在城镇落户"的指导思想以及"逐步建立完善有利于农民工市民化的基本公共服务、户籍、住房、土地管理、成本分担等制度"的基本原则，则清晰地说明了档案建设的重点领域应该是社会保障档案、户籍档案、房地产档案、务工档案等。先注重重点领域档案的建立、收集、流转、共享等，再逐渐扩展至与农民工活动相关的其他档案的管理，或许是可行的，也是必要的。

四是明确农民工档案配置行业：由易到难。分行业看，农民工主要集中在制造业，建筑业，批发和零售业，交通运输、仓储和邮政业，住宿和餐饮业，居民服务、修理和其他服务业。以工伤保险参保率为例，由高到低依次为制造业（34.2%），交通运输、仓储和邮政业（27.8%），批发和零售业（19.2%），住宿和餐饮业（17.2%），居民服务、修理和其他服务业（16.3%），建筑业（14.9%）。可见，制造业参保率最高，建筑业参保率最低，收集农民工档案的行业重点在于农民工集中的制造业，然后再逐渐铺开，难点在于建筑业农民工档案建设。

　　总之，城镇化的发展催生了"农民工"这一特殊的社会群体，从某种意义上来说，农民工群体向城市的大量转移是影响我国城镇化质量甚至成败与否的关键因素，只有以建档、农民工档案合理配置为契机，解决好农民工的身份、利益、生活等方方面面的问题，才能更好地促进城镇化。建立和完善农民工档案不仅对农民工的工作和生活十分有益，对档案学界关于农民工档案的研究也是一大进步和发展；对丰富我国档案数量、优化档案内容也是十分重要的补充；对整个国民经济和社会来说，有利于相关职能部门掌控有效信息、加强流动人员管理、推动我国城镇化又快又好发展、促进经济发展和社会进步。

4.3.2　文化强国背景下的档案强国战略与中国档案价值观

　　档案强国战略以实现档案人的中国梦为远大目标，为响应"文化强国"战略而生，为践行"中国梦"执政理念而行。国内档案学界相关研究历程表明档案价值已被社会各界广泛认同，国际档案学界的相关研究主题表明档案价值的辐射领域越来越宽广，档案强国梦的实现正是以档案价值的全面实现为目标定位，以树立档案强国的服务形象、扩大档案强国的文化辐射、创新产业化发展途径和中国档案文化"走出去"战略为实现路径。

4.3.2.1　档案强国以实现档案人的中国梦为远大目标

　　中国共产党十七届六中全会（2011）提出"建设社会主义文化强国"的国家战略，随之国家档案局（2012）提出"建设与文化强国地位相匹配的档案强国"，即档案强国战略，时任局长杨冬权解释为"档案工作主要方面或档案工作主要领域的世界强国，是在国际档案界中有巨大影响的强大国家"。习近平总书记（2012）提出"实现中华民族伟大复兴，就是中华民族近代以来最伟大梦想"，即"中国梦"的重要指导思想和重要执政理念，其实施手段是政治、经济、文化、社会、生态文明"五位一体"建设。2014 年《中共中央办公厅、国务院办公厅关于加强和改进新形势下档案工作的意见》发布，为档案强国战略的实施进一步部署了路线图并指明了方向。中共中央政治局委员、中央书记处书记、中央办公厅主任栗战书（2015）在中国第一历史档案馆成立 90 周年纪念会上讲话，要求档案事业为实现"两个一百年"奋斗目标和中华民族伟大复兴的中国梦做出更大贡献。国家档案局局长、中央档案馆馆长李明华（2015）在全国档案工作暨表彰先进会议上号召档案部门要继续努力为"中国梦"贡献力量。国家档案局（2016）印发《全国档案事业发展"十三五"规划纲要》，要求档案事业"为夺取全面建成小康社会决胜阶段的伟大胜利做出积极贡献"。由此，档案强国战略为响应"文化强国"战略而生，为践行"中国梦"执政理念而行，现阶段由档案事业发展规划具体落实，是档案人完成档案事业强大目标、实现档案事业国际交流和多边合作、走向档案事业强盛繁荣的中国梦。档案人的中国梦，即档案强国梦，是以充分发挥档案对于国家发展、民族复兴、社会进步、文化兴盛、人民精神生活富足的作用为基本价值取向的中国梦。

4.3.2.2 档案强国梦诞生于对档案价值的广泛认同及其辐射

第一，国内档案强国研究历程表明档案价值被广泛认同。

国内档案强国研究主要分为三个时期。2002 年之前为启蒙期，学界一般基于档案事业融入和服务人才强国战略之契机，认为档案价值的作用领域正在被国内其他学界所认同。2003 ~ 2010 年为发展期，学界一般基于档案领域的国际交流以及中国档案事业融入国际学术界之契机（如十三届国际档案大会在我国的成功举办），认为中国档案价值观正在影响国际相关学术领域。2011 年以来为繁荣期，学界开始基于档案事业匹配和服务文化强国战略、中国梦执政理念之契机，认为档案价值的全面实现将极大增强其在国家顶层设计中的综合影响力。

从档案强国的研究领域看，其既有积极响应中央领导关于中国梦及文化强国战略的政策联动，如《中国档案报》关于该战略的系列报告、领导访谈，[①] 也有文化发展、科技创新、经济进步、生态文明等诸方面对档案

---

① 杨冬权. 为实现档案强国新战略目标而努力奋斗［N］. 中国档案报，2012 – 6 – 7（1）.

事业的新要求——对档案价值的认同正在从文化等局部领域向全方位拓展；既有杨冬权①、刘国能②、邓小军③、王国振④、赵焕林⑤等众多中央及省级档案局/馆领导从文化强档、档案文化、档案事业、建设档案强国指导思想及具体事项等多方面阐述如何实现档案强国，也有冯辉⑥、赵杨⑦等基层档案管理人员关于档案强国战略目标、服务能力等方面的探讨——对档案价值的认同正在从宏观向中观和微观等多层次延伸；既有学界专家论及档案强国指标评价体系，战略实施的宏观环境及策略，战略实现的判断标准及条件，战略内容与资源体系、利用体系和安全体系的关系，战略辐射与国家信息安全、军队档案建设、中华民族文化建设的关联程度等多方面，⑧ 也有学者详析与外国的比较研究，如张正强从电子文件视角⑨、黄霄羽从档案中介机构/档案信息转型视角⑩探讨了档案部门作为档案强国建设的主阵地，如何在政治、经济及文化等领域的服务融合中转型升级——对档案价值的认同正在国家经济社会建设各领域中逐渐显现和深化。

第二，国外档案强国研究主题表明档案价值辐射领域愈加宽广。

国外的档案强国研究主题主要体现在三个方面。其一是"档案强国"建设需要国家、社会多个层面的档案资源。如 Jacqueline Z. Wilson、Frank Golding 认为国家层面的政府档案建设存在诸多空白，应以开放的姿态迎接涵盖种族信仰、民族信念、生命健康等曾经薄弱或被选择性失忆的档案；⑪ Rachel Bracha 认为文化、艺术、商业等层面的档案资源都应被纳入国家档

---

① 杨冬权. 为实现档案强国新战略目标而努力奋斗 [N]. 中国档案报，2012 - 6 - 7（1）.

② 刘国能. 建设档案大国、档案强国——国家档案事业 60 年 [J]. 中国档案，2009. 10：24 ~ 26.

③ 邓小军. 文化强档　建设档案强国 [J]. 中国档案，2012. 6：14 ~ 15.

④ 王国振. 档案事业要为建设文化强国做出更大贡献 [J]. 中国档案，2012. 9：13 ~ 15.

⑤ 赵焕林. 档案文化：文化强国的重要推手 [J]. 兰台世界，2012. 7：1.

⑥ 冯辉. 建设"档案强国"发展战略目标的思考 [J]. 办公室业务，2012. 9：180.

⑦ 赵杨，张淑霞. 如何实现新时期档案强国的战略目标 [J]. 兰台内外，2012. 5：33.

⑧ 中国档案学会. 建设与文化强国相匹配的"档案强国"论文集 [M]. 北京：中国文史出版社，2014. 8：1 ~ 22.

⑨ 张正强. 国际电子文件管理前沿进展 [J]. 档案学研究，2012. 5：68 ~ 74.

⑩ 黄霄羽. 国外档案利用服务社会化的理论认识和实践特点 [J]. 档案学通讯，2010. 6：41 ~ 44.

⑪ J Z Wilson, Frank Golding. Latent scrutiny: personal archives as perpetual mementos of the official gaze [J]. *Archival Science*，2015. 10：1 - 17.

案资源，其基于电影、艺术、文化创新与存档的视角，探讨了档案与艺术的关联与渗透，亟须档案管理部门扮演好艺术创作与开发的提供商与守门人角色。① 因此，只有档案资源的全面和多样才能全方位和多元地实现档案价值，此亦即档案资源建设之于档案价值实现的意义。

其二是"档案强国"需要以档案权利为出发点，为民主进程、社会正义、国家记忆提供权威保障。如 Eric Ketelaar 基于人权、公民权利、国家权力之间的平衡与选择，阐述了一个开放、安全以及共享的档案资源对于赋权、人权解放、服务社会及未来的基础性功能；② Michelle Caswell 基于南斯拉夫战争、柬埔寨红色高棉人权运动生成的档案建立了档案影响理论；③ 国际档案理事会 2015 年年会的主题为"档案——证据、安全和人权：确保可靠的信息"等充分说明只有档案权利保障下的档案强国才能促进国家民主进程，即档案之于国家民主发展具有重要意义。又如，Amanda Strauss 基于档案工作者在智利从事的社会正义行动，阐述了档案反映权力关系的工具性价值以及社会公平正义建设呼唤建立完整的档案保存与服务体系；④ Marika Cifor 基于维系社会公正的视角，认为档案工作、档案资源及档案服务所依赖的档案功能受到了挑战，应该重建，并应在社会文化发展和政治生态建设中适时引入档案话语权，阐释了档案在社会正义方面的价值体现，即档案之于社会建构具有重要意义。⑤ 再如，Bernadtte Roca 基于档案与集体记忆的关联性、⑥ J. M. Schwartz 和 T. Cook 基于档案与选择记忆的保存性、⑦ R. E. Bayhylle 基于档案与部落权利的交叉性，阐述了科学

---

① Rachel Bracha. Artists and the film archive：re-creation-or archival replay［J］. *Archival Science*，2013. 6：133 – 141.

② Eric Ketelaar. Archival temples，archival prisons：Modes of power and protection［J］. *Archival Science*，2002. 9：221 – 238.

③ Michelle Caswell. Defining human rights archives：introduction to the special double issue on archives and human rights［J］. *Archival Science*，2014. 10：207 – 213.

④ Amanda Strauss. Treading the ground of contested memory：archivists and the human rights movement in Chile［J］. *Archival Science*，2014. 9：1 – 29.

⑤ Marika Cifor. Affecting relations：introducing affect theory to archival discourse［J］. *Archival Science*，2015. 11：1 – 25.

⑥ Bernadette Roca. Narrating the Collective：Memory，Power，and Archival Space［J］. *Faculty of information Quarterly*，2009. 4：29 – 34.

⑦ JM Schwartz，T Cook. Archives，records，and power：The making of modern memory［J］. *Archival Science*，2002（2）：1 – 19.

的档案描述、保存、管理及服务体系之于一个集体、部落、社会乃至国家的重大意义，即档案之于集体记忆、部落记忆、社会记忆、国家记忆具有重要意义。①

其三是"档案强国"建设中档案工作者的职能变迁与转型以及对普通公众的要求。如 Donna Holmes 基于 19 世纪末的档案职业变迁，比较了东印度公司档案馆的档案保管与荷兰的档案管理实践，探讨了档案实践好与坏、科学与否、强大与否的分辨依据主要体现在档案服务提供者从被动到主动的转型上，即档案服务质量之于档案强国具有重要意义。② 又如，Alycia Sellie、Jesse Goldstein 等基于社区建设和社会网络的视角，探讨了完善的档案资源体系应该倡导社会公众积极主动地从事档案归档活动并自愿独立存档；③ Marika Cifor、Anne J. Gilliland 基于档案与其影响力之间的关系，认为应该建立档案与普通公众、社会活动、个人行为之间的关联，即社会公众广泛参与档案活动之于档案强国具有重要意义④。

4.3.2.3　档案强国梦圆梦于档案价值的全面实现

第一，圆梦之目标定位。

服务于文化强国与中国梦，是档案强国梦的最终目标。这关乎国家、民族、社会记忆的真实完整，关乎国家信息安全、文化安全的权威保障，关乎社会正义、公民权利的真正实现，是档案价值的核心所在。"档案强国"是改革开放以来档案领域总揽全局的战略，是立足于档案事业顶层设计的宏大远景和伟大蓝图，与文化强国战略、与中华民族实现伟大复兴的"中国梦"理念、与国家整体战略是相互依存的，包含在文化强国战略、中国梦以及国家整体战略之中，没有档案强国的实现，文化强国战略就不可能完整，中国梦就必然有缺憾，国家整体战略也难以真正完成。

---

① RE Bayhylle. Tribal Archives：A Study in Records，Memory and Power. Dissertations-Gradworks，2011：58 – 67.

② Donna Holmes. Passive keepers or active shapers：a comparative case study of four archival practitioners at the end of the nineteenth century ［J］. *Archival Science*，2007. 7：85 – 298.

③ Alycia Sellie，Jesse Goldstein. Interference Archive：a free space for social movement culture ［J］. *Archival Science*，2015. 4：1 – 20.

④ Anne J. Gilliland. Moving past：probing the agency and affect of recordkeeping in individual and community lives in post-conflict Croatia ［J］. *Archival Science*，2014. 14：249 – 274.

　　档案强国梦的目标定位之一，是以充足的档案资源供给去满足多元用户需求。其一，以丰富多样的档案、档案信息、档案文化产品等为基础，既因社会主义核心价值观的共同追求而凝聚，又因反映不同社会实践活动而各具特色。其二，以科学合理的档案资源布局、管理方式和管理体制满足人民群众日益增长的档案证据需求、档案信息需求、档案文化需求、档案休闲需求等，因为档案记录的是人的活动，是由人民群众创造的，理所当然要服务人民。

　　档案强国梦的目标定位之二，是由档案"大"国向档案"强"国转变。转变一，档案数量、档案网站数量、档案馆数量、档案从业人员数量等的规模效应是必要的，但档案强国建设更应注重数量之上的"效率"，即档案内容价值发挥效果、档案网站利用效率、档案馆建设效益、档案从业人员素质等。转变二，档案利用人次、档案网站点击率、档案用户满意度等的数据分析是必要的，但档案强国建设更应注重服务上的"质"，即档案政治、经济、文化、科技等综合价值的发挥效果，档案网站目录数据库、全文数据库、政府信息公开数据库、照片数据库、视频数据库等综合信息的传播效果，用户档案利用便捷程度、社会档案意识等的提升层次。转变三，档案文化产品、档案信息产品、档案内容产品、档案创意产品等的极大丰富是必要的，但要谨防没有文化、没有创新、没有价值的档案产品充斥其中，即确保档案产品特色，树立档案产品良好口碑。

　　档案强国梦的目标定位之三，是将档案中凝聚的中华优秀文化宣扬到海外，增强社会主义核心价值观在国际上的影响力。其一，档案人要有充分自信，勇于、善于通过多种方式、多种途径宣传档案。例如，可不断创新档案宣传和服务社会的力度、方法、技术措施，以争取各方面对档案事业的支持；做好信息文化背景下的档案编纂出版、开发利用和信息查阅的转型与创新等。其二，档案人要有足够的自省，于交流中不断提高与完善档案资源水平、档案利用水平、档案安全水平。例如，可将传统载体档案的数字化和对新型数字信息的有序存档融合起来，建立与时代同步的档案资源体系；调整档案公共服务策略、扩大档案开放力度，建立引领公共服务潮流的档案利用体系；将档案实体与档案信息安全相结合，建立适应大数据环境、网络环境的档案安全组合方略，尤其注意档案安全水平的提升不能以限制档案资源开放规模和限制档案利用为代价。

第二，圆梦之实现路径。

公共档案馆服务、档案文献遗产建设、档案文化产业/档案信息产业发展、档案文化"走出去"是档案强国梦实现的四大路径。

应从服务对象、服务手段、服务技术、服务内容等方面全面夯实公共档案馆服务基础，树立档案强国的服务形象。在"国家文化安全水平"亟须提升、"国家文化软实力"亟须凝聚、"民族文化影响力"亟须增强的国际背景下，在档案开放必须向纵深层次发展、社会公众的档案权利诉求更加迫切的国内环境下，掌握好档案实体/信息安全与档案充分开放的边界，最大限度地实现档案资源共享，实现由"档案开放"到"文化开放"的进阶，是树立档案强国良好服务形象的关键。

应从国际联合申遗、文献遗产开发、经费政策创新等方面丰富档案文献遗产建设手段，扩大档案强国的文化辐射。以联合国教科文组织倡导的"世界记忆工程"为例，单从数据上看，我国目前有十三项档案入选成为"世界记忆"，[①] 似乎成绩斐然，但深入研究至少有三个方面的问题：一是世界第八的排名与我国悠久的历史和文化还有一定差距；二是我国都是独立申报，类似于"二战"时期的档案完全可以联合韩国、越南、泰国等亚洲国家联合申报，以提升我国的"世界记忆"在亚洲的影响力；三是整个亚洲申报的状况全面落败于欧洲、北美及拉丁美洲，说明档案强国的真正实现还需在类似"世界记忆工程"的对外交流窗口中提升中国的话语权与领导力。

应以档案文化产业、档案信息产业发展为契机，创新档案信息资源开发途径，提升档案强国的资源价值。文化强国实现的重点是大力发展文化产业，以产业的力量凝聚文化向心力，体现中华文化魅力。可是"产业发展"历来都是档案领域的软肋，但档案强国的实现必须发挥档案之于政治、经济、文化、生态发展的双向作用。只有借助产业发展才能有效提升档案资源价值，才能完成档案"大"国到档案"强"国的转变。

应积极参与国际档案学术交流、档案精品展览等活动，以档案文化

---

① 十三项世界记忆分别是中国传统音乐录音档案、清朝内阁秘本档、纳西东巴古籍文献、清代大金榜、样式雷建筑图档、《本草纲目》（1593 年金陵版）、《黄帝内经》（1339 年胡氏古林书堂印刷出版）、侨批档案——海外华侨银信、中国元代西藏官方档案、南京大屠杀档案、近现代中国苏州丝绸档案、清代澳门地方衙门档案、甲骨文。

"走出去"策略为依托传播国家档案文化，打造中国档案的国家名片并增强中国档案的国际影响。加强国际间以档案为基点的交流与合作，重点建设档案外向交流平台，大胆"走出去"。既包括抽象层面的档案管理理念、体制、意识等，也包括具体层面的档案管理方法、法规、标准、设备、技术等；既有国家之间、国家与地区之间、国家与国际组织之间等档案管理部门的深入合作，也有各国研究团体、高校间的互动，逐渐增强中国档案界在国际上的影响力。

总之，档案强国立足于发挥人民群众积极性、满足人民群众日益增长的档案需求、实现和维护人民群众档案权益，是档案人的中国梦。每一个档案人都要响应习近平总书记"实干兴邦"的号召，以创造性劳动积极投身到档案事业"十三五"规划的时代大潮中，在实现中华民族伟大复兴的历史进程中，贡献档案人的智慧与力量。

4.4　本章小结

明确"资源稀缺与需求多元的辩证矛盾"为本书研究的逻辑起点，只是为"全面实现档案价值"提供了这样一套理论参照体系，即以"资源建设要求""档案用户需求""资源供求关系"来衡量实现档案价值之"全面性"的理论水平。而本章则是为"全面实现档案价值"提供了一套实践参照体系，即以档案价值实现的"流程拓展""部门拓展""领域拓展"来衡量实现档案价值之"全面性"的实践水平。

档案价值实现的流程拓展，扎根于"单套制"改革背景下档案部门与文书部门的协同合作，壮大于扁平化改革背景下档案部门与职能部门的协同合作，即档案价值的全面实现必须实现档案资源在文档部门、职能部门的合理配置。文档部门的协同合作，在电子文件单套制潮流下显得十分迫切，此种协同合作，是基于档案资源合理配置的合作，与前端控制、全程管理均有较大区别，对文书部门和档案部门均提出了新权责、新要求。档案部门与职能部门的协同合作，在扁平化改革浪潮中显得十分必要，此种协同合作，是档案资源在"团队化"以及"流程化"改造中的合理配置。

档案价值实现的部门拓展，以政府信息公开这一具体事务的协同合作为典型，以政府信息集成服务数据整合的协同合作为趋势，以文化强国建设下文化精品的协同合作为潮流。具体事务的合作，牵涉在政府信息公开中档案资源在部门间的博弈、协作，其实质是政府信息公开的资源如何在相关部门进行合理配置。数据整合的合作，核心在于档案部门通过档案数据的合理配置融入政府信息服务集成之中。文化精品的合作，实质在于档案资源如何合理配置，才能融入文化产业，才能在国际上占有一席之地。

　　档案价值实现的领域拓展，实际反映了对档案信息资源"供求"变化的态度转型，与档案行业密切相关的社会热点、新型技术和政策焦点不断涌现，要求档案学理论工作者务必秉持"理论联系实际"的研究态度，把握档案信息资源与各种实践热点的连接点，借助档案信息资源在上述热点领域的服务升级达到"价值实现的领域拓展"之目的。厘清上述领域拓展的实践意义，城镇化国家战略下农民工档案及其价值实现之"新问题"方才显得紧迫（因为农民及农民工占中国人口的大多数，档案价值实现的领域如果都不涉及，其理论研究如何服务"实际"）；文化强国背景下档案强国战略与中国档案价值观之"新思想"方才显得有前瞻性（因为文化强国等国家顶层设计必然指引包括档案在内的所有公共文化［信息］服务的发展，档案价值实现的领域如果都不涉及，其理论研究如何指导"实际"）。

第 5 章

工具价值的实现：档案信息资源政府配置

5.0 引言

　　档案信息资源的政府配置，是指政府运用行政、经济、法律、政策等手段，按照国家档案事业发展总体目标分配现有档案信息资源及其公开权限、开发与使用权限等。通过政府有计划的配置，档案信息资源可以达到促进档案事业内部结构协调发展、提升社会化服务水平、繁荣国家文化事业、促进社会进步和建设社会主义精神文明等社会效益。

　　资源配置理论从来都是围绕"市场配置"和"政府配置"两个核心来展开的，无论对经济资源的配置，例如土地资源、矿产资源、金融资源等，还是社会资源的配置，例如教育资源、就业资源、卫生资源等，都把市场配置及其改革放在研究的第一位。政府配置职能的介入常常伴随着诸如"凌驾于市场之上的政府干预经济活动和社会管理为市场失灵提供了温床"的表述，萨缪尔森的话则更具代表性，"在当今没有任何东西可以取代市场来组织一个复杂的、大型的经济。问题是，市场既没有心脏，也没有头脑，它从来不会思考，不顾忌什么。所以，我相信，混合经济就是要通过政府的政策来纠正某些市场带来的经济缺陷"。① 但与众多资源配置领域研究习惯不同的是，档案信息资源并不具备如此的"先天优势"——理

---

① 诺奖获得者十年前对中国经济的看法 . ［2011. 12. 23］http：∥www. pinggu. org/bbs/archive_view_29_55355. html. 2011. 12. 23；转引自查先进 . 信息资源配置与共享 ［M］. 武汉：武汉大学出版社，2008. 7：132.

论上西方经济学一直视市场为配置的基础手段，现实中市场经济也取得了巨大的成功，档案学蓬勃发展的历史中并不曾引入过市场的观念，档案事业几番改革浪潮也不曾沾市场配置的边。因此，档案信息资源的政府配置，于情——历史沿革与社会现实，于理——理论基础与法制环境，都占据着压倒性的优势，甚至是唯一的。其历史沿革实际上是国家档案事业管理体制从分散式向集中式发展过渡的历程，其社会现实是形成了"统一领导、分级管理"的原则事实，理论基础来自苏联和我国的体系化的全宗理论（来源原则）与公共物品理论，法制环境是以《档案法》为核心的档案法律、行政法规和行政规章体系。

　　关于档案信息资源的工具价值，覃兆刿教授在其多本著作里解释为"人类对凭证信息的合目的的控制"[1]，从根本上强调档案就是一种工具。本书在此基础上将档案信息资源的工具价值与政府配置联系起来，意在阐明"工具价值"的基础性地位和功能，而学界有关学者将此落实到位或贯彻执行的定位，其实就是强调其"备用价值"[2]或"储备价值"[3]。从"功能→工具→备用→储备"的演变中，不难发现，无疑是政府机构以行政配置的方式最能彰显和发挥如此演变的价值，发挥档案信息资源的"以备查考"之用，保障社会各项活动的正常运行，维护社会记忆的真实完整，进而维护国家历史面貌和社会秩序的稳定。[4]换言之，政府配置档案信息资源，就是为价值全面实现提供基础和条件。

5.1　理论基础与现实基础的统一

5.1.1　档案信息资源政府配置的理论基础

　　档案信息资源的政府配置实际上就是一个配置资源的子命题，作为其

---

①　覃兆刿. 企业档案的价值与管理规范［M］. 上海：世界图书出版公司，2014.4：3～6.
②　杨立人. 从备用品看档案的备用价值［J］. 档案学通讯，2012.6：29～32.
③　张文浩. 储备与利用——档案价值两面观［J］. 档案学研究，2012.6：13～15.
④　档案一直扮演着凭证工具、管理工具乃至资源配置工具的角色，以"工具"的视角来看待档案，是档案价值实现的重要基础。详见王运彬，王小云. 档案价值实现的基础、转型与跨越［J］. 档案学研究，2017.1：11～16.

理论基础，也必须从"配置"和"资源"两个方面来解释——加上"档案信息"和"政府"两个限定词之后组成一个命题。全宗理论及国家档案全宗概念体系较好地解释了政府配置档案信息资源的历史渊源，而外部性及其公共物品理论则阐释了档案信息资源由政府配置的现实必要性。

5.1.1.1　全宗理论、国家档案全宗概念体系与政府配置

"尊重全宗原则"（The principle of respect pourles fonds）是法国内政部于 1841 年以十四号通令的形式发布的《关于各部和各地区档案整理与分类的指示》中首次提出的，① 并以此奠定了以"全宗概念"和"尊重全宗"为核心的全宗理论的基础。此后经过德国②、荷兰③、英美④、苏联式"体系化的全宗理论"（以国家档案全宗统辖的全宗概念体系为基础构建的完整的全宗理论），以及中国⑤等国的实践部门和研究学者的继承和发展，最终确立了来源原则。⑥ 其核心观念有三个基本点：尊重来源、尊重全宗完整性与尊重全宗内的原始整理体系。该原则从 20 世纪初就被国家档案界公认为档案专业的基本原则之一，虽然经历了电子文件时代的实践冲击和理论质疑，⑦ 但以北美档案学界为代表的中外档案学者从新的视角对来源原则进行了重新认识并再次确定了来源原则的核心地位。

全宗理论或来源原则有着极强的生命力，其理论发展历程证实了"以不变应万变"的道理，即随着工作环境和实践方法的不断变化，理论内容也务必不断更新，方能保持理论自身的独立性和独特性。而全宗理论作为

---

① 这一原则强调三点：一是来源于一个特定机构的所有档案组成一个全宗；二是全宗内的文件按主题类别整理；三是主题类下的文件按年代、地区或字母排序；四是同一全宗的文件不得与其他全宗的文件混淆在一起。详见冯惠玲，张辑哲．档案学概论（第二版）[M]．北京：中国人民大学，2006.5：240～241.

② 典型是登记室原则：要求全宗内文件的原始顺序和整理标记必须一直保留。

③ 典型是《荷兰手册》：全宗是一个有机整体，全宗内部的档案整理系统必须以形成机关的原有编制为基础。

④ 典型是"组合"的思想：更多地考虑了机关独立性与职能稳定性以及调整和变动情况下的灵活运用。

⑤ 典型是对苏联全宗理论模式的集成和发展：全宗的概念体系，全宗类型的划分标准，全宗群的提出以及全宗内部分类方法等。

⑥ 全宗理论是来源原则的理论内核之一。

⑦ 一是质疑机读档案是否适用来源原则，二是质疑全宗内原始整理体系是否影响档案信息利用。

在苏联和我国发展运用的某一特殊形态，即为指导国家宏观层面而发展起来的国家档案全宗理论，却一直备受争议，尤其以 20 世纪 80 年代后期为分界线。1990 年之前，我国借鉴苏联构建的全宗体系，对国家档案全宗的概念、分类和层次等问题进行了研究，虽然在新中国成立初期我国《关于改"芬特"为"全宗"的通知》《关于加强国家档案工作的决定》等法规没有使用"国家档案全宗"的概念而是使用了"国家全部档案"，[①] 为以后的学术争论埋下了诱因，[②] 但是国内档案学界一直沿用"国家档案全宗"的概念，尤以吴宝康的观点为代表，"国家档案全宗指国家所有、由国家统一管理的全部档案财富的综合，是国家档案信息系统的最高层次"。[③] 1990 年以后，市场经济体制改革、多种经济成分的确立、档案所有权多元化的初现，为关于"国家档案全宗"理论的争论提供了实践的土壤。一是关于"国家档案全宗的层次结构论"的争论。陈永斌曾于 1993 年发文将国家档案全宗定义为"由国家法律所确认，并由国家统一管理的全部档案"，[④] 并与杨立人联合发文阐述了国家档案全宗的层次结构。[⑤] 而严永官[⑥]、翟素萍[⑦]等提出了反对意见，认为宏观视角下依据档案形成部门的等

---

① 易卓君. 国家档案全宗研究述评 [J]. 湖北档案，2010.8：10～11.

② 例如四川大学黄存勋教授认为，我国的《档案法》并没有使用"国家档案全宗"这一概念，明确规定了"档案工作实行统一领导、分级管理的原则"，硬说国家档案全宗确立了"我国档案工作的集中统一管理原则"，于法无据，于理不合。详见黄存勋. 国家档案全宗与档案行政改革问题初探——兼与王茂跃先生商榷 [J]. 北京档案，1999.3：16～18

③ 吴宝康，和宝荣，丁永奎. 档案学概论 [M]. 北京：中国人民大学出版社，1988.1：10～12.

④ 陈永斌. 全宗理论及其应用中若干问题的再认识 [J]. 北京档案，1993.2：16–20.

⑤ 该观点认为按照来源原则，从宏观角度，依据档案形成部门的等级、地域或系统而划分成的不同层级的档案全宗即为国家档案全宗的有序分层，它在现实中早已鲜明地展现在我们面前，只是在理论上没有被确认。详见陈永斌，杨立人. 关于国家档案全宗的层次结构 [J]. 北京档案，1999.11：12～13.

⑥ 严永官认为在全宗中间添加一个与行政隶属类似的上下从属的关系，实属不必要。详见严永官. 国家档案全宗之我见——兼与陈永斌、杨立人同志探讨 [J]. 北京档案，2000.5：16～18.

⑦ 翟素萍等认为"国家档案全宗"的等级划分是对"全宗"概念的异化，仅仅属于业务理论指导的领域，而与国家档案事业管理体制、档案工作基本原则等法治和行政管理不是一个范畴。详见翟素萍，黄新苏. 关于国家档案全宗探讨之我见 [J]. 中国档案，2006.5：21～23.

级、地域或系统自然会形成不同层级的档案全宗。但是级别相差的大小、实际规模的悬殊，都无法构成全宗的上下属关系，更无法与国家行政管理的层级相一致，因此也不能成为国家档案事业建设的理论基础，更不能决定档案事业宏观管理的一系列重要问题。二是关于"国家档案全宗理论的过时与否"的争论。在公有制形式多样化和多种经济成分共同发展的经济体制改革背景下，档案所有权也发生了变化。1987 年颁布的《档案法》以"国家所有、集体所有和个人所有的档案"的提法替换了"国家档案全宗"。黄存勋认为"国家档案全宗"如果承认部分档案归集体或个人所有的现实但又实际等同于国家全部档案，那纯属自相矛盾，如果只是包括国家所有档案，那么其后加上"全宗"二字没有任何意义。① 胡燕认为"国家档案全宗"是对"全宗"概念的引申，从所有权和管理权上把全国的档案视为一个整体，明显与档案所有权多元化的格局不相适应。② 而王茂跃旗帜鲜明地明确了"国家档案全宗"概念的语义，即国家所有的档案。他认为《档案法》从法律角度规定了哪些档案归国家所有，国家档案全宗则从理论角度阐明了档案为何由国家进行管理。③ 黄新苏认为"国家档案全宗"是对"国家所有、集体所有或个人所有档案"的概述，与"国家全部档案"内涵相同只是表述有异而已。④ 三是关于"国家档案全宗"概念虚实的争论。严永官认为"国家档案全宗"就是国家全部档案，如果严格按照全宗理论分析，"国家档案全宗"只是一个虚拟的概念，无法指称某个具体的特指的全宗，作为档案学理论研究和具体档案管理实践的指导思想尚可，但不能作为具体的应用理论或是统计单位。⑤ 翟素萍也认为档案形成者、档案形成过程和档案实体是全宗的三要素，档案馆是其管理主体，加上某个限制词，那么就形成了一个专指包含形成者等三要素的具体概

---

① 国家档案全宗与档案行政改革问题初探——兼与王茂跃先生商榷 [J]. 北京档案，1999.3：16～18.
② 胡燕. 关于全宗理论的再思考——兼与王茂跃先生等商榷 [J]. 北京档案，2000.8：18～20.
③ 王茂跃. 关于国家档案全宗概念的再思考 [J]. 浙江档案，2003.4：10～11.
④ 黄新苏，李晓玲，翟素萍，冯兢. 国家档案全宗概念探讨 [J]. 档案管理，2005.5：30～31.
⑤ 严永官. "国家档案全宗"之我见——兼与陈永斌、杨立人同志探讨 [J]. 北京档案，2000.5：16～18.

念，而"国家"不可能成为一个具体的立档单位，任何管理主体（档案馆）也无法集中整个国家的档案全宗，只能说这个概念是虚拟的。[①] 而陈静等将"国家档案全宗"理解为"归国家所有，由国家统一管理的全部档案财富的总和"，[②] 认为来源原则可以作为"把国家视作一个大的立档单位"的理论支持。郭东升[③]以"国家档案全宗为国家所有、由国家统一管理的全部档案"为广义解释基础，论证了"狭义国家档案全宗"[④] 概念存在的必要性，进而论证了建立国家档案全宗控制系统的可行性。四是关于"国家档案全宗"的发展和完善论。此类观点认同国家档案全宗的概念，但是对这一概念体系的发展方向和完善对策有不同的理解。丁华东分述了不同视角下的观点，他认为集体性质的或私人性质的档案从当前（微观上）看自然为集体或个人所有，但从历史（宏观上）看，却又属于国家所有，这是因为"档案的特有性质，我们不能单纯地从投资的角度判定其所有权，而应在更高层次上认识其国家所有权，每个法人或自然人都应当有义务保护和管理国的历史文化遗产"，[⑤] 因此国家档案全宗是一国范围内不同所有权档案的矛盾统一体，将国家档案全宗扩展为主权国档案全宗是一个可行之举。王茂跃、翟素萍等则从广义与狭义理解的实际意义、学界对该术语的理解和使用习惯等方面分析得出，"国家档案全宗"的提法是无须改变的，需要更新的只是概念体系的内涵和外延。上述观点的确存在诸多分歧，但是似乎默认了这样一个事实，即档案所有权多元化之前，所有的档案包括国家所有、集体所有或个人所有，均由政府包办配置。出现所有权多元化格局之后，政府只负责配置国家所有档案，而集体所有或个人所有档案仅仅被纳入了一个内涵更为丰富、外延更为广泛的概念——国家档案资源范畴。[⑥] 由于国家档案资源涵盖了针对非国家机构即社会而言的私人档案，虽然不是说所有的国有与非国有档案资源都要被收集到国家

---

① 翟素萍，黄新苏. 关于国家档案全宗探讨之我见［J］. 中国档案，2006.5：21～23.

② 陈静，何致武. 关于我国全宗理论的一些思考［J］. 档案学通讯，2005.1：17～19.

③ 郭东升. 国家档案全宗控制系统论［J］. 山西档案，2004.5：19－21.

④ 是指藏在各级各类国家档案馆里的档案资料的总和。

⑤ 丁华东. 建立适应社会主义市场经济的国家档案全宗理论［J］. 档案学通讯，1999.2：4～7.

⑥ 是指一切公民、法人和其他组织形成的，对国家和社会有保存价值的档案的集成。详见潘玉民. 论国家档案资源的内涵及其构成［J］. 北京档案，2011.1：17～20.

设立的档案机构中来进行保管，但至少也要执行"为完成相应目标而从事的对人与物质资源的协调活动"的间接管理工作。[①] 本书的研究对象限于档案信息资源，因此不再对"国家档案资源"进行赘述。

5.1.1.2 外部性、公共物品理论与政府配置

"外部性理论"的英文原型是剑桥学派奠基者阿尔弗雷德·马歇尔于1890年所著《经济学原理》中第一次介绍的"外部经济"。尔后，他的学生、公共财政学奠基人庇古于20世纪20年代所著的《福利经济学》以社会资源优化配置为目标，以内部经济和外部经济为概念基础，应用边际分析方法，最终确立了外部性理论。其核心观点是，在经济活动中，某一厂商给其他厂商或整个经济造成"无须支付代价"的损失，即外部不经济，此时市场已无法解决这种损害，而必须借助于政府的适时干预。[②] 经济学家斯蒂格利茨于1996年在其名著《经济学》中将外部性"区分为正外部性和负外部性两类。当个人或厂商的一种行为直接影响到他人，却无须给予支付或得到补偿时，就出现了外部性"。[③] 如果某种商品的生产涉及正外部性，即经济活动中的收益向经济活动体系之外的企业和经济溢出，私人收益小于社会收益，市场必然影响厂商大幅降低产量并大幅提高价格，为此，政府应该给予企业补贴以扩大供给；反之，涉及负外部性时，经济活动中的成本会向经济活动体系之外的企业和经济溢出，私人成本小于社会成本，市场必然影响厂商降低价格并提高产量，为此，政府应该向企业征税以减少供给。

外部性情形的出现，无论是负的还是正的，在正常的市场自由竞争条件下，如果经济决策者不对其进行干预，都会使资源配置偏离帕累托最优

---

① 弗里蒙特·E. 卡斯特，詹姆斯·E. 罗林韦茨克. 组织与管理 [M]. 北京：中国社会科学出版社，1985.4：8；转引自付华. 国家档案资源建设研究 [D]. 中国人民大学博士学位论文，2005.4：15～16.
② 程翼. 政府资源配置职能的理论综述 [J]. 经济研究参考，2005.68.
③ 〔美〕斯蒂格利茨著，吴敬琏校，梁小民、黄险峰译. 经济学（第2版）上册 [M]. 北京：中国人民大学出版社，1996.5：138；转引自程翼. 政府资源配置职能的理论综述 [J]. 经济研究参考，2005.68：23～31.

状态。① 而不管这种资源是何种类型，传统文献型资源配置②、政府信息资源配置③、公共信息资源配置④、数字信息资源配置⑤的研究人员都认为对帕累托最优状态的偏离会导致资源共享要么过度要么不充分，即资源配置的低效率或无效率。纯粹公共产品及其服务往往容易出现偏离帕累托最优状态的极端情况，因为任何人对公共信息产品进行消费，都不会导致他人对该产品及服务消费的减少。因为边际消费的边际成本为零，且排除任何人享用该公共产品及其服务时收取成本在技术上不可行或成本高昂，故政府此时必须利用人民委托的权力向社会公众提供类似的公共产品和服务。国防、公共安全和公共基础设施是如此，公共服务机构包括公共图书馆、国家博物馆、公共档案馆等亦是如此。例如档案资源的收藏主体——国家档案馆被定位为"档案资源安全保管基地、爱国主义教育基地、档案利用中心、政府信息查阅中心和电子文件中心"，⑥ 它所收藏的档案信息资源绝大多数属于该类型，政府理所当然地应该在资源配置中发挥作用。但是档案信息资源不全是类似的纯粹公共产品，甚至是介于公共产品和竞争产品之间的准公共产品和混合公共产品，⑦ 这部分的产品或服务的供给，通常也可以由政府直接承担或间接投资供应，但也不排除政府投资与私人投资

---

① 资源配置效率常常被经济学家用帕累托最优（Pareto Optimum）来衡量，是指对资源配置达到了这样一种状态，即为了使一部分人福利水平变好，不得不损坏另外一些人的福利水平。换言之，给定资源配置条件下，如果没有替代的资源配置方案使得一部分人比在原有配置下得到更多的福利，而又不减少其他人的福利，则原有的资源配置即为帕累托有效配置，该状态被称为帕累托最优状态，详见孙瑞英. 信息资源配置质量研究［D］. 吉林大学博士学位论文，2007.10：66.

② 查先进. 信息资源配置与共享［M］. 武汉：武汉大学出版社，2008.7：29 - 48.

③ 详见孙振嘉，张向先. 政府信息资源配置评价方法及实证研究［J］. 情报科学，2010.10：1536~1540.

④ 详见夏义堃. 公共信息资源的多元化管理体制研究［D］. 武汉大学博士学位论文，2005.5：44~62.

⑤ 详见李宝强，孙建军. 试论数字信息资源配置模式［J］. 情报资料工作，2007.2：44~48.

⑥ 潘玉民. 论国家档案资源的内涵及其构成［J］. 北京档案，2011.1：17~20.

⑦ 胡振荣认为，档案的原始记录属性是学界的共识，但并不影响运用公共产品和产业发展理论对档案的属性从另一个视角进行认识，并将其细分为公共产品、准公共产品或混合公共产品、市场产品。详见胡振荣. 档案产业发展的必然性和必要性研究［J］. 档案时空，2008.6：8~12；胡振荣. 我国档案产业发展的条件分析及对策［J］. 档案时空，2008.8：4~7.

共同完成，甚至私人投资独立供应。吴伟在《西方公共物品理论的最新研究进展》一文中援引 Josef Falking 针对"政府投资承担公共物品供应存在加重政府财政负担的缺陷"提出的一种激励机制，即不是补贴公共产品的贡献水平，而是奖励公共物品贡献值对其平均值的偏离。[①] 关于"政府并不是唯一的提供者"[②] 理念背景下的档案信息资源的市场配置或"商业型供给"或"私人供给"的分析将在第 6 章详细阐述，关于"第三部门的兴起和发展是一种雄厚的社会资本，社会资本也是生产力，社会资源的壮大有助于解决社会运行中的难题"[③] 理念背景下的第三方或第三部门在回应社会问题、供应公共物品、进行公共事务管理中的独特优势，[④] 及以此为基础论述的档案信息资源的第三方配置将在第 7 章详细阐述。

5.1.2 档案信息资源政府配置的现实基础

5.1.2.1 政府配置档案信息资源的法规制度条件

如今的档案信息资源的政府配置有着完善的档案法规体系基础，但是我国档案法规体系的建设经历过艰难的发展过程，共历时三个阶段——初创和全面建设阶段、遭受挫折和破坏阶段以及恢复和全面发展阶段，对于档案信息资源的政府配置的法律支持同样经历了三个阶段，才取得了今天令人瞩目的成就。

第一阶段，从 1949 年新中国成立初期到 1966 年"文化大革命"之前，社会主义档案法制建设处于初创阶段。1951 年 4 月中共中央办公厅制定了《保守国家机密暂行条例》和《公文处理暂行办法》，同年政务院秘

---

① 具体思路是：如果一个人的贡献值高于平均值，他就能获得奖励——政府津贴；如果一个人的贡献值低于平均值，他将受到惩罚——交税。通过选择一种恰当的奖励方法，使个人受激励与贡献的平均水平保持一致，最后公共物品私人提供的有效均衡大致可以实现，并且财政负担很小或为零；详见吴伟. 西方公共物品理论的最新研究进展 [J]. 财贸经济，2004.4：88－90；转引自 Josef Falking. Efficent Private Provision of Public Goods by Rewarding Deviation from Average. *Journal of Public Econonmics*，62，1996，pp. 413－422.

② 世界银行. 变革世界中的政府——1997 年世界发展报告 [M]. 北京：中国财政经济出版社，1997.4：12～15.

③ 张尚仁，王玉明. 公共事务管理主体的多元化 [C] //全国公共管理理论与教学研讨会论文，2001.12：17～19.

④ 王玉明将这种优势归纳为创新优势，贴近基础优势、灵活优势和效率优势，详见王玉明. 第三部门及其社会管理功能 [J]. 中国福建省委党校学报，2001.7：36～40.

书厅发布了《关于加强文书处理工作和档案工作的决定》。1956 年国务院公布了《关于加强国家档案工作的决定》，该决定对我国后来档案事业确立的档案工作"集中统一管理"的原则、性质、任务和体制等有着深远的影响，并促使中共中央于 1959 年发布了《关于统一管理党政档案工作的通知》。① 从此，国家档案局成为统一掌管全国档案和政府系统档案工作的最高档案行政管理部门，地方各省、市、县的档案管理机关依次做相应调整，意味着"集中统一管理"的档案管理体制真正形成。但是，完整意义上的由政府配置所有档案信息资源，而不仅局限于党政档案信息资源，要从 1960 年国务院正式批准试行国家档案局报批的《技术档案室工作暂行通则》开始。同年 3 月，国家档案局发布《县档案馆工作暂行通则》和《省档案馆工作通则》。1961 年发布《机关档案室工作通则》，另外根据当时行业分工主体要素的差异，制定发布了对革命历史、旧政权档案以及对工业企业技术档案、城市建设档案管理的规定。例如，1964 年中国科学院历史研究所南京史料整理处更名为"中国第二历史档案馆"，改属国家档案局领导，成为专门收藏民国时期档案的国家级档案馆。同年中共中央、国务院转批国家档案局《关于进一步加强技术档案工作的报告》。② 至此，政府配置档案信息资源的法规体系已初具规模。

　　第二阶段，从 1966 年到 1976 年，即"文化大革命"十年，全国的档案工作包括档案的主管单位、保藏部门、教育研究单位等都陷入瘫痪混乱之中，刚刚建立起来的档案行政管理体制和法规体系遭到不同程度的破坏。

---

① 该《通知》指出：党的档案和政府、军队、群众团体以及各企业、事业单位的档案都有不可分割的联系，而且各机关的档案都必须以党的方针政策为纲才好整理。因此，把党的档案工作和政府的档案工作统一起来是完全必要的。在档案工作统一管理之后，各级档案管理机构既是党的机构，也是政府的机构；为加强党对档案工作的领导，规定各级档案管理机构在中央由中央办公厅主任直接领导，在地方由各级党委秘书长直接领导。详见国家档案局办公室．档案工作文件汇编（第一集）［M］．北京：中国档案出版社，1986：3.

② 该《报告》内容主要是确立了按专业统一管理科技档案工作的体制，指出：各工业、交通和科学技术主管机关应当切实加强对科学技术档案工作的领导，由于技术档案的重要特点是专业性强、数量大，与生产、建设和科学技术研究工作的关系很密切，因此必须实行按专业统一管理的办法。详见罗军．我国档案管理体制改革研究［D］．中国人民大学博士学位论文，2008.6：26～27.

第三阶段，从 1976 年底至今，原有的档案法规体系和行政管理制度又重新被肯定或修订。1980 年《中共中央、国务院批转国家档案局关于全国档案工作会议的报告》①、《科学技术档案工作条例》②；1983 年《机关档案工作条例》③ 重新肯定、加强和完善了"条块结合、以条为主"的集中统一的档案管理体制。需要注意的是，从新中国成立到 20 世纪 80 年代初，档案学、档案行政管理制度的相关术语中并没有"企业档案"的概念，所谓的"企业档案"在这一时期大体上都被统称为"科技档案"。因而，《科学技术档案工作条例》《机关档案工作条例》以及它们的前身（1960 年的《技术档案室工作暂行通则》、1961 年的《机关档案室工作通则》）在称谓上针对的是科学技术档案和机关档案，实际上与今天所说的企业档案并无两样。而且，该时期经济体制依旧以公有制为绝对主体，企业均是以全民所有制或集体所有制形式存在的，这些企业全部处于各级各类专业主管机关的领导、管理、统辖之下。因此，各类型的专业档案馆实际上统管了全国"企业档案"的全部。④ 随后经历了两次全国档案管理体制改革，并于 1988 年 1 月 1 日起正式实施《档案法》，用法律的形式确立了"统一领导、分级管理"的档案管理体制。

但是，市场经济体制改革和国企转体转制速度的加快，也促使了企业档案管理体制的改变，而关于档案信息资源中的企业部分如何由政府配置，出现了几个较为棘手的问题。一是专业档案馆的建立步履维艰，无法

---

① 该《报告》依旧明确了我国档案管理体制和原则：在管理体制上，各级档案机构既是党的机构又是政府机构。

② 该《条例》规定了科技档案工作必须按专业实行统一管理，国务院所属的各专业主管机关和省、自治区、直辖市人民政府所属的各专业主管机关，应当建立相应的档案机构，加强对所属企业、事业单位科技档案工作的领导。详见裴桐. 当代中国的档案事业 [M]. 北京：中国社会科学出版社，1988：568.

③ 该《条例》指出，中央和地方专业主管机关的档案部门，应根据本专业的管理体制，负责对本系统和直属单位的档案工作进行指导、监督和检查。

④ 需要说明的是，专业档案馆不可能穷尽所有的企业档案，而且鉴于有些专业档案馆还未建立起来的事实，1983 年出台的《档案馆工作通则》规定档案馆接受范围这样要求：档案馆要接受本级机关、团体及其所属单位具有永久保存价值的档案。付华指出当时的企业都处于专业主管机关的管理之下，几乎所有的企业都可以归入某一政府机关的所属部门中去，因而其档案可以被纳入各级档案馆的收集范围中。也就是说综合档案馆和专业档案馆合作完成了该项任务。详见付华. 国家档案资源建设研究 [D]. 中国人民大学博士学位论文，2005：68~69.

实现由各专业主管机关对所属企业的档案进行管理的目标。二是推向市场的企业不同程度地实现了"政企分开"，不再是政府各专业主管机关的附属单位，各级各类档案馆无法依据《档案馆工作通则》规定对这些企业的档案进行接收。三是由于企业兼并、横向经济的联营、技术的转让等，出现了档案转移及其导致的法律之间的不协调问题。例如，档案法律法规严格限制档案转移，不仅限制档案原件，还包括档案复制件，同时附带技术产权、实物产权转让的信息载体，其中不少为技术档案的复制件，如产品图纸、工艺流程和化学配方等。[①] 但是包括《中华人民共和国合同法》在内的一些法律法规和政策在规范企业各类资产转让的内涵和操作时，赋予了公平、公开的资产转让及其相随的技术档案资料转移的合法性，并给予了法律保护。[②] 上述问题集中反映了企业档案的归属和流向在国家政策、法律层面至少有些模糊，传统的政府配置档案信息资源在原有的档案法规制度条件下，已经到了需要改变的时候。

5.1.2.2　政府配置档案信息资源的组织机构条件

以《档案法》为核心，由档案工作的法律、行政法规、地方性法规和规章所构成的相互联系、相互协调的我国档案法规体系，不仅为政府配置档案信息资源奠定了法规制度条件，而且为政府配置档案信息资源提供了组织保证。其中以《档案法》第二章"档案机构及其职责"为典型，其规定了国家档案行政部门、单位内部档案机构和档案工作人员以及国家档案馆的基本职责，以法律形式确定档案行政管理机构、档案保管机构、档案科研机构等为政府配置的主体机构。鉴于档案行政机构的特殊地位，[③] 其不仅在档案局馆合一模式下兼具了档案馆的性质和任务，从而成为负责配置资源的主要组织机构之一，而且在国家档案事业中，负责拟定档案工作的法

---

① 方开玉，张列. 对企业转制带来的档案法律问题的思考 [J]. 档案学通讯，2000.5：54 ~ 56.

② 例如《合同法》第三百二十四条就规定，"与履行合同有关的技术背景资料、可行性论证和技术评价报告、项目任务书和计划书、技术标准、技术规范、原始数据和工艺文件，以及其他技术文档，按照当事人的约定可以作为合同的组成部分"，方开玉等认为技术档案转移完全属于产权制度规范下伴随实物或非实物资产权属变化的一种适应性行为。详见方开玉，张列. 对企业转制带来的档案法律问题的思考 [J]. 档案学通讯，2000.5：54 ~ 56.

③ 档案行政机构，是党和国家指导和管理档案工作的部门，在统一管理党政档案工作的原则下，分层负责掌管全国档案事务，并对全国档案工作进行监督、检查与指导。

规、规章、办法，是档案法规体系制定的重要来源，从而成为负责配置资源的重要法规制度的制定者，在诸多组织结构条件中也扮演着决策者的角色。

以专业（专门或部门）档案馆作为档案组织机构系统的"条"的产物，① 始于1957年9月国务院批准的《关于改进档案、资料工作方案》（以下简称《方案》）中提出的"目前除档案馆已另有计划外，可以由国家技术委员会、国家建设委员会、地质部、农业部和国家统计局分别对工业交通、基本建设、地质、农业和经济等方面着手建立统一的资料管理工作"。② 在《方案》之前，已形成了集中管理全国地质档案资料的地质资料馆；《方案》颁布之后，于1958年成立了中国电影资料馆和测绘资料馆；20世纪60~80年代，相继又成立了外交部档案馆、铁道部档案馆、气象档案馆、交通部档案馆、邮电部档案馆、中国人民解放军档案馆、中国照片档案馆等。以综合档案馆为档案组织机构系统的"块"的产物，③ 始于1956年国务院颁布的《国务院关于加强国家档案工作的决定》，其提出"国家档案局应该全面规划，逐步在首都和各省市区建立中央的和地方的国家档案馆"。④ 经过多年的建设和调整，最终形成了历史档案馆和综合档案馆两大类，前者包括中国第一历史档案馆⑤和中国第二历史档案馆⑥，后者设置在各省市地方，隶属各级党委、政府。这种"条""块"结合所形成的全国档案馆网系统，实现了以"条"对专业主管机关下属的各企业、事业单位等档案信息资源的配置工作和以"块"对党政系统下属的各级党

---

① 条，是指有关专业工作系统，按条管理就是按专业工作系统的隶属关系，由专业主管机关对所属本系统内各单位的档案工作实施管理，并设置工业、农业、交通、基建等各个行业的专业档案馆。"条"与"块"是一种档案管理体制，专业和综合档案馆是这种体制下的典型实施者，故称为"条"的产物与"块"的产物，下同。

② 国家档案局办公室. 档案工作文件汇集（第一集）[C]. 北京：中国档案出版社，1986：74；转引自付华. 国家档案资源建设研究 [D]. 中国人民大学博士学位论文，2005.6：53.

③ 块，是指各级行政区域，按块管理就是按各级行政区域划分的界限，对本行政区域范围内的档案工作进行统辖管理，并设置各个层级的国家档案馆、省级档案馆、县市级档案馆等。

④ 国家档案局办公室. 档案工作文件汇集（第一集）[C]. 北京：中国档案出版社，1986：18；转引自付华. 国家档案资源建设研究 [D]. 中国人民大学博士学位论文，2005：52~53.

⑤ 中国第一历史档案馆，主要收藏明、清时期中央机构的档案。

⑥ 中国第二历史档案馆，主要收藏民国时期各个政权中央机构的档案。

委、政府机关等档案信息资源的配置工作，从而奠定了政府配置档案信息资源的组织机构基础，在诸多组织机构中扮演着实施者的角色。

另外，政府配置档案信息资源的组织机构，除了上述两类之外，还有一类分布在基层机构，即数量庞大的企事业单位档案机构。它们主要设置在单位内部，保管本单位形成的档案，并主要为本单位服务。鉴于本书研究对象——档案信息资源的性质，故这里所说的单位限定为企业，除非专门提及单位所有权性质，单位档案馆均指企业的档案馆。内部档案机构虽然有企业、事业单位档案馆与各机关（包括各类型社会团体、学校、工厂等）档案室等称谓上以及收藏规模上的区别，但都是全国档案馆网络体系中的一员，都需要"根据有关规定定期或不定期地向档案馆移交具有国家和地方重要保存价值的档案"[①] 以及"从国家和社会的整体利益出发，为了使档案成为社会共享的财富并获得良好的保管，向国家档案馆移交档案"。[②] 其也成为各综合档案馆和专业档案馆的重要馆藏来源，在政府配置档案信息资源的组织机构中扮演着补给员的角色。当然还有一个无法回避的事实，国有企业虽然是国家经济成分的主体和基础，但是非公经济的数量、比例和种类已然发生巨大变化。这些企业形成的档案数量急剧增加，已经成为我国全部档案不可忽视的重要组成部分。虽然出于历史的宏观的视角，它们形成的具有国家或社会意义的具有永久保存价值的档案理应移交给国家档案馆，[③] 但是依然由政府配置这部分档案信息资源的合理性与合法性已经变得模糊。适应建立现代企业制度要求的政企分开、产权明晰的趋势，商业化的、社会化的新型档案机构，例如文件中心、档案寄存中心、档案事务所、现行文件资料中心等在最近几年不断涌现。也许，市场的、第三方的配置方式将会很快登上档案信息资源的历史舞台。

---

① 冯惠玲，张辑哲. 档案学概论（第二版）[M]. 北京：中国人民大学出版社，2006.86 ~ 87.

② 冯惠玲，张辑哲. 档案学概论（第二版）[M]. 北京：中国人民大学出版社，2006.88 ~ 91.

③ 丁华东教授曾经指出，企业的档案不同于企业的资产，它是人们在处理事务过程中遗留下来的"副产品"，即使某些档案记载着和反映着资产的内容，但一方面资产是可以独立于档案而存在的，另一方面资产是逐步消耗的，因而档案反映的资产必然在一定的期间消失掉，从而转化为纯粹的"原始历史记录"。详见丁华东. 建立适应社会注意市场经济的国家档案全宗理论 [J]. 档案学通讯，1999.2：4 ~ 7.

5.1.2.3 政府配置档案信息资源的资源对象条件

理论上讲，在宏观的、历史的视野下，档案信息资源包括国家政府机关、企事业单位形成的档案，但私人组织和个人产生的档案，甚至"有些档案（如寺庙档案、作家档案）虽无国家明文规定，在实际上已置于国家的管理之下"，[①] 这些档案都可以被纳入政府配置的资源的范围。但是有两种较为特殊的情况，一是尚未被纳入政府配置框架下的私营企业、个人等的档案无法作为政府配置的资源对象；二是基于权属的考虑，有些档案即便已经为政府相关档案机构所保存（或代管、或寄存等），也只能被视为有限制条件的资源对象。故综合考量，在统计政府配置的资源对象条件时，技术性地忽略前者而包含后者，是现实可行的。所以本书仅从现实的视角分析资源对象的数量和质量条件。

在统计相关资源对象的总量方面，本书得益于一些学者根据全国档案事业基本情况统计年报得出的研究结论，但是由于统计视角和研究目的的不同，即便相同年度的数据也难免形成差别细微的结论。中山大学陈永生教授源于"档案可供利用情况"摸底的目的，调研出"2003 年全国档案馆馆藏纸质档案达 1.99533597 亿卷又 0.28059422 亿件[②]，录音、录像、影片档案 76.5633 万盘，照片档案 1567.9805 万张，底图 7775.1470 万张，磁带 9.8623 万盘，磁盘 11.5551 万张，光盘 9.3315 万张，缩微平片、开窗卡片 653.1816 万张，卷式片 525.6539 万米；各种计量单位的档案合计为 3.33885771 亿"。[③] 国家档案局付华博士源于"我国国家档案资源的增长规律"的预测，认为"如果物质条件具备，并且目前的国家档案资源建设策略不变，档案馆中的国家档案资源经过了 5 次翻番之后，下一次翻番将会在 10～15 年的时间内发生，那时档案馆中保存的国家档案资源的数量

---

① 陈兆祦. 档案管理学 ［M］. 北京：中国人民大学出版社，1980.8：7.

② 笔者注：2011 年《中国档案年鉴》统计数据表明，全国 2011 年度各省、自治区、直辖市各级国家综合档案馆馆藏档案已经更新为：案卷 240111700 卷，以件为保管单位档案 95901221 件，录音磁带录像磁带影片档案 749119 盘，照片档案 19078416 张，电子档案中磁带 192823 盘、磁盘 5345856 张、光盘 323882 张，缩微胶片中平片 3201411 张、开窗卡 238392 张、卷片 197315885 幅。详见国家档案局，中央档案馆. 中国档案年鉴（2012）［M］. 中国文史出版社，2015：380～384.

③ 陈永生. 档案合理利用研究——从档案部门的角度 ［D］. 中国人民大学博士学位论文，2006：48.

将会达到 4 亿卷左右"。① 北京市档案局姜之茂源于"中外档案馆藏比较研究"的视角，感叹"瑞士首都伯尔尼是一个人口仅 30 万人的小城市，档案馆拥有档案的长度达 17 公里，法国巴黎市档案馆的长度则为 70 公里，北京是世界文明的大都市，建城历史十分悠久，市档案馆的馆藏量也位居全国省级档案馆第四，可长度仅为 10 公里"。② 仅就国家综合档案馆的档案信息资源数量而言，目前来讲是相当惊人的，而且具有稳步增长的趋势，更为重要的是与国外发达国家比较，这种增长的空间还很巨大。

与资源对象总量增长迅速相比，档案信息资源的质量状况更能说明政府配置的资源对象条件的优劣。由于对质量高低的评价需要系统的指标作为参考，鉴于质量评价的复杂性，本书只是列举质量状况的两个相对表现形式。一是档案信息资源构成的比较，以历史档案和现代档案、馆藏档案和室藏档案为参考；二是档案信息资源分布的比较，以不同地区的分布、不同类型档案机构的分布为参考。

历史档案由革命历史档案（又称革命政权档案，是指 1949 年 10 月 1 日中华人民共和国成立之前，由中国共产党及其所领导的军队、政权、企事业单位、社团等社会组织及个人所形成的归国家所有的档案）和旧政权档案（是指 1949 年 10 月 1 日中华人民共和国成立之前，除了革命历史档案之外的所有档案）两部分组成。截至 2003 年,③ 全国各级各类档案馆收藏历史档案 0.21056738 亿卷又 0.11628872 亿件，具体情况如表 5 - 1 所示。

表 5 - 1　全国馆藏历史档案构成情况④

历史分期	明清之前	明清档案（卷）	明清档案（件）	民国档案（卷）	民国档案（件）	革命历史档案（卷）	革命历史档案（件）
合计	714	2281226	10292946	17888552	827411	886960	507801
比例	—⑤	38%		57%		5%	

① 付华. 国家档案资源建设研究 [D]. 中国人民大学博士学位论文, 2005: 34.
② 姜之茂. 档案馆理论与实践新探 [M]. 北京: 中国档案出版社, 2000.108.
③ 笔者注: 笔者查阅《中国档案年鉴》(2012) 的相关表格，并未查到全国馆藏历史档案构成情况表，考虑到历史档案增长主要依赖于新的考古发掘与民间征集等有限的手段，所以相比较现行档案而言，其数量的增长微乎其微，因而仍然采用 2003 年中国档案年鉴的统计数据。
④ 资料来源: "2003 年度全国档案事业基本情况统计年报"。
⑤ 明清之前的档案数量太小，所占比例微乎其微，故以"—"表示。

现代档案是指现行国家、政党形成的档案，主要保存于各级各类的国家档案馆和机关内部档案室之中。其中馆藏新中国成立前档案约 1.78 亿卷，新中国成立后档案约 0.164 亿件，资料约 0.376 亿册；室藏档案由于分散于中央机关档案室、省直机关档案室、企事业单位档案室等众多的档案室，对其收藏数量的统计也一直都是一个相对薄弱的环节，[①] 只能做不完全统计。全国各类型档案室共收藏纸质档案约 1.7 卷（件），具体情况如表 5 - 2 及表 5 - 3 所示。

表 5 - 2　全国档案室室藏档案情况[②]

类别	档案（卷）	档案（件）	音像类（盘）	照片类（张）	缩微类（张）	电子类（盘）
合计	138210039	37965526	1299531	16013244	7093030	1414634
比例	67%	19%	1%	8%	4%	1%

表 5 - 3　全国各省、自治区、直辖市直属机关档案工作基本情况[③]

类别	档案（卷）	档案（件）	音像类（盘）	照片（张）	底图（张）	电子档案		
						磁带（盘）	磁盘（盘）	光盘（张）
合计	50544523	39052594	346463	26422186	2225475	43018	22786	181544
比例	42%	32%	0.3%	22.2%	1.8%	0.2%		

关于不同地区的分布情况，由于对区域划分的不同，统计单位也会存在细微的差别，根据传统的东部、中部、西部划分理论，东部地区所占档案比重约 41.6%，中部地区约占 31%，西部地区约占 27.4%，付华博士结合三个地区 GDP、人口、档案的数量关系，制作了"各地区、人口及档案在全国所占比重"表，如表 5 - 4 所示。

---

① 2003 年以后《中国档案年鉴》的相关统计数据并未提供档案室室藏档案的相关统计数据，所以本章相关内容仍然采纳 2003 年统计数据。
② 资料来源："2003 年度全国档案事业基本情况统计年报"。
③ 详见国家档案局，中央档案馆. 中国档案年鉴（2012）［M］. 北京：中国文史出版社，2015：394.

表 5 - 4　各地区人口及档案在全国所占比重①

区域 比例	GDP 比重	人口比重	档案数量	档案比重
东部	65.5%	42.4%	0.57 亿卷	41.6%
中部	29.8%	34.7%	0.43 亿卷	31.0%
西部	15.0%	22.6%	0.38 亿卷	27.4%

陈永生教授根据国务院发展研究中心 2003 年完整的"中国区域社会经济发展特征分析报告"的划分方法，对东中西进行了细分，并制作了"2003 年各经济区域综合档案馆馆藏档案实体数量分析"表，如表 5 - 5 所示。

表 5 - 5　2003 年各经济区域综合档案馆馆藏档案实体数量分析②

区域	馆藏档案		人均档案		GDP		人均 GDP 数量（万 元/人）
	数量 （卷）	比例	数量（卷/ 万人）	比例	数量 （亿元）	比例	
东北（黑吉辽）	16010447	12%	1492	16%	12955.16	9.83%	1.21
华北（京津冀鲁）	18756968	14%	1021	11%	25645.25	19.44%	1.37
东部（苏浙沪）	19636352	14%	1423	16%	28106.64	21.30%	2.04
华南（闽粤琼）	9196868	7%	584	6%	15928.97	12.07%	1.01
黄河中游（陕晋豫蒙）	19290316	14%	1012	11%	14054.17	10.65%	0.74
长江中游（鄂湘赣皖）	19006016	14%	814	9%	16843.28	12.76%	0.72
西南（滇黔川渝桂）	25854107	18%	1036	11%	14263.41	10.81%	0.57
西北（甘青宁藏新）	10242677	7%	1729	20%	4142.26	3.14%	0.70
合计	137993751				131939.14		

至于不同类型档案机构，截至 2003 年底，全国共有国家综合档案馆

---

① 付华. 国家档案资源建设研究 [D]. 中国人民大学博士学位论文，2005：43.

② 资料详见陈永生. 档案合理利用研究——从档案部门的角度 [D]. 中国人民大学博士学位论文，2006：169 - 171.

3121 个,[①] 国家专门档案馆 260 个,部门档案馆 141 个,省级及以上机关档案室 2901 个,企业档案馆 300 个、档案室 13789 个,文化事业单位档案馆 75 个、档案室 417 个,科研机构档案馆 85 个、档案室 700 个,其详细情况见表 5 - 6。2014 ~ 2016 年国家综合档案馆基本情况见表 5 - 7。

表 5 - 6　全国馆藏现行机构档案构成情况

数量 类别	新中国成立后 档案（卷）		新中国成立后 档案（件）		历史档案（卷）		历史档案（件）	
	数量	比例	数量	比例	数量	比例	数量	比例
国家综合档案馆	120588207	68%	7354643	45%	20203896	96.2%	11491456	98.8%
国家专门档案馆	11514842	6%	118551	1%	141921	0.6%	4557	0.04%
部门档案馆	11176709	6%	3733443	23%	401300	2.0%	49710	0.40%
企业档案馆	26272188	14%	3792994	23%	168219	0.7%	1734	0.01%
文化事业单位档案馆	4527568	3%	814892	5%	106393	0.4%	82050	0.70%
科研机构单位档案馆	4577345	3%	616027	3%	35009	0.1%	381	—
合计	178656859		16430550		21056738		11629888	

表 5 - 7　国家综合档案馆基本情况[②]

年份	馆藏档案 （万卷、万件）	照片档案 （万张）	开放档案 （万卷、万件）	利用档案 （万卷、万件次）	档案馆建筑面积 （万平方米）
2014	53470.3	2041.8	9179.7	1688.8	736.0
2015	58641.7	2102.4	9266.3	1978.3	785.5
2016	65062.5	2228.2	9707.9	2033.7	859.8

① 笔者注：截至 2017 年度，全国共有各级档案行政管理部门 3112 个。其中，中央级 1 个，省（区、市）级 31 个，地（市、州、盟）级 422 个，县（区、旗、市）级 2658 个。全国共有各级各类档案馆 4210 个。其中，国家综合档案馆 3333 个，国家专门档案馆 234 个，部门档案馆 202 个，企业集团和大型企业档案馆 167 个，省、部属事业单位档案馆 274 个。详见国家档案局.2017 年度全国档案行政管理部门和档案馆基本情况摘要（一）[EB/OL]. http://www.saac.gov.cn/daj/zhdt/201809/bc8ebfd256b54f3abc4c076eea65b9b3.shtml.

② 数据来源：中国统计年鉴（2017）[EB/OL]. http://www.stats.gov.cn/tjsj/ndsj/2017/indexch.htm.

5.2　档案信息资源政府配置的动力

5.2.1　源于服务于党的全面领导

2018 年 1 月，中央政治局委员、中央书记处书记、中央办公厅主任丁薛祥在中央档案馆国家档案局调研时指出，要把牢政治方向，牢记"档案工作姓党"，始终把政治建设放在首位。这一重要指示是对习近平新时期中国特色社会主义思想和党的十九大精神在档案工作领域的具体化，是对"为党管档"思想的提升，是对档案工作政治属性最精辟的概括，必然成为新时代档案工作的重要遵循。

档案部门承担着为党管档、为国守史、为民服务的职责，有着鲜明的政治属性，广大档案工作者必须牢固树立和自觉践行"四个意识"，坚定"四个自信"，把讲政治摆在更加突出的位置。政治上要忠诚于党的核心。党的权威需要党的各个组织和全体党员来维护，并具体体现到全部工作中去。坚决维护习近平总书记的核心地位，在思想上高度信赖核心，在政治上坚决维护核心，在组织上自觉服从核心，在感情上深刻认同核心，在行动上紧紧追随核心，真正在政治立场、政治方向、政治原则、政治道路上同以习近平同志为核心的党中央保持高度一致，坚决维护党中央权威。工作中要体现党的意志。要不折不扣贯彻落实党中央各项决策部署，贯彻新发展理念，服务深化改革，如实记录党的各项事业发展。特别是在档案的开放、开发、利用、宣传等工作中，要符合党的路线方针政策，要维护党和国家的利益，要有利于巩固党的执政基础和执政地位，坚持在党爱党、在党言党、在党忧党、在党为党。斗争中要坚守党的立场，要深入挖掘档案史料，将蕴含在档案中的中华优秀传统文化、革命历史和唯物史观等发扬光大，以战斗的姿态、战士的担当，用史实发声，旗帜鲜明地反对和抵制各种错误思潮和观点，坚决维护党和国家利益。

作为档案人，一定要有超强的政治敏锐性和政治鉴别力，严守政治立场和政治规矩，不允许借用档案宣扬历史虚无主义，否定中国共产党的历史作用；不允许利用国民党时期的部分档案夸大国民党的作用，否定中国共产党对中国革命的领导；不允许利用宗教档案宣传唯心主义，否定马克思辩证唯物主义在指导中国社会主义革命、建设和改革开放中的指导地位；不允许开放或研究一些个案或特定历史时期的档案，否定社会主义革命和社会主义制度。

服务于党的全面领导，是指档案工作为党的各项事业服务，为党的长期执政服务，为贯彻落实党的路线、方针、政策服务，这是检验档案部门和档案工作者是否讲政治纪律的试金石，也是推动新时期档案工作沿着正确方向和道路科学发展的政治保证。全国各地档案部门围绕"档案工作姓党"举行了多次深入的学习和讨论，档案人纷纷认为包括档案信息资源配置、"三个体系"建设等在内的档案工作，一是要为党当史官，积极拓展档案信息资源建设领域，大力推动档案安全第一战略落地落实，为党存凭留史，确保党的工作开展到哪里，档案工作记录历史的功能就发挥到哪里；二是要为党当参谋，加强开发利用，围绕党的工作大局和中心工作，在档案中找智慧、借鉴历史经验，防止前车之鉴，发挥档案辅政资政的作用；三是要为党当歌手，多方挖掘档案价值，"让历史说话，用史实发言"，宣传党的丰功伟绩，教育广大人民群众信党爱党、永远跟党走。在此背景下，由政府配置档案信息资源，尤其是发挥政府在其中的统领监管、法制供给、政策引领功能，是最为有效的，且保证了全体人民的利益最大化。

5.2.2 源于捍卫国家利益的目的

档案是一种特殊的信息资源，蕴藏着国家的政治、军事、文化、经济、科技等众多领域的关键信息，既是一个国家得以存在和发展的重要凭证，又是这个国家安全的基本保障，是这个国家的根本利益所在。任汉中教授援引联合国教科文组织总干事穆鲍的表述指出"人们可以设想一个国家没有海军，但是不可能想象没有货币，没有公债，没有资金和没有档案……，这是最普遍和最基本的国家财产，它们重要到这样的程度，以至于可以把它们说成是国家全部存在的起源"。[①] 因此，出于捍卫国家利益的目的，由一国政府自己来控制档案信息资源，自然当仁不让。换言之，对国家领域内所产生的、形成的代表国家利益的档案信息资源，实施包括顶层设计、

---

① 任汉中. 论档案与国家利益的关系 [J]. 咸宁学院学报，2004.4：148~151.

宏观领导和法制建设在内的管辖或配置，从某种意义上来讲，就是国家主权、国家利益或国家安全在档案领域的具体体现。

首先，一国政府必须对其档案实施强制管理。《档案法》规定"对国家规定的应当立卷归档的材料，必须按照规定定期向本单位档案机构或档案工作人员移交，集中管理，任何个人不得据为己有"，同时"机关、团体、企事业单位和其他组织必须按照国家规定定期向档案馆移交"。尽管从法律上约束强制管理的措施不断完善和调整，但总的思路仍然是"强制管理"，不仅中国的档案法律如此，许多国家的档案法律法规都从档案的定义、继承、范围、保管期限、保管机构及其职能、移交方式和利用权力等方面对"强制管理"给予了不同的理解。

其次，涉及国家主权的档案不容侵犯。有学者基于国家安全战略，认为当前中国在维护领土及领海主权、保障海洋权益等方面，存在许多难以回避的热点问题，因此在处理边疆问题时，中国政府首先利用历史档案申明主权和维护合法权利已经成为各方共识。据此应着重开展边疆历史档案专题数据库的建设，例如边疆区域的自然地理状况、国界线划分、我国政府与邻国政府签订的历史条约、边疆地区与邻国边贸关系、边界争端问题、接壤邻国的相关资料等。[①] 另外，基于档案对于国家主权的重要意义，包括《海牙公约》（1954 年）、《巴黎公约》（1970 年）、《维也纳公约》（1983 年）在内的国际法在先后规定了一个国家的主权不容侵犯的同时，也强调一个主权国家档案的完整同样是这个国家主权完整的体现，[②] 尤其是"凡有关领土或疆界所有权的国家档案，应转属于继承国"等相关约定，适用于中国在维护领土及领海完整中的一切努力。当然，国际公约约束力十分有限，要使自己国家的主权范围档案得到真正保护，自身国力的日渐强盛与国际争端机制的合理运用均不可缺少。

最后，国家利益高于一切，档案安全重于泰山。档案安全是档案事业和档案工作的永恒话题，也是档案工作者的首要职责。要从对党和国家事业负责、对历史负责的高度来认识和做好档案安全工作，确保不丢失、不

---

① 李广都，叶毅．基于国家安全战略的边疆历史档案专题数据库建设［J］．中国档案，2018.4：64～65.

② 任汉中．论档案与国家利益的关系［J］．咸宁学院学报，2004.4：148～151.

损坏、不泄密，实现永久保存和利用，确保档案安全必须筑牢制度防线、环境防线、技术防线、人员防线和保密防线。① 2015 年国家档案局更是将"档案安全"提升为战略工程加以部署，落实为"三个体系——资源体系、利用体系和安全体系"中的重要一环。

5.2.3 源于建构社会记忆功能

档案学者徐拥军教授援引哲学教授的观点，认为社会记忆是指人们在生产实践和社会生活中所创造出来的一切物质财富和精神成果以信息的方式加以编码、存储和重新提取的过程的总称，② 并由此归纳出社会记忆的几大特点，即社会记忆是一种集体现象，社会记忆是一种社会建构，社会记忆具有主流性和多元性，社会记忆具有传播和传承的多样性，"记忆"与"遗忘"相生相伴等。③ 尤其是进入 20 世纪 80 年代以来，社会环境、社会矛盾、社会冲突的急剧变幻，促使档案学者从仅仅着眼于库房中的档案，变得更为关注社会背景下档案的价值、角色以及功能，而"源于建构社会记忆功能"的提法便来源于此。

档案学界引入社会记忆理论所兴起的新话题、新理论和新思考，其实就是档案学者以社会记忆的视角来探讨档案现象，④ 对档案的社会记忆属性、档案工作的社会意义进行思考所获得的认知。其核心观点是"基于对档案社会记忆属性的本质认识，把档案与社会、国家、民族、家庭的历史记忆联结起来"，强调档案是一种社会记忆，含有集体记忆的关键，档案馆是记忆的保存场所或记忆宫殿，并从个人乃至民族的根源感、认同感、身份感的高度去看待档案及其保护的重要性。⑤ 当然，由档案所产生的社会记忆及其建构历程，并不是一帆风顺或天然形成的，这根源于档案作用于社会记忆建构或控制有着两种截然相对的方式。一是正向控制，例如有选择地留存、提供与展示和当时的社会主流价值观、意识形态相符合的档

---

① 佚名. 国家利益高于一切、档案安全重于泰山 [N]. 中国档案报，2010.12.27 (001).
② 孙德忠. 重视开始社会记忆问题研究 [J]. 哲学动态，2003.3：17～20.
③ 徐拥军. 档案记忆观的理论基础 [J]. 档案学研究，2017.6：4～12.
④ 刘迪. 档案建构社会记忆中的权力因素及其积极作用 [J]. 档案学通讯，2016.2：90～94.
⑤ 丁华东. 论档案记忆理论范式的研究纲领——"档案与社会记忆研究"系列论文之一 [J]. 档案学通讯，2013.4：6～9.

案记忆信息，以形成符合当时社会需求的强势记忆和记忆中心。[①] 国家通过制定体现国家意志的档案收集与管理办法，有选择地重点留存部分档案记忆，便是如此。二是反向控制，通过销毁历史记录、封锁历史记录、对历史记忆进行篡改等方式来实现，即人为控制社会记忆。[②] 两种方式之间存在博弈、转变与并存等多种关系。以南京大屠杀这一史实为例，在美籍华裔作家张纯如的纪实类专著《南京大屠杀——第二次世界大战中被遗忘的大浩劫》面世之前，这一历史悲剧一直被世界所遗忘。正如书中所描述的那样："究竟是什么原因使一些历史事件被载入史册，而另一些事件则被人遗忘？具体而言，像南京大屠杀这样的事件是怎样从日本（甚至整个世界）的集体记忆中消失的？"刘迪梳理了南京大屠杀从被遗忘到申遗的完整历程，认为权力因素可能发挥着社会记忆建构的消极作用，但也不能忽视其积极作用，尤其是在南京大屠杀档案收集整理过程中发挥积极作用的权力因素。[③] 不仅有中国方面的努力，更有来自世界各国"档案方面"的努力。例如，史学专家以德国外交档案为中心，讨论了侵华日军南京大屠杀的"德国视角"，与"英美视角"一同，广泛地印证了日军在南京屠杀、奸淫、抢劫、纵火的罪行。[④] 可见，离开政府这一主体因素来谈论社会记忆的建构，是不切实际的。

5.3　档案信息资源政府配置的效果

5.3.1　资源建设规模：涵盖全部档案信息资源的管理体系

我国档案工作的基本原则之一便是要求"全国档案工作实行统一领导、分级管理"。对这一原则的落实，主要通过两个途径。一是档案馆室制度，"国家机关、国有企业及事业单位形成的档案，必须按照规定定期

---

① 丁华东. 论档案与社会记忆控制 [J]. 档案学通讯，2011.3：4~7.
② 徐辛酉. 档案社会控制功能的维度——从科学管理的视角 [J]. 档案学研究，2017.2：9~14.
③ 刘迪. 档案建构社会记忆中的权力因素及其积极作用 [J]. 档案学通讯，2016.2：90~94.
④ 张生. 侵华日军南京大屠杀的"德国视角"——以德国外交档案为中心 [J]. 南京大学学报（哲学社会科学版），2007.1：79~94.

向本单位档案机构或者档案工作人员移交，集中统一管理，任何人不得据为己有。同时，国家机关、国有企业及事业单位应按照规定定期向有关档案馆移交需要长久保管的档案。"① 该制度保障了从档案信息资源的源头直至最终归属的全生命周期过程的正常运行。二是档案馆网体系，即"包括各级国家档案馆、部门档案室、国有企事业单位档案馆等不同层级、不同类型档案馆所构成的档案馆网体系"。② 该体系对档案信息资源按照"分级管理""分专业管理""党政档案统一管理"的原则划分了最终的流向，控制着资源的最后分配。在上述"过程、流向"控制中形成的最终分配局面下，形成了规模巨大的国家档案信息资源，包括资源总量与资源结构两个方面。

一方面，在资源总量的建设上，我国大幅度扩大进馆档案的范围，大幅度缩短进馆档案的时限，大幅度增加综合档案馆的资源总量。③ 我国"馆室制度"建设截至 2003 年，设立国家级专业档案馆 260 个，保管档案 11656763 卷又 123108 件，省级以上机关、团体、民主党派共设立档案室 8409 个，保管档案 26809093 卷又 8373975 件，其中全国各级各类档案馆共收藏历史档案 21056738 卷又 11628872 件。④ 我国"馆网体系"建设截至 2009 年，全国共设立各级各类档案馆 3786 个，保管档案 207107129 卷又 56391555 件，其中全国省级直属机关档案馆共保存档案 41685960 卷又 29204944 件。⑤

另一方面，在资源结构的优化上，我国既在综合档案馆的"综合性"上做足功课，又在专门档案馆的"专门性"、"专业性"或"特色性"上下足功夫。例如，收集对象不断拓展，涉及普通老百姓、关乎民生改善的各种档案都被列入馆藏范畴。又如，收集渠道不断丰富，从传统的政府机关部门到社会民众和新兴经济组织，从被动式的档案收集到主动强调现行

① 冯惠玲，张辑哲. 档案学概论 [M]. 北京：中国人民大学出版社，2006：77～78.
② 杨霞. 对全国国有档案馆布局问题的思考 [J]. 档案学研究，2011.4：41～45.
③ 王国振. 对"三个体系"内涵及相互关系的几点认识 [J]. 档案学研究，2010.5：11～14.
④ 国家档案局，中央档案馆. 中国档案年鉴 [M]. 北京：中国档案出版社，2006：239～251.
⑤ 国家档案局，中央档案馆. 中国档案年鉴 [M]. 北京：中国档案出版社，2012：242～257.

文件质量的前端控制，从仅关注档案视野到纳入非物质文化遗产保护，从立足国内档案征集到面向海内外开展复制件文化交流。再如，收集载体不断完善，照片、录音、录像、电子文件等新型载体档案无论数量还是种类都已达到相当规模。

此外，该管理体系中，有三点需要特殊阐明。一是现行国家机关档案不仅包括政府机关形成的档案，还包括政党部门形成的档案，这一点与西方国家区别较大。西方国家政党不属于国家机关范围，其档案只归政党所有。虽然有的政党会成为执政党并对国家政治生活产生重大影响，但也只是归入政党档案馆，不被纳入国家档案馆的馆藏中。我国政党档案不仅包括执政党中国共产党形成的档案，还包括民主党派及其成员在担任国家、企业、事业单位职务，担任权力机关的人大代表、政协委员职务等过程中形成的档案。二是国有企业档案也被完整地涵盖其中。20 世纪 50 年代，我国企业已经形成了初步的档案工作制度并建立了自己的档案室，由于当时的社会环境，企业全部具有"国有"性质，也就意味着国有企业所有制改革之前，所有企业的档案信息资源无一例外地都被纳入政府配置档案信息资源的体制中。即便是 80 年代以后改革开放以来企业的单一国有性质发生了巨大的变化，原有的档案信息资源管理制度也依旧留存下来，尤其是有些国有企业的原综合档案室升级为企业档案馆，负责集中长期保管本企业形成的档案。所以这些企业虽历经多次改革但国有性质并没有发生根本改变，其档案信息资源也就一直毫发无损地发展到了如今的规模。三是单独的历史档案管理格局。历史档案国有性质的确立是 1956 年的《国务院关于加强档案工作的决定》宣布的，[①] 对其实施接收、整理、保管、编研等管理工作是从 1949 年中央人民政府成立的政务院指导接收工作委员会开始的，经历了 1951 年成立的中国科学院近代史研究所南京史料整理处、沈阳东北图书馆档案部、故宫博物院文献馆等，最终形成了中国第一历史档案馆和中国第二历史档案馆分别保管的局面。

5.3.2 资源获取规则：维护全体社会公共利益的供应体系

古今中外，对于公共利益的解释，不同领域的学者都有不尽相同的看

---

① 付华. 国家档案资源建设研究 [D]. 中国人民大学博士学位论文, 2005: 19.

法。有学者认为公共利益就表示某种普遍利益，即某种有益于社会中每个人的利益。① 也有学者认为公共利益源于公共机构的利益，是为了巩固统治阶级的政权而生的。还有学者认为公共利益就是公众利益，表现为公民向国家权力机关提出的并被认可的权益要求。可见，公共利益重在"公共"二字，词典解释为"公众的，与公众有关的"或"为公众的、公用的、公共的"。"公共"不专指某个特定群体，任一群体只要具有开放性——"任何人可以接近、不封闭也不专门为某些人保留"，即可被认为具有公共性，这种公共性原则意味着只要大多数不确定数目的利益人存在，就存在公益。所以公共利益，是指为社会某一群体中不确定多数人所认可所享有的利益。

究竟档案信息资源体系由政府建设能否维护社会公共利益，或能在多大程度上满足公共利益，需要进行两个基本方面的测度。

一是"政府建设"或"政府供应"语境下的公共利益主体的测度，要求进行基于法理和道德的正义性考量。例如，政治的正义性要求公共利益代表的人数、代表的社会阶层的广泛性，对社会弱势群体利益的满足程度，对社会强势群体的抑制程度。以国家档案馆和专业档案馆为主体的公共档案馆服务方式，决定了获取这种服务的资格或者门槛很低，只要具有中国合法公民的身份即可。当前档案部门在围绕党和国家工作大局服务的同时，早已把服务范围从机关、领导、学者拓宽到基层、群众和社会各方面，早已把服务方式从被动式转变到主动适应需求，早已从传统的档案凭证、复制服务等转变到新型的档案文化、档案民生甚至档案休闲服务，早已把服务手段从上门查阅调档服务发展为实现目录查阅、全文下载、利用统计等不受时空限制的网络服务。显然，这样的供应方式是满足测度一的，尤其以《各级国家档案馆开放档案办法》（1992年施行）为代表的，形成于20世纪90年代的档案开放政策曾经是我国档案利用史上的一次具有深远意义的飞跃。②

二是"政府供应"语境下的公共利益形态测度，要求基于分享（共享）与效率的有效性进行考量。正义性仅仅提供了多数人或全体人所共有

① 〔美〕林德布洛姆著，朱国斌译. 政策制定过程［M］. 北京：华夏出版社，1988：51.
② 李扬新. 档案公共服务政策研究［M］. 上海：世界图书出版社，2011：44.

的前提，但并不一定导致共享，共有是公共利益的本质，而共享是共有的体现，如果无法体现，只能导致利益虚置。分享程度如何要看公共利益被哪些人享用，且享用的公平程度如何，政府建设的档案信息资源体系为全民所共享，且是程序上无差异的共同享用。政府建设的馆网体系中档案馆开放档案，不仅具有理论原则，而且成为法定义务。至于效率，是因为有限的档案信息资源供应只能在一定程度上满足人们某些需求，所以要进行效率测度，包括能否以尽可能小的投入实现最大的公共利益，能否尽可能做到维护公共利益也不损害任何私人利益，能否尽可能为民众提供最大边际效率的公共利益等。对此，考虑到政府建设框架下一元供给模式与多维视角的公共利益效率测度的矛盾，以及"局馆合一"模式下行政效率考量优先于公共利益测度的局限，陈永生教授认为"档案馆开放档案的总量在馆藏数量快速增长的前提下仍呈现大幅度增长势头，百分之二十几的开放率在现行法律政策面前仍然是一个很了不起的成绩"。[①]

需要特别说明的是，政府建立了维护全社会公共利益的档案信息资源供应体系，并不意味着这种体系已经完美无缺。相反，开放力度不够，利用程序烦琐，编研产品质量参差不齐，手工检索工具落后等问题仍然层出不穷。此外，档案信息资源作为公共物品，其供给的方式不能回避一个现实，即由政府之外的机构来致力于上述问题的解决都会由于成本过高而得不偿失。结果就是迄今为止最为合适的方式还是由政府供应的方式维护社会公共利益，政府是公众创造出来保护公共利益和调解社会纠纷的仲裁机构，是应公共需求而生的。这便是公共档案馆的表现尽管不尽如人意，政府供应档案信息资源仍然是保护国有资源、维护国家利益且以规模效益维护公众个人权利的最有效工具的最重要原因。[②]

5.4　档案信息资源政府配置的主要困境

政府所拥有的档案信息资源数量之大、范围之广、种类之多，绝对可

---

① 陈永生．档案合理利用研究——从档案部门的角度［D］．中国人民大学博士学位论文，2006：59.

② 参见王运彬．国有档案信息资源的多元化配置研究［D］．中国人民大学博士学位论文，2012：150～153.

称为一座巨大的资源宝库。如果一直围绕原件从事收集、整理、检索、编目、保存、编研等工作，政府的财力和精力尚能够应付，但要将此类工作环节延伸到面向用户的增值产品及其服务的"事业"链时，档案机构则很难同时顾全链条的两端。收集端的档案收集是多年来政府配置档案信息资源的传统方式，这里强调的是以规范化的文件归档和档案收集以保证原始数据的真实可靠。规范化、程序化的按部就班的工作以政府的规范化运作机制尚有能力完成，并确保年复一年的档案质量，但是另一头用户端面临的却是多元化的用户需求。需求与资源本身存在一个互动的关系，资源决定需求，但是需求却能引领资源。规范化的政府配置供应着规范化的资源，也促使了规范化需求的初始形成。但是需求是会随着满足程度的提高、用户环境的改善、业务能力的增强而不断发展的。因此这种互动关系决定了用户端需要的是发散型的思维和不断创新的精神，档案行政管理部门将职能定位于宏观调控和政策引导，面临社会上数量众多的用户及种类日益增加的档案业务需求时，没有能力面面俱到。

一方面，供应主体单一与多元需求之间存在矛盾。近些年来档案信息资源开发取得了较大成绩，但是目前的开发主体仍以各级各类档案馆为主，且依赖的都是局馆内部的工作人员。[①] 档案局馆的人力资源、时间成本、知识储备以及技术力量毕竟有限，面对与日俱增的海量档案信息资源，尤其是"存量数字化、增量电子化"所带来的质地、数量、构成等业已转变的资源形态时，"档案信息资源开发"工作、"档案文化产品供给"工作、"档案信息/文化服务"工作变得越来越"不容易"时，传统档案工作或档案业务必在与社会其他部门协同合作时方可有效开展时，"主体"单一的局限所带来的问题就暴露无遗。例如，由于特殊的历史渊源，各地档案馆都保存着颇具地方特色和历史原貌的档案，外文档案需要外语专业人士协同，古文档案需要历史专业人士协同，外交档案需要相应职能部门协同，故而这部分档案的开发水平与供应能力均比较有限。

另一方面，开发力度不够与复合需求之间存在矛盾。檀竹茂将这种矛

---

① 檀竹茂. 档案信息资源开发的有效途径——协同合作 [J]. 档案学通讯，2014.2：55 ~ 58.

盾归纳为"资源中心"模式与"用户中心"模式的策略选择问题。[1]"资源中心"就是档案局馆将工作重心侧重于档案资源接收进馆以及数字化工作，并没有很好地将其馆藏转化为"有效的内容"，甚至使原本步入半衰期的档案信息直接进入休眠期乃至死亡期，导致档案馆在数字化时代处于"边缘化"。[2] 相反，数字化时代用户需求呈现出更为多元化、立体化、小众化等多种变化趋势，需要彰显中国特色的国家档案精品，需要涵盖行业全貌的档案资料数据，需要智能检索功能的档案数据仓库，需要全文智能展示的档案展播平台等。诸如此类的档案需求往往与信息需求、网络需求、文化需求等糅合、聚合在一起。若档案局馆仍然以现有的水平和进展提供服务，所开发和供给的档案信息资源难免被数字化时代的信息海洋所替代和淹没。

上述矛盾造成两个局面，一是内部优势与内部劣势并存，掣肘政府公平供应档案信息资源。不可否认的是，档案部门资源丰富、自身利用方便，平台的资源集聚优势明显，不仅利于国家体制内部人员发挥资金与技术优势，而且协同档案馆网体系的人力与档案资源相对方便。但是档案管理机制与体系相对封闭，缺乏与社会、与用户、与市场沟通的经验与能力，无法准确预测、分析档案用户需求，当需求变化时反映的灵敏度较差，[3] 尚未形成与社会其他部门和领域协同开发档案信息资源的局面且动力不足。二是外部机会与威胁同在，制约政府有效供应档案信息资源。必须看到的是，信息社会公民的信息素养、档案意识逐渐提高，信息能力和档案需求也与日俱增；信息技术的日新月异、"互联网＋"技术的融合发展，极大增强了档案信息资源建设、开发、利用等多个环节的便利程度；电子政务从"政务公开"到"最多跑一次"系统集成式的转型升级，也为档案部门发展提供了崭新的平台和环境。但与此同时，网络平台在为社会用户提供便利途径的同时，也从某种程度上降低了档案作为信息源的重要性和可替代性。在大数据时代强调数据集成、信息融合的背景下，碎片化

---

① 檀竹茂. 档案信息资源开发的有效途径——协同合作 [J]. 档案学通讯，2014.2：55～58.

② 周枫. 大数据时代档案馆的特征及发展策略 [J]. 档案与建设，2013.8：6～9.

③ 陈忠海，常大伟. 档案馆在档案信息资源开发中的主体地位质疑——兼论用户在档案信息资源开发中的主体地位 [J]. 档案管理，2015.2：4～7.

状态的档案信息难以成为"大数据时代"所认可的"数字资源"。

5.5 档案信息资源政府配置的典型案例
——遗产工程

正如本章前四节所阐述的那样，政府配置档案信息资源的作为空间很大，于档案信息资源的收集端来讲，档案捐赠、档案收集、档案征集、档案统计等都保证了原始数据积累的完整性和权威性；于档案信息资源的加工端来讲，档案整理、档案编纂、整理出版等都保证了档案数据加工的科学性和文化性；于档案信息资源的传送端来讲，档案展览、档案利用、档案借阅、凭证服务等都保证了档案数据传输的权威性和体系性。但是，上述作为空间也存在能力不够和意愿不强的问题，为其他主体介入档案信息资源配置提供了可能。而"中国档案文献遗产工程"（全文统一简称"遗产工程"）的出现，则对政府配置档案信息资源做出了完整彻底的诠释：于能力而言，政府完全有能力从已有的馆网体系和档案资源体系中筛选出符合要求的档案遗产并加以格外保护，甚至将散存民间的珍贵档案也纳入高标准、严要求的遗产工程保护框架中；于责任而言，政府完全有责任推选出体现中华传统文化精髓的档案文献遗产，使之从标准、整体性、价值等各方面符合世界记忆标准，能够走出国门、走向世界。

5.5.1 遗产工程的形成与政府的责任担当

5.5.1.1 "世界记忆工程"的实施及其对中国档案事业的深远影响

"世界记忆工程"①（1992）的正式实施，意在对非物质文化遗产中濒临损毁的珍贵文献记录，通过国际合作并采用最佳技术手段进行抢救，使人类记忆更加完整。该工程以登记入册之形式展示具有世界意义的文献遗产清单，可以引起国际、国家、社会、组织和个人的极大关注，同时便于相关资助、经费、技术和人力等各方资源的投入，最终成果为《世界记忆

---

① 1992 年，在联合国教科文组织（UNESCO）和国际档案理事会（ICA）的共同努力下，一个国际性的项目——"世界记忆工程"开始实施。详见赵彦昌. 世界记忆工程与中国地方档案视野发展［J］. 档案与建设，2017. 1：4～7.

名录》。① 对于任何类型的文献遗产及其保存机构来讲，如能被列入其中将会大大提高该文献的地位，提升该机构社会影响力，增大该行业的发展机遇，档案文献、档案馆室、档案事业亦是如此。中国档案事业也深深感受到该工程的国际影响力，遂于 2000 年正式启动"中国档案文献遗产工程"项目，以实现对"世界记忆工程"的接轨。

"遗产工程"着力于有计划、有步骤地抢救和保护我国档案文献遗产，狭义地理解，它是指我国政府和国家档案局共同制定一系列计划和措施，用以确定、保护、管理和利用入选《中国档案文献遗产名录》的档案文献遗产；广义地理解，它是指国家统一部署的保护档案文献遗产的文化工程，主要包括国家档案局发起的"中国档案文献遗产工程""国家重点档案抢救工程"等档案遗产保护工程和文化部组织的"中华再造善本工程""中华古籍特藏保护计划"等图书遗产保护工程。基于后者的阐释，"中国档案文献遗产工程"其实是一项全国范围内整个文化事业系统共同参与的保护我国记忆遗产的重要事业。②

"世界记忆工程"对于中国档案事业的影响，最为明显的便是政府的积极行动，中国世界记忆工程委员会（1995 年）③、中国档案文献遗产工程（2000 年）④、中国档案文献遗产工程领导小组（2001 年）⑤、中国档案文献遗产工程总计划（2001 年）⑥、"中国档案文献遗产工程"国家咨询委

---

① 能够入选《世界记忆名录》的文献遗产，都是经过联合国教科文组织世界记忆工程国际咨询委员会确认而被纳入的，侧重于文献记录，包括档案馆、图书馆、博物馆等文化事业机构保存的任何珍贵文献。

② 周耀林，宁优."世界记忆工程"背景下"中国档案文献遗产工程"的推进［J］.信息资源管理学报，2014.3：36～44.

③ 1995 年，由国家档案局负责牵头组织，以时任国家档案局副局长、中央档案馆副馆长郭树银为主席的中国世界记忆工程委员会成立。

④ 2000 年国家档案局正式启动"中国档案文献遗产工程"，并于同年成立了"中国档案文献遗产工程"课题组，将其作为软科学加以研究。随后，该课题组还制定出《中国档案文献遗产工程总计划》（讨论稿），用以指导"中国档案文献遗产工程"的具体实施。

⑤ 2001 年 2 月，国家档案局再次牵头组织并成立了"中国档案文献遗产工程"领导小组，由时任国家档案局局长、中央档案馆馆长毛福民担任组长，四位副局长担任副组长。

⑥ 2001 年 5 月，为推动"中国档案文献遗产工程"的全面开展，国家档案局在北京召开了"世界记忆工程"暨"中国档案文献遗产工程"申报工作座谈会。与会代表听取了"世界记忆工程"和"中国档案文献遗产工程"的有关情况，讨论了即将出台的《中国档案文献遗产工程总计划》。

员会（2001年）①、"中国档案文献遗产工程"国家咨询委员会评审会（2002—2015年）②等一系列机构得以成立，一系列项目得以启动。文献遗产保护专家周耀林教授这样评价"世界记忆工程"的中国影响力："中国档案文献遗产工程"在提出拯救、保护具有国家级文化价值的珍贵档案文献的具体办法的同时，也为中国档案文献遗产向"世界记忆工程"申报《世界记忆名录》打下了基础。更多珍贵的档案文献被列入《世界记忆名录》，将有利于我国珍贵的档案文献遗产得到更广泛的关注和更全面的保护。③

5.5.1.2　中国档案行政部门的积极应对、大力引导和强力推进

为促使中国更多珍贵档案入选《世界记忆名录》，包括国家档案局在内的中国的档案行政部门先后多次主办或推动了有关世界记忆的研究、申报、推广的国际研讨会。例如，2010年以来，据不完全统计，先后有7次高级别研讨活动，世界文献遗产与记忆工程（2010年澳门）④、"中国侨批·世界记忆工程"国际研讨会（2013年北京）⑤、人类记忆与文明变

---

① 2001年11月，由季羡林先生任名誉主任的"中国档案文献遗产工程"国家咨询委员会正式成立。该委员会主要成员包括知名的文献、档案、古籍、史学界专家。该委员会的成立更有效地确保了对各地申报的档案文献的准确评估，同时也提高了入选《中国档案文献遗产名录》的档案文献的权威性。

② 2002年以来，我国档案文献遗产工程开始了正式的申报、评审、批准等程序性工作。2002年3月，国家档案局组织召开了"中国档案文献遗产工程"国家咨询委员会评审会，评定通过48件（组）档案文献入选第一批《中国档案文献遗产名录》；2003年10月，35件（组）文献遗产入选第二批《中国档案文献遗产名录》；2010年2月，29件（组）档案文献入选第三批《中国档案文献遗产名录》，2015年4月，30件（组）档案文献入选第四批《中国档案文献遗产名录》。

③ 周耀林，宁优. "世界记忆工程"背景下"中国档案文献遗产工程"的推进［J］. 信息资源管理学报，2014.3：36～44.

④ 澳门文献信息学会、中国图书馆学会学术研究委员会于2010年11月26日在澳门联合举办"世界文献遗产与记忆工程"国际研讨会。详见钟鸣. "世界文献遗产与记忆工程"国际研讨会在澳门举行［J］. 广东档案，2011.1：6～7.

⑤ 2013年4月19日，由国家档案局、福建省人民政府和广东省人民政府主办，福建省档案局和广东省档案馆承办的"中国侨批·世界记忆工程"国际研讨会在北京人民大会堂河南厅举行。详见刘守华. "中国侨批·世界记忆工程"国际研讨会在京举行［J］. 中国档案，2013.5：12～13.

迁——沪、港、澳"世界记忆工程"学术研讨会（2014 年上海）①、联合国教科文组织世界记忆工程亚太地区工作坊（2015 年苏州）②、联合国教科文组织世界记忆项目亚太地区档案保护研讨会（2016 年西安）③、"世界记忆项目与档案事业发展"主题研讨会（2016 年苏州）④、"中国记忆遗产"暨"中国档案文献遗产研究"高端论坛（2016 年济南），诸如此类的高层论坛/会议必将大大促进中国珍贵档案文献遗产的抢救、保护、推广、利用和开发。

"世界记忆工程"最为耀眼的便是《世界记忆名录》的遴选与公布，为与此对应和接轨，中国国家档案局、中央档案馆已经推动《中国档案文献遗产名录》的遴选和公布工作，各地方省区市也都逐步出台了当地珍贵档案文献的遴选评级办法，与此同时各省区市档案部门也在有意识地将馆藏精品进行整理、编纂、出版、展览和申遗。地方珍品入选《中国档案文献遗产名录》《世界记忆亚太地区名录》《世界记忆名录》之后，给当地档案工作带来了良好的发展契机。入选档案在全国以及当地省区市的报刊、网站乃至微媒体中都会进行全方位展示，对当地档案工作的宣传、展览以及利用能都起到积极的推动作用。⑤

以"世界记忆工程"为契机，中国政府积极参与，从顶层设计到地方行动、从研讨会议到申遗评审、从标准制定到助力遴选，为打造最精华、最具特色、最能代表中华民族优秀文化的档案信息资源，政府可谓不遗余力，且成果突出。目前，我国已成功申报世界记忆 13 项，具体申报项目和年份见表 5 – 8。

---

① 2014 年 5 月 17 日，由教育部重点研究基地上海师范大学都市文化研究中心与澳门文献信息学会联合主办的"人类记忆与文明变迁——沪、港、澳世界记忆工程国际学术研讨会"在上海举办。详见陈之腾. 沪、港、澳学者共研"记忆工程"［J］. 上海教育，2014. 16：7.

② 张云辉. 省档案局参加"联合国教科文组织世界记忆工程亚太地区工作坊"［J］. 云南档案，2015. 4：11.

③ 2016 年 6 月 14 ~ 15 日，由国家档案局主办、陕西师范大学和陕西省档案局协办的"联合国教科文组织世界记忆项目亚太地区档案保护研讨会"在西安召开。

④ 周济，张丫. "世界记忆项目与档案事业发展"主题研讨会在苏州召开［J］. 档案与建设，2016. 12：10.

⑤ 赵彦昌. 世界记忆工程与中国地方档案视野发展［J］. 档案与建设，2017. 1：4 ~ 7.

表 5 - 8　我国世界记忆具体名录①

年份	名录	收藏单位
1997	《传统音乐录音档案》	中国艺术研究院
1999	《清代内阁秘本档》	中国第一历史档案馆
2003	《纳西东巴古籍》	云南省社科院东巴研究所
2005	《清代金榜》	中国第一历史档案馆
2007	《清代样式雷图档》	中国国家图书馆等
2011	《本草纲目》	中国国家图书馆
	《黄帝内经》	中国中医药研究图书馆
2013	《中国西藏元代官方档案》	西藏自治区档案馆
	《侨批档案 - 海外华侨银信》	广东省档案馆、福建省档案馆
2015	《南京大屠杀档案》	中国第二历史档案馆
2017	《近现代中国苏州丝绸档案》	苏州市工商档案管理中心
	《清代澳门地方衙门档案》	澳门档案馆与葡萄牙东波塔国家档案馆
	《甲骨文》	国家图书馆、故宫博物院、山东博物馆等

5.5.2　遗产工程的成绩与政府的统筹规划

5.5.2.1　档案文献遗产层级收藏、重点保管和有序申遗体系业已形成

考虑到收入《中国档案文献遗产名录》的档案文献是经由各单位申报而来的，可以确认这些档案文献的收藏机构也遍布全国各种档案文献管理机构，且已经形成了层级收藏、重点保管和有序申遗体系。结合周耀林教授整理的基础，② 笔者通过对 2017 年之前入选的四批共 142 件/组档案文献进行分析后发现，保存在国家级档案馆——各省（自治区、直辖市）档案馆以及市县档案馆——的档案文献占大多数，其他档案文献分别收藏于国家图书馆、国家博物馆、文物管理/研究部门，详见表 5 - 9。

---

① 本表数据由研究团队根据世界记忆网站数据统计所得，具体参见世界记忆网站，http：//www. unesco. org/new/zh/communication-and-information/memory-of-the-world/register/.

② 周耀林，宁优．"世界记忆工程"背景下"中国档案文献遗产工程"的推进［J］. 信息资源管理学报，2014. 3：36 ~ 44.

表 5 - 9　中国档案文献遗产收藏机构分布情况（截至 2017 年）

收藏机构	档案文献名录	总数
中央档案馆	中华人民共和国开国大典档案；中国解放区救济总会档案；中华人民共和国第一届全国人民代表大会第一次会议档案；八一南昌起义档案文献；百色起义档案史料	5
中国第一历史档案馆	清代金榜；清代秘密立储档案；大明混一图；清初满文木牌；清代庄妃册文；赤道南北两总星图；清初世袭罔替诰命	7
中国第二历史档案馆	孙中山手迹——"博爱"题词；民国时期筹备三峡工程专题档案；孙中山、胡汉民、廖仲恺给藏季陶的题字；张静江有关孙中山临终病情及治疗情况记录；孙中山与南京临时政府档案史料；中山手稿——《致日本友人养毅函稿》；南京国民政府商标局商标注册档案	7
外交部档案馆	周恩来总理修改的中印总理联合声明草案；周恩来总理在亚非会议全体会议上的补充发言手稿	2
解放军档案馆	长征史料	1
各省、市、地方档案馆	南京长江大桥建设档案（江苏省档案馆）；民国时期南京户籍卡档案（南京市档案馆）等	90
中国现代文学馆	老舍著《四世同堂》手稿	1
中国国家图书馆	《永乐大典》	1
中国国家博物馆	利簋；林则徐、邓廷桢、怡良合奏虎门销烟完竣折；清宣统皇帝溥仪退位诏书；大清国致荷兰国国书；英国国王乔治三世致乾隆皇帝信	5
中国电影资料馆	孙中山葬礼记录电影原始文献	1
中国艺术研究院图书馆	冼星海《黄河大合唱》手稿；民间音乐家阿炳 6 首音乐曲原始录音	2
中国中医科学院图书馆	《新刊黄帝内经》；《本草纲目》（金陵版原刻本）	2
各省、市、地方博物馆	尹湾汉墓简牍中的西汉郡级档案文书（连云港市博物馆）；"日升昌"票号、银号档案文献（平遥市日升昌票号博物馆）；甘肃秦汉简牍（甘肃简牍博物馆）；孔子世家明清文书档案（山东省曲阜市文物管理管理委员会）	4
医院	《宇妥·元丹贡布八大密诀》手写本（四川省甘孜藏族自治州德格藏医院）	1
经院	《般若波罗蜜多经八千颂》档案文献（中国四川省甘孜藏族自治州德格印经院）	1
文物考古研究所	西夏文佛经《吉祥遍至口本续》（宁夏回族自治区文物考古研究所）	1
文化、文献研究所	纳西族东巴古籍（云南省社会科学院东巴文化研究所）；《四部医典》（金汁手写版和 16～18 世纪木刻版）（西藏自治区藏医院文献研究所）	2
公司	开滦煤矿档案文献〔开滦（集团）有限责任公司〕	1

续表

收藏机构	档案文献名录	总数
合作类型 1（档案馆＋档案馆）	清代玉牒（中国第一历史档案馆＋辽宁省档案馆）；贵州布依族古文字档案（贵州布依文古籍）（贵州省荔波县档案馆＋三都水族自治县档案馆）；"慰安妇"——日军性奴隶档案（中央档案馆＋内蒙古自治区档案馆＋辽宁省档案馆＋吉林省档案馆＋黑龙江省档案馆＋上海市档案馆＋南京市档案馆＋河北省秦皇岛市档案馆＋上海师范大学"慰安妇"问题研究中心）	3
合作类型 2（图书馆＋档案馆）	《共产党宣言》中文首译本（中国国家图书馆＋上海市档案馆）	1
合作类型 3（图书馆＋博物馆）	焉耆——龟兹文文献（中国国家图书馆＋新疆博物馆）	1
合作类型 4（档案馆＋纪念馆）	侵华日军南京大屠杀相关专题档案（五组）（中国第二历史档案馆＋南京市档案馆＋侵华日军南京大屠杀遇难同胞纪念馆）	1
合作类型 5（图书馆＋博物馆＋档案馆）	清代样式雷图档（中国国家图书馆＋中国故宫博物院＋中国第一历史档案馆）	1
合作类型 6（档案馆＋公司）	宁化府益源庆历史档案（山西省太原市档案馆＋太原市宁化府益源庆醋业有限公司）	1

通过进一步统计，四批入选《中国档案文献遗产名录》的 142 项档案文献遗产中由一家档案馆独立申报的档案文献遗产达到 112 项，占总数的 78.9％；由两家以上单位联合申报的档案文献遗产达到 8 项，其中 7 项均有档案馆的身影；图书馆、博物馆、资料馆、研究所等独立申报的档案文献遗产达到 21 项，占总数的 14.8％。由此可见，"遗产工程"已经从档案系统拓展至图书、文物等各个文化事业信息机构，甚至第一次出现企业申报档案文献遗产的情形。从《中国档案文献遗产名录》的编制体例来讲，我国已经形成了世界级、国家级和省级三级目录体系，其划分的理论依据和现实考量，充分印证了我国悠久的历史文化，也反映出我国文献遗产保护体系层次分明、重点突出。以《中国档案文献遗产名录》为契机，可带动各种层次的文献遗产名录递进式发展，包括申报世界记忆工程，包括地方性档案文献遗产名录，有广阔的覆盖面——各种类型机构踊跃申报，以档案馆为中心——以各级档案馆为主体。

5.5.2.2　档案文献遗产保护的意识、政策、制度和成果等不断改进

"遗产工程"重在以"遗产保护"带动相关档案业务的开展，以及通过相关档案业务的推进反哺"遗产保护"，从而打破以往一味"重藏轻用"的局面，实现藏用的有机结合。例如"遗产工程"对于申遗项目的社会影响力有着非常高的要求，往往是市、省、国家、亚太和世界逐级申报，申报过程中收藏单位都会进行馆内的常规展览、社会的联合展览、外地的流动展览、世界的各地巡展等，促进收藏单位以申遗为契机和动力，把珍品档案展览出来、面向社会公众，使大众更方便地近距离接触、认知和了解我国档案文献遗产。一旦档案文献遗产在各个场所展览产生了广泛的社会影响，一旦社会公众切实、真正感受到国家档案文献遗产的价值特点、形式特征，国家政府和社会公众就会更加重视档案文献遗产的保护。

"遗产工程"之于档案文献遗产的保护来讲，其政策出发点有两个，一是专门对接"世界记忆工程"的中国国家政策；二是带动各个层次、各个领域的档案文献遗产名录和递进式保护政策体系的形成。不仅覆盖到档案事业领域的系统化档案文献遗产保护，而且覆盖到文化事业领域的系统化（包括图书馆、博物馆、研究所、资料馆、文化馆等，2015 年的第四批名录中第一次出现公司）档案文献遗产保护；不仅覆盖到中央级国家档案馆和其他机构的系统化档案文献遗产保护，而且覆盖到以地方省市档案机构为主的地方性档案机构的系统化档案文献遗产保护。因为入选"遗产工程"名录标准性高、流程规范，使保护政策体系有很强的拓展性和延续性，各种机构都能踊跃参与、申报和保护档案文献遗产，并能从中收获国家、社会和公众对于自身收藏档案文献遗产的认同感。

"遗产工程"重在对档案文献遗产的保护和抢救，推动着相应制度逐步健全。申遗之前，档案文献遗产项目必须得到最大限度的保护和修复，方可使理论上的永久保存价值成为现实中的永久保存可能。例如，《世界记忆名录》的资源选择标准之一便是"完整性"，就现存载体和内容而言，即其是完整的还是残缺的，有没有被腐蚀或损坏。① 与此对应的是，绝大多数市级以上档案馆都设立了专门的档案保护修复室和研究所，所有申报

---

① 吴志强，张嘉宝. 从《世界记忆名录》资源选择标准看我国数字资源长期保存的资源选择策略［J］. 信息资源管理学报，2014. 2：51～57.

《世界记忆名录》的档案文献遗产都通过保护性修复呈现出最大限度的完整性和原始性。在"遗产工程"框架体系下，国家重点档案保护与抢救工程等制度的推进，为档案文献遗产保护走上制度化、标准化的良性发展道路提供了保障。

"遗产工程"本身就是档案学界档案文献遗产保护成果的集大成者，在这种"成果"的带动下，关于档案保护的各种学术论文、专著、课题、报告、奖项呈现出数量多、质量高、重实践、价值大等特点。以 2011 年度国家档案局科技项目立项情况为例，61 个立项课题中与保护直接相关的有 19 个，2011 年度国家档案局优秀科技成果奖中，33 项授奖成果中档案保护技术有 5 项。[①]

当然，政府配置档案信息资源的这一典型案例——"遗产工程"，截至目前仍有诸多问题。例如，档案文献遗产总量不高、家底不清和品质不足的问题仍然突出。云南大学胡莹博士在 2015 年以档案学视野来研究古籍文献遗产保护过程中，对于我国世界记忆遗产总量增加至 9 项（截至 2018 年初我国的世界记忆名录已增至 13 项，笔者注）的事实曾发出如是感慨：一是中华文明五千余年，历史长河中留下的文献遗产数量绝不仅仅只有区区 9 项，剩下的文化瑰宝都被淹没在哪里？又需要怎么整理和保护才能重振文化强国的风采？二是泱泱大国、万千文献，为何目前仅有这 9 项被全球所认同？而这 9 项遗产又是否能得到与之地位相称的最妥善、最科学的可持续保护？现有的保护是否有漏洞？应该如何全方位做好遗产保护？[②]课题组成员王小云博士以全球《世界记忆名录》的申报和分布对比分析得出结论，认为从独立申报数量看，欧洲、北美及拉美无论申报数量还是覆盖比重都居于前列，均超过 50%；从联合申报覆盖国家数量看，亚洲、大洋洲、非洲与欧美差距极大，均不到 10%，说明亚洲、大洋洲、非洲国家还没有形成良好的合作机制，在世界档案文献遗产申请领域全面落败。[③]

---

① 其中特等奖 1 项，为国家重点档案抢救修复领域；一等奖 6 项，其中 3 项与重点档案抢救修复相关。详见国家档案局，中央档案馆．中国档案年鉴（2012）[M]．北京：中国文史出版社，2015：240～257.

② 胡莹．档案学视野下的东巴古籍文献遗产保护研究 [J]．档案学通讯，2015.2：65～67.

③ 王小云，王运彬．践行"档案强国"战略的宏观环境及实现路径探讨 [J] ∥中国档案学会．建设与文化强国相匹配的"档案强国"论文集 [C]．北京：中国文史出版社，2014：13～21.

又如，档案文献遗产信息化以及数字档案文献遗产保护尚未同步。以数字遗产为例，国内外均不同程度地对数字遗产保护采取了行动。国外保存与保护的重点已经涉及数字遗产的全部内容，而我国则主要集中在对传统文献的数字化处理及其保护方面。虽然有关电子文件与电子档案的管理和保护已有大量理论成果，但现阶段即使中央国家机关也只有30%左右的电子文件得到归档保护，作为数字遗产重要组成内容的网络信息存档尚未得到有序组织和推进。[①]

5.6　本章小结

从我国档案学基础理论的发展历程来看，全宗理论以及国家档案全宗的概念体系的确为政府配置档案信息资源奠定了坚实的理论基础；从相近学科基础理论的借鉴情况来看，公共物品理论以及外部性理论也恰恰为政府配置档案信息资源提供了有力的理论支撑，并由此衍生出加固这种理论基础和支撑的法规制度条件、组织机构条件和资源对象条件，而且这种加固措施有着强大的动力机制，即源于捍卫国家利益的政府控制和源于构建社会记忆的政府管理。

同时，我国在资源建设规模和资源获取规则上取得了良好的成效，即建立了涵盖全部档案信息资源的管理体系和维护全社会公共利益的供应体系。以档案保护领域为例，尤其是形成了档案文献遗产层次收藏、重点保管和申遗体系，有关档案文献遗产保护的意识、政策、制度和成果也在不断涌现。

但是，档案信息资源的总体基数之大，实在是超出政府一元供应和配置的能力范围之外，加上动力、体制等因素导致政府配置档案信息资源的"意愿"不可能强烈，可见政府配置档案信息资源是存在一些局限的。以当前备受关注的数字资源长期保存研究为例，以《世界记忆名录》的资源选择标准来审视我国政府配置档案信息资源、推进中国档案文献遗产工

---

① 周毅．数字遗产保存的行动路线研究——公共信息机构的任务识别与策略选择［J］．情报理论与实践，2012.4：15～20.

程、筹划数字档案资源保护和申遗等活动，既存在数字资源数量繁杂、选择难度大的客观问题，也存在数字资源选择的技术障碍问题，更多的是存在政府层面缺乏指导性的资源选择标准、规范和政策以及社会层面缺乏数字资源选择途径的拓展性等主观问题。此时，需要考虑市场主体和社会主体能否以适当的方式介入其中。

第 6 章

经济价值的实现：档案信息资源市场配置

6.0　引言

采取"条块分割"的配置模式，以政府作为我国档案信息资源配置的绝对主体，使配置主体在构成上具有明显的单一化倾向。促成并强化这一构成的动力虽然有源于捍卫国家利益视角的政府控制和源于构建社会记忆功能的政府管理，即考虑了"国家作为一个整体，通过其自身的配置活动获得一定的社会效益和经济效益"的要求，但没有注意到档案信息资源的实际配置活动还需要在不同的配置主体发生利益关系的前提下，着眼于各类配置主体参与档案信息资源配置活动的基本利益诉求，才能实际发生。

例如，对普通的档案用户来讲，其基本动机是参与配置活动，满足其档案需求，并通过对档案信息资源的利用或消费，实现个体自身的价值增值；对档案收藏机构来讲，其基本动机是参与配置活动，降低管理与投资成本，提升档案与服务质量以及由此带来的一系列的政治利益、社会利益与经济利益；对于商业性档案服务机构来讲，其基本动机是参与配置活动，通过辅助、改善、弥补政府档案部门有效供给的不足，来建立自己的服务品牌，扩大自己的社会影响并赢取相应的经济利润。

正如第 5 章介绍的政府配置的主要局限所示，政府在保障档案信息资源的有效供给上存在能力与意愿的问题，更无法保障配置活动中各方主体的利益诉求。既然有形的手难以保障有效供给和兼顾各方利益，那么无形的手就应该有用武之地了。

当然，第 5 章所阐述的档案信息资源政府配置，是立足于档案工具价值彰显和发挥的，这是它独一无二的魅力所在。而本章所阐述的档案信息资源市场配置，则必然立足于前者，即档案在如此的"工具价值"或"备用价值、储备价值"之外有没有其他价值属性呢？各种各样的价值属性有没有除去行政方式之外其他的配置方式呢？价值的实现有没有除去社会效益之外其他的衡量指标呢？当然是有的，档案信息资源的市场配置是对上述命题的最好解读：经济价值是其工具价值之外最为重要的价值属性之一，市场配置是行政方式之外最为重要的配置模式之一，经济效益是社会效益之外最为重要的衡量指标。这种解读并不是本书的创新，学界同人在这方面的理论创新或实践探索都有相当丰富的成果，但能否以经济价值来统领档案信息资源的市场配置，不仅涵盖档案信息资源的经济价值，而且涉及"以经济或市场的方式驱动档案信息资源其他价值的彰显和发挥"等更为重要和深刻的意义。为达到与"政府配置档案信息资源发挥工具价值"相得益彰、互为促进的目的，本书愿为学界同人抛砖引玉。

6.1 档案信息资源市场配置的理论支持

6.1.1 公共物品理论与档案信息资源的属性辨析

正如在第 2 章相关理论研究评述中论述的那样，本书对公共物品一贯采纳广义的界定——具有非排他性或非竞争性的物品。就像《公共事物的治理之道》中序言所说，"'the Commons'是泛指与公共相关的事物，除了私人物品之外的所有物品，如公益物品、公共池塘资源、收费物品等，公共物品作为私人物品的对立面，其内涵就是非私人物品"，[①] 而不是许多学术论文所印证的萨缪尔森对非竞争性与非排他性的双重属性认定。因为类似的公共物品在现实中难以寻找，即便是公共物品理论经典案例中说到的灯塔，也可以通过建立有限制的产权从而削减其公共性质，更为重要的是私人代理公共物品支出在现实中确实存在。

---

① 〔美〕埃莉诺·奥斯特罗姆.公共事物的治理之道——集体行动制度的演进［M］.余逊达，陈旭东译.上海：上海三联出版社.2011.12.转引自沈满洪，谢慧明.公共物品问题及其解决思路——公共物品理论文献综述［J］.浙江大学学报（人文社会科学版），2009.11：133～144.

公共物品拥有相当广阔的存在空间，对该空间范围内的公共物品从非排他性以及非竞争性上进行属性细分，是建立公共物品资源配置模型以及确立相应的供给方式的重要理论前提。依据消费上的非竞争性和收益上的非排他性，可以将公共物品划分为这样几类：一是消费上有竞争性但收益上无法排他，例如福利院的养老服务；二是消费上没有竞争性但收益有排他性，例如教育与医疗行业；三是消费上有竞争性但收益不能完全排他；四是消费不完全竞争但收益是排他的，例如城市中拥挤时间的路段；五是消费不完全竞争且收益无法排他；六是消费不完全竞争同时收益非排他；七是消费不完全竞争且收益不完全排他。上述七分法并不意味着对档案信息资源进行对号入座，而是在考虑档案信息资源的公共物品属性时，需要根据非竞争性与非排他性程度的强弱进行细分，而不是一味地根据"非竞争性和非排他性"与档案信息资源的挂钩与否来判断，尤其是非竞争性和非排他性的程度强弱可以有条件地转化。

一方面，是关于对档案信息资源非排他性的认识。从法规政策的角度，《档案法》明确规定了任何中国公民和组织只要持有合法证明，都可以利用已经开放的档案，也就意味着"国家公民均享有对已开放档案的知情权，谁也没有剥夺和限制他人利用已开放档案的权利"。[①] 但是从档案信息资源的实际占有情况来看，行业系统的专门档案馆、大型企业的综合档案馆、高等院校的档案馆（室）等提供的各种原件凭证服务、参考咨询服务、编研出版服务等提供给谁利用，主动权完全掌握在档案馆自身，而且排除成本很好控制，或进行身份认证，或收取费用，正如马费成所指出的，"公共物品的非排他性是其所有特征中最为严格的，但随着科学技术的进步，实现许多曾经公认的公共物品的排他性逐渐变得可行起来，排他的成本也逐渐降低"。[②] 从法规政策上给予档案信息资源非排他性的界定恰恰是对排他性属性事实的正视。另一方面，是关于对档案信息资源非竞争性的认识，需要从"边际生产成本是否为零"和"边际拥挤成本是否为零"来看。前者是指在既定资源供应水平下，增加一个消费者对供给者而

[①]　胡振荣. 档案产业发展的必然性和必要性研究［J］. 档案时空，2008.6：8～12.

[②]　马费成，龙鹜. 第五讲：信息商品和服务的公共物品理论［J］. 情报理论与实践，2002.5：398～400.

言没有成本变化，如果仅仅从档案馆接待利用者人数的增加来看，且假设利用者需求的档案及其服务是该档案馆既有的，当然不会带来成本的任何变化。但是这种假设在前文所分析的"档案用户需求多元化发展趋势"下是不存在的，以一成不变的产品供应千变万化的需求，是一种颇为可笑的"边际成本为零"的情况。后者是指每个消费者的消费都不会影响其他消费者的消费数量及质量，如果以目前档案信息资源在各级各类档案机构"门可罗雀"的实际利用情况来看，确实很少发生利用者拥挤的情况，如果就此判定边际拥挤成本为零或者不可能出现边际成本，那么国内众多档案馆不断新建和扩建新馆、提升和改善设施的做法，只能被视为毫无成本观念的浪费国家资源的行为了。显然不是，新建、扩建、提升和改善是对资源本身和利用需求发展的预期对策，是为避免出现拥挤而提前支付的边际拥挤成本，只是成本被均摊到了每个纳税人身上。[①]

6.1.2　档案价值理论与档案信息资源的价值挖掘

市场配置档案信息资源，是基于对其市场价值和商品属性的认同，而对这一点目前所见的资料很少专门论述，或者提出来也备受争议。[②] 至少对"档案信息作为生产要素还没有在理论上达成共识"，[③] 有必要在档案价值理论框架下给予其市场价值或者商品属性准确的定位。

从档案价值本体论的观点来看，档案信息资源的价值根源于政府机关与企事业单位的社会实践活动，这种形成于具体的社会职能活动中的资源反过来对人们的社会实践活动有着极其重要的借鉴、参考或指导意义，即形成主体需要，或者政治经济学意义上的使用价值，但如果仅依此判断"档案是人们抽象劳动的凝结，劳动是价值的源泉，所以档案的价值是客观存在的"之类的政治经济学意义上的价值属性，还有些牵强；从档案价

---

① 关于"属性"的辨析，参见王运彬. 国有档案信息资源的多元化配置研究 [D]. 中国人民大学博士学位论文，2012：160～163.

② 湖北大学覃兆刿教授将其概述为反产业化论者，集中表现为在心理上的误区、对档案事业性质的认识上的偏执和对档案信息服务质量的轻视。详见覃兆刿. 覃兆刿：档案信息产业化之辩. http：//www. kmcenter. org/html/zhuanlan/qinzhaogui/201012/01 – 12082. html，访问时间：2015. 10. 10

③ 冯惠玲. 档案信息资源在国家经济社会发展中的综合贡献力 [J]. 档案学研究，2006. 3：10～12.

值认识论的观点来看，张斌教授将其构建成一个认识主体（公众、档案利用者和档案工作者）依赖于认识中介（档案工作实践及其相关的认识工具）发现和反映认识客体（即档案价值）的系统结构。① 如果仅将视角放在结构本身，依然只能发现客体的自然属性即使用价值，但如果将视角放到整个社会，将千万个认识系统结构联系起来，从不同的认识主体之间的关系来考虑的话，例如具有自主知识产权的档案供应者——某企业 A，和具有国家战略意义的石油供应者——某企业 B，看似没有什么交集，但如果 A 将其档案转让给 B，B 卖石油给 A，那么政治经济学意义上的价值便出现了。于是，便涉及档案价值实现论的观点，即档案价值的实现受一定社会环境和条件的制约和影响，如果相关的社会制度、法律法规、国家方针政策、经济环境、技术环境、文化环境、档案事业内部环境等有助于类似于上述"A、B 之间相互交换"情形的发生，那么就是对档案信息资源众多属性之一的商品属性的认同和对众多价值之一的市场价值的挖掘。

需要特殊说明两点，一是"国有"这一所有权性质对于"价值"的影响。即档案信息资源的所有权性质为国有以及《档案法》第十七条"禁止出卖属于国家所有的档案"的相关规定，是否制止了交换行为的发生和交换价值的形成。王协舟认为"公共档案馆利用馆藏，以一定的手段开发档案信息产品提供有偿服务，应该另当别论"。② 我们的研究团队也认为涉及国家政治、经济、国防和科技的绝密档案当然不能成为商品，但是档案信息资源不仅仅是这些，除此之外，例如企业进行资产重组、股份制改造过程中的企业兼并、收购等，就包含了对档案特别是科技档案的转让。③ 因此，我们不能因为档案的所有权性质为"国有"而否定对其"价值"的挖掘，相反，一个明晰的档案信息产权制度是极大提高服务效率、实现市场价值和促进档案信息产业化发展的客观需要。④ 二是如果档案信息资源供

---

① 详见张斌. 档案价值论［M］. 中央文献出版社，2000：59 - 70.
② 王协舟解释为，在公共档案馆对档案信息进行加工整理的过程中，档案工作者付出了大量艰辛的体力与智力劳动，由此而创造的派生性档案信息产品应该通过市场获得一定的补偿与报酬. 详见徐焱，王协舟. 档案信息商品论——档案信息服务及其产业化的经济学分析之二［J］. 图书馆，2007.3：79 - 81.
③ 王小云. 档案资产论［J］. 档案学通讯，2016.4：80 - 83.
④ 详见熊志云. 档案信息资源产权制度的确立及其效率分析［J］. 云南档案，2007.5：3 ~ 6.

应主体没有直接为了获得交换价值而供应产品及服务，即不符合"商品是用来交换的产品"式的定义，那么是否存在否定档案信息资源成为商品的可能。笔者认为这没有必然联系，商品的价值只在交换的一刹那间发生，不管交换之前的生产目的为何。① 当然，档案信息资源所有者能够以市场为导向，为了交换而开发产品及服务类型，是更为理想的商品价值挖掘方式。

市场机制的日益成熟促使着公共信息管理体制的变革。政府、企事业单位积累的信息资源涉及社会、政治、军事、文化、教育、体育、卫生、科技等各个领域，资源积累到一定的数量级，并不意味着一定能达到用户的利用需求，此时更需要对这些信息资源的组织、加工、开发和推广进行大量的投资。如果档案拥有者兼具敏锐的市场眼光、风险承受能力以及营销创新精神，便可挖掘出具有市场潜力的公共信息增值产品及服务，实现从数据广泛收集到最终为广大用户服务的全部流程。在上述资源产品及服务链中，政府不可能一包到底地全额投资，也往往缺乏对市场经营风险的承担能力以及进行市场开拓创新的动力和经验。但政府也存在明显的优势，它们通常能"做好数据采集端的工作，确保数据的可靠、稳定"，② 但不能仅是收集，它们更要懂得开放和共享数据，③ 这也是市场机制的发展对政府信息管理的内在迫切要求。市场行为需要更多、更全的信息资源，尤其是政府信息资源也不断进入市场，或外包给市场主体，或政企联合进行配置。收集之外的工作，例如对这些已采集数据资料的增值开发利用，也许交给专业的信息企业、中介组织来运作，会收到意想不到的效果。因为它们对信息资源的市场开发有着更好的嗅觉，有着更好的创新能力与经营机制。最为关键的是，它们会因为公共信息资源市场开发所带来的经济利润而乐此不疲。④ 信息公开也是促进公共信息资源市场开发的重要措施，

---

① 详见王运彬，王小云. 档案价值实现过程中信息开发权保障研究 [J]. 档案与建设，2016（10）：4～7.

② 胡小明. 电子政务信息资源共享的经济学研究之二：四种不同的信息资源共享模式 [J]. 中国信息界，2004. 18：14～16.

③ 政府信息公开从理论上提出，到形成《政府信息公开条例》等政府规章，也体现出包括档案在内的任何政府信息资源如果只管收集，限制公开，其价值的实现就难以得到保障。

④ 这一观点逐渐被社会公众所认可，源于政府信息服务以尽可能公开的程度赢得老百姓的支持，至于为何公开、如何公开和公开程度、互动平台等理论与实践问题，老百姓并不关心，政府管理部门、信息管理专家、技术供应厂商关心的是"提取、整合和发布政府数据价值有没有最优措施，有没有办法实现私营部门和社会组织的访问"，大家各取所需。

目前各个国家实行数据开放已成为潮流。例如，英国陆续颁布相关规定鼓励公开政府数据，并支持创建由万维网的发明者蒂姆·博纳斯参与指导的开放式数据中心，这一举措促进了开放数据的新用途，并将其数据从国家手中解放出来。再如，美国前总统奥巴马在就职的第一天就发表了一份总统备忘录，命令美国联邦机构的负责人公布尽可能多的数据。我国也于2007 年颁布《政府信息公开条例》，以促进电子政务建设并改善政府信息服务。政府数据所具有的价值在政府手中不能获得全面开发，一旦多元主体共同参与配置和利用，这种局面就会被打破，并产生意想不到的效果，很多市场组织仅是利用政府所公开的信息就获得了巨大的经济效益。如在美国 FlyOnTime. us 网站上，人们可以交互地判断恶劣天气使某一特定机场的航班延迟的可能性有多大。该网站结合了航班信息和互联网免费提供的官方天气预报，FlyOnTime. us 让数据说话的效果明显，充分体现了政府所积累的信息的实际使用价值。①

为适应市场经济体制背景下的政府、企事业单位所有信息资源开发的需求，国家多年来一直致力于改革和破除信息资源领域影响生产力发展的体制性障碍，大力推进行政管理体制改革，进一步转变政府职能，以建立廉洁高效、运转协调、运作规范的政府为目标，真正把政府的行政职能转变到经济调节、市场监管、社会管理和公共服务上来。在这一背景下，涉及国家公共信息资源管理领域的许多文化事业单位，包括档案行政管理部门，要改变以行政干预为主的管理模式，切实把行政管理职能转向宏观管理、政策导向、标准规范上来，把微观的管理职能从传统管理范畴中分离出来。②

关于档案信息资源市场配置的可行性，经济学原理认为，市场机制能够通过供求关系、价格与竞争机制的综合作用制衡来推动各种资源的流动与分配的最优化，以此提高资源的社会和经济效率，因为市场是资源配置的最佳选择。信息资源的丰裕，是信息市场发育成熟的先决条件，但是两者似乎并不完全一致，甚至存在无法调解的矛盾——信息资源的稀缺与资

---

① 维克托·迈尔·舍恩伯格等. 大数据时代：生活、工作于思维的大变革［M］. 杭州：浙江人民出版社，2013.1：23～29.

② 李国庆. 档案中介机构的理论与实践研究［M］. 北京：中国档案出版社，2006.12：2.

源需求的无限。而缓解或调解该矛盾的唯一办法，在经济学原理看来，依然是遵循信息资源的市场规律，允许以市场的方式介入信息资源的配置。档案信息资源虽然是信息资源的一员，但目前尚未形成以档案信息资源为主体的市场。与信息资源相比，档案信息资源和公共信息资源有着更高的相似度。美国"政府信息资源管理——A－130 文件"也许有很好的参考价值，它明确指出"公共信息资源是具有重要价值的国家资源，更是具有市场价值的商品"。① 美国确认了公共信息资源的商品属性，等于给了市场配置公共信息资源的可能性，也同时确认了对准公共信息资源的开发也可以依赖市场手段。夏义堃将美国的这种做法解读为，公共信息需求的广泛性、多样性和动态性需要有相适应的多样化的资源配置方式，而市场化模式在公共信息资源的深层开发与个性化服务等方面具有得天独厚的优势。②

6.2　档案信息资源市场配置的动力

致力于实现档案信息资源在全社会范围内、"互联网＋"环境下，乃至文化自信背景下将国家档案精品推广至全球范围内的"走出去"战略，关键在于把储存在政府机构手中的档案信息资源以多种形态、多种途径、多种语言输送到不同区域、不同阶层、不同背景的信息用户手中，其中的信息用户既包括组织机构，也包括个人团体；既涉及国内用户，又涵盖国际用户。正如第 5 章论述政府配置档案信息资源困境时分析的那样，"独此一家"的档案局馆恐怕难以承担，适时借助市场的力量是有效且可行的。尽管我们应用公共物品供给理论阐释了市场配置档案信息资源的必要性，但考虑到档案事业管理体制以及档案信息资源在现行法律条件下的特殊属性，还需要在现实层面或具体实践中明确档案信息资源市场配置的动力，或者将公共管理学理论中"政府配置总是存在失灵的情形，这恰恰给予了市场主体运作空间，用户群体市场需求的客观存在催生了市场主体通过完善、辅助或补充政府配置的方式赚取市场利润的空间"的表述"扎

---

① 王运彬. 基于客观环境的档案用户需求变化规律研究 ［J］. 档案学通讯，2010. 3：28 ~ 31.

② 夏义堃. 公共信息资源市场配置的实践与问题 ［J］. 中国图书馆学报，2007. 4：68 ~ 72.

根"于档案管理实践，回答档案资源加工、档案服务供给等环节中"利润"究竟如何形成、政府如何让渡"利润"、企业如何赚取"利润"、"利润"如何驱动企业提升档案实践等更为细化的命题，即动力机制如何形成。

6.2.1 文件生命周期理论在档案实践中的契合与转型

19 世纪中期美国海军设置临时库房以存放半现行文件的做法，在政府部门得到了推广，政府还专门成立了商业性文件中心，国际文件管理者和指导者协会术语手册给予其的定位是"保存其他组织的文件并以营利为目的、提供有偿服务的文件中心"。中西方国家对文件、档案的定位存在差异，其实西方国家档案学语境中的文件中心已经部分涵盖了我国档案的范畴，并演绎和归纳出了文件生命周期理论。该理论的实践意义在于认为文件中心恰恰就是保管半现行文件的最佳场所，既能满足原机关的利用需求，又能检验文件是否具有历史价值，且该做法经济实用，同时兼顾机关管理文件的低成本和高效率的要求。

黄霄羽教授在介绍国外文件、信息商业化服务机构产生的理论依据和实践原因时，认为商业性文件中心与政府主办的文件中心一样，同样是基于文件生命周期理论的完美实践，主要为半现行文件提供保管服务，借助高科技手段为有需要的企业、机构、组织和个人提供集成化、专业化和社会化的文件管理和信息服务，发挥过渡性保管机构的作用。[1] 随着文件生命周期理论传入国内，以及国外文件中心的实践做法在国内逐步得到认可，尤其是档案实践中的确产生了类似于国外的半现行文件保管压力和高效管理需求，政府性质的文件中心、商业性质的档案中介等在中国也日渐发展。由于商业性文件中心或中介组织的服务内容主要是企业档案信息资源管理，也适当兼顾政府文件档案管理业务甚至参与档案局馆档案信息资源建设的部分业务，所以"市场配置档案信息资源"的动力机制，必须在档案学基础理论中寻找最为根本的支持，文件生命周期理论的出现恰恰为档案实践催生市场配置的方式——商业性文件中心提供了最完美的契合。

---

[1] 黄霄羽. 文件、信息商业化服务机构建设研究 [M]. 北京：中国人民大学出版社，2014：181.

但是，这种契合不是一成不变的，半现行文件保管业务所催生的市场需求随着电子文件时代的到来发生了变化。由文件生命周期理论演变而来的文件连续体理论预示着"半现行"这一阶段不再明显，界限不再清晰，需求逐渐消失，甚至从现行到半现行，再到保存期的文件都能在电子文件管理系统中发生"颠覆"，如保管期的文件也能流转至现行阶段。如此一来，以半现行文件保管为主营业务的市场主体必须从基于纸质文件的文件运送、日常管理、安全保管、鉴定销毁等传统业务拓展至基于双套制的文件数据恢复、文档软件设计、文档系统开发、数字内容利用、知识管理服务等新型业务，即技术环境的升级以及文档载体的变化导致了市场配置的方式在文件生命周期理论范畴内的转型发展。这种转型随着全国档案局馆"存量数字化、增量电子化"理念的推广和实践，将会引导和促使"以企业档案业务为主、兼顾档案局馆业务"的市场配置之动力机制朝着更加细化、专业和经济的方向发展。

6.2.2　多元档案用户需求在市场机制下的逐步呈现

实践并完善文件生命周期理论的土壤在美国，它是一个私有制作为社会制度根基的国家，企业就所有权和性质而言大多属于私有企业，追求利润最大化是其本质特点。而在经济发展过程中文件管理属于成本弹性很大、风险较难把控的部分，出于安全、经济和高效的目的，政府性质的文件中心无法直接满足，这就给市场留出了相应的服务空间，形成了市场配置档案信息资源的原始需求，这一需求并不是一成不变的，而是一个逐步呈现的过程。

20世纪80年代，我国开启了改革开放的步伐，大量企业遭遇破产、重组、兼并、整改和改制等，国家档案部门也相应出台了针对此类情形的档案管理办法或措施，以解决企业转轨过程中大量有价值的文件缺乏有效、安全管理的问题。但现实的矛盾是，此类企业文件、档案的确具有凭证和参考价值，按照法律法规是不适宜销毁的，但从企业未来的经济发展和主营业务来看，"前述"文件、档案已逐渐淡出，短期内无法形成明显的效益，而且也不符合进馆的基本条件，无法被纳入档案馆管理。[1]　从档

---

① 黄霄羽. 文件、信息商业化服务机构建设研究［M］. 北京：中国人民大学出版社，2014：195.

案信息资源配置主体的视角来看，市场需求确实存在，政府无暇顾及，纸质文档仍然重要，数字化尚需时日，因此该时期可以看作档案用户需求以市场形态呈现的初始阶段。对此的市场反应，最具代表性的是信安达（中国）于 2004 年设置了 3 万多个档案箱（上海地区客户量达到 4000 多家，深港地区客户量达到 500 多家），为从地方政府、国有企业，到外资银行、保险机构，包括各级机关事业单位等代为处理保管文件、档案约 3000 万份。

进入 21 世纪，组织机构信息化改革步伐逐渐加大，由此带来的涉及文档管理的社会分工细化趋势明显，即政府机关以及企事业单位普遍开展、自己承担的文档管理活动逐渐变得专门化、信息化。如果仍然坚持之前的"内部开发、自己处置"的做法，不仅对于前述的"半现行文件"的保管问题无力应对，而且无法提供"决策辅助机构"应有的"信息资源"。档案部门作为组织机构中的非核心业务部门，适当地将其产生的文件、信息、档案配置方案、配置工具、仓储硬件等交由专业的机构运作，是迫切趋势。市场上较为普遍的从事文件档案管理系统独立开发的公司，大都是较为小众的提供基于微软办公系统的文档管理优化方案的企业，或者应对大规模、高品质图纸等特色载体的高标准库房建设，或者专门供应数字载体长期保存以及异地备份的库房及技术。最具代表性的是量子伟业，截至 2018 年，其客户涵盖通信、能源、金融、航空、地产、政府以及档案局馆等 30 多个领域。

档案用户需求的"逐步呈现"，还因国家政策环境的变化而变化。例如，《中华人民共和国保守秘密法》于 2010 年 10 月修订实施，信息安全上升为国家战略，涉密文件、档案的处置工作以"市场需求"的面貌呈现出来，便吸引了市场主体的关注；同年"十二五"规划中提出优先发展云计算等关键技术领域，与此相关的"云存储""云档案"等概念和方案，全国性公民身份认证系统、全国性的真实档案统一管理调度系统以及基于大数据的互联网身份认证平台等均以"市场需求"的面貌呈现出来，也极大地吸引着市场主体的关注。可以预见的是，档案用户需求会由于行业竞争的加剧、业务推广的认知、产品服务的质量、重点领域的涌现等出现一些新情况，但"多元化、市场化"步伐不会停滞不前。

除了上述两个动力机制，文档管理专业诉求在数字环境下的细化发展，也在一定程度上驱使着市场主体不断地从政府档案信息资源配置、企业档案信息资源管理等"土壤"中发现可以发挥自身优势、体现专业特色、赚取市场利润的新"间隙"。

6.3 档案信息资源市场配置的运行与实现

6.3.1 档案信息资源市场配置的运行机制

市场配置档案信息资源，是指在一定的市场环境中，市场主体以营利为目的，在一定的动力刺激和条件允许的情况下，以自身的资本或政府的补贴作为成本对档案信息资源进行"加工"，从而产出或提供适应市场需求的准公共物品及服务，如图 6-1 所示。

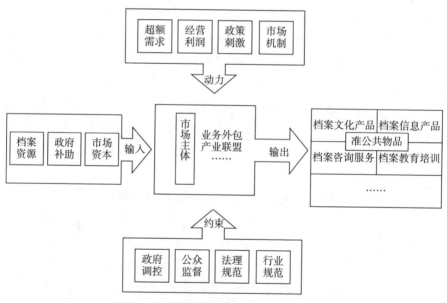

图 6-1 档案信息资源市场配置机制结构

图 6-1 反映了运行机制的五个方面：一是市场主体在整个市场配置档案信息资源的运作过程中，以什么样的策略或方式参与其中，是业务承接承租的外包方式，还是基于产业链的联盟战略或其他形式；二是市场主体的动力，以营利为目的的市场主体之所以愿意参与，是因为政府配置无法满足的超额需求以及由此带来的经营利润，之所以能够参与，是因为配套

的市场机制的建立健全以及政策上的优惠和刺激；三是市场主体的原材料和成本，以档案信息资源为对象，投入市场的可以是企业的自由资本，也可以是来自政府对一些项目的财政补贴；四是对市场主体的约束，营利性动机和追逐市场利润的本性，难以保障企业在服务供给中不偏离准公共物品供给的方向，因此整个行业和企业必须承担一定的公共责任，并以行业规范、法律规范、公众监督和政府调控的形式来约束；五是市场主体提供的最终产品，包括档案文化产品、档案信息产品、档案咨询服务和档案教育培训等。

6.3.2　档案信息资源市场配置的实现方式

　　档案信息资源市场配置的具体运行方式是多种多样的，对于相应的准公共物品及其服务的市场供应来讲，凡是那些在某些方面具有明显市场特征的方式方法手段，都是市场机制的反映，都可以被视为市场配置的具体形式。对于市场配置过程中的主体来讲，它们有大量的市场化策略或方式可资借鉴，如世界各国在多年的公共服务市场化改革中运用较为成功的合同外包、用户付费、政府补贴、产业联盟、特许经营等。就目前对档案信息资源商业化运作和市场化配置的探索实践而言，比较具有发展前景的有两种方式：一是站在政府的视角，政府与企业联合供给，较典型的是行政扶持、市场运作模式下的业务外包；二是站在企业的视角，由企业独立供给，较典型的是政策支持、市场竞争模式下的产业化。

　　档案信息资源主要分布于政府机关（国家事业单位）的档案馆和企业单位所属的档案部门，对于这两者来讲，业务外包有着不同的分属领域。前者隶属于公共服务外包领域，是指政府通过打通行政权威垄断的方式提供公共服务的模式，将公共服务递送分解为安排和生产两个层面，在公共服务的生产层面引入私营企业、非营利性组织等力量的参与，从而发挥市场竞争在降低成本与提高效率方面的优势，全面提升公共服务供给的绩效。① 而后者是指企业将传统上由企业内部人员负责的业务以外加工方式包给专业供应商，充分利用外部最优秀的资源，从而降低自身业务成本的

---

① 詹国彬. 公共服务合同外包的理论逻辑与风险控制 [J]. 经济社会体制比较，2011.5：149～155.

一种管理策略，属于纯粹的企业经营行为。业务外包起源于 20 世纪 80 年代末美国的工业企业，而如今在信息网络时代如何运用外包业务已经成为企业运作成败的关键，即外包已成为一种较为成熟的企业经营行为，所以前者的业务外包只是对后者的学习和借鉴（当然不只是学习档案业务外包），本书只讨论前者，即各级各类国家档案馆的业务外包。

与企业档案业务外包的经营行为相比，档案馆采取业务外包策略，面临着理论逻辑的三个转变。一是公共选择方式的转变，即通过集体行动和政治过程来决定资源在公共领域的分配，并通过民主政治过程，将个人的私人化选择转化为集体选择的一种过程或机制。① 国家档案馆作为公众档案利益的代言人或者代理人，都各有利弊，尤其是公共选择理论②认为，类似于国家档案馆的政府组织的代言人并不像人们以前所认为的那样绝对充满公益心，它们也是个体效用最大化的理性经纪人，追逐着自己的机构利益和个人利益，其次才会考虑公众利益。因此从提高服务效率和服务质量的角度考虑，通过建立公私之间的公平竞争或者民主政治过程，释放一部分原本由政府低效承担的业务给市场和社会，它们只在某些业务领域充当代理人更为合适。二是公共管理职能的转变。正如一些学者早年所指出的那样，公共利益和服务的提供，除了需要官僚机构不断拓宽和完善之外，也可考虑是否存在其他机构可以提供这些职能。如何考虑仅取决于哪种途径能以最经济的方式满足公众的需求。③ 最新的公共管理理论已经不再把公共管理活动看作政府的行政管理职能，而是将其视作"公共产品与公共服务供给过程中由多元主体共同组成的复杂网络的治理"。④ 但是颇具思考意义的是，档案"局馆合一"，既充当了"掌舵人"（政府职能）又充当了"划桨人"（服务职能），如何将档案部门的服务职能逐渐外包乃至

---

① 黎民. 公共管理学 [M]. 北京：高等教育出版社，2011：20～23.
② 美国著名经济学家詹姆斯·M. 布坎南将经济学应用于政治科学，将经济学科语境下的理性经济人假设引入政治领域下政府管理活动，进行分析并创立了公共选择理论（Public Choice Theory）。详见吴月红，叶常林. 政府信息服务外包的理论依据与模式选择 [J]. 图书情报工作，2010. 11：112～125.
③ 米勒·波格丹诺. 布拉克威尔政治学百科全书 [M]. 邓正来译. 北京：中国政法大学出版社，1992：613.
④ 陈静. 论政府公共服务合同外包 [J]. 河南理工大学学报（社会科学版），2010. 2：175～179.

剥离出去，对其强化"掌舵人"弱化"划桨人"功能至关重要。对此，情报专家建议，提供此类服务的机构规模宁小勿大，宁要私人企业而不要官僚体制提供服务工具，宁要多元格局提供服务而不要无所不包的一元化结构。① 三是治理模式的转变，从权威治理到合同治理。档案馆即使剥离出行政职能给档案行政机构，或是让渡部分公共服务业务给私人企业，在传统的政府治理理念中，档案馆也依然被视为（或者被假设为）一个权威系统，依靠权威来制定和执行各种规则，在供应公共服务过程中，仍然保留着政府和相对人的不对等性以及政府在行政活动中主导、单方命令式的特征，因此应该在业务外包模式中引入一种以合同进行协调的机制，② 即合同外包。

从档案馆业已实施的外包业务种类来看，其几乎遍及非核心和非保密的各个业务领域。例如，档案库房的日常管理和维护、特藏档案的保护与修复、联合汇编史志和档案资料、档案数字化、档案网站建设等。从外包业务的实施策略来看，已经有了较为全面的可行性论证方案和较为系统的操作流程图，③ 对档案馆开展业务外包可能存在的风险和弊端也有了相关的研究。采纳业务外包策略，对档案信息资源配置有着巨大的优势：于资源供应者之一——档案馆——来讲，使其强化了工作绩效意识，节省了成本支出，避免了投资风险，能集中优势力量于核心档案业务；于资源供应者之二——企业——来讲，使其解决了档案工作任务繁重与档案人员、设备、库房配备不足的矛盾，可集中主要力量于经济核心竞争力的提高；于

---

① 详见吴月红，叶常林. 政府信息服务外包的理论依据与模式选择 ［J］. 图书情报工作，2010.11：112～115.

② 通过合同的大量运用，广泛引入公共服务的购买者——提供者分离的机制，将公共服务供给简化为代表需求方的管理机构和代表供应方的管理机构，在中间生产环节构建公共组织、私人企业和非营利性组织等多元介入的格局，并鼓励各个主体为获取合同而在服务质量、数量和价格上展开竞争，以达到花更少的钱赢得更多回报的目的。详见詹国彬. 公共服务合同外包的理论逻辑与风险控制 ［J］. 经济社会体制比较，2011.5：149～155.

③ 将业务外包概述为三个过程：一是决策过程，是否外包，外包的业务范围形式选择；二是选择过程，即如何选择外包商；三是管理过程，合同如何签订，责任和风险如何监控等。八个步骤：（1）对档案馆业务技术应用现状、需求以及有关部门的业绩评估；（2）规划有关具体业务技术发展前景；（3）制定业务外包策略；（4）设定具体外包项目的标的；（5）评价承包商的综合能力；（6）设定外包合同；（7）对外包实施过程进行监督管理；（8）验收完成的项目。详见黄力，李圭雄. 档案馆业务外包策略研究 ［J］，档案学通讯，2004.4：86～88.

需求方——广大的公众——来讲，使其普遍需求、特殊需求等多元需求都能通过不同途径得以满足；于资源宏观调控者——国家或档案行政管理部门——来讲，使其能够集中精力做好档案事业的统筹规划、组织协调、统一制度、监督指导等工作，[①] 而不用对所有具体的档案管理、教育、宣传、科研、服务等统包统揽。

产业化，不是将档案本身发展成产业，也不是将"档案产业"（也有人称之为档案信息产业、档案信息服务业、档案文化产业等）并列于"档案事业"甚至使其代替"档案事业"，而只是档案信息资源多元配置策略之中的市场配置的手段选择。例如，"使档案信息资源从产品化和服务两方面进入'产业'，成为一种经济发展要素"，[②] 或者在开发数字档案信息资源及其服务方面采用商业化运作模式，以在获得经济效益的同时更好地满足用户的多元化需求，即将档案事业中相当一部分剥离甚至独立出来实现产业化和市场化的经营，[③] 这是未尝不可的。尽管"产业化"在档案理论上还备受争议，在实践上还处在被动自发阶段，但是从档案信息资源配置的两个基本目的出发，即满足多元需求以及实现配置效益优化来看，产业化或商业化运作是完全必要的。

从配置效益优化来看，效益优化是档案信息资源配置追求的理想目标之一，包括社会效益优化和经济效益优化。档案学界对于社会效益追求、实现和评价的研究成果很多，本书第5章政府配置中已经重点阐述，这里只以产业化的发展目标即经济效益优化为对象进行阐述。政府机关虽然积累了遍及社会所有领域的大量档案信息资源，但与用户的应用需求相去甚远，大量"原始"资源尚待大笔资金投入组织、加工和开发，其投资必须具备市场眼光、风险意识和创新能力，才能挖掘出具有市场潜力的增值服务，如此一个周期长、投资大的过程，政府无法一揽到底。政府的优势是做好数据采集端的工作，确保数据的可靠、稳定，[④] 而对于服务链的市场

---

① 冯惠玲，张辑哲.档案学概论（第二版）[M].北京：中国人民大学出版社，2006.5：71.

② 冯惠玲.档案信息资源在国家经济社会发展中的综合贡献力 [J].档案学研究，2006.3：10-12.

③ 详见覃兆列.覃兆列：档案信息产业化之辩 [EB/OL].http://www.kmcenter.org/html/zhuanlan/qinzhaogui/201012/01-12082.html，访问时间：2017.10.10.

④ 胡小明.四种不同的信息资源共享模式 [J].中国信息界，2004.9：14~16.

挖掘、深度加工和增值服务，信息企业或中介机构以其更专业的管理团队、更强的创新能力和更好的经营机制，无疑成为首选。因此经济效益优化的基本要求：一是必须提高整个社会档案信息资源配置的投入产出率，即消耗更少而产出更好；二是必须提高整个档案信息资源体系符合多元需要的程度，即减少档案信息资源的闲置与浪费。实现效益优化的两个"必须"，便要选择产业化的运作方式。①

6.4　档案信息资源市场配置的主要困境

前文基于公共管理学中的公共物品供给理论以及西方经济学中的稀缺资源配置理论，提出由市场配置档案信息资源不失为一种较为经济有效的运作方式，前提是档案信息资源市场确实存在。笔者在相关研究中将其定义为"从相应的档案产品生产、服务的提供到用户消费之间的整个流通过程以及全部流通领域，反映的是基于档案信息资源市场价值属性而形成的供求关系的总和"。即有内在的价值、竞争及供求机制，经济效益上有保障，社会效益上有公平，方为市场配置档案信息资源的"有效"。但是，实际情况中却存在诸多障碍，诸如市场手段本身的缺陷，或者档案信息资源的特殊性等，形成了档案信息资源市场配置的主要困境。

6.4.1　内生困境：档案事业的公益属性影响了市场的自我发育

档案事业的公益属性由档案信息资源本身的属性决定，即便是由市场主体供应的档案信息资源加工产品或者增值服务，依然是具有公共物品或准公共物品属性的混合产品，与市场上同类型的信息产品、知识产品或数据库产品同样具有非竞争性和非排他性，易于低成本复制和扩散，供应主体在缺乏有效的知识产权保护或较为复杂的涉及档案的著作权保护的情形下，很难形成对每一个档案用户收费的有利局面。如此一来，市场上很难出现类似于中国知网、维普数据等基于原有期刊、图书等资源进行整合开发的档案内容产品。尽管数字人文时代图书馆与档案馆正热衷于对原有馆

---

① 对于外包管理的分析，参见王运彬. 国有档案信息资源的多元化配置研究 [D]. 中国人民大学博士学位论文，2012：180～183.

藏中手稿、古籍、档案、舆图等原始稿本进行数据关联、可视化开发，但市场前景还需政府部门与科研院所的前期投入和相关论证，否则企业是不会贸然进入的。

为了避免市场配置所产生的"有效供给不足"问题，政府对国家档案事业全额拨款支持，近些年来对于档案提供利用、档案查阅服务的收费争论已渐渐消弭殆尽，理论研究与实践部门都较为一致地认为相关服务是公益性或公共性占绝对主导，公民纳税、政府拨款的言下之意是理所当然地认为"免费提供"是合理的。其实还有另外一个内在逻辑，即市场主体害怕"搭便车"而不愿意介入的市场失灵情形，政府机构不得不介入其中，例如，政府现行文件公开查阅服务、历史档案对外开放查阅等。但是，终端的纯公共物品或混合性质的档案信息资源产品形态，并不意味着产品的"形成"过程也应是纯公共的或政府一手包办的，而是应有一个类似于"产业链"的逻辑过程，毕竟档案局馆也好，文博单位也罢，为了获得更多的现实利益，例如社会影响、适当收益、领导认可等，都会积极联系市场主体围绕所藏资源开发出新的整合形态、服务方式或展演平台，在此过程中可能会通过类似于付费及时浏览等新技术赚取新产品、新服务或新平台的部分收益，从而通过知识产权的法律保护以及网络付费的技术门槛附着其上。公益理念下本应为社会共享的范围逐渐缩小，基于免费观念前来查阅的档案用户越来越不认可，与市场配置理论所要达成的"多元产品匹配多元需求"的理想状态也相去甚远。例如，近年来被叫停的房产档案查阅收费服务，城建档案馆或房产档案馆通过外包（给私营企业）来整合自身档案，搭建查阅平台，提供服务人手，将查询权以部分收费的形式转让出去。其做法本无可厚非，不外包的话，原有馆室资金、人力、物力难以满足高涨的房产档案查询需求；但外包的话，私营企业的收费标准、服务态度等又受到了社会各界的诸多质疑。其实该方式本身无可厚非，借助市场的方式供应了更快捷更便利的查阅服务，反而值得反思的是，"各界质疑"的声音如此"合情合理"就是源于"档案信息资源或国家档案事业的公益属性"，正好阻碍了市场主体的自我发育。

然而，与上述情况截然相反的情形也是存在的，即国家为了保证公共档案信息资源供给的公平性和公益性，引入市场机制时设置了一些市场准入门槛，限制了一些企业参与竞争的机会，甚至准入的企业就是一些半官半民或者官办的中介公司。这些企业获得了一定期限内的档案信息资源产品开发或增值服务的经营权，在市场监控不到位的情况下，也容易形成上述企业对该领域市场的垄断。信息类产品或内容类产品的垄断，不同于牛奶、地产、石油等，既可能因为"准入门槛"形成垄断，也可能因为"自身实力"形成垄断，更为特别的是由"公益性质"衍生出来的"准垄断"，即由于档案信息资源产品或服务的非同质性和消费体验性，其研发、加工、销售、售后等过程较为漫长，遇到"用户体验式"或"问题解决型"的服务单项，难以形成可以衡量的标准并形成行业标准的价格机制，业已进入者自然高枕无忧，外围观望者兴许偃旗息鼓。不管何种垄断局面一旦被默许或形成，竞争机制、价格机制的有限或失效必将导致市场配置主体无法得到充分发育、成长和进入，引起现有的档案信息资源无法得到充分开发、必需产品和服务得不到有效供给、既有产品质量和服务效率低下等问题。

6.4.2　外在困境：档案事业发展定位影响了市场的政策培育

档案学界在阐述档案文化产业、档案内容产业、信息资源产业等由市场配置档案信息资源的相关论证中，包括笔者在 2009～2012 年的博士论文的论证过程中，较为经常地引用中共中央办公厅、国务院办公厅 2004 年联合下发的 34 号文件《关于加强信息资源开发利用工作的若干意见》中对于信息资源产业等信息服务业的政策支持和鼓励。冯惠玲教授也由此推断出，"作为信息内容产业之核心的档案信息资源以社会化的资源进入这个产业，并以市场化方式供给将会是一种必然趋势，只是因为档案的特殊性会导致进入的时间、范围和程度上有所差异而已"。[①] 但恰恰是这种特殊性所导致的差异性，尤其是国家档案事业管理体制改革脉络中，档案局馆所属机构在改革中从政府系列被划归党务部门或党管部门之后，以档案信息资源为核心内容的档案信息服务业的内部结构并不均衡，服务层次与范畴并无实质性创新，相关部门从预测与强调档案部门或涉事企业开发"高端服务产品例如问题解决模式的咨询服务、档案信息管理指导服务、用户体

---

① 冯惠玲. 档案信息资源在国家经济社会发展中的综合贡献力 [J]. 档案学研究，2006.3：10～12.

验模式的休闲服务、面向用户的涉档专题数据库"等市场行为,① 转为强调"档案部门的政治属性,档案部门姓党,为党守史"等类似语境的政治行为,两者之间本身并无矛盾,但具体执行时选择上稍微有所偏颇,便会从政策上制约市场相关主体的培育。

第一,尚未建立起此"资源"与彼"资源"的联系。此"资源",是指本书的重点研究对象——档案信息资源,彼"资源",是指国家战略中市场化改革方向下所强调的"市场对资源配置起决定性作用"的"资源",更为细化明确一点,也可以专指中共中央办公厅、国务院办公厅联合下发《关于加强信息资源开发利用工作的若干意见》(2004 年)"对具有经济和社会价值、允许加工利用的政务信息资源,应鼓励社会力量进行增值开发利用"、要"积极发展信息资源市场,积极发挥市场对信息资源配置的决定性作用"中所表述的"资源"。究竟此"资源"能否成为彼"资源"?还是此"资源"独树一帜无法被彼"资源"所涵盖?抑或彼"资源"开发的途径方式能否为此"资源"所借用和参考?有以"公益事业发展不许产业化经营"之理由强调两者差异的论点,也有以"使用市场配置档案信息资源之手段实现国家档案事业之公益目的"之理由强调两者结合的论点,但总体上,尚未从法理上、政策上、政治上"正本清源"式地厘清两个资源的关联性,才为"衙门内部衍生的服务机构以'亦官亦民''非官非民'的方式阻挡了真正市场化、产业化的介入方式"提供了滋生空间。

第二,尚未明确发展目的与发展途径的区别。无论档案学界一再强调的档案事业的"科学文化事业"属性,还是档案部门一再以"局馆合一"实际行使政府管理的"行政管理"属性,甚至党的十八大以来政府机构改革中将档案局馆列为党务系列的"政治机构"属性,都关涉国家档案事业的"发展目的"。例如,档案学界强调的"档案信息是一种特殊的信息,它自形成之日起对外有一段时间的封闭期,某些档案信息的机要保密性还很强,档案事业归根结底还是一种社会公益事业,追求的主要是社会效益,然后才兼顾经济效益"。② 又如,某些档案部门"故意将档案事业的安

---

① 王小云. 基于价值实现和权利保障的档案资产论建构研究 [M]. 北京:社会科学文献出版社,2018:310~317.

② 肖文建. 走出"档案产业化"的误区——与"档案产业化"论者商榷 [J]. 档案学研究,2004.2:57~61.

全保密需求加以泛化，进而反对与安逸现状相悖的一切变革"；① 对发展途径而言，"重社会化轻产业化"的相关论述总是"从更深刻、更广泛的社会视角去理解档案信息资源共享，缺乏更务实、有效益的经济视角去实现档案信息资源共享"等落地落实的途径，档案数字化建设、可视化开发等新型服务方向的确可以更好地服务党和国家、社会和人民，但常以"前期开发投入过大、产出周期过长、运作难以持续"等难以绕开的"产业化"途径来制约"社会化"目的的实现。社会公众常常诟病的"相当数量的档案信息仍然处于沉睡状态""为何专利申请成功就被锁紧档案柜"式的语境表达，也恰恰反映了"以凝结档案从业人员智力劳动的挖掘隐性信息、集成档案信息、关联档案数据、档案多维展示等"高层次服务难以突破"激励性"途径不够的现实，制约了"社会化"目的的实现。

此外，政策层面，对于档案信息知识产权的完善跟不上信息财产权等最新法律研究成果，对于档案信息资源数据库建设标准的完善跟不上信息可视化等研发进展，对于档案行业市场准入等法规制度的修订跟不上企业研发新业务、开拓新市场的步伐等，都影响了市场的政策培育。

6.5　档案信息资源市场配置的典型案例
——档案拍卖

6.5.1　档案拍卖概述

在提及"市场"一词时，有必要提及我国社会主义现阶段的主要矛盾——人民群众日益增长的美好生活需要与不平衡不充分的发展之间的矛盾。美好生活需要与高质优量的档案信息资源供给有矛盾就意味着不平衡，天平失衡，需要时间或者其他要素完善来达到称心的结果以实现供求关系的平衡。以档案学界为例，档案信息资源的利用、共享、流通是一个突出的问题。例如，输出的档案信息与用户的需求不相符合、档案实体拍卖流通不畅、档案信息的开发利用不足等都是现今令人头痛的问题。档案拍卖是档案信息资源市场配置的突出事例，在笔者看来，档案信息资源的

---

① 详见覃兆刿．覃兆刿：档案信息产业化之辩［EB/OL］．http：//www.kmcenter.org/html/zhuanlan/qinzhaogui/201012/01 - 12082.html，访问时间：2015.10.10.

市场配置，在某种程度上可说是一个动态过程，而非纯粹的静态过程，需以外界环境的变化随时调整自身的发展战略。在化学领域，通常会提到一个词组"动态平衡"，就是在一定条件下，一个可逆反应的正反应速率与逆反应速率相等时，反应物与生成物的浓度不再改变，达到一种表面静止状态，就是一种动态平衡。需要注意的是，平衡后，若压强、温度等与该反应相关的因素发生变化，平衡就会被破坏。档案信息资源市场配置就类似化学反应，参与的反应物与最终的生成物，以及反应时的外界环境或者加入的物质（包括动力），种种条件都紧密相关。因此，若只是用掌握的些许零碎信息，辅以信息资源推广流程，就试图平衡档案信息资源的供求，那么生搬硬套的结果只会是被动的资源配置。配置的效果要么向逆反应方向进行，要么向正反应方向进行，向正反应方向进行时得到"输出供给信息"，向逆反应方向进行时则生成"信息资源需求"。显然，无效的配置，即配置未成功，与最终追求的动态平衡状态相差甚远。而平衡在此指的是档案信息资源市场供求符合大众的期望，供需关系虽然一直存在（犹如可逆反应时刻进行），但是两者关系融洽、和谐。

　　在档案信息市场配置领域，私人档案拍卖是重头戏。私人档案是指所有权归私人所有，由私人或私人机构和组织在社会生活中形成的以及依法获得的各种形式和载体的档案材料。[①] 拍卖作为一种社会中介服务，已经成为我国市场经济的重要组成部分[②]。在经济利益和其他因素的驱使下，档案拍卖势头正足，且呈现日益上升的趋势，通过多种传播方式来扩大宣传的现象随处可见。那么通常对档案拍卖的理解是什么？笔者总结出三个关键词：公开竞价、价高者得、买卖方式。众所周知，档案是一种珍贵的原始记录，反映着人类的社会活动，发挥着独特的作用。近年来，拍卖市场上总会出现档案的身影，无论国内外。档案可不可以被拍卖？若是可以拍卖，具体操作是否可行？拍卖后的档案怎么监管？这一连串的问题引人关注，耐人寻味。根据我国《档案法》和其他法条的相关规定，国有档案不可拍卖，因此本部分探讨私人档案拍卖，即所指的档案拍卖对象是私人档案，而针对国有档案不可拍卖的详细分析正文里也会提及。笔者将以梁

---

① 张世林. 我国私人档案所有权法律研究 [J]. 档案学通讯, 2013. 3：57～60.

② 郑维炜. 完善我国拍卖法之诚实信用法律制度 [J]. 法学家, 2014. 3：50～60.

启超重要私人档案拍卖为例来具体分析该主题。

笔者查阅资料，在中文期刊全文数据库上通过主题、全文等方式搜索"档案拍卖"，发现研究性论文极少，大多是对档案拍卖的思考与感悟。调研中发现拍卖会上，档案多以文物身份出现，以档案为噱头的拍卖事件甚少，档案馆较少参与档案拍卖活动。笔者以"archive auctions"为关键词检索外文数据库时发现出现的结果与档案拍卖这一主题沾边的很少，大部分出现的是某人将拍卖会竞拍到的档案捐赠给某高校或机构等。

6.5.2 梁启超档案拍卖事件的理论分析

6.5.2.1 梁启超档案拍卖事件回顾

在档案学界，珍贵档案被拍卖事件引起了众多学者的关注与探讨，例如民国外交档案，孙中山演讲唱片，过云楼古籍，周作人撰写、鲁迅先生批校的《日本近三十年小说之发达》手稿，"南长街 54 号"梁启超重要档案等拍卖的事件。其中，最著名、最具代表性的当属 2012 年"南长街 54号"梁启超重要档案拍卖，这一事件也成为众多学者对私人档案拍卖关注的高峰点，很多争议和批判在此间产生。

事件具体如下，2012 年匡时公司秋拍推出"南长街 54 号"梁启超重要档案，所拍之物包括手稿、书信等，共计 950 件，其揭秘了关于五四运动、立宪运动等的诸多细节。在一定程度上，这批档案对研究中国往昔的政治、经济、文化、社会等具有极大的参考价值，最终拍出了 6709.2 万元人民币的天价。然而正是这一场看似正常的拍卖却引起了社会公众的热议。首先，拍卖这些档案的委托人是梁启勋（系梁启超之弟）的后人，与梁启超的直系后人无关，而匡时打出的梁氏档案这一招牌让梁氏直系后人感觉委屈与不公，有悖梁公意愿。其次，委托人不愿整体拍卖，因此梁启超重要档案是按批次、分散拍卖的，这也意味着拍卖完毕，档案之间的有机联系就被破坏，重聚首基本不可能。再次，档案拍卖是否能有效实现档案的经济价值引起众多领域专家、学者的热议，档案学者重点关注"南长街 54 号"梁启超重要档案拍卖是否符合我国档案法的规定，如此珍贵的档案是否可以被拍卖。最后，由于梁启超档案拍卖事件引起了极大的社会关注度，炒作、造势、宣传等营销手段在此次事件中也运用得淋漓尽致，档案置身到市场的利益漩涡中，饱受争议。

6.5.2.2 梁启超档案拍卖流程之合法性分析

我国现今艺术品拍卖程序主要包括以下几个步骤，委托拍卖、发出拍卖公告、拍卖交易、拍卖成交。艺术品拍卖前期须向以下几个部门备案，文物局、商务部、工商局以及公安局。相关部门对艺术品拍卖监管十分严格（防止走私、盗窃、不合法等行为），因此文物局等部门的审批也显得非常重要。根据《宪法》第十三条规定，公民合法的私有财产不受侵犯。《档案法》第十六条第二款规定，向国家档案馆以外的任何单位或者个人出卖的，应当按照有关规定由县级以上人民政府档案行政管理部门批准，严禁倒卖牟利，严禁卖给或者赠送给外国人。就匡时拍卖公司而言，其在拍卖前并未如档案法所规定的向档案行政部门报备，因此有违背档案法的嫌疑。就梁启勋后人而言，作为拍卖委托人，档案所有权属于他们，就意味他们有权处置这批档案，尽管对于这批国宝级档案而言不是一个良好的归宿。但是，关注程度如此高的拍卖事件，竟然只有档案学者提出异议，并撰写了相关文章来反映该事，国家档案行政部门并未发声。从系列的工作流程可知，我国的律法之间有互相矛盾之处，向外出售非国有档案时要经档案行政部门审批的制度未得到重视，一方面体现了人们对档案法的认识及重视程度不高；另一方面也说明该法条的现实可行性较低。[①]

档案学界之外，该案例还涉及财产所有权与隐私权、著作权冲突时如何界定拍卖的合法性问题。法律界人士王凤海认为当物权和著作权发生纠纷时，应当坚持物权优先原则。[②] 清华大学程啸教授认为隐私权、著作权高于财产所有权。[③] 私人档案反映、记录生活，难免会涉及隐私权，而档案拍卖的前期工作与拍卖后财产所有权的转移难免会涉及财产所有权。隐私权是一种基本人格权利，书信内容的泄露与权利的转移难免会侵权，如果此时有梁启超的直系后人提出异议，认为档案拍卖影响了他们的生活，甚至涉及名誉权，那么此时拍卖公司、拍卖委托人应该如何处理此种情况？拍卖的梁启超档案中有书信和手稿，显然，书信部分的著作权不属于

---

① 蒋卫荣. 从梁启超档案拍卖说《档案法》第十六条的修改 [J]. 档案学研究，2013.4：23～26.

② 私人书信涉及哪些"权利"？含物权隐私权名誉权 [EB/OL]. http://www.chinanews.com/cul/2013/05－30/4873491.shtml.

③ 程啸. 侵权责任法 [M]. 北京：法律出版社，2015：165.

拍卖委托人，甚至拍卖公司也有侵权的嫌疑。《著作权法》中的发行权定义如下，以出售或者赠予方式向公众提供作品的原件或者复制件的权利，而《拍卖法》第四十八条中规定拍卖人应当在拍卖前展示拍卖标的，并提供查看拍卖标的的条件及有关资料，拍卖标的的展示时间不得少于两日，那么此时的预展览是否可以算作发表，是否侵犯了作者著作权中的发行权？如果肯定预展就是侵犯发行权，那么此时拍卖的预展应该要取消，但是如果取消掉，档案拍卖就不可以进行，因为我国的拍卖法规定拍卖前的预展是必须举办的。

从宏观方面来讲，国有档案不允许出现在拍卖场所，任何组织和个体都不得出卖。同样地，当所拍卖的私人档案是合法途径获得的非违法走私物时，法律允许私人档案被拍卖。但是，从微观方面剖析，所拍卖的私人档案有无侵犯隐私权和著作权有深入探讨的必要。当所拍档案的权利发生冲突时，应该如何认定所有权、著作权、隐私权的权利位阶，以及拍卖的档案需不需要档案行政机关批准后才能拍卖，都值得相关领域专家思考。[①]

6.5.2.3 梁启超档案拍卖操作流程之合理性分析

现实生活中，公众较为注重和了解档案的政治效益、文化效益等而往往容易忽视档案的经济效益，对档案经济效益知之甚少。例如，在拍卖市场公众对"文物"更加熟悉，因此在拍卖私人档案时不少人都会有疑问，私人档案是什么，它怎么拍卖，怎么实现其经济效益？如果暂时抛却档案在文化、政治等方面的作用，从实现经济效益方面入手则可以更加深入地认识。王小云更是认为档案是一种资产，档案资产是一种生产要素和经济资源，能给相关主体带来经济利益。[②] 档案带来经济利益的途径有很多，比如输出档案文化创意产品、加工利用档案信息实现经济价值、开办档案文化授课夏令营等。以台北故宫博物院为例，其开发利用档案实现经济效益工作做得非常出色。"朕知道了"胶带受民众追捧，掀起了两岸争先输出文化产品的狂潮，后续推出的"宫院藏印章""青铜器图纹""乾隆御览之宝""金文"等纸胶带更是大放异彩，取得的经济效益自然不言而喻。

---

① 王小云.基于档案价值实现和权利保障的档案资产论建构研究 [M].北京：社会科学文献出版社，2018：185.

② 王小云.档案资产论 [J].档案学通讯，2016.4：80～83.

私人档案拍卖也是档案实现经济价值的一种形式，且是一种较为直接的方式，直接将档案实体放到拍卖台上，通过竞拍往往会有一个高价位的结果。过往，人们总会将目光投注到档案的社会效益上，注重以档育人，政治意味浓厚。显然此种方式获得的经济效益甚少，投入和产出往往失衡。在现今的市场经济熔炉中，各行各业都会寻求投入和产出的平衡点，争取以最少的投入换得最大的产出。档案拍卖是一场将私人档案作为商品进行交易的竞拍会，档案的委托人通过拍卖获得他所需要的经济效益，在一定程度上可视为档案的变现。用通俗的话讲，只要个人手里有私人档案，且私人档案合法、有价值，你就可以通过拍卖流程将潜在的价值转化为有形的资产。

北京匡时在拍卖梁启超重要档案时投入了很多时间、人力和物力。笔者浏览匡时拍卖网站，发现在其新闻中心宣传栏上针对梁启超档案拍卖的宣传信息约有 60 条，与其他同时期拍卖物件的宣传信息相比，数量非常巨大，其还通过多家媒体宣传以扩大知名度，举办了多类型咨询活动等。

如果单从私人档案的经济效益考量，暂时忽略可能发生的对档案的保管、利用等方面的不利影响，私人档案的拍卖具有操作可行性，完全可以通过多种途径来实现拍卖前期的预热与宣传，在不违反法律法规的前提下，将档案当作持有人的一份资产，以拍卖的形式变现，实现档案的经济效益。当私人档案的经济价值得到挖掘，经济效益得到开发时，无疑会间接推动整体档案事业的发展，至于这种推动是有益还是有害的，抑或二者兼而有之，还需研究团队长期跟进、观察及监测。

6.5.2.4 梁启超档案拍卖后续监管之必要性分析

档案保管的质量影响着档案的寿命及利用，而档案的保管工作又十分烦琐，工作流程相对复杂。因此，拍卖后档案的流向问题一直为人们所重视。现今，中国的法律还未有明确、具体的拍卖后档案监管的条款。"南长街 54 号"梁启超重要档案是分散拍卖，不是整体、一次性拍卖，这就有档案散失、损毁的风险。档案拍卖通过多人竞拍实现，意味着价高者得。一些买家是基于保护现存档案、传承中华文化的心理竞拍，爱之惜之，不肯轻易将档案二次转卖；一些买家是看到档案蕴藏的巨大经济效益，具有投机心理，得之则高价转手倒卖，获取利益。可想而知，遇到上述截然不同类型的买家，档案的命运也许会完全不同。现今国家档案行政管理机关未有完整的拍卖后档案的登记、记录、检索等管理规定。这些拍卖的私人档案将来的命运引起了档案学者的高度关注，他们也纷纷提出质疑。拍卖档案的后续监管存在漏洞，这也意味着一旦同一批档案分散拍卖，那么最后要想寻得所有档案的踪迹就会非常难，因此是否应将私人档案纳入国家档案体系的总体范畴值得思考。① 在国家出台相关的登记政策之前，拍卖后档案的后续监管存在问题，就算该次的交易行为拍卖公司有详细的记录（拍卖公司后续会与买家联系，竞拍完成并不意味着毫无交集），那么长此以往，档案的一次拍卖、二次拍卖能否被完全记录下来？一系列私人档案拍卖流向问题会一直存在，后续监管显得迫切且必要。

6.5.2.5 梁启超档案竞拍者参与度之可行性分析

前文提及"南长街 54 号"梁启超档案的巨大经济价值以及最终的巨额成交款，笔者认为是档案的稀缺性与公众的珍宝需求心理相互作用的写照。美国著名经济学家穆来纳森说："人们的视野会因稀缺心态变得狭窄，形成管窥之见，即只能通过'管子'的孔洞看清少量物体，而无视管外的一切。"② 也就是说，稀缺会俘获一个人的大脑。

因此，对于价值高的私人档案，即使拍卖的底价不低，也依旧有相应的一批竞拍者，无论此时的竞拍者是出于什么心理，投资抑或珍藏。对于价值相对较低的档案，大部分情况下还是有竞拍者，无论此时的围观者多或少，身家百亿或普通平民，都有可能是竞拍中的一员。当然，笔者要特别指出的是，对于委托拍卖的私人档案，如果价值不是特别高，那么它出现在传统的拍卖台的概率较低，因为拍卖公司要获利，要收取成交后的佣金，自然会偏向价值高的档案，这样付出与收获方能成正比，所以价值较低的档案一般通过网络来拍卖。不管何种拍卖方式，至少可以说明私人档案拍卖参与度可控、较易施行。

网上档案拍卖成为新兴的拍卖方式，其本质是虚拟空间的在线交易已经成为一种趋势，淘宝网、孔夫子旧书网、嘉德在线等都提供档案网络拍卖服务，其具有三大优点。

---

① 巩慧. 沸沸扬扬的梁启超档案拍卖事件 [J]. 中国档案，2013.1：32～33.
② 塞德希尔·穆来纳森，埃尔德·沙菲尔. 稀缺——我们是如何陷入贫穷与忙碌的 [M]. 杭州：浙江人民出版社，2014：33～34.

一是突破时间、空间限制，提升竞拍者参与能力。传统档案拍卖的战线拉得较长，具体流程包括征集档案拍卖作品、开展拍卖前的宣传活动、预展、举行正式拍卖会等。"南长街 54 号"梁启超重要档案拍卖从前期的准备工作到正式拍卖大概花了三个月的时间。其间北京匡时公司为了顺利地拍卖梁启超档案，前期的筹备工作花了近两年时间。而网络拍卖，比如淘宝拍卖，拍卖时间有限制，用户需要自己设定。整个流程下来，网络拍卖节省了大量的时间与精力，后续交易的进行也可在网络上实现。没有传统实体档案拍卖如此繁杂的步骤，随时随地都可以竞拍。

二是淡化社会阶层的影响，亲民、近民，扩展了竞拍者参与范围。网拍大大改善了竞拍范围狭窄的局面，让档案拍卖信息为大众所知，实现了拍卖信息的有效传播，促使竞拍能走向普通大众，主动亲近普通人民。另外，这也让拍卖的档案更容易处于社会监督之中，利于掌握它的流向。

三是促使经济价值较低的档案能出现在拍卖市场，扩大竞拍者参与内容。传统的实体档案拍卖会所拍售的档案大多比较珍贵，不然拍卖公司也不会耗费大量的人力物力去宣传，竞拍者也不会特意去现场竞拍。网络拍卖出现后，被拍卖的档案价值高低不等，虽然价值异常高的档案很难出现在网拍上，传统实体拍卖会才是它的归属地。但是无论如何，网拍的出现让一些保存价值相对较低的档案有了市场，有了拍卖的途径，而不仅限于之前的小市场活动，关注的人更多。

当然，不能忽视它带来的隐忧，网络拍卖由于网民通过照片和信息描述来认识物件，有错拍弊端。在网络拍卖中，由于卖方对该艺术品的方方面面有着详细的了解，而有的竞拍人由于知识水平有限、了解时间有限，并不能完全掌握这些信息，不能正确估量档案的价值。[①] 网络拍卖市场的不成熟，对档案、拍卖平台、委托人、竞拍人等都是不小的挑战，这在某种程度上影响了档案拍卖市场的热度。

6.5.3 国家档案馆在"档案拍卖"等市场配置行为中的作为空间

档案的拍卖，是档案学者持续关注的问题。近年来，档案的经济效益

---

① 赵顺平，李龙生. 艺术品网络拍卖的逆向选择及应对策略 [J]. 盐城工学院学报，2013. 3：46 ~ 50.

也为公众所重视，档案拍卖实际上是市场对档案信息资源进行配置——以供求关系与价格变动对资源进行分配。经由上述私人档案拍卖的可行性分析，我们知道档案在一定条件下是可以被拍卖的，且在现实生活中具有操作可行性，市场非常广阔。但是，如果从珍视档案的角度出发，档案拍卖较易影响档案的可持续传承，档案拍卖似乎不可行。档案最佳的保管场所是国家档案馆，因此，国家档案馆能否参与市场经济下的档案拍卖活动，于些许投机分子手中挽救珍贵的档案，将这些拍卖的档案纳入馆藏从而丰富档案馆藏资源体系呢？当然，国家档案馆在此时并不能以指挥者的身份去配置这些资源，而应与广大参与者一样以一个普通竞拍者的身份参与到私人档案拍卖的活动中。近年来，似乎鲜少听闻国家档案馆在档案竞拍中拍得什么档案，是档案馆不适应市场经济下有价值档案的征集，还是市场对档案馆有排他性？

在匡时公司为拍卖"南长街 154 号"梁启超重要档案宣传造势之际，上海市档案局研究室工作人员郭红解曾在《新民晚报》发表一篇文章，他用尖锐的笔触写下了发人深思的故事。① 很早之前，他和同事曾受档案馆委托，在静安区参加朵云轩的一场拍卖会，只因档案馆给的竞拍经费总共才 5000 元，使他们很少有底气举牌，只能眼见一份份珍贵的档案史料"花落他家"，最后仅竞得一种。郭红解所述的这个事件虽然发生在很早之前，但是在一定程度上表明了市场经济条件下档案馆竞拍档案时所处的劣势。笔者通过百度等多个搜索引擎以及微博等社交媒体查阅了近几年来有关档案馆成功竞拍档案的信息，发现检索出的结果寥寥无几。结合现今的档案馆馆藏资源体系以及档案馆运行制度等，笔者将档案馆分为两类，一类是经费充足的档案馆；一类是经费短缺的档案馆。前者虽有足够的竞拍资本，但是由于行政体制内的一些规定限制，不可能真正放开手脚去拍卖或购买珍贵的档案。笔者通过访谈福建省档案馆部分工作人员，发现他们很想收集福建民间富有特色的侨批档案，保护这段珍贵的历史，丰富馆藏，但是规定的限制以及民间投机分子肆意抬高每封侨批档案的价格，导致他们的收集工作受阻。私人手中的侨批档案有些异常珍贵，在市场经济及供求关系的影响下，每封侨批的价格涨速飞快。福建省档案馆（资金充

---

① 档案被拍卖 ［EB/OL］. http：//xmwb. xinmin. cn/html/2012 – 11/26/content_26_1. htm.

足）在如此条件的限制下，也只能眼睁睁看着档案流失在外。对于后者（资金短缺的档案馆）而言，当档案成为一件商品在市场上出现时，只有在一些特殊的情况下（比如《国家文物局关于加强文物拍卖标的鉴定管理的通知》规定："如文物行政管理部门鉴定确认具有特别重要的历史、科学、艺术价值，可指定对其进行定向拍卖，竞买人范围限于国有博物馆等文物收藏研究机构或国有企事业单位"），档案馆方能离竞拍成功更进一步。但是由于资金短缺，拍得档案的概率非常低，就算能拍到，同属体制内部（国家图书馆、博物馆等）的拍卖竞争也只是徒然消耗金钱，耗费国力。因此，上述两种竞拍情境下，档案馆在私人档案拍卖中的参与度实属有限。

综上所述，档案馆虽作为永久保管档案的基地及珍贵档案的最佳去处，但是由于现实条件的限定以及难以适应市场机制，往往不能挽救珍贵档案流失的命运。既然档案馆无法在拍卖市场上有重大的收获，那么有什么对策可以解决当下市场中拍卖档案流失、难以控制走向的难题？怎么让处于拍卖市场劣势地位的档案馆走出一条康庄大道呢？

6.5.3.1 借鉴国外"总体档案"概念，降低档案寻觅无果的风险

近年来，档案馆虽注重丰富馆藏资源体系的建设，但是心有余而力不足，取得的成果不是很理想。既然档案馆在档案拍卖会争不过市场经济下的众位竞拍人，那么笔者认为我国档案馆可以借鉴国外"总体档案"的概念，从私人档案工作的前期征集做起，了解私人档案的动向，在档案可能登入拍卖台前掌握相关信息。美国的档案工作者协会将"总体档案"定义为通过收集官方行政文件和相关的私人文件、企业文件来记录历史发展和社会各阶层各方面的档案策略。

加拿大总体档案收集范围不仅限于国有档案，还包括私人档案，私人档案的收集涵盖加拿大的各个阶层，其总体档案的焦点是保护档案，而不是创造档案帝国。① 加拿大的"总体档案"概念施行多年，并取得了相当不错的效果，其收集档案理念为它们保留住了很多有价值的档案。当然，这一概念得以施行，与该国宽松、诱人的征收政策有很大关系。其档案馆规定：一旦档案馆接收私人档案，就会与个人签订捐赠协议，对档案版

---

① 宋朋燕. 加拿大总体档案研究［D］. 天津师范大学硕士学位论文，2014：23～30.

权、税收减免等政策进行详细说明。给予捐赠者经济上减免税收是非常有效可行的条款，此外，不少档案部门也会在网站上宣传捐赠者及其捐赠行为。因此，加拿大的档案征集工作非常火爆，征集的档案数量多且精。

我国私人档案征集工作可以借鉴国外的这一政策。鼓励为主，奖励为辅，双管齐下。一方面，大力宣传档案进馆对国家、对档案的利处；另一方面，通过奖励制度，比如降低个人所得税，奖励一定数额的金钱来鼓励捐赠行为。当然，笔者并非强调私人档案的所有权应该经过一系列拍卖操作最终归属档案馆，而是鼓励私人档案通过寄存到档案馆来暂时保护档案的行为。《档案法》第十六条规定，对于保管条件恶劣或者其他原因被认为可能导致档案严重损毁和不安全的，国家档案行政管理部门有权采取代为保管等确保档案完整和安全的措施；必要时，可以收购或者征购。由此，对于有重要保存价值的档案，档案馆可以主动与档案所有者协商，代管他们手头的档案，在情况允许的条件下，对档案进行备份。尽管这一举措施行起来不易，要解决协商的问题较多，但是国家档案馆若真能通过颁布相关优惠政策，吸引公众踊跃寄存有保存价值的档案，那么对档案的保管是有百利而无一害的。笔者将此时的档案馆比作"超市寄存中心"，公众将私有物寄存在此，待时间一到，就物归原主。现今"总体档案"的概念在我国未能得到有效的普及，档案馆对"总体档案"精华部分的吸收还有待加强。

6.5.3.2　完善相关档案法规，提升档案馆影响力

在拍卖方面，《档案法》对可拍卖档案限定范围的描述过于简单。例如，《档案法》第十六条规定，"集体所有的和个人所有的对国家和社会具有保存价值的或者应当保密的档案，档案所有者应当妥善保管"，较为抽象。何为具有保存价值？保密程度的级别是多少？何为严重损毁？何为不安全？笔者认为，档案法条应该具体说明，至少要有足够详细的法律解释。在第十六条后半部分有对拍卖的档案提出的限定条件及审核机制，但是"按照有关规定由县级以上人民政府档案行政管理部门批准"在现实中往往落空。2017 年 5 月 18 日，国家档案局发布了全国人大常委会、国务院分别对《档案法》及实施办法做出修改的通知，其中，将《档案法》第十六条中相关内容修改为"档案所有者可以向国家档案馆寄存或出卖，严禁卖给、赠送给外国人或外国组织"，取消了出卖、转让集体所有、个人

所有以及其他不属于国家所有的档案的审批事项，这种局部修改某种程度上是对原规定"按照有关规定由县级以上人民政府档案行政管理部门批准"难以落实的纠正。但是，对档案拍卖具体案例上升至整个档案法的法理而言，针对市场配置需要完善的法律条文较多，2016 年 5 月 25 日国家档案局正式公布了《档案法》修订草案，经过全面修订的新版《档案法》于 2017 年 5 月 18 日问世，这对完善档案法规、提升档案馆综合影响力有十分关键的作用。

6.5.3.3 加强拍卖档案登记、流转等方面的监控

档案是一种社会记忆，为了能保留这份社会记忆，档案馆应该联合拍卖公司，共同监控社会记忆的流向，防止记忆的消逝。最近几年来，很多档案学者对中国流失海外的文物拍卖话题进行了深入研究，不仅是爱国情怀使然，还反映了人们对文物命运的担忧与关注。中国流失到国外的文物中包括具有文物性质的档案，这些档案大多是因多种因素而被盗、走私到海外的。按照国际法和惯例，被盗的文物应该归还到对其拥有所有权的国家，但是由于经济利益的驱动以及国与国之间的关系，这些法条几乎很难发挥作用。上述这些未被归还的国宝级档案的流向一直为国人所关注，所以它们的流向为国人所熟悉，并有迹可查。这提示笔者可不可以针对我国的私人档案拍卖建立一套完善的监控系统，例如利用"云"思想①将拍卖档案信息集中起来，做到拍卖档案流向的相对可控。

前文提及的严禁将档案卖给、赠送给外国人或外国组织的条款，是从法律上对珍贵档案加强流向控制，对档案境外流转实行严格监控。监控模式针对的对象有两个重点群体，一个是个体；另一个是国家机构。当档案被社会人士而非国家文化事业单位竞拍走时，笔者认为档案馆可以建立拍卖档案索引。该索引全程记录档案一次拍卖、转赠、多次拍卖的流向。当然对记录流向的过程，档案馆也要定期抽查，检验记录工作的成果。总之，这是一项非常烦琐、工程浩大的工作，要付出较大的财力、劳力。或许这一设想与我国政府现今的行政机构改革和政府职能转变有冲突，成果在短期内不能得到体现或评估，但从留住珍贵的私人档案的角度出发，监

---

① 刘佳慧. 破冰我国私有档案流向及管理——从"梁启超档案拍卖实践"谈起［J］. 山东档案，2013.3：21～24.

控制度又是不得不竭力施行的事。现今有很多档案流失到国外，流失的原因各异，一些经由私下转赠的档案一旦流入他国，就意味着一份原始的记录脱离中国，这份记忆或许是名人的手稿，或许是珍贵的古籍，或许是一盘磁带，它们于国家、社会、公民有独特的意义。当档案被国家机构竞拍走时，竞拍的国家机构要主动将竞拍情况汇报至档案行政部门，相关国家单位可出台监督制度，落实对竞拍的私人档案的追踪，让档案行政部门能及时得到国有机构反馈的档案竞拍信息，缓解档案行政部门的工作压力。因此，笔者认为登记、流转手续应该是档案行政部门应该重视的问题，如若难度实在太大，可考虑与档案中介机构合作，即私人档案的监控配置需要政府、市场、社会等多元配置方式的组合才能有效解决。

6.5.4 "市场配置 + 档案拍卖"的展望

经由笔者的上述分析，每个读者都会形成自己的独特看法，得出档案拍卖的意义重大与否。有人会认同档案拍卖，认为档案拍卖会促进拍卖市场繁荣，间接促进档案管理工作的发展，毕竟有经济利益的驱动，才更有事物发展的动力；有人反对档案拍卖，认为档案拍卖的存在影响了文明的传承。但不管认同或反对，档案拍卖就在那里，没法回避。

如果人们认为档案拍卖有益，坚持推进档案拍卖工作的发展，那么这一市场配置方式还需解决诸如档案拍卖立法、网络拍卖规范、电子商务环境净化、社会认同感提升等方面的问题。总之，档案是可以走上拍卖台的，但是需要一定的条件才能良性发展。按相关的法律规定，国有档案不可拍卖，私人档案在程序合法、符合拍卖条件的前提下方可拍卖。私人档案拍卖的操作是现实可行的，有一套齐全的拍卖流程，能取得巨大的经济效益，但是针对拍卖后私人档案流向监管，按如今的社会条件，有较大隐患。如若不能通过政府配置方式留住或监管拍卖台上的档案，杜绝珍贵档案追寻无踪状况，防止档案以不法形式出现在海外拍卖市场的话，社会配置方式或许是不错的选择。

6.6 本章小结

正如第 5 章所介绍的那样，公共物品理论不仅给予了政府配置档案信息资源强有力的支持，认为政府配置在解决外部性问题上具有与生俱来的优势，而且也强调了应对档案信息资源进行属性的细分，认为准公共物品或混合公共物品属性的档案信息资源更加需要市场化配置方式。

此外，在档案价值理论从价值客体、价值主客体关系视角转变到价值主体的视角时，在价值体系中市场价值也被视作重要组成部分之时，在外部性问题得到解决和建立了相应的市场机制的条件下，源于现实世界中政府配置的失灵、市场中企业对利润的追逐和用户群体市场需求的刺激，市场配置档案信息资源有了一定的运行机制和实现方式作为保障。

诚然，市场配置方式面临着内忧外患，有可能是市场配置方式自身的失灵，也有可能是市场供给环境的制约。档案拍卖案例较为全面地说明了市场配置面临的各种问题——私人档案拍卖是否合法，拍卖流程于档案管理、档案保护而言是否合理，私人档案拍卖后续监管是否必要，竞拍参与度如何保证，从而引出了市场配置方式下国家档案管理机构之一的档案馆应有的作为空间，最终阐明在档案网络拍卖这一广泛的社会现象下，唯有解决好市场配置面临的各种问题才有出路。然而，正如档案拍卖在市场配置中还有较长的路要走一样，档案信息资源的有效配置还需要其他力量（社会配置），作为对政府配置方式和市场配置方式的有益补充。

第 7 章

社会价值的实现：档案信息资源社会配置

7.0 引言

公共管理学理论与实践的最新研究结论表明，现实社会情景中如果某种公共物品的供给必须满足且也能满足多数人的需求，但费用或成本很高昂的话，那么由政府机制配置、供给此类公共物品，可以保证社会公平、增进国民福利。其内在的逻辑是在消费无竞争的经济原则基础上实现的资源配置。

现将情形反转，现实社会情景中如果某种公共物品没有必要惠及所有大众，只需有一定范围的受益人群即可，且社会公众更希望此类公共物品的供给能够多样化一些、差别化一点，则为了实现人们消费的多元化价值观，市场配置资源方式适时介入、私人组织进行有效配置便成为最佳配置实践。

近些年来，公共管理领域出现了一个新现象，即在新公共管理理论的支持下和政府治理理念转变的情形下，现实情景中公共物品供给的社会供给方式逐渐浮出水面，[①] 且日益受到社会公众的关注和认可。其实，其内

---

① 笔者注：笔者在原相关成果表述中为了与政府（第一部门）、市场（第二部门）相区分，也沿用公共管理学的"第三部门"的术语概念，而在本课题的后续研究中，认为"社会组织"一词更适合于档案学术以及档案业界的实际情况和研究惯例，而且在众包和众筹等"互联网＋"平台下催生的社会配置手段、思维和机制中，"社会配置"一词也能一目了然地涵盖本课题研究所指。更为重要的是，档案馆在我国有着特殊、复杂的历史发展脉络和现实存在情形，即便是现阶段，有些省区市将其归属于行政机构，有些省区市将其归列到事业单位中，"行政性"与"事业性"混杂不分的情形下使用具有严格区分功能的"第三部门"似乎显得过于超前，而"社会配置"从某种意义上夹杂着政府的公共服务职能，更符合中国特色和档案行业特征。

在的逻辑与档案信息资源的价值认知转型是分不开的，如果仅仅基于工具价值，本书第 5 章阐述完毕便可大功告成；如果仅仅基于经济价值，本书第 6 章阐述完毕也算逻辑完整。但是，随着档案信息资源的社会价值越来越备受学界和公众关注，如果将本课题放置于广阔的社会视角审视且根植于丰富的社会组织实践，是否会给予本研究——"全面实现档案信息资源价值"——全新的体验呢？答案是肯定的。如果说"家庭建档""休闲档案"等实践探索体现的是对档案社会价值的发掘，那么从"档案中介""档案外包"到"档案众包"的实践转型则体现的是对档案社会价值实现手段的创新。虽然，社会价值与社会配置并不完全对应，因为社会价值的实现不一定非得有社会组织的参与，但本书将"社会价值"与"社会配置"串联起来，最主要的意图在于"基于价值全面实现"的选题，一方面不能遗漏了新形势下涌现出来的新价值形态——社会价值；另一方面也不能遗漏新平台下涌现出来的新的价值实现方式——社会配置。

7.1 档案信息资源社会配置的理念创新

本书第 5 章和第 6 章详细介绍了档案信息资源的政府配置和市场配置，其合理性、科学性是突出的，但也存在局限性。例如，前者在档案信息资源配置过程中出于行政职能的原因往往"不得不做"，显得有些被动，进而配置效能——诸如主体配置意愿、信息配置手段等——难以继续提高和改进；后者在档案信息资源配置过程中出于逐利需要显得过于主动，配置效率——诸如档案信息更新速度加快、更新时间缩短——大大提高，但所配置的档案信息质量——完整性、真实性、原生性——可能大打折扣。既然存在这种局限，那是否需要另辟蹊径，探索一种新的出路即档案信息资源的社会配置路径呢？从目前档案信息资源配置过程所面临的种种矛盾来看，在诸多配置制度改进选项中不应排除对社会配置模式的探讨。在档案信息资源政府配置、市场配置模式的基础上再验证社会配置的必要性和可能性，拓展和深化档案信息资源配置主体的理论探讨空间，有助于为档案信息资源配置提供更加良性的运行环境，提高整体配置效能。

7.1.1　社会配置理论的来源及发展

第二次世界大战之后，西方发达国家为了缓解国内由战乱引起的失业、疾病和贫困等社会矛盾，在尚未形成先进生产体系的背景下在医疗、教育、税收等领域颁布了一系列相关的社会福利政策，但这种"摇篮式"福利政策却为国家长远发展掘了"坟墓"。原因主要在于高额的社会福利支出在社会生产总值比例中逐年提高。尤其进入 20 世纪 70 年代以后，西方资本主义国家经济受其自身不可逾越的周期性金融危机的影响，经济发展一下进入严重的疲软期，这种社会保障体系所需经费支出已逐步超越国家总体经济发展水平。于是，西方政府开始探索既能缩小政府财政支出又不让社会福利缩水的解决之道，即以建设"小政府、大社会"为目标引入第三方社会组织，社会配置就有了存在的必要性和迫切性。① 其中，第三方社会组织尤其是非营利性机构不仅打破了以政府为主体的"垄断配置"，而且扮演了重要的供给者角色。

"社会组织"又称"公民社会组织"，该理念首先源自美国学者莱维特（T. Levitt）的描述，他认为将社会运行主体简单划分为政府和公民，即非公即私的做法过于粗陋，因为此方法使政府和公民关系之间出现了真空地带，而缺乏一种有效的关系连接纽带，出于此便有了社会组织这一概念的诞生。② 社会组织以政府和公民社会的分野为基础，它具有不以营利为目的、受政府干涉较小、社会公民积极参与的典型特点，往往从事政府和公民不愿做、也做不好的公共事务。主要有三种表现形式：社会团体、民办非企业单位、基金会。

我国在 20 世纪 80 年代左右社会组织得到快速发展，据民政部统计，截至 2017 年底我国共有社会组织 76.2 万个，其中社会团体 35.5 万个，民办非企业单位 40 万个，基金会 6307 个。③ 国内有关社会组织的学术研究

---

① 毛明明. 当代中国政府购买教育服务研究［D］. 昆明：云南大学博士学位论文，2016：1~2.

② 何增科. 公民社会与第三部门［M］. 北京：社会科学文献出版社，2000，243.

③ 2017 年社会服务发展统计公报［EB/OL］. http：//www. mca. gov. cn/article/sj/tjgb/2017/201708021607. pdf.

逐渐丰富起来，武汉大学严清华教授①、中国人民大学郑杭生教授②是这一领域的代表，而运用该理论于公共信息资源配置、政府信息资源供给研究的有武汉大学夏义堃博士③、程万高博士④等。

7.1.2 档案信息资源社会配置理论化表达

目前国内有关档案信息资源社会配置在理论研究视角和实践操作层面的相关表述还比较匮乏，尚未有成熟的模式可借鉴参考，由此为这一问题的研究——档案信息资源社会配置（社会组织参与）——留下了较大的可探讨的空间。社会配置理念区别于政府配置和市场配置的原因主要在于档案信息资源作为"公共物品"有公共价值的内涵，于政府配置而言社会配置消除了"官方配置"痼疾——公众作为个体难以对政府配置行为进行监督进而对配置质量进行评判；于市场配置而言社会配置所具有的公共非营利性使社会任何组织和个人都可以享用档案信息资源带来的便利，从而提供了公众个体分享档案信息资源公共价值利益的空间。由此，档案信息资源所具有的"公共价值"为社会配置提供了价值标准，即在社会配置过程中公众主体对这一行为所持有的态度，这一过程不仅强调了需求方参与利用档案信息价值的理念表达，更衡量了"社会配置"这一总体行为是否实现了利用者对档案信息资源的期许和要求。

---

① 严清华教授认为对资源的配置除市场和国家外还存在第三种力量，即"第三配置"。结合中国历史与现实考察，第三配置表现出明显的路径依赖偏好，对中国转轨经济中第三配置进行新设计乃是时代赋予我们的新的历史使命。详见严清华，刘穷志．第三配置及其路径依赖偏好［J］．武汉大学学报（社会科学版），2001.3：297～301.
② 郑杭生教授没有直接用"第三部门"概念，而是以政府、市场、社会三维模式构建社会资源配置框架，即以"公益性和志愿性的社会主体"来代表第三部门。详见郑杭生．中国人民大学中国社会发展研究报告2010——走向更加合理的社会：社会资源及其合理配置［M］．北京：中国人民大学出版社，2010：12～14.
③ 夏义堃博士认为公共信息的公共性本质决定了公共信息服务主体的多样性，而政府公共信息服务的低效与缺位和企业信息服务的营利性动机导致第三部门成为公共信息服务的重要力量，政府与第三部门的分工与合作是提高公共信息服务效率的关键。详见夏义堃．公共信息服务的社会选择——政府与第三部门公共信息服务的相互关系分析［J］．中国图书馆学报，2004（3）：20～25.
④ 程万高博士深入研究了政府信息资源增值服务中市场供给、公益供给和政府供给等三种运行机制，设计了以市场机制为主导、公益机制和政府机制为补充的多元复合供给机制。详见程万高．基于公共物品理论的政府信息资源增值服务供给机制研究［D］．武汉大学博士学位论文，2010.

综上所述，档案信息资源社会配置的理念可表述为：社会配置主体（第三部门/社会组织）在保证档案信息资源"公共价值"最大化实现的基础上，利用各种技术性（人力、物力、财力等）和非技术性（配置理念、配置态度等）手段对各种类型的档案信息资源进行公共非营利性配置，以最小的资源消耗实现最佳的配置效果，并通过各种渠道保证社会公众主体平等获取档案信息资源的一种关系集合。其中，社会配置主体是指负责档案信息资源管理、配置并提供均等化服务的非政府公共文化组织体。社会配置理念的成型虽然与国家民主政治的发展进程、市场经济体制的不断完善密切相关，但更重要的是"起源于一系列来自公民个人，个人、政府以外的各种机构以及政府本身的压力"，① 尤其是社会在提供公共物品及服务方面，往往能比政府和市场有着更高的效率。正如经济学家斯蒂格利茨所提醒的那样，② 社会进入公共服务领域，是应服务需求而生，因政府和市场的无暇顾及而发展。所以，档案信息资源社会配置体现出一种价值关系，这种关系既是档案价值在社会配置过程中的具体体现，也是配置主体在配置实践过程中自身的价值表达。

有两点需要说明：其一，社会配置模式尊重了档案内容客体本来是由社会形成的这一客观事实。因为不管社会何种组织、部门或者个人都会在社会实践过程中形成档案，利用档案信息资源，倡导用社会的视角配置档案信息资源，为本提法提供了逻辑起点。其二，社会配置模式划定了配置主体的范围，即除政府部门及政府下属的事业单位（比如国家综合档案馆及各级部委所属的部门、专门档案馆）之外，还有其他组织（社会组织），即在形式和机制上不同于政府、市场运作的"非政府"组织机构（比如公共图书馆、各类信息中心等）。倡导"小政府、大社会"，充分发挥社会组织关于档案信息资源配置的优势，为本提法找准了研究定位。

---

① 〔美〕莱斯特·萨蒙斯. 第三域的兴起〔A〕//李亚萍，于海编. 第三域的兴起〔C〕. 上海：复旦大学出版社，1998：8.

② 斯蒂格利茨认为：对那些提议对市场失灵和收入分配不平等采取政府干预的人们，经济学家提醒他们不要忘记政府与私人市场一样是有缺陷的。政府并不是某种具有良好意愿的计算机，总是能够做出对整个社会有益的无私决策。详见〔美〕斯蒂格利茨. 经济学（上册）〔C〕. 北京：中国人民大学出版社，1997：24.

7.1.3　档案信息资源社会配置的目标定位

　　档案信息资源的社会配置是一种具有价值取向的行为，这种价值取向主要表现为配置活动要满足社会公众某种档案信息需要的实效性。为了防止社会配置过程中根本价值和最终目标的流失，社会组织在档案信息资源配置过程中首先应该回答配置的价值取向问题，也就是说社会组织在档案信息资源配置过程中持何种态度和立场，这一问题就包括档案信息资源应该为谁配置，应该提供什么样的配置服务。只有对这两点有一个清晰的认识，档案信息资源社会配置的价值取向才会符合社会配置的初衷。

　　第一，服务受众确立：解决档案信息资源应该为谁配置的问题。

　　"配置"的过程也是"服务"的过程，因此"为谁配置"也就是变成了"为谁服务"的简单命题。笔者将"谁"概括为以下两点。其一，信息弱势群体及特殊群体。出于地区经济发展水平的差异，档案信息资源配置在中西部地区、乡镇等基层十分薄弱，而地方政府由于财力所限无暇顾及，市场担心效益问题又不想介入，就导致信息弱势群体的档案资源需求无法满足，任由这一问题发酵势必会导致出现相关社会问题。通过社会组织配置档案信息资源，是对弱势群体基本人权的保障，更体现出整个社会对其的人文关怀。其二，具有多元档案信息需求的群体。随着社会公众档案意识的不断提高，档案信息用户已经从高校科研人员、党政机关工作者及事业单位工作者向普通技术人员、高校学生、农民、市民转变，利用目标已经从最初的简单的"凭证"向学术利用、科研利用、诚信体系构建等转变。可以看出，社会配置的对象是广泛的，填补了政府配置和市场配置都不愿意做的事务，并以普惠性服务（即不差异化歧视或排斥任何利用档案信息资源的组织或个人）来提供配置服务，从而让所有人能够均等化享受到所需的档案信息服务和所需的档案信息资源。

　　第二，服务诉求确立：解决档案信息资源应该如何配置的问题。

　　社会配置主体如何配置不仅是最大化实现档案价值的根本所在，也是证明社会配置过程本身具有服务价值的关键因素，因此确定如何配置将直接决定社会组织配置服务的发展方向，同时这也是清晰认识其与市场配置、政府配置之间区别的重要依据。传统的档案配置方式以用户前往档案馆寻求服务为主，工作人员根据用户需求提供相应的档案信息服务。但随着目前互联网技术的不断发展，档案信息的交流模式、传播渠道、服务方式均发生了重要转型。在交流模式上，移动社交媒体的加入使配置主体与社会公众实现了全天候交流，配置主体能够时时掌握档案用户需求从而提供"精准服务"；在传播渠道上，社交网络为档案信息用户提供了网络化、个性化的服务方式；在服务方式上，用户更多的是借助于网络技术、信息设备实现档案信息的网络获取。所以，社会组织在档案信息资源的社会配置方式上要加强计算机和网络等信息技术的应用，提高配置技术手段的先进性，并不断提高档案信息资源的电子化水准，从而使服务对象利用档案的行为不受时间、空间限制。

7.2　档案信息资源社会配置的动力

随着社会实践活动的不断发展以及档案学术理论研究的逐步深入，档案信息资源形成主体的复合化、开发客体的异质化、利用客体的多元化等促使档案信息资源配置模式必须对接这些变化。由此除政府配置和市场配置模式之外社会配置便有了生存的土壤，而档案信息资源的社会配置是一项复杂的工程，涉及方方面面，比如社会机制、配置环境、技术设备、资金支持等。档案信息资源社会配置要想得以实施，必然要依靠外界其他环境要素的支持，因为从系统论的角度分析，任何组织都不可能离开社会整体环境而单独存活。尤其对于档案信息资源的社会配置而言，社会组织作为这一配置行为的重要主体，要不间断地与外界发生交流，比如配置主体之间的交流（档案信息交流）、配置主体与信息需求方的交流（信息服务评价）、配置主体与政府的交流（制定政策支持）等（主要原因在于社会配置主体虽被称为"非政府"组织机构，但并不是指其可脱离政府法律约束而不受政府管控，其行为的合法性、合理性必须得到政府认可）。所以，社会配置行为要真正发挥自身应有的作用，必须积极从外部环境中获得有益的支持。如何让这一配置模式在新环境下发挥其应有的作用，笔者认为制度环境、经济环境、社会环境三个动力要素不可或缺。

7.2.1　制度环境为社会配置提供法理依据

档案信息资源社会配置的制度环境为其配置行为提供法理依据。

国家档案馆向公共档案馆的转型，为档案信息资源的社会配置提供了制度保障。因为，某种程度上说公共档案馆属于非政府组织，其与档案局相比本身不具备行政力，所行使职能要通过国家授权才能获得，其最大的特点就是公共服务性和非强制性，属于公共文化事业单位的范畴。① 有关"公共档案馆"的概念在我国一些地方性法规中已有所描述。例如，深圳市2002年在颁布的《深圳经济特区档案与文件收集利用条例》中使用了"公共档案馆"一词，并指明其涵盖深圳各区档案馆和专门档案馆。又如，国家档案局原局长杨冬权在2009年全国档案馆工作会议上提出"要努力把我国各级各类档案馆建设成档案安全保管基地、爱国主义教育基地、档案利用中心、政府信息查阅中心、电子文件中心'五位一体'的公共档案馆"。可见，我国关于档案信息资源社会配置的理念正朝着制度化、常态化的方向发展，但不得不承认的是，我国的公共档案馆还不是完全意义上的社会组织，这种不完全主要表现在其馆藏资源结构的公共性及提供服务的公共化程度尚有不足，但这并不影响其在法理意义上具备"公共档案馆"的性质。②

7.2.2 经济环境为社会配置缓解资本缺位

档案信息资源社会配置的经济环境为配置行为缓解了资本缺位难题。

从根本上说，引入多元配置模式的根本原因是资金问题，若政府关于档案信息资源配置的财政投入—产出能够满足不同地区、不同阶层公众日益增长及多元化的档案信息需求，若全国各地区的市场化程度均满足能够诞生商业化运作的参与档案产品或服务供给的企业或中介组织的条件，那么笔者认为讨论档案信息资源的社会配置模式显得有些多余。从目前来看，显然不管是政府关于档案信息资源配置的财力投入还是市场的发达程度均不够理想。面对这一窘境，引入社会配置应该是较好的选择。其一，社会配置主体在筹集社会资金、动员公众参与、招募志愿者、沟通协调各方关系等方面具有先天优势，尤其是在面向小众化的群体或特殊利益群体

---

① 张晓. 对公共档案馆性质和职能的分析——基于新公共管理理论视角［A］. 新情况 新热点 新方法——2009档案工作透视［C］. 国家档案局档案科学技术研究所，2009：5.
② 王春晖. 我国公共档案馆职能现状分析与定位研究［D］. 郑州大学硕士学位论文，2010：9.

时能帮助他们解决具体问题或满足具体需求。其二，社会配置能够在政府配置的纯公益性（因为政府不可能在配置服务中营利）与市场配置的纯效益性（因为市场不可能在配置服务中不营利）之间找到一个平衡支点，这个支点就是社会配置根据社会供需矛盾可免费也可适当收费以实现档案信息资源被社会所用。综上所述社会配置模式能极大地缓解在档案信息资源配置过程中的资本缺位。

7.2.3 社会环境为社会配置确保科学有为

　　档案信息资源社会配置的社会环境能保障配置行为科学有为。

　　档案信息资源社会配置的社会环境可表述为档案信息资源客体由社会形成，被社会组织协同配置，最终为社会所用。档案信息资源由社会形成，代表了档案信息的复杂性和广泛性，因此对于档案信息资源的配置不应由政府或市场单一化执行，原因在于档案信息资源形成的多元与配置行为的单一会形成配置上的剪刀差，不利于档案信息资源的优化配置，被社会组织协调配置能实现配置过程 "1 + 1 > 2" 的聚变效应。社会转型致使社会分工日益精细，行业种类逐渐增多，社会多元化的档案信息需求倒逼配置模式转型的压力愈加明显。政府配置档案信息资源的类型更多体现了政府决策、监督、组织协调等特色内容，因而无法满足诸如一个海外寻亲者对族谱档案信息等的需求；市场配置档案信息资源的类型更多体现了产品的经济特性即能够带来收益，因而一些没有支付能力的用户则会被拒之门外，市场供给行为的最大动力在于某种档案信息资源配置能够使提供者获得的边际收益大于其边际成本，获取利润，因而无法满足诸如残疾人、盲人等弱势群体对民生档案等信息的需求。最终为社会所用是社会配置的最根本宗旨，这也是社会组织参与社会配置的动力所在，所以只有认清社会配置所处的社会环境才能构建科学的社会配置体系。

7.3 档案信息资源社会配置的运行与实现

7.3.1 档案信息资源社会配置的运行原理

　　社会参与档案信息资源配置，是指在一定的社会环境下，社会组织以公益服务为目的，作为政府配置失灵、市场配置失灵的补充方式，通过自身的资本或政府的补助或社会的捐赠，从事与档案信息资源产品加工、服务相关的协调、沟通或直接服务工作，从而提供满足特殊公共需求的准公共物品及服务，如图 7-1 所示。

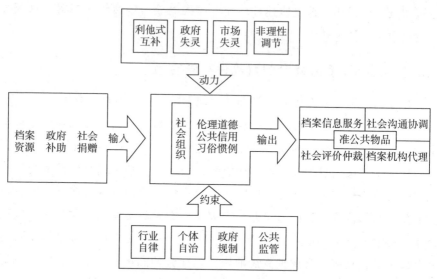

图 7-1　社会组织参与档案信息资源配置机制结构

图 7-1 反映了运行机制的五个方面：一是社会组织在整个配置档案信息资源的运作过程中，以什么样的策略或方式参与其中，基本有三种选择：伦理道德、公共信用和习俗惯例；二是社会组织的动力，社会组织之所以愿意参与，来源于政府配置无法满足的超额需求以及市场配置无法供应的公共需求，形成利他性的优势互补，尤其是以非理性的方式起着政府与市场之间沟通协调的润滑作用；三是社会组织的原材料和成本，投入其运行的可以是部门的自有资本，也可以是政府对一些项目的财政补助，或者是社会各界的捐赠；四是对社会组织的约束，利他、自愿、自治的服务宗旨和运作方式，也难以保障其在服务供给中不偏离准公共物品供给的方向，可能受出资方控制而出现政社不分、非独立性、非公益性等情况，因此整个行业和部门必须强化自身的公共责任，并以行业自律、个体自治、政府规制和公众监督的形式来约束；五是社会组织提供的最终产品，包括直接的档案信息服务，间接的社会沟通协调、社会评价仲裁和为档案进行

各种机构代理等。

7.3.2 档案信息资源社会配置的实现方式

7.3.2.1 培育社会组织的路径选择

我国目前出现的涉及档案信息资源开发、供给、服务的机构，大多数产生于体制内。最初大都由各地档案行政管理部门推动而成立，或挂靠在档案局/馆名下，或挂靠在档案学会，甚至是档案局/馆干部兼任这些机构的法人代表，官办色彩几乎遮蔽了其民营化或公益化的特征，因此必须首先从培育该领域社会组织的路径选择入手。[①]

第一种路径选择，是以填补空白、人为组建的方式，在政策允许范围内动员、刺激一批新的非政府的或准政府式的社会组织，这种路径选择的优势是可以在短时期内形成以政府为主导、社会参与、其他社会组织配置的综合管理和配置网络。正如一些档案中介机构在转轨时期中介性还不是很典型，其所从事的沟通、协调类的中介服务实质上就是政府档案部门的档案信息资源供给、社会化服务的延伸，至于是延伸到市场，还是延伸到公共领域，还要看其母体的意志而定。如果延伸到公共领域，自然便是该路径选择的良好意愿的达成，但是不免留下后遗症，即政府行政干预力度会进一步加强，继续强化行政体制改革和政府职能转变所要尽力避免的自上而下的动员模式，而且无论是行政成本还是人力成本都难以核算。

第二种路径选择，是从当前社会利益分化和社会阶层增多的现实出发，从各个利益集团和阶层的培育出发，为了更加有效地保护自身权益，鼓励这些团体成立作用于一定公共范围内的档案信息资源服务机构。当然，机构、集体企业、私营企业甚至外资企业都可能混杂其中。不过社会学家认为现在就断言中国已经出现利益集团还不一定恰当，模仿国外利益集团模式建立档案信息资源配置的社会组织，似乎有照抄照搬的嫌疑，也不一定适应国内发展环境。

第三种路径选择，是源于政府原先占据的公共领域不断压缩，一部分

---

① 部分"路径选择"的分析，参见王运彬. 国有档案信息资源的多元化配置研究 [D]. 中国人民大学博士学位论文，2012：200～201.

原属于政府机构的组织被分离出来，而公共社会所倡导的家庭功能逐渐恢复、企业不断成长、市场渐渐成熟，也要求那些公共事务应该交由专门的组织来运作。这样一来，原来的公共领域和私人领域都会挤压出类似于社会组织的特殊组织，不再是在人为计划、制造下形成的，而是政策空间范围内中间组织的自我孕育、成长和发展。

第一种和第二种选择，要么走了创办事业单位的老路子，依然和政府保持着千丝万缕的联系，之后留下"去官僚化"的难题；要么缺乏政府部门的支持，不易做大做强，因为这些自民间发起的社会组织仍然难以与受政府关爱的事业单位相竞争。那么留给档案信息资源社会配置的理想模式就只有第三种选择，实际就是一个老话题，对已有的事业单位进行改革，即从原属于政府行政管理范畴和政府管辖的公共领域中剥离出承担社会运作职能的部门，但是极可能如多年来的教育、医疗改革试点一样效果不理想、困难重重。不进行改革，仍旧将事业单位政府化、行政化是不行的，即类似于档案"局馆合一"的模式；而简单地将这些事业单位全部产业化、市场化也不行，档案馆毕竟有公益服务职能。如此推理，向社会组织靠拢，是一个不错的选择，它们在提供公共物品和公共服务方面有着天生的优势，能够向小众化、特殊化群体甚至个人提供一对一的服务，在供给过程中具有同情心和责任心，善于处理社会化服务中的问题，以亲和、利他的形象在公共服务中容易与公众建立相互信任的关系。简而言之，即将原属于国家行政网络体系的公共档案馆从政府治理运作中剥离出来，以社会治理的方式纳入社会自治网络体系中。它们提供的档案信息资源的公共物品部分和公共服务部门不再是完成行政任务，而是完成社会任务；不再是应付行政绩效的机械考核，而是组织志愿劳动，有着极高的个人责任心和对他人福利的热心。

7.3.2.2 社会组织参与配置的空间

第一，政府积极培育社会组织。

目前状况下政府要把经济活动的主角还给市场，把社会调节的主角还给社会，并且在深化行政体制改革的同时，要不断努力发展和培育社会组织，积极支持社会组织介入公共产品与服务的供给，因为政府"既不是营利性组织的替代者，也不是非营利性组织的替代者，而是作为服务营利性组织、支持非营利性活动并使之得以发展壮大的最重要的慈善家"。① 所以目前政府可供选择且已有实践的政策有三种：一是人为创建一批新的社会组织；二是在不同利益主体和社会阶层中培育利益集团式的社会组织；三是顺应社会转型中的社会结构分化趋势，从公共领域和私人领域已有的组织中因势利导地孕育、催生和发展社会组织。

第二，市场提供部分配置空间。

现代社会主要是由政府和市场两大系统组成的，所以社会配置不可能完全游离于市场体系之外。市场为社会配置提供部分配置空间并不是要压缩市场生存空间即抢市场饭吃，这里的部分空间是指市场在配置过程中难以获得预期经济效益的那部分市场（空间）。比如国企改革初期存在大量的小型企业档案，其保管、整理、利用都由于来源单位的级别、影响、效益问题无法得到国家综合档案馆的青睐，市场运作的企业、中介机构也无法从破产或转制的企业中获取额外的利润，这些便可以交给社会组织。又如社会上总是存在需求较高的人群，他们希望获得额外的公共物品，在一些名人需要对涉及自身而又保存在国家综合档案馆等各级各类各地区的档案机构中的档案进行调研、加工、编研、出版时，此类活动或为个人精神寄托，或为家族追根溯源等，不可能向专业性的商业信息公司支付它们期望的报酬，此时也是社会介入的良好时机。

7.3.2.3　社会组织参与配置的方式

社会参与档案信息资源的配置，并不意味着政府在相关领域的退出和责任的让渡，相反，政府仍然要在档案信息资源供给中发挥重要作用，保障和促进公共物品品质的提高和分配的公平，从而顺应经济领域和社会领域自治组织力量的发展潮流，促使档案信息资源的配置由以政府配置为单核的中心供给模式向政府、市场和社会三维架构下的多元供给模式转变。在这个三维架构中，社会组织参与其中的方式主要有以下几种。

一是合同承包，类似于市场配置中的业务外包，即政府不仅可以和商业运作组织签订合同，也可以把相关公共物品和服务全部承包给社会组

---

① 非营利性组织类似于慈善机构，政府不能替代这些慈善机构去直接面向公众服务，而是要做面向非营利性组织的慈善家，即"慈善家的慈善家"。详见何增科. 公民社会与第三部门 [M]. 北京：社会科学文献出版社，2000：191～192.

织。生产者从企业转变为社会组织，而政府依然是安排者，通过签订外包契约，政府、企业或个人从一些非政府组织、非营利性组织（也可能是民营企业）那里获得直接的、间接的档案信息资源的相关物品和服务。例如深圳市档案寄存中心，虽然隶属深圳市档案馆，但已成为自收自支的事业单位，"去官僚化"程度和社会性质较强，通过提供适宜的保管场所和方便利用的设施条件，承接企事业单位、社会组织、个人或政府对于保管档案文件的业务需求。又如深圳市档案学会（原深圳市档案培训中心），可以根据社会多层次的需求，与不同对象签订提供不同内容、不同深度、不同广度的档案知识和技能培训合同，而这些档案管理教育培训原本属于档案局馆的职责。

二是志愿服务，通过类似于慈善组织的志愿劳动，提供人们需求的公共物品和服务。志愿服务过程中，社会组织可以安排自己的雇员直接服务，也可以雇用私人企业去服务，就像邻里协作组织提供的社区安保巡逻、志愿消防队提供的高校火灾预警与保护一样。例如深圳市档案行业协会是一个组织协调型的档案中介组织，定位于"由从事档案工作和与档案业务相关的工作的单位、个人自愿组织起来的，为社会各方面提供档案业务咨询服务，发挥组织协调作用的非营利性社会团体"，[1] 负责联络和协调本地区的档案服务型企业，定期组织有关单位进行业务交流、技术交流和经验交流等。档案行业协会组织的作用不局限于提供志愿服务，正如公共管理专家所形容的那样，"当市场失灵时，我们便不会立即求助于国家干预，而首先应当追问的是行业协会能够做什么，只有当市场失灵和行业协会都无能为力时，我们才应当寻求和探索国家的有效干预"。[2]

三是特许经营，与合同外包有些相似，社会组织都是加工、生产和提供档案信息资源的供给方。不同的是，外包中政府向社会组织支付费用，特许经营中消费者直接向社会组织支付费用。需要注意的是，这里的费用主要用于维持社会组织的正常运作，而不是作为经营的目的。例如上海市档案咨询服务中心，虽然属于自收自支、独立核算的全民所有制企业，但

---

① 李国庆. 档案中介机构理论与实践研究［M］. 北京：中国档案出版社，2006：129～131.
② 王冬. 行业协会自治：市场调节与国家干预间的第三条道路［J］. 社会科学研究，2004.2：166.

是也从事着类似于"苏州河综合治理（单位）工程竣工档案整理""上海市委'三讲办'档案进馆整理"① 等微利甚至稍微亏损的管理业务。且不谈类似档案信息资源的重要性，企业组织也在一定时候扮演着社会组织的角色，履行了提供公共服务的职能，但这些角色和职能都是为创立品牌、赢得市场、赚取利润服务的。

四是补助，即政府给予相应社会组织一定的补助，补助的形式可以多样化，可能是直接资金补助，也可能是减免税收的优惠政策补助，还可能是低息免息贷款等。补助措施降低了用户消费特定需求物品的购买价格，以货币的形式间接地降低了一些弱势群体获取公共物品的门槛。补助形式中，政府和用户是共同的安排者，社会组织是直接的生产和供给者。现代社会档案意识逐渐增强，越来越多散失在非档案部门、民间个人甚至国外的档案，虽然从狭义的产权视角来看不在国家档案管理的范围之内，但是随着各种历史价值、社会价值的显现，迟早也要被归入历史档案之中。前文也从历史的、社会的、国家的视角阐述了这种观点和做法的重要性，深圳市粤档文档信息评估鉴定事务所有限公司便是从事这一业务的典型，它们受深圳市档案局（馆）的委托，在局（馆）给予一定补助的情况下，直接参与对流失在民间的历史档案的评估、鉴定和征集等工作。②

7.4　档案信息资源社会配置的主要困境

当前我国正逐渐从传统的公共行政向公共治理的方向变革，档案信息资源社会配置的社会组织作为这一变革的重要参与者，不仅承担着政府部门行政职能让渡的责任，其自身的完善和发展也会对档案信息资源的优化配置起决定性的作用。

7.4.1　政府、市场配置的劣势难以转化为社会配置的优势

第一，档案信息资源的政府配置国家意志色彩浓厚。

---

① 李国庆. 档案中介机构理论与实践研究 ［M］. 北京：中国档案出版社，2006：104～105.

② 例如，2005 年 1 月由广东省某收藏爱好者收集的 298 件清代历史档案经该事务所评估鉴定，被确认为真品，事务所建议并协助深圳市档案馆加以征集和保管。详见：李国庆. 档案中介机构理论与实践研究 ［M］. 北京：中国档案出版社，2006：124.

同其他社会事业的发展一样，政府部门主导下的档案信息资源配置在一定程度上具有浓厚的国家意志的色彩。档案机构内在具有的政治性和对外具有的公共服务性往往难以协调，因此预埋了档案信息资源政府配置机制上的缺陷，进而对档案信息资源配置的服务和管理产生了消极影响。政府部门对于档案信息资源的一元配置很容易形成外部服务权和内部管理权的行政垄断格局，进而倾向于排斥社会对档案信息资源配置服务事务或管理事务的介入，这种政府配置（亦可以说是权利配置）存在诸多问题。其一，政府机构档案信息资源配置在内有行政授权、外无竞争压力的情景下，其优化档案信息资源配置服务和管理模式的内在动力大大降低。其二，由政府一手包办（档案信息资源开发、整理、配置）的服务程序缺乏外部参考也未引入社会监督主体的意志，可能无法契合档案信息资源需求方的真正诉求。其三，可能会排斥一些关于档案信息资源配置服务能力、管理能力更强、更加经济实惠的社会组织机构的介入，从而抑制社会潜在的相关组织的发育成长。因而，档案信息资源的政府配置一方面较难完美实现档案信息资源本身的社会效益，另一方面也较难实现配置行为本身的社会服务价值。

第二，档案信息资源市场配置商业逐利特征明显。

任何社会组织、企业都可享受档案信息资源配置所带来的红利，比如某一企业需要拥有特殊技能的人才可依据人才信息档案，企业为提高生产效率可利用技术档案对生产技术和硬件设备进行更新改造。但档案信息资源的非纯公共资源特性决定其不能被无偿使用，所以档案信息资源市场配置供求关系的均衡需要遵循成本—收益原则。① 从市场经济的角度讲，档案信息资源有其价值和使用价值，因此产生于人们社会生产实践过程中并作为原始记录资料的档案信息资源便随之有了一般的商品属性，体现着历史的价值、文化的价值、记忆的价值等。市场的相关调节机制可以优化档案信息资源主客体间供求关系的合理流动与分配，提高档案信息资源的使用效率。同时档案资源作为一种特殊的商品也可以补齐市场资源稀缺的短板，提高市场的发达程度和发展水平。但正是档案信息资源本身所具有的这种特殊属性使其被一些强烈追求收益原则与市场占位的市场开发主体推

---

① 郭建平. 档案信息的公共资源属性及供求均衡 [J]. 档案学研究，2010（4）：17~20.

向市场，它们将其原生性"包装"成最大的卖点进行商业化炒作，导致一些档案信息资源在市场开发主体的随意解释与滥用下被扭曲化包装，难免使档案信息资源沾染了过于浓厚的商业气息。这种收益原则和逐利本质浸入社会配置的力量远大于社会配置追求公平的目标和初衷，一方面可能侵害社会配置组织的发育、成熟和完善；另一方面也会影响档案信息资源社会价值的提升以及社会组织的服务质量。

7.4.2　实现社会配置的核心要素（社会信任）比较脆弱

社会配置必然会有社会资本参与，档案信息资源的配置过程也不例外，这就涉及一个基本难题，即如何构建社会配置主体社会组织与社会公民之间的信任关系以及如何提高公众对配置过程的参与度和共享度，其核心是构建社会信任（social trust）。社会信任是指宏观概念上社会体之间的合成力量，其来源于人们普遍存在的对某种公平和合作的期望。显然，对匿名交易普遍流行的现代社会而言，社会信任对于维系人们之间的合作、促进经济发展具有更重要的作用。[①] 在档案信息资源社会配置过程中主要需要构建以下两种社会信任关系：其一，社会组织与社会组织之间（公共档案馆、各档案学会/协会、社会志愿团体等）的信任。社会组织作为档案信息资源社会配置的中坚力量，本身握有自身独特的档案信息资源，社会组织与社会组织之间社会信任的构建能有效实现各主体间档案信息资源的互交流、互操作，高效整合和节约资源配置，加强档案信息资源的推广与交流等。由于各种原因不同社会配置主体所掌握、所配置的档案信息资源是有差异的，其所服务的对象以及服务对象的信息需求也各不相同，一些社会组织占有档案信息资源的匮乏可能会给服务对象不理想的体验，而通过社会信任构建不同社会组织之间档案信息资源互交流是最好的选择。其二，社会组织与服务对象之间的信任。社会组织不像政府一般拥有行政能力，因此在社会配置过程中公信力优势先天不足，所以构建社会信任弥补这一缺陷很有必要。同时，公众需要什么样的档案信息资源、社会组织该采取何种配置形式更能适合公众要求，均要有社会信任参与二者之间进

---

① 王伟. 社会信任、政治关系与民营企业商业信用模式 [J]. 广东财经大学学报，2015，30（2）：22～35.

行协调。据此可得，社会信任已成为除财力资本、物质资本、人力资本之外促进档案信息资源社会配置的最主要的资本形式。此种社会信任，不管是公民对宏观环境中社会组织的信任（如中国红十字会郭美美事件①），还是对微观环境中档案社会组织的信任（如我国自负盈亏的档案中介机构中对其逐利的认同远大于对其"社会性"的认同），都是比较脆弱的，且短时期内难以改变。

7.4.3 实现社会配置的保障要素（互惠规范）尚不健全

互惠规范是社会配置过程中对社会组织的约束要素和保障要素。它作为社会组织参与档案信息资源社会配置的制度保障，规范着配置过程中社会组织和社会组织、社会组织和服务对象、社会组织和政府机构、社会组织和市场等关系，约束着社会配置主体的行为，保障着服务对象需求的顺利实现。目前我国社会组织相关法制不管是外在制度还是内在制度均不完善。外在制度，即正式约束制度，主要包括法律规范、政策条例等，是政府层面明文规定必须执行的行为规则。我国相关的外在制度主要有《社会团体登记管理条例》《民办非企业单位登记管理暂行条例》《中华人民共和国公益事业捐赠法》《中华人民共和国信托法》《中华人民共和国档案法》，以及各地区的《档案中介机构管理办法》等，而缺少专门针对全国和行业社会组织的管理法规。内在制度，即非正式约束制度，包括价值标准、伦理规范、道德观念等。目前我国有关的社会组织在设置时大多以"挂靠制"为主，大多数社会组织的申请成立和注册登记管理由民政部门负责，其运行管理和业务操作由政府主管部门（档案行政管理部门）负责指导监督，从而在一定程度上导致了社会组织的社会工作程序复杂化、办事作风官僚化和自治自主管理权弱化，使社会组织本身有关社会配置的价值标准、伦理规范、道德观念的强度不足。

---

① 2011年6月，郭美美在微博上以"中国红十字会商业总经理"的虚假身份炫富而备受关注，引发舆论对于红十字会捐款去向问题的讨论与猜测。后经郭美美本人在微博中证实，其并非红十字会的工作人员。中国红十字会总会也发表公开声明表示郭美美与红十字会无关。虽事实如此，但红十字会公信力严重受挫，筹款数额暴跌。

7.5　档案信息资源社会配置的典型案例
——档案众包

传统的社会组织参与档案信息资源配置的方式主要有两种，一种是档案部门与其他事业性部门或者公益性组织合作，共同开展活动；另一种是公民个人以档案志愿者的方式参加到档案馆所开展的工作或活动当中。但无论哪一种，大多以现场工作的方式进行，这也就意味着传统的参与方式使社会配置档案信息资源存在时间和空间上的局限。互联网技术的发展使社会组织线上参与档案信息资源配置成为可能，以互联网为平台的大众参与、大众创造的众包开始兴起，公众的力量正在逐渐取代其他事业性部门及公益性组织成为社会组织参与档案信息资源配置的重要力量。

7.5.1　档案众包概述

档案众包是众包理论在档案领域的应用，而众包则是互联网时代的产物。互联网时代的到来使用户，或者说个体，在各种社会活动中扮演的角色越来越重要——个人能够更加容易地参与到世界性的劳动创造中，大众创造创新的能力正在超越企业内部创造创新能力，世界范围内的交流变得扁平化。"这些变化正在引领我们走向这样一个世界——知识、权力和生产能力将比历史上任何时刻都更加分散，价值创造将更快，流动性将更高，变动将更快。"[1] 大规模协作经济逐渐成为主流，企业为了在互联网时代的发展中降低经营成本、谋求更大的创新突破，开始逐渐将非核心、可拆分的业务外包，但当外包无法满足时代对于企业发展的开放、共享、协作、创新的要求之时，众包应运而生。

2006 年，杰夫·豪第一次在美国《连线杂志》上对众包的概念进行定义，"'众包'是一个公司或机构把过去由员工执行的工作任务，以开放的形式外包给非特定的（而且通常是大型的）大众网络的做法"[2]。这个定义

---

[1]　Don Tapscott，Anthony D. Williams 著；何帆，林季红译 . 维基经济学：大规模协作如何改变一切 [M]. 北京：中国青年出版社，2007：25.

[2]　Jeff Howe. The Rise of Crowdsourcing [OL]. (2006 - 06 - 01). http：//archive. wired. com/wired/archive/14. 06/crowds_pr. html.

是在外包的基础上加上"非特定""大众网络"两个限定词来对众包进行说明，表现了众包这一新型商业模式区别于传统外包之处。档案界对于众包理论的引入及应用则相对晚一些，从 2008 年美国档案学者理查德·考克斯提出公民档案员这一概念开始，到 2010 年美国的大卫·肖恩·菲尔里针对"公民档案员"项目发布的三篇博文，历经两年，关于社会公民参与档案工作的讨论和理论研究开始兴起。① 根据杰夫·豪对于众包的定义，这或许可以被视作档案众包研究的萌芽。

关于档案众包的定义，我国档案学者主要有以下三种描述。赵宇在《档案众包平台的构建及运行机制研究》中对档案众包的定义是在杰夫·豪众包定义的基础上加上"档案部门"的限定并重点强调了"互联网";② 孙洋洋在《基于众包模式的档案馆信息资源协同共建研究》中对档案众包的定义比赵宇的范围更小一些——将档案众包理论的应用范围限定于对档案信息资源建设工作的"丰富化、序化和优化";③ 谢晓萍、胡燕在《国外"档案众包"项目及启示》中则将之理解为利用互联网平台，将某项适合大众完成的任务发布给社会群体完成以实现"档案部门与参与者互利共赢的一项活动"。④ 无论哪一种定义，均强调了档案众包"互联""大众参与"的特点。

结合众包定义与现有已知的档案众包定义以及档案工作的特点，笔者认为档案众包是档案部门依托互联网平台，将更具有分散性、开放性、交互性的大型外包项目交与网络大众完成的行为。在此需要说明的是，由于档案众包工作者分布的广泛性以及档案众包模式对于网络的依赖性，档案众包项目中的档案几乎都是已经解密的、可以开放给公众使用的。在众包模式下，公众出于兴趣、热情、道德等因素的影响志愿参与到档案工作当中，在众包平台上选择自己力所能及或兴致所在的任务并完成它，经审核通过后，即可获得相应的回报，此类回报多以积分、经验值等方式出现。

---

① 施少钦. 美国国家档案馆公民档案员项目及其启示 [D]. 福建师范大学学士学位论文，2012.6：17～18.

② 赵宇. 档案众包平台的构建及运行机制研究 [J]. 浙江档案，2016.4：23～25.

③ 孙洋洋. 基于众包模式的档案馆信息资源协同共建研究 [J]. 浙江档案，2015.1：17～21.

④ 谢晓萍，胡燕. 国外"档案众包"项目及启示 [J]. 档案天地，2015.9：48～51.

有些志愿性质的众包项目甚至没有回报，大众参与其中只是为了自我价值的实现以及寻求心理上的满足，或是出于利他式的奉献精神。就其定义及运行模式来看，档案众包是一种典型的社会组织参与档案信息资源配置的行为，参与者具有很强的志愿性、公益性和独立性。

7.5.2　从档案外包到档案众包：从"市场"到"市场＋社会"的多元

档案外包指"以签订合约的方式委托专业档案服务机构，利用其专业和资源优势对本单位的档案进行精细化管理的一种管理模式"。[①] 从档案外包与档案众包的性质来看，二者都是将原本属于档案机构内部的非核心的大型工作项目交与外部机构或者群体来完成，以此解决档案机构内部人力资源不足、项目运行成本过高、档案工作人员工作强度过大等问题，从而实现管理的优化和整体工作水平的提高。简单地说，无论是档案外包还是档案众包，都是档案机构在条件允许的情况下寻求外界的帮助、协作以实现自我优化的行为。从档案外包与档案众包发展的历史来看，二者都是社会发展进步过程中的现实需要对档案工作提出的要求——各种类型文件数量的激增，尤其是电子文件数量的激增，直接催生了文件中心和档案外包公司的产生，而互联网背景下大规模协作经济的蓬勃发展则带来了档案众包这种新的运行模式。

显然档案外包和档案众包有许多共同之处，但不同的是，档案外包强调的是一种签订合约的稳定的正式的雇佣关系，其主要的目的是降低项目运营成本，参与主体提供档案服务多是以营利为目的的，从配置主体来看，应归属于档案信息资源的市场配置。档案众包强调的则是互联网背景下大众智慧、大众力量的汇集，重点在于大规模协作，通过与利用者的良性互动来共同完成档案工作，参与主体提供档案服务更多是以服务社会、实现自身价值、获得自我满足等为目的的，是一种自由的、独立的、不稳定的合作关系，这种特性在以公众个体为单位参与到档案众包项目中时体现得尤为明显。互联网技术的飞速发展让用户至上的理念成为共识，也让

---

① 向茜. 公共服务外包研究——以湖南省高速公路系统档案业务为例 [D]. 湖南师范大学硕士学位论文，2015：34～39.

大规模协作成为现实社会各项事业发展的重要驱动力。因此，在档案外包已经难以满足新时代档案信息资源多元化需求的情况下，基于众包模式来对档案信息资源和档案价值进行更深层次的挖掘，将变成"互联网＋"时代档案工作发展的必然趋势。

7.5.3　档案众包的 SWOT 分析

传统的志愿者进馆参与档案工作的社会配置档案信息资源行为近年来已经得到较为广泛的认同和提倡，但这一配置行为能够实现是以档案部门能够对进馆的档案志愿者队伍进行质量控制、能够较好地对档案志愿活动进行风险控制、能够有效防止档案泄密和档案损害为前提。如果将档案活动上线，则档案志愿者队伍质量把关、档案志愿活动风险控制以及档案加工成果质量控制方面的难度将远远超乎前者。因此以档案众包的方式落实档案信息资源的社会配置，还需要对其进行综合分析。

7.5.3.1　档案众包的优势

一是化整为零，聚集大众力量完成短时间内难以完成的项目。化整为零是档案众包的突出特点之一，基于档案众包模式的项目能将大型的难以凭借一家公司之力完成的外包项目通过网络平台分包给世界各地的公众，通过他们的力量来实现类似"推特小鸟拉动失败鲸"①的奇迹。例如，在侨批档案的收集方面，如果仅凭档案工作人员之力进行实地征求，且不说现行体制下档案部门"局馆合一"的形式使客观上存在人力资源不足的问题，传统的以局馆为主体的收集方式所能够影响的范围也相对有限。相反，如果在收集工作中纳入具有社会组织性质的组织、团体以及公民个体，借助他们对所在区域档案信息资源的了解程度和掌握程度，通过互联网平台，将整个收集工作进行有针对性的分配，不仅能够使不同地域、不同类型的档案能够在同一时间被收集，缩短任务时间，而且对增加档案信息资源的数量和提高档案信息资源的质量也有不小的帮助。

二是群策群力，聚集大众智慧实现档案利用工作的优化。例如，社会公众利用档案数字化资源需要通过检索来实现，因此检索效果的好坏对利

---

① 是这样一幅卡通画：一群小鸟衔着网绳，一同拉起一头巨大的鲸鱼，为经受宕机挫折的人们带来了一丝人情味。

用工作的质量起着决定性的作用。然而，当前在档案数字信息资源建设的过程当中，检索效果始终不尽如人意。一方面，专业的档案工作人员在进行档案著录标引时，常常带着专业思维，著录标准和用词也需要专业化，因而对于大多数社会利用者而言，做到有效检索还存在一定的难度；另一方面，专业的档案工作人员的数量毕竟有限，因此思考问题的角度相对于广泛的大众的检索需求和检索习惯就存在明显的局限性。单一供给式的档案信息资源（尤其是档案数字信息资源）建设难以满足社会档案用户多元化的信息利用需求，使档案信息资源的稀缺性愈发突出。而档案众包则能够依靠互联网技术聚集大众智慧实现供给侧的多元化，对症下药，使档案信息资源的供需矛盾得到很大程度上的缓解。

三是志趣为先，聚集志同道合之人，以低成本甚至是零成本获得高质量的劳动成果。档案众包不同于档案外包，虽然二者都是将原本属于档案机构内部的工作分包给外部组织，但外包强调专业化，实际上是一种雇佣与被雇佣的关系，是一种市场配置档案信息资源的行为；而众包则更多以兴趣、志愿为主，众包模式给予参与档案工作的人更多的自由，参与者的工作目的并非追逐利益，而更多是希望通过这样的行为实现自我价值、获得自我满足等。目前已知的许多成功的众包案例，如美国的公民档案员项目、英国在线完善"一战士兵日记"项目、澳大利亚的国家宝藏项目、伦敦大学图书馆的转录边沁先生手稿等，都在较短的时间内取得了相当辉煌的成果。而且由于参与者的志愿性质，比起项目外包，既保证了质量，又极大地降低了时间成本和金钱成本。更重要的是，大规模富有热情的群体协作为档案工作的开展提供了强大的"外脑"，为档案工作的创新和档案信息资源的多元化提供了无限可能。[①]

7.5.3.2　档案众包的劣势

基于众包模式本身以及国内档案工作的实际情况，笔者认为对于当前的工作来说，档案众包至少存在以下三个方面的劣势。

一是网络环境的安全问题。档案众包平台对于互联网技术的依赖性是网络安全对其具有重大影响的内在原因。影响档案众包网络环境安全的因

---

① Don Tapscott, Anthony D. Williams 著；何帆，林季红译. 维基经济学：大规模协作如何改变一切 [M]. 北京：中国青年出版社，2007：122～124.

素主要可以概括为两个方面：一方面，网络环境下众包平台如遭遇外部人员的恶意攻击，如黑客、病毒软件等，会导致档案众包项目的信息泄露甚至是某些重要信息被篡改、删除；另一方面，档案众包平台本身所仰仗的系统和程序具有脆弱性，而网络背景下数字信息的虚拟性以及存储的密集性使信息丧失的潜在风险要远远超越以往，因此网络环境一旦崩溃，就可能使档案众包项目"重新洗牌"甚至"一蹶不振"。

二是参与者滥用档案众包的问题。众包虽然能够聚集世界各地的人们共同完成大型项目，但同时也意味着众包的队伍参差不齐。在一个开放性的群体当中，不可避免会存在一些态度不端正的参与者，并不十分用心地对待工作，所提交的成果质量与预期的并不相符；甚至存在一些居心不良的参与者，借助开放的众包平台发布错误、虚假甚至是有恶劣影响的信息，给利用成果的人传达不正确的信息，造成利用者的损失。

三是成果审核问题。成果审核问题其实是参与者滥用档案众包衍生出的问题，参与者素质的参差不齐以及存在不良参与动机的可能性，意味着运行档案众包项目的机构不得不完善相应的成果审核机制。因此，庞大的劳动者群体固然可能实现在短时间内完成大型的项目，提交相当可观的劳动成果，也有一定的信息过滤技术对众包成果进行筛选，但对档案众包工作者提交的反馈或是举报等信息内容也必须要有足够的人力资源来对此进行审核、判断、回应。这样一来，虽然档案众包能够在很大程度上减轻档案工作者烦琐工作的负担，但同时也衍生出了额外的工作。

7.5.3.3 档案众包的机遇

从国家政策导向来看，2014 年 11 月李克强总理在首届世界互联网大会上强调了互联网在社会创业创新工作中的重要意义；此后"大众创业、万众创新"成为 2015 年 3 月 5 日李克强总理政府工作报告的主题，制订"互联网＋"行动计划被提上议程；2015 年 7 月 4 日，国务院印发《关于积极推进"互联网＋"行动的指导意见》，提出到 2018 年社会服务进一步便捷普惠、发展环境进一步开放包容等目标，[①]"互联网＋"行动由此蓬勃开展。虽然目前"互联网＋"行动的重点在于企业的发展方式变革，但

---

① 国发（2015）40 号国务院关于积极推进"互联网＋"行动的指导意见 ［OL］. http:∥www. gov. cn/zhengce/content/2015 - 07/04/content_10002. htm.

"互联网＋"益民服务作为重点行动之一，意味着档案机构也将不可避免地被卷入其中，而在"互联网＋"政策背景和时代环境下，无论愿意与否，档案众包终将成为档案工作的方式之一。

从档案众包潜在的受众看，根据中国互联网络信息中心（CNNIC）的数据，"截至 2018 年 6 月，中国网民规模达 8.02 亿人，互联网普及率达到57.7%"，其中"手机网民规模达 7.88 亿人"。[①]　与此同时，从 CNNIC 这五年的统计数据中也可以看出，中国网民数量以平均每年 5275 万人的速度增长，互联网普及率则以平均每年 2.72 个百分点的速度提高。由此可见档案众包潜在工作群体之巨。

从档案众包的需求情况看，一方面，档案馆中数量庞大的馆藏及繁重的档案数字资源开发建设工作同有限的档案工作人员的矛盾仍然十分突出，且伴随着电子文件时代文件数量的飞速增长，向档案机构外部寻求帮助是更加有效、高效地完成档案工作的内在需求；另一方面，互联网普及率的不断上升及互联网技术的快速发展，直接带来了广大网络群体个性化需求的觉醒。新时代的网络群体将不再满足于 Web 1.0 时代的单向交流、被动接受的模式，更加注重社区化的沟通交流，自主意识的提升和参与欲望的增强以及社会文化素质的普遍提高使当下社会中各个领域开展大规模的协作成为可能，这些都促使了传统的档案外包模式向更为适应互联网技术发展需要的档案众包模式的转变。

7.5.3.4　档案众包的威胁

档案众包本身是一个新的概念，不够成熟，在国内还未被广泛认识和接受。在学术研究方面，从 2012 年福建师范大学施少钦的硕士学位论文《美国国家档案馆 "Citizen Archivist" 项目研究及其启示》到如今，在中国知网上能够看到的讨论档案众包的文章还非常少。虽然有其他学者通过其他的表述方式对众包理论展开了讨论，如 2016 年中国人民大学加小双、安小米的《数字档案资源建设中的参与式途径》、辽宁大学王梓林的硕士学位论文《社会档案人的研究》等，但总的来说，众包这个提法尚未被更多的人悉知。在实践应用方面，可以看到经济领域正在进行积极的尝试，如

---

① CNNIC：第 42 次《中国互联网络发展状况统计报告》［OL］．http：//www．cnnic．net．cn/hl-wfzyj/hlwxzbg/hlwtjbg/201808/t20180820_70488．htm．

阿里巴巴开发的众包 App、京东的众包配送、专门的微客网站等；而在档案领域，遍寻中国大陆 31 个省份的省级档案馆网站以及中国国家档案局、中国第一历史档案馆、中国第二历史档案馆共 34 个档案网站，仅见辽宁省档案信息网设有"期待您的参与"栏目，其中的社会档案人板块中提供档案词条，允许公众进行编辑，而更多省份的档案信息网只有提供单向交流的"公众互动"栏目（除了广西档案信息网的咨询投诉栏目可以进行社区化的讨论以外）。

档案众包要求运行者具备相关的专业理论知识以及实际操作经验和技巧，更重要的是，要对开展档案众包项目始终保持热情，不被运行过程中遭遇的挫折所打倒。一个成功的档案众包项目最基本应该做到能够吸引足够数量的众包工作者参与并完成任务，实现用户与档案馆的双赢。就辽宁省档案信息网"期待您的参与"项目中设的"社会档案人"栏目来看，其虽然与百度百科进行了合作，但至少存在两个明显问题。一是开放编辑的档案词条数量极少，自 2013 年 10 月 19 日创建"敕令兵部侍郎兼都察院右副都御史梁国治巡抚湖北谕"到 2013 年 12 月 10 日创建"清圣训——崇谟阁本"，共 10 条，此后再无更新。二是收效甚微，所开放的词条被编辑的次数极少，其中被编辑次数最多的"满洲实录"也仅有 11 个版本，而其他词条的历史版本多为 4 个左右，比之美国国家档案馆的公民档案员项目而言，规模和影响力十分有限。① 究其原因，一是经验不足，不能够科学有效地运行档案众包项目，在项目的宣传和动员方面采取的措施不足以有效地增强档案众包项目的影响力；二是缺乏恒心和热情，没有做到持续发布内容，保持档案众包项目的新鲜感和活力。

7.5.3.5　整体分析结果

从以上 SWOT 的基本分析，可以得出以下结论：一是结合档案众包本身优势及当下的发展机遇来看，政策优势、潜在的庞大群体以及实际工作的迫切需求共同造就了档案众包发挥其优势的有利环境；二是结合档案众包本身优势以及面临的外部威胁来看，尽管存在网络安全问题、滥用开放权限问题以及审核机制不够完善等问题，为档案众包作用的发挥带来一定的负面影响，但并不足以让人对档案众包的可行性做出否定性的判断，毕

---

① 详见 http://www.lndangan.gov.cn/lnsdaj/shdar.html.

竟如果"因噎废食"，维基百科也不能够走到与社会认知中具有权威性代表的大英百科全书相"抗衡"的地步；三是结合档案众包本身存在的劣势与当下的发展机遇分析，"互联网＋"行动计划的推行必将为全社会带来开放、共享、合作的发展观念，档案众包作为网络化和全球化时代的产物，随着时代的发展而成熟并深入档案工作是大势所趋；四是结合档案众包本身存在的劣势与面临的外部威胁分析，虽然把所有的不利因素聚集在一起使档案众包困难重重，但正是如此才需要档案工作人员不断学习提升自我，不断进行实践探索，使档案众包模式更加成熟可行，这需要投入时间和努力，并非档案众包本身不可操作。

由此可见，档案众包固然存在一些问题，但这些都可以通过采取相应的措施来化解，故笔者认为，在当前形势下，将众包模式应用于档案领域是可行的，这也是新的现实情况对档案工作提出的新要求。

7.5.4　"社会配置＋档案众包"的应用实例

当前，将众包理论应用到档案领域并不是一种普遍行为。有些国家虽然已经或多或少地采取了档案众包模式，但并未明确意识到或者说并未明确表示采用了这一方法；甚至对大多数国家而言，出于传统的保护档案真实性等封闭观念，它们还并不能够接受这种做法。目前来看，将众包模式运用到档案工作中的国家有美国、英国、新加坡、荷兰等，其中认知最为明确、成就最为突出、运行模式最为成熟、工作经验最为丰富的国家当属美国和英国。我国的辽宁省档案馆虽然在其网站中开设了"社会档案人"栏目对档案众包模式进行了探索和尝试，但从运行结果来看，并未取得理想效果，项目处于半废止状态。因此，下文主要对美国国家档案馆及英国国家档案馆开展的档案众包项目进行详细介绍，以期为档案信息资源社会配置的具体方式提供思路。

7.5.4.1　美国国家档案馆——公民档案员项目

美国是世界上最早明确将众包理论应用于档案领域的国家，也是最为积极地引入社会组织参与档案信息资源配置的国家之一。2011 年 12 月 23 日，美国国家档案馆启动公民档案员项目（Citizen Archivist），[①] 号召公众

---

① 详见 https：//www.archives.gov/citizen-archivist.

为档案信息资源能够更好地为更多人使用贡献力量。2012 年 1 月 25 日，美国国家档案馆启动转录试点项目作为公民档案员项目的一部分，发动公众参与档案转录工作，使大量晦涩的难以使用的历史档案"重获新生"。2014 年 4 月 2 日，美国国家档案馆通过官方博客征求公众意见，收集公众关于机构未来发展方向的建议，并将其写入第三次开放政府计划当中。2015 年的美国国家档案馆年度工作报告显示，同 2012 年的统计数据相比，至 2015 年底美国国家档案目录上对传统档案的叙述性描述工作已由 81% 增长到 90% 以上，公共项目（不包括与教育相关的项目）的参与人数由将近 37 万人变为超过 38 万人，美国国家档案馆网站的访问次数由超过 440 万人次变为超过 610 万人次。从项目开展之初的众说纷纭甚至是否定批判，到 2012 年底实践取得重大成功并荣获该年度政府最佳创新实践奖，该项目的社会影响力不断增强。就目前来看，美国国家档案馆的档案众包项目已经成为该网站的常规项目并被列入其年度发展计划。在 2017 年度工作计划暨 2015 年的年度工作总结报告中也表示，美国国家档案馆将继续扩大公众参与群体，并更加充分地发挥众包工具的作用，致力于通过与社会力量的合作，即协同社会组织一起优化档案信息资源的利用效果。①

在众包平台的选择方面，美国国家档案馆除了以其官方网站作为开展众包项目的平台之外，还通过其他具有重大社会影响力的社交平台开展众包活动，以壮大公民档案员的队伍及影响力。例如，通过雅虎旗下的网络相册（Flickr）促进档案信息资源数字化，通过挑战网（Challenge. gov）等网站开展档案众包项目的挑战赛，通过维基百科（Wikipedia）开展国家档案馆维基项目（WikiProject NARA）来进行档案文章或档案词条编辑等众包活动。通过与这些平台的合作，美国国家档案馆不仅为社会力量参与档案信息资源配置提供了更为多元的工作场所，也借助平台广泛的社会影响力使之成为宣传档案事业、壮大档案事业社会影响力的重要阵地。

具体而言，美国国家档案馆将公民档案员版块（Citizen Archivist）置于网站中消息分区下的第一条。在公民档案员项目下，面向公众开放的众包项目目前主要包括为档案添加标签、档案转录、文章编辑、档案信息资源数字化四个方面。

---

① 详见 https://www. archives. gov/about/plans-reports/performance-accountability.

一是为档案添加标签。

美国国家档案馆开展为档案信息添加标签的活动，旨在借助公众的力量实现档案标引的多元化，以增加档案信息资源被检索获取的可能性，满足社会公众多元化的信息检索需求，从而使档案信息资源能够更好地发挥其价值。参与添加标签项目的公民档案员，通过为档案添加关键字、标题等内容来为后来的利用者发现和利用档案提供便利。

从项目的运行情况来看，美国国家档案馆对公民档案员添加标签所提要求的核心在于内容的相关性，参与者在其中具有较大的工作自由，有利于吸引更加广泛的群体参与其中。这一项目中开放、上线的档案多为历史档案，且档案所涉及事件的公众知名度高，公众的熟悉度和了解度也要高于其他专门性档案，有利于公民档案员工作的顺利开展。

二是档案转录。

档案转录主要针对老照片和手稿等不经转录难以阅读的档案。公民档案员根据自己阅读所见对档案馆提供的高分辨数字化档案进行转录。

档案转录属于公民档案员项目中难度系数较高的一项。美国国家档案馆对此设置了具体的转录要求及转录方法，有助于减少公民档案员在参加工作时的疑惑。与此同时，也有助于规范公民档案员的转录习惯，从而实现档案转录成果的规范化，使之便于利用和理解。值得一提的是，美国国家档案馆在网页上诚恳地表达了对公民参与档案信息资源配置的需求，原话大意为"国家档案目录中包含着上百万份数字化文件，即便你不能够完整地转录完一份文件，但你所转录的每一个单词都将有助于优化检索结果"，这无形中减轻了公众作为个体参与档案信息资源配置活动的心理压力和思想负担，有助于鼓励更多的人参与其中。

三是文章编辑。

文章编辑具体来说是国家档案馆维基百科项目。维基百科，被誉为自由的百科全书，借助互联网技术，允许世界大众对百科全书中的所有开放的内容进行编辑。从其运行模式及性质来看，可以将之定义为众包理念应用于公共事业的典型的成功案例。维基百科理念的提出最早可以追溯到1992年的"互联网百科全书"的构想；2001年，维基百科面世，但非营利形式的管理模式一直到2003年才被确立；到了2004年，维基百科文章数已达到100万篇；截至2018年8月，维基百科文章数已经超过571万篇，网页总数超过 4588 个，一天之中上传的文件数量超过 87 万份，编辑次数超过 85535 万次，已注册用户人数超过 3450 万人（其中包括 1202 名管理员）。① 维基百科的社会影响力之大，由此可见一斑。

美国国家档案馆开展文章编辑项目的主要平台是维基百科，旨在借助维基百科业已形成的广泛的社会影响力与庞大且高质量的社会编辑队伍来开展档案众包工作。该项目的首页这样定义该项目：这是一个以与公众分享国家档案信息资源、改善维基百科中与国家档案相关的主题报道为焦点的公共项目，计划通过在维基共享资源和维基文库中创建相关的百科内容和数字化资源来促进维基百科与国家档案馆之间的合作，以使文化作品更好地为公众所发现、利用。②

美国国家档案馆开展的这一维基百科项目主要包括两个方面的内容：一是对档案馆所提供、分享的高分辨率的照片档案进行使用，将之并入已有的维基百科文章或其他维基百科项目当中，充实维基百科的内容并提高维基百科的真实性和可靠性；二是（维基客）为国家档案馆的特色档案（如档案馆官网上更新的"今日档案"）进行文章编辑或对已有的文章进行编辑扩充，使之更加详细、便于公众利用，是利用社会组织力量提高档案信息资源利用率、充分实现档案价值的重要表现。

与维基百科的合作是该项目成功的关键。首先，维基百科有着丰富的开展大规模协作的工作经验；其次，维基百科用户的广泛性也为项目的成功运行提供了人力资源保障；最后，维基百科这一平台的公益性及运行宗旨与美国国家档案馆开展公民档案员项目的目的不谋而合，这也说明了联合其他平台开展档案众包项目的益处。

四是档案信息资源数字化。

美国国家档案馆除了采取传统的档案信息资源数字化方式之外，还通过众包项目来促进档案信息资源数字化的进度。开展这一项目的平台主要是雅虎旗下的 Flickr。

Flickr 是一个图片分享网站，意译到中文，可称之为网络相册。就网

---

① 详见 https：//en. wikipedia. org/wiki/Special：Statistics.

② 详见 https：//en. wikipedia. org/wiki/Wikipedia：GLAM/National_Archives_and_Records_Administration.

站的功能来看，除了图片分享，其还拥有联系人服务和组群服务功能，这使原本单向的单纯的分享行为进一步发展成为双向的互动的社交行为，使网站由工具性的存在转变为更富有人情味的线上社群工具，通过建立社交关系与情感联系大大提高了用户的忠实度。更重要的是，用户在该网站上分享照片时，能够对照片添加标题、标签、描述（这与国内 QQ 空间的相册功能相似），使用者可以通过检索这些关键词进行有针对性的浏览。

档案信息资源数字化众包项目在美国国家档案馆网站中直接被表达为"上传与分享你的照片"，呼吁用户在其于 Flickr 上建立的公民档案员研究小组中上传、共享其拥有的国家档案的数字复本。因为美国国家档案馆在全国范围内都设有研究场所，研究者们到馆使用档案以用于学术、工作或其他社会活动，在这一过程当中会产生不少档案的扫描件或者是拍摄件，而档案馆出于人力、财力或是时间的限制或许还未将这些数字化的图片上传至其网站中，因此，美国国家档案馆希望能够通过社会公众的分享来推动档案信息资源数字化的进程。

在 Flickr 上参与档案信息资源数字化工作要做的事情与平时上传、分享私照并无二致。档案馆对于公众唯一的要求是希望公众能够为每一张图片添加具有档案要素的基本信息，包括图片的标题、产生的单位、档案归属的系列和（或）文件、档案的盒号或卷号。除此之外，用户可以自行添加自己认为有用的信息，比如国家档案馆标识符等。在要求添加的基本信息当中，美国国家档案馆进一步强调为图片添加标题的重要性，且明确表明用户所添加的标题应能够体现档案的内容，如乔治·华盛顿的来信、科罗拉多地图等。

以这种形式开展档案信息资源的数字化工作，不仅避免了档案数字化工作的重复，节约了数字化成本；也借助公众力量顺带完成了档案标引工作，极大减轻了档案工作者的负担。接下来，档案工作者只需通过检索，将可以纳入档案数字化信息数据库的资源进行线上转移，使原本的"事必躬亲""不堪重负"变为如今的"举手之劳"。

7.5.4.2　英国国家档案馆——志愿者项目

英国国家档案馆将社会组织力量惯称为档案志愿者，即便在众包模式下的志愿者项目中也是如此。从档案志愿者参与档案信息资源配置的历史来看，英国国家档案馆借助社会组织——档案志愿者的力量来进行档案信息资源配置已有超过 20 年的历史，志愿者们在许多项目中给予档案馆资金、人力等各个方面的支持。从档案志愿者参与档案信息资源配置的影响广度和深度来看，英国的志愿者团体不仅更加组织化，而且直接通过设立基金会等方式为英国国家档案馆项目运行、活动开展甚至是会议举办提供经济上的支持，成为其重要的活动资源。从志愿者参与档案信息资源配置的渠道来看，目前英国国家档案馆发起的志愿者项目不仅包括传统的现场项目、远程项目（这两种类型的项目都是以到馆工作的方式进行，区别在于前者工作地点位于英国国家档案馆内部，后者的工作地点则在英国国家档案馆之外的其他地点），还包括具有众包性质的线上项目。

在志愿者组织形式方面，与英国国家档案馆合作的志愿者组织性特征明显，而非以零散的个体形式加入志愿者项目当中，这类志愿者组织以"国家档案馆之友"为代表。"国家档案馆之友"成立于 1988 年，是拥有超过 1000 名注册成员的慈善组织。该组织的宗旨是通过基金会的筹款和实际支持来优化和协助英国国家档案馆开展工作，并向社会公众教授档案及与档案相关的知识，是一个有着较长运作历史和成熟运作模式的组织。在这个组织中，每个会员需要缴纳 15 英镑的会费；每个年度组织内部都要进行选举，选出管理组织活动的委员会。加入组织后，会员们可以享有英国国家档案馆提供的一些优惠和便利，比如在国家档案馆开设的商店或网上书店中购买物品可以享受 20% 的折扣等。英国"国家档案馆之友"通过提供津贴来支持英国国家档案馆开展项目，举办会议、活动等，同时也志愿参与到这些项目当中，组织自身也时常开展活动。除此之外，该组织还在每年的 5 月和 11 月发行杂志，用于档案和历史文化方面的活动及新闻宣传。这类志愿者组织的存在，为国家档案馆运行具有档案众包性质的志愿者项目提供了可靠的人力资源。

在激励机制设置方面，相对于美国国家档案馆网站将参与公民档案员项目的获益表述而言，英国国家档案馆在这方面显得更为集中和具体，有专门网页对参与志愿者项目能够获得的益处进行了阐述，主要包括：提高IT 技能或者其他与志愿工作相关的专业技能；有助于学会如何更好地融入一个社区；积累工作经验与增长就业信心从而有助于成功就业，即英国国家档案馆除了将档案志愿者项目作为建设、丰富档案信息资源与优化档案信息资源利用工作的一种手段，也把举办志愿者项目、对志愿者们进行专业技能培训作为解决社会失业问题的一种方法；提高社会生活的质量并获得许多新朋友。此外，英国国家档案馆网站设有专门的网页对档案志愿者的志愿经历进行展示，肯定其劳动成果并加以宣传，使志愿者们的付出为更多人所知。良好的激励机制成为英国国家档案馆在开展志愿者项目时吸引更多档案志愿者的催化剂。①

在志愿者组织监管方面，英国国家档案馆设有两个专门的治理机构来保障志愿者项目的顺畅运行：一个意译为志愿者指导小组；一个意译为志愿者项目委员会。前者由发起志愿者项目的、来自国家档案馆不同业务领域的工作人员组成，职责在于：积极寻求国家档案馆之外的其他相关机构专家的建议和指导，以保障志愿者项目的良好运行；对已完成的和正在进行的志愿者项目进行审查，对志愿者进行调查从而了解其参与项目的真正动机；制定工作成果的审核标准，以评价矩阵的形式来评估已提交的志愿者项目，以确保志愿者项目成果与国家档案馆开展该项目的初衷和战略目标的一致性。后者的成员像前者一样也是来自不同业务领域的工作人员，职责在于：管理已经通过审核的项目；确保志愿者项目被提上日程和预算；对志愿者项目进行风险管理；监控项目的运行情况并及时进行反馈，在确保志愿者活动被有效地监督的同时也保证他们的"声音"能被听取。总的来说，专门的监管组织的存在，不仅能够对志愿者项目进行效率和质量的把关，同时也为志愿者权利的实现和维护提供了一定的保障。② 具体而言，以下对英国国家档案馆志愿者项目以四个小案例予以说明。

一是"你的档案"。③

"你的档案"开始于 2007 年，截至 2012 年初，有超过 31000 位用户在该网站上进行注册并对网站中内容的更新做了贡献，站内有超过 21000 篇的文章及接近 260000 次的页面编辑，网站访问量超过 600 万人次且网页浏览量超过 5000 万人次。

用户在这个网站上共享信息资源的方式具体包括：编辑已经存在的网页，对网页中的内容进行补充更新或是对其中的错误内容进行修正；提交

---

① 详见 http：∥www. nationalarchives. gov. uk/about/get-involved/friends-of-the-national-archives/.

② 详见 http：∥www. nationalarchives. gov. uk/documents/volunteering-at-the-national-archives. pdf.

③ 详见 http：∥webarchive. nationalarchives. gov. uk/ + /http：∥yourarchives. nationalarchives. gov. uk/index. php？ title = home page.

与历史主题有关的文章；提交与国家档案馆所拥有的档案或其他机构拥有的档案有关的文章；对某个目录条目进行扩展；发布自己转录的某份文件；增加英国国家档案馆建设的其他资源的信息；把网站作为自己档案研究中所发现的有用的档案信息资源的存储站；与其他用户在类似主题编辑中开展合作或一起进行某个研究的项目。总的来说，这个网站为用户提供的功能包括上传与共享、存储与利用、交流与合作。

"你的档案"项目可以说是英国国家档案馆将传统志愿者项目上线及将众包理论运用于档案领域的一次尝试，与美国国家档案馆公民档案员项目中的文章编辑有着异曲同工之处。虽然这一项目最终由于种种原因被关闭了，但其运行模式并未被完全否定，其中的运作原理以及运作模式被用于其他的线上项目中，为后来项目的顺畅运行提供了经验。

二是"镜头下的非洲"与"镜头之下"系列。

"镜头下的非洲"是英国国家档案馆线上展览"镜头下的世界"主题中的一个组成部分，于 2011 年上线。在这个项目中有着上千份数字化的照片，从 18 世纪 60 年代开始，这些照片跨越了非洲 100 多年的历史。由于这些照片年代久远，许多图片不经解释便很难得到有效的利用；且即便照片原本就具有标题和一些描述，但其中一些表述在今天已经不再被使用，因此需要有人对这些照片进行一定的描述和解释，才能够更好地实现这些档案的价值。

为此，英国国家档案馆在运行这一项目时借助了 Flickr 平台来发布照片，并邀请用户通过标准的 Flickr 接口来添加评论和标签，完善照片中地点的地理参考资料，最终经过审核后将某些用户贡献的内容提取到其已有的目录当中。[①]

"镜头下的非洲"项目的成功让英国国家档案馆看到了这一模式的可行性，于是，他们将这一模式运用到其他已上线的图片档案当中，将其扩展为"镜头之下"系列。这个项目主要的运行平台至今仍是 Flickr。

英国国家档案馆邀请档案志愿者为照片档案添加标签的初衷已经不仅仅是优化档案信息资源的检索，还包括公众对档案信息资源中各种文化知识需求的满足。其利用线上档案志愿者具有广泛性这一特点进行"广泛撒

① http://www.nationalarchives.gov.uk/africa/.

网"，从而迅速获得了那些难以通过一馆之力来获得的成果。

三是"一战士兵日记"①。

在线完善"一战士兵日记"项目开始于 2014 年 1 月，由英国国家档案馆联合帝国战争博物馆开展，并邀请众包专家 Zooniverse 对该项目的运行进行指导。

在开展这个项目之前，英国国家档案馆已经花费近三年的时间进行了"一战士兵日记"的数字化工作。英国国家档案馆从馆藏的士兵日记中挑选出最受欢迎的那一部分进行数字化扫描，这是截至 2014 年该馆自主进行的最大的数字化项目。这个项目的上线分两个批次，仅首批上线的数量已经超过 30 万页，来自当时到达西部战线的前三批骑兵师和前七批步兵师的士兵。在 2014 年底，英国国家档案馆在线上发布了这批档案的剩余部分，至此，上线的"一战士兵日记"总数达到 150 万页，且开放给全世界的历史学家使用，与此同时，也为所有用户开放了编辑权限，也就是前面所提到的在线完善"一战士兵日记"项目。英国国家档案馆将这一项目表述为"一项真正具有创新性的众包项目"，这是英国国家档案馆首次在志愿者项目中明确提出"众包"一词。

参与在线完善"一战士兵日记"的档案志愿者需要通过阅读发布在线上的"一战士兵日记"以捕获其中所包含的关键信息，并为其添加标签。这些信息包括人物、地点、活动等基本信息以及更深层次的信息，比如这些档案包含有多少有关前线的真实作战信息。这个项目对于参与者的历史文化知识没有要求，并且英国国家档案馆网站将为所有的参与者提供共计 10 分钟的培训视频来一步步地教授参与者如何进行添加标签的工作。参与者不仅需要在工作前观看完整的视频，还需要顺利完成视频中提出的任务，只有通过培训之后的志愿者才能够正式参与到项目当中。项目完成之后，英国国家档案馆把这些成果添加到"发现"项目中，使之能被所有的用户免费地获取，这意味着利用者们可以通过地点、人名等关键词在线检索到这些士兵日记。

从这一项目首页的评论中可以发现，参与其中的档案工作者包括一战士兵家属、历史学家、历史爱好者等，他们不仅活跃在志愿者项目中，也

---

① http：//blog. nationalarchives. gov. uk/blog/operation-war-diary-archive-needs/.

为英国国家档案馆更好地开展项目建言献策，使之不仅能够从中收获劳动成果，还能收获额外的信息资源和工作创新思路，一举多得。

四是"发现"（Discovery）。[①]

"发现"是英国国家档案馆网站建立的一个档案信息资源共享平台。英国国家档案馆将其数字化的档案信息资源发布在这一平台上，用户能够通过关键词检索来获取自己需要的档案信息。这些数字化的档案信息资源据称跨越了 1000 年的历史，共有超过 3200 万份档案发布于上，其中，超过 900 万份档案能够被下载。

在"发现"这一平台上设有为档案添加标签的栏目，英国国家档案馆旨在通过志愿者在线添加标签的行为使利用者获取档案的方式更加简单、快捷、有效。截至 2018 年 9 月 19 日，档案志愿者们一共在线为 35560 个标签添加了 60009 条记录。

除此之外，英国国家档案馆还将其他项目中的成果添加在"发现"平台上，对这些资源进行进一步的聚集，相当于把这一平台作为整合英国国家档案馆数字化档案信息资源的数据库。

7.6　本章小结

社会配置进入档案信息资源领域，是因档案需求而生，因政府配置和市场配置无暇顾及而发展。

由于政府配置与市场配置的失灵以及社会配置利他和"非理性"调节的优势，再加上社会组织参与档案信息资源配置的理论基础、目标定位以及制度、经济、社会环境皆已具备，社会组织可以合同承包、志愿服务、特许经营、借助补助政策等方式参与档案信息资源的配置。

然而，公众所常见的档案行业协会、档案寄存中心或档案学会等档案领域的社会组织，也会因为经费、能力、体制和观念上的局限造成志愿性、公益性、独立性等多方面失灵的现象，也会受到社会组织发展的法律不健全、对公益性服务与供给的认识不到位等外部环境的制约。实现社会配置的核心要素（社会信任）以及保障要素（互惠规范）均不理想，意味

---

① http：//discovery. nationalarchives. gov. uk/tags/index/howtotag.

着档案信息资源的有效供给不可能仅依赖政府配置、市场配置或社会配置中的某一种机制或模式，各种配置模式都有着各自发挥作用的限定空间以及边界条件。在对应的需求领域和作用范围之内，每一配置模式对档案信息资源的供给都是可以有效的，而离开既定的领域和范围，就需要另一对应的配置模式派上用场。尤其是在一些交叉领域，政府、市场和社会应该三管齐下，发挥各自的优势，实现多元配置的融合和优化。

对本章最后的相关案例可以从另一方面进行解读，从档案信息资源配置的市场机制到社会机制，从档案信息资源开发的外包管理到众包管理，也许会发现其中的端倪——社会机制也好、众包管理也罢，都越来越趋于分散化、无形化、个体化——美国、英国档案众包实践的巨大成功以及我国国家层面所倡导的"大众创业、万众创新"可能是对此最好的解读。对于档案信息资源的配置来讲，我们不应僵硬地预先设定谁作为主体、谁的运作方式、谁的评价行为是最优的，而应该基于效益优先、兼顾公平的原则，鼓励更多的主体、组织甚至个人等社会组织参与其中。档案信息资源配置某一个环节的创新，例如档案馆又新收集一件散落民间的珍品档案，企业档案室又新招标一个参与数字化的外包公司，档案外包公司又新开发一个可以分散发包的标准的档案业务包，档案 App 的开发又新增一些个人用户的建议和智慧，……点点滴滴积累起来，就会对档案信息资源配置的方方面面产生巨大的影响，引领其发展。

第 8 章

微观设计：面向机构层面的
档案信息资源配置

8.0　引言

　　"全面"实现档案信息资源的价值，本书第 5 章、第 6 章、第 7 章分别就工具价值、经济价值和社会价值的实现，从政府配置、市场配置和社会配置入手，从价值全面实现的方式层面探讨了档案信息资源配置。本章则从微观的机构层面入手，力图探讨档案信息资源价值实现的三种方式在机构内部如何有效地形成、流通、加工以及服务。这一问题的关键在于对"机构层面"如何进行确定和分类，因为根据不同标准可以将其划分为多种类型。例如前文按档案信息资源配置的主体分类，可划分为政府组织、公司企业、事业单位、社会组织等；又如按档案信息资源配置的成果形态分类，可划分为原生型基础档案信息资源，以及一次、二次、三次等加工序化之后的增值型档案信息资源；再如按档案信息资源配置的服务对象分类，可划分为面向社会公众的、面向特定组织的、面向机构内部的档案信息资源配置。从上述三个"例如"的划分之中，本章所讲述的"机构层面"逐渐清晰明朗，即着重介绍面向组织机构或机构内部的档案信息资源配置，将"机构层面"以"前文的配置主体划分为主要依据"进一步细化为政府机构、公司企业、高等院校以及其他组织机构，① 列举、分析其档案信息资源配置活动的实例、问题和症结所在。

但需要指出的是，本书所区分的机构层面的选择与前三章三种配置方式的选择，只是研究方法上的区分而已，并没有改变档案信息资源配置的最终目标——档案价值的全面实现。既然如此，如何统筹不同层面之间的责任担当、如何统筹各个配置主体之间的权责划分，才是本书研究的重点所在。立足当下、展望未来，笔者认为唯有"跨界合作和服务融合"，方为解决之道。苏君华教授关于公共档案馆的社会合作研究，② 给予了本书很大的启示：能否基于资源交换开展社会合作——尽量让档案部门的资源在档案馆馆际合作中，图、情、博、档馆际合作中，馆校合作中最大限度地完善与丰富，使其开展的公共服务更加满足不同社会主体利益诉求？能否基于服务融合开展社会合作——尽量让档案部门的服务在档案部门与政府、新闻、媒体、中小学校以及其他社会组织的服务合作中，使其开展的档案服务更加融入不同层级主体的服务中去？能否基于价值认同开展社会合作——尽量让档案部门的价值观在档案馆与基金会、私营企业主、社会个体的价值认同合作中，通过合作、履行合作双方的职能和使命，进而彰显各自行业的价值？当然，其论点的视域仍然囿于"档案部门"的社会合作，如何将研究视域拓展至"档案信息资源"，即围绕档案信息资源，各个主体如何合作甚至跨界合作，乃是一个更为宏大且更为考验学界智慧的命题，对这一命题研究自面向机构层面的档案信息资源配置开始拉开序幕。

---

① 笔者注：政府组织、公司企业和社会组织的三分法来公共管理学的理论划分，而具体落实到档案事业的管理实际和机构分布，谈及微观层面主要机构的档案信息资源配置，笔者在本章将其改良为"政府机构、公司企业、高等院校和其他组织机构"也许更为简单有效。同时需要说明的是，前面章节讲述的各个主体参与档案信息资源配置，与本章的各个主体自身档案信息资源配置，也许会有交叉重复之处，但"区别"是本章重点，即前者重在阐述各个主体在全社会档案信息资源配置中如何分工的问题（除了分工，如何协作的问题将在第 9 章重点阐述），后者重在阐述各个主体在全社会分工体系下如何配置好自身档案信息资源的问题。

② 苏君华，李莎. 论公共档案馆的社会合作研究 [J]. 档案学研究，2016.5：36~39.

8.1 政府机构的档案信息资源配置

传播学视角下的政府工作，其核心任务之一就是处理与传输信息；信息管理学视角下的政府工作，其核心任务之一也是处理与传递信息。故而政府组织机构的设定与运作机制，也必然围绕政府在政务处理、公共服务过程中所形成的各种信息的序化、流动而展开。我们所熟知的政府计划、预算、指挥、组织、执行、调控、监控等若干环节，既可以被看作政府信息的处理过程，也可以被视作政府信息流的直体呈现。[①] 其"信息流"，源于政府机构广泛的职能设定、复杂的行政活动、日常的社会实践形成的类型多样、数量庞大、内容复杂、密级不一的文件、档案、资料等信息，这样一股"信息流"，流动的方向是否合理？流动的动力是否充分？流动的领域是否开阔？

一系列的问题都要求对政府机构内部的信息资源进行科学合理的配置，而首先要考虑的便是其中的档案信息资源。一是因为在政务信息公开的大趋势下，学界、政界都愈加重视信息公开的力度、方式、平台以及与新技术的契合，以提高政务运作、政府工作的透明度。在各方都积极开展政务信息开放利用的形势下，政府的档案信息资源是最受关注和最具争议的，无论档案专业机构作为政务信息公开的执行单位之一也好，还是档案信息资源作为政务信息公开的"最后一公里"难题也罢，[②] 其配置水平的高低直接影响甚至决定政府信息公开、政府信息配置的整体质量。二是因为档案信息资源本身就是政务信息的重要组成部分，如果用学界"档案泛化"或"大档案/大文件"的视角来审视，档案信息资源配置几乎等同于政府机构内部的信息配置。这样一来，我们甚至可以这样考虑：随着社会各界对于政府信息（含档案信息资源）的利用需求愈加多样化、个性化、

---

① 马费成，夏义堃. 我国政府信息服务的现状与创新 [J]. 图书情报工作，2013.12：19～23.

② "最后一公里"的提法源自快递行业对于货物经历火车、飞机等常规物流渠道之后，与收货人如何面对面接单的问题，因为涉及大量的人力以及轻便型交通工具，所以带给快递业的人力成本、时间成本是很大的。本书采用"最后一公里"，意在形容档案信息资源在政府机构的信息资源配置中是最为举足轻重，也最难啃的一块。

公益化、市场化等，政府及其相关职能部门是否在履行提供基本政务信息、档案资料、文件等职责之余，还应尝试着提供对上述信息资料的加工、序化、整合以及与新技术新平台的契合等工作，以便于公民、企业、社会、团体或政府其他部门开展利用工作呢？答案当然是肯定的，只不过这只是美好愿景和理论构想罢了，但至少也说明政府机构内部的档案信息资源配置极为重要，将为政府自身以及其他组织机构和个人的社会实践提供重要前提条件。

　　本章以政府信息资源中的政务文件、科技档案、信用档案等类型信息资源的实际配置活动为例，结合国外相关信息资源配置实例，力求客观全面地阐述政府机构（档案）信息资源配置的现实情况，并揭示其优点与待改进之处，以为学界研究提供参考借鉴。

8.1.1　政务文件资源配置

　　国务院批准于 2008 年 5 月 1 日起正式实施《中华人民共和国政府信息公开条例》（以下简称《条例》），引发了社会各界的广泛关注。之于档案界、信息界而言，该《条例》产生了十分深远的影响并具有重要的战略指导意义。该《条例》就我国政府信息公开的范围、公开的方式和程序及其监督和保障机制均做出了详细说明，其中在《条例》的第三部分第十六条明确提出了："各级人民政府应当在国家档案馆、公共图书馆设置政府信息查阅场所，并配备相应的设施、设备，为公民、法人或者其他组织获取政府信息提供便利。且行政机关应当及时向国家档案馆、公共图书馆提供主动公开的政府信息。"因此，作为法定的政务信息利用部门，国家档案馆、公共图书馆有义务为社会大众提供查询政府信息的场所与服务。与此同时，其还需要就政府信息的公开方式、服务方式及其效率有效提升等实际问题展开具体研究，切实提升政务信息的配置效率，提高政府工作能力，辅助打造公开透明政府，为社会大众提供优质服务。就目前我国政务文件资源配置实践而言，笔者主要列举以下典型案例予以说明。

　　一是中央国家机关政府公开信息查阅中心。[①] 中央国家机关政府公开信息查阅中心是中央档案馆为贯彻落实《中华人民共和国政府信息公开条

---

　　① 详见 http://www.ogi.gov.cn/。

例》第十六条关于"各级人民政府应当在国家档案馆、公共图书馆设置政府信息查阅场所"的规定，报请国务院办公厅同意设置的。该查阅中心借助互联网建立政府网站公共检索点，设立有关中央国家机关网站政府信息公开专栏链接，为公民、法人或者其他组织查阅中央国家机关网站上发布的政府公开信息提供查阅服务，同时提供《国务院公报》、各部门法规汇编等中央国家机关公开出版的政务资料，供用户利用查阅。且该中心不仅提供网络查询平台，还为用户提供了现场查询途径，即用户可在规定的查询接待时间到北京市西城区永安路 106 号中国档案报社大楼进行信息查询，以满足用户的信息需求，保证信息的及时供给。

二是中国政府公开信息整合服务平台。[①] 该平台在《条例》颁布执行的背景下，由国家图书馆联合全国省（自治区、直辖市）、市、区、县各级公共图书馆采用分层建设、共建共享的模式完成政府信息的整合与服务，旨在通过全面采集并整合我国各级政府公开信息，构建一个方便、快捷的政府公开信息整合服务门户，使用户能够一站式地发现并获取政府公开信息资源及相关服务。笔者在对政务公开信息整合服务平台的实际检索中，发现该平台面向社会大众提供信息服务，其针对用户的不同身份背景、信息需求、检索习惯与信息素养等，将平台所整合的信息资源按照主题、体裁、公文文种进行分类，并提供相应的检索途径，方便用户实际检索利用；其还将整合共享的信息资源按内容划分为专题资源、政府公报、分站导航、政府机关等几个检索模块，以期为用户提供高效的政务信息服务。

三是国家信息中心。[②] 国家信息中心即国家电子政务外网管理中心，主要负责我国的信息化建设与发展研究及其技术支撑，宏观经济监测预测及其决策支撑，国民经济和社会发展信息资源汇集及其开发利用。该中心在负责国家电子政务外网的建设、运维时，同时承担了宏观管理决策支持和信息资源开发工作，其重点业务囊括了决策支持、信息技术、信息内容三大方面的服务；其定期发布研究成果，如全球信息社会发展报告、中国信息社会发展报告及中国分享经济发展报告等，定期更新《信息化研究》

---

① 详见 http：//govinfo. nlc. gov. cn/。
② 详见 http：//www. sic. gov. cn/index. htm。

《发展前沿》等期刊的内容；且其在负责国家层面的政务信息、经济信息整合利用的同时，还承担指导地方信息中心建设、信息化建设的重要任务，实现了对国家政务信息、经济信息的直接管理配置，同时间接在地方信息管理配置活动中发挥重要的引领作用。

四是"官举民办"合作模式下的特殊政务文件资源配置——兰州九鼎信息科技有限公司。官举民办，顾名思义即由政府主导、组织，企业、相关组织负责具体执行的一种合作模式。2001 年底，兰州市政府联合兰州信息产业投资公司、兰州联创科技股份有限公司等共同成立了兰州九鼎信息科技有限公司，其主要经营内容是为政府提供各种公共数据和增值开发服务。① 其负责的业务具体包含互联网数据中心及应用系统开发、技术服务与培训、计算机系统托管及租赁、计算机系统集成及销售、数据传输、网络工程等，具体负责对兰州信息港综合信息平台项目的投资、经营和管理。② 通过查阅相关资料，笔者发现 2004 年甘肃省信息化年鉴中对电子政务建设明确提出了"兰州市计委、兰州市信息办需按照政府推动、市场驱动的原则，根据电子政务工程项目本身的特点及兰州九鼎信息科技有限公司的现状及市财政承受能力，与国内外著名 IT 企业紧密合作，共同建设兰州信息化，激活综合信息平台"。③ 因此，兰州九鼎信息科技有限公司在"兰州信息港综合信息平台"的项目建设中，与 IBM 公司展开了合作。IBM 以其先进的技术、出色的产品和完善的整体解决方案成为兰州综合信息平台的重要设备和技术供应商，不断扩充兰州信息港综合信息平台的设备容量和服务能力，为政府和公众事业用户、中小企业及广大群众提供更丰富的政务信息服务内容，从基本服务逐步向应用服务、个性化服务发展。④ 同样，在城市信息化建设中，"官举民办"下的具体模式中除合作模式外，还存在双元模式或社会组织主导模式。例如，由政府出资占股并吸纳各类社会投资组建的成都信息港有限责任公司，承担了成都市电子政务

---

① 冯惠玲，周毅. 论公共信息服务体系的构建 [J]. 情报理论与实践，2010.7：26~30.

② 兰州频道 [EB/OL]. http：//www. china. com. cn/market/lzpd/397755. htm.

③ 甘肃信息化年鉴 2004 年 [EB/OL]. http：//www. gsei. com. cn/xinxinianjian/200401/200514155144. htm.

④ IBM 助力兰州信息港综合信息平台开通 [EB/OL]. http：//tech. sina. com. cn/it2/2002 – 07 – 01/123677. shtml.

业务管理和包括公共信息服务在内的相关服务供给职责，并建成和开通了成都政务数据中心和成都互联交换中心。再如，在苏州市委、市政府的统筹和支持下，由南京联创科技股份有限公司、苏州市信息化投资有限公司和苏州交通投资有限责任公司共同投资，组建成立了苏州市城市信息化建设有限公司。其主要职责在于消费一卡通、政府信息化和社会信息化等三大领域，构筑一个覆盖苏州全市八区五县（市）的城市信息化中心。① 这种"官举民办"的档案信息资源配置活动，均在政府部门的领导下，由企业提供技术支持与软硬件服务，高效开发政务文件信息资源，开展高效的管理配置活动，加快完善城市信息化建设的步伐，更好地为社会大众提供优质的政务信息与服务，充分实现了政务信息所蕴含的巨大价值。

8.1.2　政务档案资源配置

《中华人民共和国档案法》第八条规定："中央和县级以上地方各级各类档案馆，是集中管理档案的文化事业机构，负责接收、收集、整理、保管和提供利用各分管范围内的档案。"因此，国家档案馆作为国家文化事业机构，在安全高效管理档案的同时，有职责与义务对其所接收的档案进行开放，科学合理地配置档案信息资源，为社会大众、企事业单位以及政府机构等提供便捷高效的档案利用服务，满足其利用需求，实现档案信息自身的巨大价值。

目前我国国家层面的档案信息资源共享平台为国家开发档案信息资源共享利用平台。② 该平台由国家档案局主管，国家档案局科学技术研究所对其进行技术维护，共整合了我国20余个省、5个自治区、18个代表地市以及中央档案馆、一史馆、二史馆等的开放档案信息资源，并借助互联网技术、现代通信技术等提供线上利用平台。笔者在实际检索中发现，该平台对档案信息资源进行科学整合，按照时序将档案信息资源划分为建国后档案、革命历史档案、民国档案以及明清档案四类。就档案载体的不同类型，将其划分为照片档案、声像档案等，并专门制作检索途径供用户选择利用。除此之外，还就其整理编研的成果设置历史人物、历史事件、珍品

---

① 冯惠玲，周毅. 论公共信息服务体系的构建［J］. 情报理论与实践，2010.7：26～30.

② 详见 http：//www. archives. gov. cn／。

档案等特色档案栏目，满足用户的一般信息需求与特殊的档案利用需求，将档案信息合理配置以形成丰富多彩的档案成果，实现档案信息资源的最大化利用。该平台所囊括的档案信息内容与实际生活联系紧密，可于现实生活中有效服务于政治、文化、科技、教育等领域，受众面广。例如，"日本侵华战犯笔录选""慰安妇——日军性奴隶档案选""南京大屠杀档案选粹""日本战犯的侵华罪行自供""红旗飘飘"等，引发了国际社会的广泛关注，有效服务于国际政治、历史研究等领域，实现档案的查考凭证之用，在一定程度上增强了国家的综合竞争力。该平台整合我国国家档案馆现有开放的档案信息资源，建设资源丰富的档案信息资源库，并借助互联网通信技术，提供多元检索途径，为社会各界的档案信息利用提供便捷服务。

随着科技进步与城市建设的需要，以及国际交流的愈发密切，我国已加紧城市信息化建设的步伐，近年内提出了多项建设目标与号召，如信息化建设、数字城市、智慧城市等。伴随这些国家战略的提出，档案部门大有可为。例如，多个地市的档案部门积极开展"城市记忆工程"，力求通过档案信息资源建设、开发利用服务方式创新等，为社会构筑真实可靠的社会记忆。再如，近年我国各级政府高度重视"智慧城市"建设，目前我国已有北京、上海、武汉等多个城市启动"智慧城市"战略，档案信息资源是信息资源体系的重要组成部分，对其的开发利用也能凸显其重要价值，档案部门应积极主动，参与智慧城市建设，为基础数据库建设、用户信息服务等添砖加瓦，实现档案信息资源自身的丰厚价值。

8.1.3　科技档案资源配置

一般档案通常可被划分为文书档案、科技档案及专门档案三类。其中，科技档案作为科技活动中形成的具有保存利用价值的原始记录性文件，是科技活动、科技成果的重要载体，在科研工作、日常生活中均具有重要价值。政府机构在配置科技信息资源的实际过程中，常见的配置对象多为气象、水文、地质、地震等信息资源。2009 年 9 月，科技部、财政部共同推动建设了国家科技基础条件平台门户网站——中国科技资源共享网[①]（以下简

[①]　详见 http://www.escience.gov.cn。

称为"科技共享网")。科技共享网运用信息化、网络化技术，按照国家统一的标准规范整合了自然科技资源、科学数据、科技文献等六大领域近600万条、总量超过1000TB的信息资源。该网站内容丰富，涵盖气象、交通、农业、林业等数据，主要为全国的科技工作者和社会公众提供公益性服务。对我国国家层面的科技资源共享网进行总体介绍后，下面笔者将分别以气象信息资源、地震信息资源为例详细阐述其配置现状。

8.1.3.1 气象档案资源配置

关于我国气象信息资源配置的实际情况，笔者对上述中国科技资源共享网中的气象科学数据进行查询利用时，其网站上的链接将会自动跳转至中国气象数据网。[①] 笔者通过资料查询得知，中国气象数据网由国家气象信息中心资料服务室负责建设和管理，而中国气象局国家气象信息中心资料服务室与中国气象局气象档案馆、世界数据中心气象学科分中心（北京）是"一个单位，三块牌子"，是全国气象数据中心，也是国家专业档案馆之一，隶属中国气象局国家气象信息中心。

国家气象信息中心资料服务室作为中国气象学科的国家级数据中心，负责承担全国和全球范围的气象数据及其产品的收集、处理、存储、检索和服务工作；研究与应用最新数据处理技术；加工和开发各类气象数据产品；承担国家级气象档案馆的任务职责，负责全国气象记录档案和工作档案的收集、归档、管理和服务；承担省级的数据和档案业务，并对其进行技术指导。依据中国气象局《气象资料共享管理办法》和《气象信息服务管理办法》的规定，根据不同用户需求，向国内外提供各类气象数据及其产品的共享服务。[②]

目前，该网站所提供的气象数据主要包括地面气象资料、高空气象资料、卫星探测资料、天气雷达探测资料、数值预报产品等。且在满足个人实名、单位实名访问的登录条件下，笔者查阅该网站提供的2017年发布的基本气象资料和产品共享目录，可查询最早至1951年的气象历史数据。该网站在保证气象数据安全的条件下，将早年气象档案数据、信息有条件地对外开放，并通过互联网简化用户的利用途径，最大限度地实现了气象档

---

① 详见 http：//data. cma. cn/。

② 中国气象数据网［EB/OL］. http：//data. cma. cn/article/getLeft/id/269/keyIndex/2. html.

案信息资源的利用，力求实现其信息资源价值的最大化，满足社会大众于生活、科研、教育等方面的数据利用需求。

8.1.3.2 地震档案资源配置

就我国的地震档案信息资源配置而言，现有多个政府机构开展有关地震信息资源的服务工作，大多面向社会大众、科研机构等提供利用服务。首先，中国地震局主办的中国地震信息网[①]面向社会提供地震数据共享与地震产品服务，其按照地震震级、原理等类别提供经初步加工的地震档案信息，且在检索平台中为用户提供多种检索利用途径，并将其原始档案信息资源按照震级分档、发生时序、地理分布、时间序列、年频次等制成图表，提供给世界范围内的地震信息用户使用。其次，由科技部、财政部共同推动建设的国家科技基础条件平台门户网站——中国科技资源共享网，组建的地震科学数据共享平台[②]囊括1个国家地震科学数据共享中心、10个专业数据共享分中心。该平台整合了地震系统众多资源，根据其数据来源范围（包括地震系统40多家单位），共整合形成了51个数据集，在线共享数据达到12TB以上，且其主要采用在线数据与离线数据相结合的服务方式为其稳定的服务对象（主要是高校和科研机构）提供相应服务。

就目前我国科技档案信息资源整合配置、提供利用而言，毋庸置疑的是，科技部组建的国家科技基础条件平台中心发挥着重要指导作用，在国家科学技术研究发展工作中承担了重要职能，整合管理大量科学技术档案数据，并面向大众、社会组织、科研院所、高等院校等提供了经深加工处理后的个性化档案信息资源、信息产品，由此形成相关报告。合理配置其所拥有的科技信息资源，提高了科技信息资源的配置效率并全面实现了科技信息资源的重要社会价值与经济价值，在社会生产、国家建设活动中均发挥了重要作用。

8.1.4 信用档案资源配置

伴随社会经济、文化、教育等方面的飞速发展，国家与社会各界逐渐

---

① 详见 http://www.csi.ac.cn/publish/main/index.html。

② 地震科学数据共享中心［EB/OL］. http://www.most.gov.cn/ztzl/kjzykfgx/kjzygjjcjpt/kjzyptml/201407/t20140716_114263.htm.

意识到社会诚信体系建设之于构建和谐社会所发挥的重要作用，其可从道德层面、法律层面实现双重建设功能，在经济领域、人文领域发挥重要作用，且有人评价信用信息为个人的另一张"身份证"。国务院于2014年6月27日正式下发了《社会信用体系建设规划纲要（2014—2020年）》，为当前我国社会信用体系建设过程中的顶层设计描绘出基本方向，并对未来几年内社会信用体系建设谋划了基本道路。其具体描述为："当前，全国集中统一的金融信用信息基础数据库建成，小微企业和农村信用体系建设应积极推进；各部门推动信用信息公开，开展行业信用评价，实施信用分类监管；各行业积极开展诚信宣传教育和诚信自律活动；各地区探索建立综合性信用信息共享平台，促进本地区各部门、各单位的信用信息整合应用；社会对信用服务产品的需求日益上升，信用服务市场规模不断扩大。"[①] 就此报告中提出的目前已建成的全国集中统一的金融信用信息基础数据库，笔者查询相关资料发现，于2013年3月15日施行的《征信业管理条例》中明确规定了中国人民银行征信中心是由国家设立的金融信用信息基础数据库这一定位。因此笔者选取中国人民银行征信中心这一政府机构的档案信息资源配置问题加以阐述与研究。

据中国人民银行征信中心的官方介绍可知，该征信系统覆盖范围广泛。其一，信息规模最大。征信系统收集的信息以银行信贷信息为核心，还包括企业和个人基本信息以及反映其信用状况的非金融负债信息、法院信息和政府部门公共信息等，是世界规模最大、收录人数最多、收集信贷信息最全、覆盖和使用范围最广的信用信息基础数据库，基本上为国内每一个有信用活动的企业和个人都建立了信用档案。其二，接入机构覆盖广。该系统接入了所有商业银行、信托公司、财务公司、租赁公司、资产管理公司和部分小额贷款公司等，部分保险公司的信用保险业务也开始接入，基本覆盖各类放贷机构。其三，服务网络覆盖全国。2006年6月，企业征信系统实现了所有商业银行和有条件的农村信用社的全国联网运行。2014年9月27日，互联网个人信用信息服务平台服务范围覆盖全国。其四，非银行信息的采集实现新突破。其积极推动工商、环保、质检、税务、法院等公共信息纳入征信系统，共采集了16个部门的17类非银行信

---

① 详见：社会信用体系建设规划纲要（2014—2020年）.

息，包括行政处罚与奖励信息、公积金缴存信息、社保缴存和发放信息、法院判决和执行信息、缴税和欠税信息、环保处罚信息、企业资质信息等。① 该系统立足金融行业，全面系统地整合了企业、个人的相关信用信息，实现了对信用档案信息的全面覆盖后，面向社会提供公共信息咨询服务，已取得一定成效，其于政府监管、社会诚信制度的建设以及金融证券等行业发展中均发挥了重要作用。

中国人民银行征信中心作为国家级征信中心，其在整合国内信用档案信息资源、建设后台数据库、实现信用档案信息库的全面覆盖后，通过科学高效的信息配置形成了相关个人信用信息报告与企业信用报告；通过严格的身份验证程序后，以信用报告等形式向用户提供信用信息服务，在实现信用信息价值的同时又充分保证了信用信息的内容安全。与此同时，在现今政府征信与企业征信、三方征信共同发展建设的过程中，该系统的建设对我国征信业的建设发展发挥了重要的引领作用，既规范了市场环境下征信业的建设与运营，又使信用档案信息资源于我国的经济建设、社会诚信建设发挥了重要作用，充分实现了档案信息资源自身的丰厚价值。

8.1.5　国外政府机构的档案信息资源配置

国外档案信息资源配置与我国档案信息资源配置的相同之处在于，配置活动中的基本配置主体、主要配置对象在一定程度上重合。但在配置方式、配置政策、实现程度以及成果等诸多方面存在较大差异。且现今伴随国际局势变化，世界多国政府均致力于建设开放政府，提升政务透明度，增强政府服务能力，故其于政务信息公开与服务利用方面均采取了多种措施手段，就此，笔者选取美国、英国、法国政府机构档案资源配置的实际活动作为典型案例。

第一，美国政府机构档案信息资源配置。

美国国家档案馆馆藏档案数量丰富，类型多样，且其积极开发现有的馆藏档案资源，如提供二战老兵档案、谱系档案等众多特色档案信息资源查询服务。美国国家档案馆的另一鲜明特点是注重档案的历史教育活动，

---

① 全国集中统一的企业和个人征信系统简介．［EB/OL］．http://www.pbccrc.org.cn/zxzx/zxzs/201506/d708068ce66c4cd6bbd5c37884b93c05.shtml.

通过整合档案信息资源并以图片、动画、拼图游戏等方式为家长或教师提供历史教育活动中生动、原始的教学工具，使档案信息资源作为历史教育中的重要素材出现在课堂、家庭教育之中，充分实现了档案信息资源的历史教育功能，故此富有创新性的举动也为档案信息资源配置活动提供了新思路以及新途径。

除了美国国家档案馆、各类档案馆、档案中心等开展档案信息资源配置活动，提供档案信息服务外，美国其他政府机构也将其所形成、拥有的档案信息资源加以合理配置以求全面实现档案信息资源的丰厚价值。如美国地质调查局于2012年6月在其官方网站正式发布了《美国地质调查局核心科学体系科学战略（2013～2023）》作为其核心科学研究的纲领。此战略纲领具体提出了"六大目标及相应的战略行动和成果"。其中明确提出了应用最先进的技术和最佳实用技术，有效地获取、分析和传播其数据和知识。为此，其制定了具体行动框架："第一，通过建立为日后应用而存储和调用数据（信息）的工具，以改善工作效果；第二，组织现有的科学知识和数据，以方便旧信息的新应用；第三，建立一种未来的工作流程，能自然地整合新数据及新应用。"从该报告可以看出，美国地质调查局高度重视信息资源整合与利用，始终将信息资源的开发（获取）、整合、处理放在首要位置，始终用系统的思维以及"实力"和"新实力"掌控信息资源，在信息开发利用中始终注重新技术的应用，并以此形成具有前瞻性和竞争力的信息资源优势。[①] 固然此报告并未就具体数据库的建设做出详细的说明，但该纲领明确指出了美国国家地质调查局对于其地质档案信息资源管理的重视，对于该信息资源的合理配置、利用活动的高度重视，并就此做出方向性的指示，为其日后工作中数据、信息资源的建设与开发利用奠定了坚实基础，为未来的地质研究、科学技术活动提供数据、信息资源方面的有力支持。

第二，英国政府机构档案信息资源配置。

在建设开放型政府的国际背景下，世界多国均致力于打造开放政府，提升政务透明度，公开政府信息资源，这其中便包含有大量的政务信息、

---

① 祝尔坚，芦艳荣．论信息资源国家控制力 [J]．工程研究——跨学科视野中的工程，2015.1：16～33.

电子文件以及档案信息资源等。由于开放政府数据战略的推进需要具有综合协调能力的实体管理机构来统筹政府数据开放工作的规划、方案制订与实施以及部门间的协调，从而实现政府数据的整体性治理，因此英国政府不仅设立了透明委员会，负责研究制定政府数据开放制度，还成立了开放数据研究所，与企业协同开展研究，共同分析英国政府开放数据的情况。[①]值得一提的是，英国政府在公共信息资源的市场化运作上进行了大胆的尝试，如将大批政府数据部门改为"半自立"的政府基金部门，明确这些政府机构有权力保留和使用公共信息服务收入，尽可能依靠用户的信息消费收入维持机构运转，按照运营成本结构比例抵消运营费用。[②]这一富有创造性的举动为政务信息资源的配置活动引入了市场机制，该复合模式下的配置、管理行为也使政府信息资源开发活动的效率有了明显提升，效果更加显著，同样使政务信息价值得以更加充分地实现。

此外，英国在国家数字化战略方面独树一帜，考虑到数字化档案/文件在载体形式（文本、数据、文档、双轨等）、来源部门（商业出版部门、学术团体、政府各个部门机构等）以及宗旨（营利驱动、学术驱动、公共利益、国家利益等）各个方面的多样性，导致政府机构的档案文件政策在数字化领域可能采取差异化的档案政策，甚至同样的档案政策被差异化执行，英国建立了一个被授予管理权限的协调机构——国家数字化档案中心，以系统制定数字化档案政策。这样的协调机构的宗旨在于在公共领域内协调数字化档案工作，为政府各类信息的商业化运作做好数字化细分工作，同时也为各类档案工作者提供表达自己观点和见解的专业平台。[③]

第三，法国政府机构档案信息资源配置。

法国于 2000 年，由国家档案局和国家现代化管理局联合推出了电子数字化办公计划，该计划推行的目的在于构建一个数据及文件数字化的标准存储模式和框架，具体措施包括构建一个标准参考框架，规定及详细说明标准参考的技术支持，筹备建立国家档案馆电子档案平台。[④]法国于 2011

---

① 才世杰，夏义堃. 发达国家开放政府数据战略的比较分析 [J]. 电子政务，2015.7：17 ~ 26.

② 夏义堃. 公共信息资源市场配置的实践与问题 [J]. 中国图书馆学报，2007.4：68 ~ 72.

③ 罗滦. 英国档案事业发展的新趋势 [J]. 北京档案，2010.3：42 ~ 44.

④ 李萍. 论现代法国档案事业的创新与发展 [J]. 档案学研究，2009.2：56 ~ 60.

年成立了开放数据办公室"Etalab",该办公室负责制定法国开放数据路线图,组建部际协调小组和专家网,组织各政府部门开展公共数据开放工作,并开展与欧盟、开放政府合作伙伴等公共平台的国际合作等。于2013年专门制作颁布了开放数据手册——《政府数据开发手册》,全面指导公共部门对开发政府数据政策的理解和执行。[①] 在组织机构设立与制度建设优化并行开展的条件下,法国的政府数据开放工作取得了明显的进步,在实现档案信息资源价值最大化的条件下,最大限度地满足了社会大众的信息需求,保障了公民的知情权并提升了政府的透明度。

此外,法国国家档案馆注重档案信息资源整合对于公共文化服务体系建设的推动作用。法国国家档案馆的第一个 PSCE(2013~2016)是国家档案馆现代化的支柱之一。[②] 它旨在将整合的档案信息资源以虚拟存储、社交服务等数字服务方式提供给社会公众。将档案信息资源的开发利用融入教育领域,是法国档案信息资源配置的一大特色。法国国家档案馆将其YouTube 的账号定位为"教育类"视频账号,定期向公众发布以档案馆馆藏资源为基础的学者专题讲座、热点话题等。法国国家档案馆将社交媒体与馆藏资源巧妙结合,在挖掘档案信息资源学术价值的同时,又促进了档案馆教育服务的功能。[③] 因此,法国国家档案馆档案信息资源的开发是紧密结合当下的社交工具,以贴近公众的方式实现资源的开发利用。法国国家档案馆将实现文化服务的目的融入档案信息资源的开发中,保证了档案信息资源的有效配置。

8.2 企业内部的档案信息资源配置

现今,无论是政府机构在其社会实践活动中形成的政务信息、公共信息,还是企事业单位在其日常经营、运作过程中形成的企业档案、文书档

---

① 才世杰,夏义堃. 发达国家开放政府数据战略的比较分析 [J]. 电子政务,2015.7:17~26.

② Archives-nationales(France)[EB/OL]. [2018.8.11]. http://www.archives-nationales.culture.gouv.fr/web/guest/projet-scientifique-culturel-et-educatif-2017-2020.

③ 魏扣,李子林,张嘉禾. 国外档案馆应用社交媒体开展公共服务实践及其启示 [J]. 档案学通讯,2018(2):81~86.

案等，在档案信息资源配置的活动中，其配置主体均呈现多元化、合作化、专业化的发展趋势。伴随市场经济的飞速发展，企业在注重谋取实体效益、提升生产水平的同时，对企业信息管理、文化建设、制度建设的重视程度也逐渐增强，不仅注重硬实力的提升，同时注重企业软实力的建设。就此，众多企业在经营管理活动中逐步提升了企业信息管理系统的建设水平，组织开展高效的信息资源配置活动，实现企业信息资源的最大化利用，以此实现企业自身健康长远的发展并谋划更大的商业价值。

8.2.1　不同模式的企业档案信息资源配置方案

随着科技的高速发展，计算机、现代通信技术等在企业运营管理中的普遍应用，企业于经营管理活动中逐渐形成了规模庞大、种类繁多的档案信息。根据档案法规的有关规定，这类档案信息资源由企业内部档案室或数据中心等部门自行保存管理，无须承担向社会公众开放利用的义务。但由于数据、信息规模庞大，内容复杂，实现科学管理实为不易。为实现对企业档案信息的科学管理维护，且合理开发利用其所蕴含的巨大商业价值与社会价值，结合企业档案信息资源的实际配置活动，现有部分企业采取自行设置研究所、信息中心、档案保管室等方式对其档案信息资源加以管理配置，发挥其最大效用；还有部分企业寻求个性化与专业化的信息管理支持服务，为获取更高效益购买一些专业技术公司研发的技术产品及其配套服务，实现信息资源配置。针对以上两类企业档案信息资源管理与配置的行为，笔者在此分别举例予以详细阐述。

第一，企业自主开展档案信息资源配置活动。根据企业实际运营条件，如企业类型、领域，档案信息资源数量、内容、密级、复杂程度等，以及工作人员的专业结构、教育背景等，一些规模较大，经济实力、人才力量较为雄厚的企业选择自行成立研究中心、科研院所等对其于经营管理过程中形成的数据、档案信息资源加以管理与研究，以求发挥企业档案信息资源的最优效益。

例如，阿里巴巴集团于 2007 年 4 月组建成立了阿里研究院，被认为是DT（Data Technology）时代的智库平台，其依托并扎根于全球最大的在线商业生态系统——由电子商务、互联网金融、智能物流、云计算与大数据等构成的阿里巴巴商业生态圈。该研究院具体囊括数据开放平台、专家网络与智库平台。① 正如阿里巴巴集团创始人马云所言："人类正从 IT（Information Technology）时代走向 DT（Data Technology）时代。"② 阿里研究院将其运营活动中形成的数据加以整合、序化，在其官网中定期发布各月网购价格变化趋势图、《高端消费报告》、《中国物联网产业分析报告》等，以供社会各界参考使用，充分发挥了其数据的经济价值与社会价值。

　　同样，国内另一电商巨头京东也在其企业内部成立了大数据部，负责内部数据的整合与管理。在整合数据信息的基础上，京东还面向卖家用户提供名为"京东数据罗盘"的全方位数据服务，其中包含店铺分析、行业数据和京东实验室三大板块，涵盖了客户、营销、仓储、配送等20余项主题分析，③ 力求为其平台用户提供精细、精准、高效的数据服务，利用数据分析为卖家用户谋取更大的经济效益，助力其事业发展。

　　作为美国电商巨头的亚马逊公司也深谙数据、信息中蕴含的巨大商机，积极开展用户购物信息收集活动，并对信息加以有序管理，科学开发利用。其不仅从每位用户的购买行为中获得信息，还将每位用户在其网站上的所有行为都记录下来，包括页面停留时间，用户是否查看评论，每个用户搜索的关键词、浏览的商品等。然后通过大数据分析，尝试定位客户和获得客户反馈，并在此基础上进行用户需求推测，开展内部测试，力求为用户提供优质服务，为用户精准推荐所需商品，使用户获得便捷高效的购物服务，极大提升了用户购买率，增强了用户满意度，并获取了更大的经济效益。正是由于这种对数据价值的高度敏感和重视，以及强大的信息挖掘能力，亚马逊公司在对用户信息进行科学管理、高效配置后获得了巨大的商机，谋取了更大的经济利益。④

　　第二，通过购买专业技术产品与服务，完成企业档案信息资源的配置活动。现许多企业在寻求外部管理支持以改善企业运营时，均将其内部的档案信息资源管理纳入该支持范围，使其档案信息资源可在企业管理中发

---

① 详见：阿里研究院简介［EB/OL］. www. aliresearch. com/about/.
② 详见马云：人类正从 IT 时代走向 DT 时代［EB/OL］. http：//it. people. com. cn/n/2015/0608/c1009 - 27117229. html.
③ 详见：京东数据罗盘［EB/OL］. http：//luopan. jd. com/index. jsp.
④ 详见：大数据价值49 式之第一式：亚马逊的信息公司［EB/OL］. http：//www. 36dsj. com/archives/8329.

挥最大价值。

例如，美国思科（Cisco）公司作为全球范围的网络解决方案供应商，其重要产品为思科统一计算系统 UCS，公司将其功能定义为"重新界定数据中心的潜力"。该系统包含数据中心与虚拟化服务，即由思科统一数据中心，将计算、存储、网络、虚拟化和管理集成到同一个平台上，实现操作的简便性和运作的灵活性，满足一流的云计算和 IT 服务需求。① 数据中心明确提出其借助思科统一计算系统 UCS，在设计上将服务器、网络、管理和存储访问等功能融合到一个管理架构中，为用户提升效率。② 因此，在企业与思科公司达成了建设 UCS 系统的协议后，思科公司将会为该用户提供企业数据、信息的整合管理支持服务，协助用户在经营管理活动中提升信息利用效率，以实现企业档案信息资源价值的最大化利用。

又如，专门致力于档案管理工作的铁山档案公司，③ 在开展档案管理服务过程中，针对不同行业制订不同的管理方案，在保障档案实体、信息安全的条件下，根据用户需求为用户提供高效、有序的档案信息服务，协助企业用户在运营过程中高效利用其档案信息资源，最大化实现档案信息价值。

再如，我国华为公司也面向社会提供大数据解决方案，如面向众多行业客户推出的 FusionInsight 平台，以海量数据处理引擎和实时数据处理引擎为核心，针对金融、运营商等数据密集型行业的运行维护、应用开发等需求，打造了敏捷、智慧、可信的平台软件、建模中间件及 OM 系统，使企业可以更快、更准、更稳地从各类繁杂无序的海量数据中发现全新的价值点和企业商机。目前，华为 FusionInsight 大数据平台已成功为金融、电信运营商、政府与公共事业、医疗、教育等多个行业的客户提供了服务。自 2014 年初开始，福建移动联合华为公司开展了基于大数据的精准营销工作，采用大数据分析的方法准确选择目标价值用户，其结果显示，基于大

---

① 详见：数据中心和虚拟化 ［EB/OL］. http：//www. cisco. com/c/zh_cn/solutions/data-center-virtualization/index. html.

② 详见：数据中心应用和数据中心企业应用，思科中国 – Cisco ［EB/OL］. https：//www. cisco. com/c/zh_cn/solutions/data-center/applications. html.

③ 铁山公司是档案信息储存管理服务行业的领先供货商。公司在全世界 32 个国家拥有近 1000 个设施，约 6400 万平方米里的占地面积。于 1951 年成立于美国，为世界各地的客户提供信息管理服务。详见 http：//www. ironmountain. com. cn/zh/。

数据分析方法较之传统方法成功率提升 50％ 以上，有效支撑了福建移动的 4G 用户发展战略。①

因此，在企业的运营管理活动中，其对自身档案信息资源的合理管理、高效配置工作的开展为企业带来了巨大的经济效益和发展机遇。

8.2.2 不同行业的企业档案信息资源配置方案

因为行业的差异，企业在档案信息资源配置方案的设计上都会根据档案种类、保管方式、管理模式的不同，形成各自不同的需求和特点。考虑到在《企业档案管理规范》框架下，不同行业企业档案的管理配置也存在规范性、标准化等要求，因此以下仅就各行业②企业的档案信息资源配置方案的重点进行分析。

（一）生产型企业的档案信息资源配置

生产型企业是以产品的研发、生产、组装和销售等为工作核心的，档案部门等是上述流程顺利开展的服务性管理机构，档案信息资源的配置需要将企业的产品生产作为自己工作的重点，尤其是要加强对产品生产相关档案的管理。目前，生产型企业产品档案主要分为研发档案、生产档案和产品档案三类。企业的研发环节是一项基础性工作，决定了产品生产的后续环节和企业的核心竞争力，对研发档案的管理、积累和开发，尤其是及时、有效、序化地将其推送到研发团队手中，为其提供灵感和经验，显得非常重要③；生产档案包括生产调度、质量管理、劳动管理、能源管理等环节产生的档案资料；产品档案则包括产品从开发设计到工艺包装、加工制造、检验检疫、商标广告、评级销售等全流程。规范标准的企业档案管理制度，主要目的在于收集、积累、保管完好的产品相关档案，不断优化

---

① 华为大数据方案在福建移动的应用 ［EB/OL］. http：//www. gkzhan. com/news/Detail/72305. html.

② 企业所在行业划分的标准，本书采纳《国民经济行业分类》（GB/T4754 – 2002）标准以及不同行业企业档案管理的个性特点，将企业按照行业大致归纳为：生产型企业、科技型企业、建筑型企业、服务型企业和综合型企业。详见覃兆刿. 企业档案的价值与管理规范 ［M］. 上海：世界图书出版公司，2014.4：269.

③ 海亮集团利用旧档（企业十几年来积累的相关茶品研发设计档案）研发新品，研发了一批适应卫生洁具和水暖市场需要的铜棒系列产品。详见冯海良. 民营企业老总谈档案工作 ［J］. 浙江档案，2004.9：21.

企业档案资源配置，增强档案信息资源及相关信息资源与物质产品、管理制度、人员人事之间的关联性和耦合性，以更为专业、系统、集中和相关的集群信息资源服务于企业相关活动。例如，比亚迪集团作为国产汽车制造业的佼佼者，其文档中心于 2010 年编写了《比亚迪企业年鉴》，服务于企业产品的研发、生产和营销，尤其是在企业文化建设方面起到了树立核心价值观的作用。又如，某香皂生产企业将自己收藏的民国时期《存货明细表》、政府历年颁发的《注册商标证》、自己研发设计的历年包装配方证书等汇编成档案证明成果，为"鹰牌"成功正名（服务于企业产品的市场销售、权利证明，尤其是为保护企业知识产权和产品信誉、维护企业权益和竞争优势起到了无法替代的作用）。①

（二）科技型企业的档案信息资源配置

科技型企业主要从事高新技术产品的科学研究、研制、生产、销售，尤其以科技成果商品转化、技术研发、技术服务、技术咨询等为主要范畴。其主要特点在于非核心业务外包导致相关档案收集、控制难度大，且以科技文件为主，具有很强的知识产权属性，是企业的核心资产，或代表企业核心竞争力。在此基础上，其档案信息资源配置应该着重两方面的考量。一方面，视企业档案为企业资产，从收集主体、收集范围、收集预警、收集问责等方面入手确保档案收集的完整，至少涵盖企业所有档案，涵盖企业所有项目，涵盖企业关键环节，区分成果与人员的权责等。学界已有研究人员（不只本课题组成员），或提出或赞成档案资产尤其是企业档案资产、企业档案资产运作的观点，无论是否作为企业资产，或被直接纳入企业会计报表，或被直接纳入企业资产评估，科技型企业管理者都应该将档案视作核心资产。另一方面，协调好保密与服务的矛盾关系。科技型企业的科技文件大多具有商业秘密性质，对于自身保管的档案要做到严格的密级划分和分级管控。相当多的商业秘密盗窃案件都是由图纸设计等档案被窃取引发知识产权纠纷，甚至毫不夸张地讲，此类案件胜败的关键就在于相关知识产权的档案保存的完备程度，越是完备，胜诉所带来的经济利益就越大。当然，对业已解密的档案就要着重提高资源整合和开发力

---

① 覃兆刿. 企业档案的价值与管理规范［M］. 上海：世界图书出版公司，2014.4：162 ~ 164.

度，或服务于企业历史文化建设，或服务于企业产品营销等。

（三）建筑型企业的档案信息资源配置

建筑型企业最大的特点在于按照工程项目来开展企业各项工作，根据科技文件成套制保存原则，服务于项目管理是建筑型企业档案管理的基本要求。考虑到国家相关部门对于建筑行业的档案管理有较为完善系统的管理规范，[①] 加上项目管理的期限性和动态性急需规范、标准的档案管理制度，所以建筑型企业档案信息资源配置首先是要建立一套前端控制机制，保证项目从计划到最后的完结，所有文档都能及时归档。其次是建立相应的项目整理原则，保证相关文件、合同、资料、图纸等所有档案都能围绕项目而组建。因为本课题组成员在一些房地产开发企业、城市建设建筑企业调研时发现，企业档案分类的第一层次标准选择很不一致，有的按照档案类型分类，例如合同、图纸、党务、人事、财务等各自分开；有的按照项目类型分类，例如项目一、项目二、项目三等；也有的按照管理习惯，A 将财务、人事分开，或 B 接手时，除了继承 A 的做法之外，将新进档案按项目不同进行划分，或 C 接手后，除了继承 A 和 B 的做法，将新进档案的合同、图纸等又单独列类，如此类推，只会加剧档案信息资源的混乱和管理工作的困难。最后是建筑型企业档案信息资源管理的开发与外包问题。一些年代久远、项目都不复存在的档案价值鉴定与销毁，重要合同的数字化，工程图纸的移交进馆问题，馆藏档案整体分类标准重新制定、整理、数字化问题，都在很大程度上困扰着许多建筑型企业。较为可行且更标准、成本低廉、一劳永逸的做法是分步骤、分阶段地开展上述业务的外包，企业档案管理部门要把握好两个要点。一是对实体档案的分类可以继承历史的那种"逻辑混乱"状态，但数字化后新建的数据库一定要符合与企业项目管理实际相吻合的、统一的、规范的分类体系；二是档案的价值鉴定和保管期限表的制定和实施，一定要秉承"弱化价值鉴定"和"淡化

---

① 例如住房和城乡建设部发布的《城市建设档案管理规定》，国家质检总局出台的《国家重大建设项目文件归档要求与档案整理规范》，又各地城建档案馆对于各建筑企业的图纸归档有着明确规范的要求等。正如覃兆刿教授课题组调研发现的那样，各行各业的档案工作水平一定参差不齐，但唯有建筑型企业档案管理水平都较高，这与行业主管部门的规范与约束不无关系。详见覃兆刿. 企业档案的价值与管理规范 [M]. 上海：世界图书出版公司，2014.4：272～274.

保管期限"的原则，尽量保证一个项目所有档案的完整齐全。

（四）其他类型企业的档案信息资源配置

除了上述三种，还有服务型企业、资源型企业、综合型企业、知识型企业等。"互联网＋"时代只会使市场上涌现出更多新颖、业务交叉、理念变革的企业类型，所以在此仅以"其他类型企业"统称。这些企业已经实现了从"资源占有"向"高度依赖人力资本"的过渡，也就意味着企业员工的隐性知识对于企业发展起着关键作用。此类企业的档案信息资源配置应该摒弃传统档案管理的后端控制思维，建立前端控制乃至全程控制的知识管理体系，在各个环节、各个员工、各个端口都能及时、准确录入系统所需的基本信息且能入库归档。其中在系统设计时以科学合理的奖惩制度保证员工把操作技巧、经验方法、心得体会、客户信息等全纳入进来。

8.3　高等院校的档案信息资源配置

高校档案信息资源作为档案信息资源的重要组成部分，其于教学、行政管理等方面所发挥的作用不容小觑，故其合理利用与配置为高校发展建设中的重要组成部分。国内多所高校于早年便积极开展了数字校园建设等项目。例如，中国人民大学数字校园建设于 1997～2003 年已完成第一阶段、第二阶段的工作。"数字人大"电子校务系统第一阶段上线应用功能已于 2005 年投入运行，该系统包含办公自动化、本科生教务、研究生教务、人事管理、科研管理、学生管理等六项核心应用，其中各分支系统间的数据可通过整体框架设计的方式实现开放与共享。① 此系统的建设通过打通多个行政部门的界限，实现了信息数据的互联共享，不仅为行政部门、教学部门等内部机构的工作带来了极大便利，也有效提升了办事效率与质量，同时也为在校学生的生活提供了极大便利，使之大大受益。又如，上海海洋大学在解决存储资源利用率低下、灾备体系脆弱等实际问题的过程中，与华为公司开展合作，统一规划了技术改造方案，成功建设了校园内部统一的运维管理界面，满足了其教学、行政管理过程中的海量存

---

① 潘陶. 中国人民大学数字校园建设进行时 [J]. 中国远程教育，2005. 22：58～59.

储需求，并以此实现了信息资源的高效利用。① 在上述高校档案信息资源配置过程中，其有效打破了高校内部存在的"信息孤岛"局面，使信息资源互联共通，提高了办事效率与行政服务能力，实现了高校档案信息资源的高效利用。

当然，高校的档案信息资源配置活动必须立足于学校自身的建设与发展，高校档案部门要开展与高校其他各项业务活动的相互嵌入和合作活动，方可体现档案在高校中的地位与作用。

第一，高校档案信息资源配置应全面融入高校深化改革之中，为其提供依据。

高等教育体制改革、教学改革、课程改革、人事改革等都是涉及我国高等教育事业长远发展的重大活动，都必须遵循高等教育发展的历史、规律和现实。这些改革切入点的选择、改革所取得的成果经验和教训，应都可以从高校档案信息资源中获取和总结。例如，全国高等教育资源的整合配备，高等教育发展规划的出台、制定、实施与修订，某些高校、某些院系、某些专业、某些课程的撤并、重新组合、外向型发展、增加或更新，甚至细化到教学计划的安排、师资队伍建设、教学日常管理等方面的改革，都应是有档案可循、有档案可考的。上述大大小小的改革流程都需要依靠档案信息资源中的原始数据、整合信息等，要在总结经验教训的基础上对其进行多方论证、修订方可发布实施，从而确保高校深化改革的稳步推进和最终成功。②

第二，高校档案信息资源配置应全面融入高校教学工作之中，为其提供借鉴。

教学工作是高等院校的中心工作，日常的教学工作会形成数量多、种类杂、门类广的教学档案。它既是教学活动的必然结果，又是教学实践活动的客观记录，所以教学档案自然而然成为高校档案中最为基础性的组成部分。教学档案在某种程度上反映着高校的教学管理水平、各项教学改革的程度，甚至学校的整体管理水平。由于高校部处设置与档案管理制度的

---

① 助力上海海洋大学信息化建设上新台阶 [EB/OL]. http://e. huawei. com/cn/case-studies/cn/older/hw_315753.

② 阳嘉瑛，陈奇志. 高等学校档案管理理论与实践 [M]. 成都：西南财经大学出版社，2009.10：14~17.

历史管理和各校管理制度的差异，教学档案大多分布于各院系教学单位以及学校的教学主管部门、教务处等单位，从服务于高校教学计划制订、教学工作总结、教学问题处理的参考借鉴来看，分散式管理与配置是较为合理有效的。但是在与教学相关的教学科研经费开支、教学基本建设方面的档案管理上，较为集中的档案资源整合和配置更为必要和有效。例如，高校财务管理必须依靠会计档案和各种有关经济工作的档案材料来监督、检查学校各项教学专项资金的使用管理情况，分析、考核资金的使用效率等。此外，高校基建也是一项经常性的工作，更新教学设备、筹建新的教室场所等，都需要建立完备的基建档案和仪器设备档案。

第三，高校档案信息资源配置应全面融入高校科研工作之中，为其提供参考。

高校的核心业务之一是科学研究，各种各样的高校评估、排名指标，甚至把科研作为衡量办学水平和质量的首要标准。将高校科研工作中形成的科研档案服务于后续的科学研究以及应用成果的转化，将其从潜在的生产力要素转变为有实际价值的现实生产力，是高校科研档案信息资源配置的重中之重。从国家的宏观层面上看，充分发掘、利用、整合高校的科研档案信息资源，并且有效提炼其中的先进科技成果，使其从服务于高校自身科研建设和高水平大学建设，到为国家科技发展、经济建设和社会发展服务，甚至进一步转变为与企业深化合作、产学研良性合作的共赢平台，需要科研管理制度不断创新，而其中科研档案工作就是核心之一，毕竟它代表着成果本身，也是提高、改进、完善和继续研究的基础，还是推广到实际运用部门的技术资料。从高校的自身层面上看，科学合理地运用科研档案资料，可有助于全面分析学校的学术创新水平，发现教师中的科研人才，并且将科研档案中凝聚的新知识、新成果和新技术运用于教学工作，达到教学与科研相长的目的。具体到科研档案的实践中，科研仪器设备档案的管理颇为关键，毕竟教学科研需要购置大量的仪器设备，建设一定规模的实验室，对这些仪器设备的说明书、技术参数、运行操作以及实验室的安全管理会形成大量的文献资料，加以积累、整理、分类、编号、归档和保存就形成仪器设备档案。任一档案的丢失或保存不完整，都会影响设备仪器的长期有效运行，而任其躺在档案柜"不作为"，只能说明对仪器设备监管失位，仪器设备档案及其管理没有发挥应有的作用。

第四，高校档案信息资源配置应全面融入高校人事工作之中，为其提供方便。

高校组织部门、人事部门在多年业务工作中形成了大量的干部人事档案、人事档案，对于相关部门管理人才、教师和干部以及人才建设、考察当事人历史等起到了关键作用，尤其是针对不同人才的素质、特点、专长而有针对性地进行思想政治教育工作、教学教育培训工作和科研成长助推工作，以此合理地、实事求是地任免、评聘人才。近年来，高校人事档案制度涌现出类似于"人才绿色通道"的改革举措，其实质就是在原有人事档案管理制度基础上进行的反映人才工作发展需求的创新，从促进人才合理流动的角度上讲，实现了人才与岗位有机衔接和灵活变通的目的。[①] 此外，干部人事档案、人事档案工作的制度"供给"仍然停留在"管理"人才的定位和水平上，如何转型为"服务"人才，颇需要制度创新。例如，很多教师反映，在平时多如牛毛的考核评估时，他们都交上去很多材料，且业已归档管理保存，在用到这些材料之际，有关部门根据惯性思维仍然要求当事教师再次填写、反复提交。如此一来，人事档案（当然也包括教学档案、科研档案等）真就躺在档案柜"睡大觉"了，完全背离了"档案服务于人事管理、服务于人才建设"的宗旨。

第五，高校档案信息资源配置应全面融入高校学生工作之中，为其提供服务。

高校在对其学生进行管理的过程中会形成大量的学生档案，涉及学生的学习、生活、实践、党团活动、社团活动等，理应成为学校考核评估学生、用人单位选人择才的重要依据。例如，学生档案中的学习成绩表，是其在校期间文化课成绩的唯一记录和凭证，也是对学生进行奖惩、颁发奖励、学历学位证书的依据，相关的材料也是用人单位考查学生，决定是否录用、如何分配等的参考。简言之，学生档案在功能上的理论定位有两

---

① 笔者注：个别高校在引进人才之际，出于手续简化、加快人才引进、助推人才成长等目的为人才重新建档，客观造成当事人"弃档"等不利事实和负面影响，且有扩大发展的趋势，此举被教育主管部门叫停。但是其深层次的原因和客观存在的大量诉求不容忽视，值得我们深思：人事档案工作究竟应该成为锁住人才的"枷锁"，还是应该成为助推人才合理流动的"通行证"呢？人才、档案、原单位、新单位四者之间究竟应该如何建构合理的法理关系才能达到"非零和博弈"的效果呢？

点，一是服务于学校"管理"学生；二是服务于用人单位"选择"学生。这种制度上的供给存在明显的缺陷，即很少面向当事人自身，也很少面向社会。例如，学生对自己的档案材料是否具有知情权的问题，学生在校期间的诚信记录是否入档、是否纳入社会征信体系的问题，学生档案涉及学校多个行政部门、管理分散、如何集中管理和有效配置的问题仍未有主义解决。学生档案的归档范围、种类、保管期限等问题仍然有待于相关部门的制度完善。用人单位熟知学生档案内容僵化、空洞，而在选人用人时大多认为不用看档案。诸如此类的问题归纳起来，其实就是学生档案还不能被称为资源，或者未被作为资源进行有效配置，导致学生档案本应具有的功能和作用因被忽视而逐渐弱化。

8.4　其他组织的档案信息资源配置

除上述的政府、企业以及高校等典型机构的档案信息资源配置活动外，还存在各种社会团体、组织（如非政府组织、非营利组织、学术团体等组织）开展相关的档案信息资源配置活动。其借助互联网技术、现代通信技术等先进技术，整合行业内部相关信息资源，大多以无偿形式面向社会大众提供相关的信息服务，开展高效便捷的档案信息利用服务，在充分利用档案信息资源的同时实现组织自身价值，以求组织自身的长远发展以及为社会发展贡献更多力量。

8.4.1　档案组织的档案信息资源配置

国际档案理事会（英文简称 ICA）是一个中立的、非政府的组织。国际档案理事会是全球文件和档案专业人员的代表，致力于文件的有效管理和世界档案遗产的保护和利用。其职能包含使组织各成员积极沟通交流档案工作经验，为成员提供档案工作方面的相关建议与帮助，组织开展档案工作教育培训等。[①] 因此，国际档案理事会在组织各成员开展档案工作经验交流的同时，使有关档案工作的宝贵信息于组织内成员间互联共通，赋予各成员平等权利，使其享有该信息成果，以此提升自身档案工作水平，

---

① 国际档案理事会 [EB/OL]. http://www.ica.org/node/14979.

也促进了世界范围内多国档案工作的开展与进步。

纵观各国档案学会或工作者协会等非政府档案组织的发展，它们均同样，致力于在有限范围的专业组织内开展相应活动，盘活组织内部的信息资源，使其于具体实际工作中发挥最大效用，故该类组织在近年发展中均呈现了良好的上升势头。例如，美国档案工作者协会，在其实际工作中采取了不限国籍、不限专业的会员吸纳制度，故该协会会员可以是从事档案工作的，也可以是来自文件管理、信息管理、图书馆或者博物馆等部门的人员。其发展至今，成员已经遍布世界60多国，俨然形成了一个庞大的档案国际组织。也正是该会员制度为其带来了各国先进的档案学术思想，提高了其国际交流与合作水平。在开展协会内部信息交流的过程中，该协会还整合学术信息资源，定期出版《美国档案工作者》《档案瞭望》《SAA通讯》等刊物，其中《SAA通讯》并不与协会会刊同步发行，主要是报道国内外档案新闻、学术动态以及协会的近期活动和短期培训等，以便及时传递档案管理方面的信息资源，促进档案工作的高效开展。①

我国的档案学会也呈现出良好的发展态势，于2016年4月19日在北京召开的全国档案学会秘书长会议中，国家档案局局长李明华肯定了档案学会的地位，并提出："档案学会是档案事业发展的重要组成部分，是联系广大档案工作者的桥梁和纽带，要找准落实中央精神的切入点，深入探寻做好新形势下档案学会工作的思路和做法。"同时提出了下阶段的计划，如"彰显特色，加强协同。各级档案学会要加强与档案局馆、上下级档案学会和各专业委员会的合作，谋好篇、布好局，发挥各自的优势，形成'雁阵'效应，提高工作绩效"。② 可见我国档案学会于国家档案事业建设之中发挥了重要的纽带作用，且其会刊《档案学研究》是我国档案领域内的最重要期刊，是档案学学术研究的重镇，对档案学理论研究交流、档案工作、档案事业建设均发挥了重要作用。

在我国档案事业建设过程中，国家层面的中国档案学会发挥了重要的指导和引领作用。同时各地方的档案学会均积极在其行政范围内，与有关

① 蓝岚. 谈中国档案学会与美国档案工作者协会的比较［J］. 兰台世界，2010. 24：10～11.
② 2016年全国档案学会秘书长会议在北京召开——国家档案局局长李明华同志出席会议并讲话［EB/OL］. http：//jda. cq. gov. cn/gzdt/wzxw/wbxx/46011. htm.

档案部门展开合作，开发档案信息资源，宣传档案工作，召开档案学术会议等。例如，辽宁省档案学会利用辽宁省档案馆馆藏资料，定期开展科普宣传工作，并主动走进机关，走进社区，举办以档案服务等为主题的展览①。

8.4.2　民间组织的档案信息资源配置

根据档案信息资源的类型、内容、密级的不同，以及档案信息资源蕴含的社会价值与经济价值的不同，一些行业领域内已有部分企业组成团体联盟，共同参与信息资源共建共享活动，以期在行业内谋得更好的发展前景，并获取更加丰厚的经济效益，实现共赢。例如，中国纺织工业协会为加强行业公共信息服务而开展的大型行业信息化工程——中国纺织产业网联盟②。其于 2009 年完成了一期工程建设，该联盟以"中国纺织经济信息网"为核心站点，发布反映全行业发展、运行的信息内容，并提供行业搜索引擎、产业预警、纺织知识库等深度信息服务内容；而各联盟成员站点则利用联盟共享信息资源生成满足自身服务对象需求的信息内容，即侧重于提供个性化的信息服务内容。③ 目前在行业信息共建共享、区域信息配置以及政务文件资源配置中，适时引入市场机制、社会机制的做法已渐渐普及，越来越多的民间组织、社会团体也积极投身于档案信息资源的合理配置活动中，实现了多元化配置，在降低配置成本的同时实现了最佳的配置效率。又如，孙立就红十字会档案信息资源的开发和利用做了初步的探索，指出要充分发挥红十字会档案信息资源应有的作用，做好最大限度的开发与利用，为备灾救灾、预防自然灾害和突发事件、完善对受害者的救助和救护等社会公益服务活动提供信息资源。④

8.4.3　非营利性组织协同开展的档案信息资源配置

当前，档案信息资源配置主体呈现多元化的发展趋势，如在政务信息

---

① 马仁杰，谢诗艺，李小刚. 公共管理视阈下我国档案公共服务的反思与推进 [A]. 创新：档案与文化强国建设——2014 年全国档案工作者年会优秀论文集 [C]. 2014：7～14.

② 中国纺织产业网联盟 [EB/OL]. http：//lianmeng. ctei. cn/.

③ 谭必勇，夏义堃. 政务信息资源获取与公开的路径选择 [J]. 图书与情报，2010. 5：23～27.

④ 孙立. 档案信息资源开发利用探析 [J]. 中国新通信，2018，20（5）：150～151.

资源配置方面，已打破了原先由政府全权负责的局面，而是更多地引入了市场机制与社会机制。故本节与前文"政府机构的档案信息资源配置活动"章节描述的不同之处在于，本节所描述的是非营利性组织在与政府机构合作下的档案信息资源配置活动。如 20 世纪七八十年代以来，欧美国家的非营利性组织得到迅速发展并逐步参与政务信息资源服务领域。其中，瑞典政府在推行电子政务方面取得了较大成功，其成功经验就在于各种委员会、联合会及行业协会等非营利性组织的积极介入。瑞典政府门户网站①承担着瑞典公共信息服务的任务，从 2003 年起外包给瑞典公共事务委员会管理、运营和维护，实行独立管理、独立核算，实现了高效服务，同时有效地降低了政务信息资源服务的成本。②

再如，联合国与 Frog 设计咨询公司合作搭建了一个平台——HDX 网站，用以分享数据。由联合国人道主义协调事务办公室与全球 Frog 设计公司共同搭建了 HDX 网站，旨在呼吁人道主义数据交换。该网站在 2014 年非洲埃博拉病毒疫情暴发事件中提供了诊所基本信息、死亡报告查询及疫情跟踪功能。在 2015 年尼泊尔地震中发挥了重要作用，其建设支持小组由来自 80 个国家的 2000 名应急人员组成，在分析了数百万条尼泊尔数据后搭建了几个大型数据库，以供人道救援组织共享相关信息，在实现最佳救援的同时也实现了信息资源的最大化利用。③

8.5 本章小结

伴随社会科技迅猛发展，信息资源已然成为国家发展、社会进步中的重要资源，世界各国对信息资源的重视程度日益提高，且纷纷致力于挖掘信息资源中所蕴含的巨大价值。档案信息资源作为信息资源的重要组成部分，其安全管理、合理配置、高效利用也成为国家发展、科技研发、企业运营中亟须解决的重要命题。

---

① 详见 www.sweden.se。

② 谭必勇，夏义堃.政务信息资源获取与公开的路径选择 [J].图书与情报，2010.5：23~27.

③ 参见：联合国与 Frog 用大数据拯救尼泊尔 [EB/OL].http：//www.36dsj.com/archives/29424.

于政府机构而言，国内政务文件资源配置主要涉及国家机关政府公开信息查阅中心、政府公开信息整合服务平台、国家信息中心、"官举民办"信息服务机构等；综合档案信息资源配置主要涉及国家开发档案信息资源共享利用平台；科技信息资源配置主要涉及中国气象国家级数据中心（气象信息资源配置）、地震科学数据共享平台（地震信息资源配置等机构中）；信用信息资源配置主要涉及中国人民银行征信中心等；国外政府机构如美国、英国、法国都通过不同的档案信息资源配置方式较大程度地实现了档案的价值。

于企业而言，档案信息资源配置有自主开展以及购买专业技术产品与服务两种模式，针对企业类型，有生产型、科技型、建筑型、其他类型等不同行业的配置方案。

于高等院校而言，档案信息资源配置应全面融入高校改革工作、高校教学工作、高校科研工作、高校人事工作以及高校学生工作中，力求更广范围地为社会公众提供服务。

于其他组织而言，诸如国际档案理事会、美国档案工作者协会、中国档案学会等档案组织，中国纺织产业网联盟等民间组织，联合国等非营利性组织都有猎档案信息资源配置活动。

通过相关案例的介绍，不难发现世界各国于档案信息资源配置领域已取得了一定的发展与进步，同样我国档案信息资源配置活动也较之以往于多个方面实现了较大突破，如实现了多元主体配置、配置产品丰富且可用性大幅提升、服务途径多样化等进步，较好地实现了档案信息资源价值的全方位利用，配置活动的质量与效率明显提升。但是在各个层面、各个主体的档案信息资源配置中，如何进一步深化、优化、完善已有的配置成果，将档案信息资源配置充分融入国家各个信息建设项目之中，在价值充分有效实现的基础上开展各个主体及其相互之间的档案信息资源配置活动，从而使档案信息资源在政府运行、企业管理、社会服务、个人发展等方面获得最大的支持，还需要顶层设计。

第9章

顶层设计：档案信息资源多元化配置的复合与优化

9.0 引言

本书第5章、第6章和第7章分别从政府、市场和社会角度阐述了各自在档案信息资源配置中的理论与现实基础、动力和实现条件、效果和主要困境。三种配置方式各有其比较优势，但各自优势的发挥也有必要的条件限制，因此如何扬长避短，将三种方式进行有效、合适的集成，从而提高档案信息资源配置的供给效率和促进档案价值的全面实现，是本课题研究的重要内容。

本书第8章从具体的中外政府机构、企业组织、高等院校以及其他组织出发，探讨其档案信息资源配置问题，以期全面实现档案价值的目的，"微观"视角不言而喻。正如第5章、第6章、第7章所言，其实，任何一种具体组织，都有可能涉及多种配置方式，因此亟须基于顶层设计的档案信息资源配置——档案信息资源配置的复合与优化。

另外，档案信息资源是信息资源的一个重要组成部分，信息资源配置是信息管理中的子系统工程。由此，本章将基于系统视域，将档案信息资源配置主体——政府、市场和社会——作为系统的关键要素（这三要素相互作用、相互依赖、相互制约，形成档案信息资源配置系统的、有机的整体)，并适时地将其纳入范畴更大的信息资源配置中去，以期实现档案信息资源多元化配置的复合和优化。

9.1 档案信息资源多元化配置的目标导向

档案信息资源多元化配置是基于档案价值全面实现这个总目标而展开的，总目标是档案信息资源配置过程中最终目的和配置行为的总纲领，具体施行过程中又分为若干个分目标，分目标是为了实现总目标而设定的，为总目标的实现服务，并受到总目标的影响和制约。总目标和分目标的设定，综合构成档案信息资源配置的目标体系。

全面实现档案价值又是以"档案信息资源的稀缺性与档案用户需求的多元化"矛盾为逻辑起点，提出的"档案信息资源多元配置"应对策略。那么策略本身所要解决的关键应该在于化解、调和和促进矛盾的辩证发展和有利改进，所以"全面实现档案价值"，又可以完整地表述为：通过多元化配置，解决单一配置所造成的档案信息资源供给不足与资源闲置共存、资源浪费与稀缺同在的尴尬局面，提高档案信息资源的储备率、利用率，以最低成本实现最大效益，发挥档案信息资源在国家利益、经济发展、群众文化、生活水平提高中的应有作用。这就是本书所阐述的档案信息资源配置主体、配置方式等多元化所要达成的总目标。

当然，总目标的实现不可能一蹴而就，需要经过多个阶段的逐渐发展和循环改善，每个阶段或每个时期完成某个分目标，从而最终实现总目标。分目标之间紧密联系、环环相扣，大体包括以下四个方面，具体如图9-1所示。

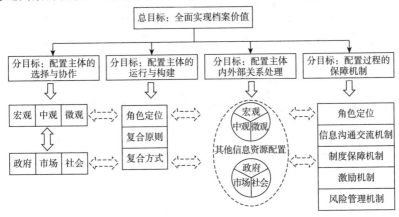

图9-1 档案信息资源多元化配置关系

第一，配置主体的选择与协作。配置主体由单一的政府进行配置，开始向与市场、社会共同配置的多元化局面转变。只有确定哪些部门、组织、企业能够成为配置主体，确定多元化配置的关键节点，才能由这些关键节点探索档案信息资源配置的全过程。注意配置主体的选择并不是零散、随意地确定的，要重视从宏观、中观和微观层面，做到有步骤、有计划、有标准地选择。

第二，配置主体的运行与构建。选择完档案信息资源配置主体，就应该针对其主体的各自特点和功能，注意主体在配置过程中如何健康运行，在发挥各自作用的同时，产生整体效益。多元化配置主体运行系统的构建，要考虑不同主体在系统中的角色定位、复合的原则以及复合的方式等。

第三，完善配置主体的运行系统与外部系统的联系。在构建配置主体子系统过程中，除了重视子系统内部的正常运行外，还应重视子系统与其从属的更大系统之间的联系。重视外部系统要素对配置主体子系统的影响，做到子系统内部稳定运行和发展，保持子系统与外部系统的一致性。

第四，完善配置过程中的保障机制。档案信息资源与其他信息资源不同，其敏感性、质量要求均比其他信息资源高。保障机制不仅包括保障档案信息资源配置效率的最大化，获得最佳的社会效益和经济效益，也包括保障整个配置过程中对档案的保护，避免在配置过程中使档案信息资源遭到损坏，失去其作为原始记录的本质属性。保障机制包括评价机制、信息沟通交流机制、制度保障机制、激励机制以及风险管理等。[①] 这些保障机制从宏观、中观和微观层面对档案信息资源配置的有效性进行保障，促进档案信息资源配置主体更好地复合，对实现档案信息资源配置目标有着关键性作用。

9.2 档案信息资源多元配置主体的角色定位

9.2.1 三种配置主体的作用领域和局限

现代市场经济体制下，档案信息资源的配置主体是政府组织、市场组

---

① 笔者注：本书将在后文对档案信息资源多元化配置的评价机制进行深入探讨。

织和来自民间的社会组织，以及由此形成的档案信息资源配置系统。作为现代社会经济制度体系中的三种基本制度安排，政府组织和市场组织具有较强的作用和功能，社会组织还不够大、不够强、不够成熟，其作用的体现和功能的发挥还需要一个较长的培育和成长过程，被社会公众认识也将经历一个很长的过程。三个主体在配置档案信息资源中有着各自的作用领域，并各有其局限，如图9-2所示。

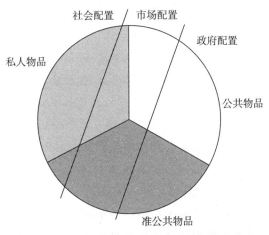

图9-2 公共物品与私人物品的供给结构

政府主体，具体为国家各级档案行政管理部门。政府作为最大的信息生产主体，其产生的信息内容涉及面广，数量巨大，是整个社会信息资源的重要组成部分。在档案信息资源配置过程中，政府主体首先应做好政府档案信息的收集和开放，为社会公众提供充足、有效、透明的信息资源，这是政府主体进行档案信息资源配置的前提。其次，政府主体在价值理念上应当代表国家整体利益和社会公共利益，按照捍卫国家主权和安全、维护社会公共利益、调控市场经济发展的原则，调整包括档案信息资源在内的所有社会资源的分配；在市场机制缺失或市场失灵的情况下，弥补市场功能的不足，提供依靠市场机制和市场主体无法有效供给的档案信息资源及其服务，从而在国家档案事业发展的政策服务、制度安排、社会协调、保障公平和市场监管等方面有着独特的优势。因此政府主体较为适合基础的、原始的档案信息资源供给以及相应的政策干预，做好档案信息资源配置中社会公平的保障者，配置的主导者、规范者的工作。但是其局限性也非常明显，从交易和供给的对象来看，政府适合交易与配置公共物品，但不意味着适合所有纯公共物品和准公共物品，在私人物品领域更是无从下手。尽管档案信息资源从产权归属和利益相关来看隶属公共物品，但也有相当部分具有准公共物品性质，而且也不排除公共物品性质在企业转制和产权置换中发生变化，即不能排除档案信息资源一小部分私有的可能性。从交易和供给的方式来看，政府总是习惯于权威治理，一般以强制性的、命令式的角色出现在档案信息资源配置的多方关系中，而不善于以类似于合同治理的方式、以平等当事人的角色进行档案信息资源的配置。诚然，前一种方式能够在一定程度上降低交易成本和实现规模效应，但不可否认会产生额外的社会成本或经济效益的损失。从交易和供给目标来看，政府适合基于社会福利和公益性质目标的"公共选择"，而不适合基于私人利益性质目标的"自主选择"。① 正如本书第 3 章所分析的那样，档案需求的多元化格局出现后，从档案信息资源衍生而来的并不只有社会福利和公共需求，如果档案行政管理部门一包到底地想要涉及所有公共需求或者干脆忽视它，就会出现政府失灵。

市场主体，以追求利润最大化的企业为代表，具有强烈地谋取经济利益的动机，在社会微观经济领域有着旺盛的经济活力，有着极强的市场运营能力和较强的服务、产品创新能力，服务效率高，能够按照市场的供求机制、价格机制和竞争机制自发地调整档案信息资源的分配，使档案信息资源不仅向代表社会福利和公共利益的公共档案馆流动，也向着利润率水平高的市场空间和行业领域流动。例如，当前已经发展良好的科技档案信息中心和网络服务体系、以国家档案馆网为依托的档案信息交易所、各种档案信息资源产品展交会和拍卖会等，② 都是市场主体在政策、法律允许范围内合理运用市场机制参与档案信息资源配置的很好例证。因此市场组织适合具有一定竞争性或一定排他性的准公共物品的供给，尤其是适合私人物品的配置，适合基于私人利益性质目标的"自主选择"，善于以平等当事人的角色参与档案信息资源的交易和供给。但需要注意的是，在涉及社会广大市场主体和用户群体的情况下，市场组织"经济人"的本质和动

---

① 详见陈振明. 公共管理学 [M]. 北京：中国人民大学出版社，1999.6：224～225.

② 梁孟华. 面向用户的档案信息资源的市场服务模式 [J]. 档案学通讯，2006.4：76～79.

机需要政府的强制性协调和管理，也需要社会组织的公共谈判和多方协调，以在保证效率的同时不失公平。如果任凭市场主体一味追求经济利益来配置，就会使市场缺陷被放大而出现市场失灵。

社会组织，以非营利性、非政府组织为代表，强调公益性和志愿性的责任，以公共道德、意识形态和习俗惯例为行为准则。一般来讲，作为第一部门的政府主体、作为第二部门的市场主体不容易受到忽视，最容易受到忽视的是作为社会组织（第三部门）的社会主体。① 但是此类社会组织善于以社区或非营利性团体为基础处理公益性、慈善性事务，其运行方式可以有效降低社会管理成本和保证社会公益目标，还能减少政府部门成为社会矛盾焦点的可能性并处理好市场难以处理的问题与矛盾。例如，对一些小型的、分散的、利润低的档案信息资源产品供给，政府主体的普遍性供给无法满足这些个性化的需求，市场主体又难以从小规模的服务供给中获得足够利润，因此社会组织供给最为合适。当然，社会组织的运作方式也包括经营，只是经营目的不是赚取组织利润，而是使组织已有本钱能保值、增值，因此社会组织的发育水平早已成为联合国衡量某一国家、地区社会资本发达程度的主要判断依据之一。由于社会组织的运作具有很大的自主性和随意性，其公共利益视角总是限于某一社会群体，在内部固然有着强大的凝聚力和效率的特殊规则，但是对外部却有着天然的排斥心理，如果任凭其扩张到社会空间，也会造成公共利益的侵害，即社会组织失灵。②

因此，档案信息资源配置不仅仅是政府，或者是市场，抑或是社会组织单方面的责任，需要三方主体共同参与，三者之间是支撑、合作和互补的关系。③

9.2.2　三种配置的交叉关系

对于国家、市场和社会组织三维参与档案信息资源配置的模型，可以

---

① 郑杭生. 中国人民大学中国社会发展研究报告 2010——走向更加合理的社会：社会资源及其合理配置 [M]. 北京：中国人民大学出版社，2010.7：11～12.

② 从目前社会组织的发展程度和发育水平来看，现在就谈论"社会组织失灵"或"社会失灵"还为时尚早，只是应保持预见性和警惕性，不能随意夸大社会组织的作用。

③ "相关交叉关系"的阐述，参见王运彬. 国有档案信息资源的多元化配置研究 [D]. 中国人民大学博士学位论文，2012.6：210～213.

用相互交叉的三个圆圈来表示，三个圆圈分别代表政府机构以国家权力、市场主体以经济权力和社会组织以社会性权力在其领域和范围内各自发挥作用，每个圆圈的交叉部分则是两者或三者同时起作用或负责任的领域和范围，如图9-3所示。

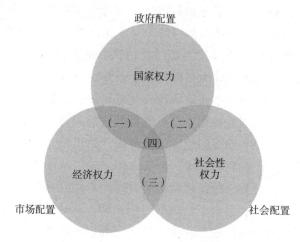

图9-3　政府、市场与社会参与配置的权力结构

图9-3的（一）部分，即政府和市场交叉的领域，主要是指原先由政府机构管理和经营的经济领域，例如档案信息交易所①和展交会。② 由于政府直接经营的效率较低，管理成本较高，社会利用的效率仍然低下，有必要引入市场机制，吸引市场主体参与运作。当然这不等于完全放开，档案行政管理部门仍要采取相应措施，在协调经营效益和社会效益的同时，引导市场资金对于档案信息资源领域的投资方向和规模。

图9-3的（二）部分，即政府和社会组织交叉的领域，有两种情况，一是政府机构将社会基层管理权力逐步转让给社会基层自治组织，把公益性质的物品供给和服务提供让渡给社会组织，例如协调本地各种档案科研机构、管理机构、商业机构的档案学会或行业协会等，当然档案行政管理机构一般负有指导、监督职责；二是顺应政府机构改革和事业单位改革潮

---

① 可由各地档案局或档案馆牵头，设立固定的档案信息交易所，配备兼顾技术和经营的管理人员，以市场作业手段和设施，制定市场交易规则和运作办法。

② 将展览和销售结合起来，邀请档案信息资源的各个拥有着参与，通过作品展览、图片说明和视频介绍的方式，直接向各种用户群体推销档案信息资源产品和服务。

流，将那些原来隶属政府系统的部门割断隶属关系，推向社会并强化其专业化、社会化服务的公益性质。

图 9 - 3 的（三）部分，即市场和社会组织交叉的领域，主要是指社会组织等公益组织，也与市场组织存在服务业务重叠或运作方式相似的地方。服务业务重叠是指两者均可提供公共物品、准公共物品和私人物品；运作方式相似是指社会组织也有必要运用市场机制实行必要的有偿服务，按企业管理的方法从事自身的管理，当然盈利的范围和服务的对象毕竟有限，利润也以保本微利或保值增值为目的。

关于图 9 - 3 的（四）部分，本书意在反映一个趋势，即三者的交叉是一个动态变化的过程，政府的圆圈将会逐步缩小，作用逐渐淡化；市场的力量不断壮大，社会组织正在发育阶段。

9.3　档案信息资源多元化配置的复合原则

为了实现档案信息资源的有效配置，多元化主体参与配置过程中，需要把握"资源共享"与"效益优化"两个根本原则。另外，由于多元化配置涉及多个配置要素的相互作用，档案信息资源涵盖集政治、经济、文化、科学、军事、艺术等各方信息于一体的复杂系统，其合理配置也是一个复杂的系统工程。[①] 为了使配置主体之间协同合作，并不断发展，从"资源共享"和"效益优化"出发还应把握配置系统的整体性原则、适应性原则、协同性原则、发展性原则等基本原则。[②]

9.3.1　资源共享原则

一是兼顾公平与效率。作为社会公共物品，档案信息资源的多元化配置要实现有效的供给，公平和效率原则都要兼顾。公平原则强调社会公民具有平等获取档案信息资源的权利，多元配置的公平目标也要求为了实现城乡、地区和人均获取档案信息资源的均衡，通过配置解决地区之间、城

---

① 郑路，勒中坚. 基于系统动力学的政府公共信息资源配置系统的模型研究 [J]. 中国软科学，2011.8：178 ~ 184.
② 郭明晶，赵杨. 面向国家创新的信息资源配置目标控制与模型构建 [J]. 情报理论与实践，2008.6：31 ~ 35.

乡之间、阶层之间档案用户的信息差距。当然，公平不是绝对的占有资源数量的均等，而是保障公民利用档案信息资源的机会均等以及享受服务过程的公平。但是公平必须以资源供给总量的满足为前提，在当前档案信息资源依然以政府为绝对配置主体的情况下，难免出现总量与需求之间差距较大的状况，因此为了满足各用户群体的多元化档案需求，增加供给总量和改善供给结构是当务之急，即在效率提高的前提下，谈论公平原则才具有现实意义。因此，鉴于档案的特殊性，档案信息资源共享原则应该具体化为"公平是目标，效率为手段"。

二是保持利益平衡。社会学家认为当代中国社会现代化进程中出现的社会分化现象是在所难免的，而问题在于如何去协调各种等级的组织，使这种分化保持在合理的张力之内，使不同群体的需求与利益能形成一种良性的互动。[①] 这种分化也出现在市场环境下的档案信息资源共享中，无论是政府作为配置主体，还是市场或社会组织作为配置主体，都无法避免资源共享总是局限于利益群体范围之内，使共享成为一种基于群体利益的市场或社会组织配置关系。而且，当前社会环境下，档案信息资源的共享主体或群体之间不仅存在矛盾，而且表现出相互依赖性，全国范围内有效的档案信息资源配置有赖于所有共享主体和群体的共同努力。所以，保持利益平衡原则，不仅可以保障各个参与主体在配置过程中获益的机会和权利，也可以实现主体之间互惠互利的局面和社会整体资源配置的有效。

三是满足用户需求。社会需求是拉动经济增长的三大因素之一，[②] 而在全社会的档案总需求中，公共需求又是主要因素，[③] 因此可以说档案需求尤其是公共档案需求是档案事业发展的巨大动力。从最终意义上看，无论是公平与效率原则，还是利益平衡原则，实质上就是让档案用户满意的原则。档案用户需求是国家档案行政管理机构获得国家财政投入的重要依据，也是市场化、商业化档案信息服务机构的获利根源，更是自愿性、公益性社会组织性质的中介服务机构的发展宗旨。因此对于档案信息资源，无论是宏观层面的政府配置，还是微观层面的市场组织或社会组织的配

---

① 鲍宗豪. 社会需求与社会和谐［J］. 中国社会科学，2007.5：49～53.
② 鲍宗豪. 社会需求与社会和谐［J］. 中国社会科学，2007.5：49～53.
③ 这也是前文强调"公平是目标，效率只是手段"的原因之一。

置，都必须以用户需求的满足作为基本指导原则。[①]

9.3.2　效益优化原则

一是实现均衡配置。效益优化原则之下的均衡配置，不仅包括城乡之间、地区之间、用户之间的均衡，而且要综合涉及档案信息资源配置的各层次利益主体对其效益的追求目标来实现均衡配置，即把档案用户的效益、档案服务机构的效益、国家档案事业的效益、社会整体的效益综合考虑在内。例如，对用户效益既要考虑用户现实的档案需求，又要考虑其潜在的档案需求；对档案服务机构的效益既要考虑满足用户需求的程度，又要考虑机构自身的费用消耗指标；对国家档案事业的效益既要最大限度满足用户日益增长与经常变化的多元化需求，又要减少国家档案系统内部各要素可能出现的重复用力和系统内耗；对社会整体效益既要考虑文化社会效益，又要考虑经济社会效益，[②] 还要考虑环境社会效益。[③]

二是优化经济效益。从经济效益的一般理解来看，无外乎投入与产出、费用与效果的关系。以档案信息资源为例，其投入和费用不仅包括劳动耗费（即人力、物力的耗费），而且包括劳动占有（已有固定资产的情况）。虽然档案信息资源由于长期保护甚至永久保存的特性而无法计算损耗，而且"资产"的概念并未被纳入档案保护和管理范畴，使档案领域没有"固定资产折旧"的经济学概念一说，但是这并不代表国家如此巨大的档案馆藏就不是一笔巨大的投入，其产出和效用不仅包括一定数量和质量的档案信息资源，而且包括资源配置的产出要符合社会档案需要。从经济效益的不同层次来看，包括基于机构个体的微观经济效益和基于国家层面的宏观经济效益。前者提高经济效益的措施，一是通过内部管理和运作的完善，增加投入产出比；二是以用户需求为导向，把产出变为个体效益。后者提高经济效益的措施，一是协调档案事业内部各个主体的关系，以实现降低社会总成本而增加社会总产出的目标；二是提高国家整体资源总量与社会整体档案需求的契合程度，降低国家信息系统整体中档案信息资源

---

① 参见王运彬. 国有档案信息资源的多元化配置研究 [D]. 中国人民大学博士学位论文, 2012.6：203～206.
② 例如避免出现档案信息资源地区分布上的严重失衡和资源流动中的"马太效应"。
③ 档案作为信息的一种，在其配置过程中不能以牺牲信息环境为代价。

的短缺与滞存。

三是优化社会效益。如果说档案信息资源配置的优化经济效益原则是效率体现的话，那么优化社会效益原则则是公平的体现，而且必须遵循"公平是目标，效率为手段"的原则，有力保障档案信息资源在国家经济社会发展中的综合贡献力。优化社会效益原则之一，是要创造各个社会活动主体（包括机构和个人）公平利用档案信息资源的机会和平等发展的机会。这种机会平等，不仅意味着满足不同主体、不同层次的档案需求和发展诉求，而且还影响着社会经济发展和经济竞争的公平；优化社会效益原则之二，是将档案信息资源的配置融入国家创新体系中去，因为档案也是信息和文化的重要形式之一，对其配置实质上不仅是信息和知识扩散和流动的问题①（例如"如何处理国有的与非国有的、机构保有的和民间散存的、保存在国内和流失在海外的等档案信息资源的归属与流向，是以核心信息资源——档案为基础进行国家知识创新的重要前提"②），也是以档案作为国家文化遗产进行文化传承和文化创新的问题。例如有学者指出，档案是社会文化的物质存在和记忆工具，而且凭借档案的历史本质及其属性，其应该具有文化"主产品"的社会地位。③

9.3.3 整体性原则

一是档案信息资源发挥整体效能。档案信息资源涉及政治、经济、文化、军事等多个领域，由于地域和行业等种种限制，相同性质或者利益相关的档案信息资源分散在各地、各部门、各行业，彼此之间"信息孤岛"情况比较严重，不能很好地发挥档案信息资源的整体效能。在档案信息资源配置过程中，配置主体应以自身的优势尽量将相关信息进行整合，从而实现全社会档案信息资源的配置和开发利用，从整体上发挥档案信息资源

---

① 参见王运彬. 国有档案信息资源的多元化配置研究［D］. 中国人民大学博士学位论文，2012.6：209～213.

② 王小云，王运彬，陈燕. 档案信息资源多元化配置的复合研究［J］. 档案学研究，2013.2：13～17.

③ 主产品的说法，主要是相对于"档案是人类社会活动的副产品"之类的偏见而言的，因为无论是从历史发展的纵向来考察，还是从现实社会的横向来考察，档案不仅是主要的精神文化产品，更是主要的精神文化财富。详见王英玮. 档案文化论［M］. 北京：中国人民大学出版社，1998.7：60～79.

的价值。

　　二是档案信息资源配置的合作需要跨行业、跨部门、跨系统和跨地域。虽然本书仅是对档案信息资源配置主体进行大概念上的划分，没有涉及各个配置主体更为详细的配置内容，但是档案信息资源配置已经打破了相关行业、地域的限制。从由政府部门单一配置，到政府、市场和社会组织的多元化配置，已经实现了跨行业和跨部门的合作。另外，随着配置的不断深化，档案信息资源配置将会在横向（不同领域、不同行业）和纵向（同一领域不同级别的部门等）进行更大范围的辐射。

9.3.4　适应性原则

　　档案信息资源多元化配置作为一个复杂系统，其运行机制和结构设置不应是固定不变的，应当具有适应环境的能力，以便能够随着信息环境、自然环境和政治环境的客观要求和形势的变化及时对自身进行优化和改造，达到稳定性和机动性的统一。

　　配置系统应具有良好的开放性和结构的可变化性。[①] 一方面，良好的开放性使系统能够全方位地从内外环境中获取信息。当环境发生变化时，系统能够敏锐地发现，进而根据变化情况进行自我调整，以适应新变化。另一方面，良好的结构可变化性是档案信息资源配置系统适应性的结构基础。一般来说，在系统构建过程中，应尽量采用模块化的结构，以提高系统内各个模块的独立性，减小模块之间的耦合度，尽量使子系统之间的依赖性降至最低，便于对模块进行修改，为系统增加新内容、删除不适应的部分创造良好的条件。

9.3.5　协同性原则

　　档案信息资源配置主体从单一走向多元化，配置的范畴从组织微观层面转向国家宏观层面，不再只是内部档案信息资源的调整，而是对整个社会的档案信息资源进行统筹规划，强调多元主体的共同参与、互相配合。另外，外部环境对档案信息资源配置系统提出了更多要求，使配置主体不

---

① 郭明晶，赵杨. 面向国家创新的信息资源配置目标控制与模型构建 [J]. 情报理论与实践，2008.6：31～35.

断打破行业、地区、系统、组织的界限，从封闭的组织内部档案信息资源配置向开放式的全社会档案信息资源共建共享转变，在此基础上促进整个配置系统的整体利用效率。以上两方面，强调了创新国家的档案信息资源配置更注重配置主体之间的互动和合作，强调社会档案信息资源跨系统的整合与社会化共享，说明创新国家的档案信息资源配置必须以"协同"为核心。[①] 为了使不同配置要素、不同配置系统以及配置系统与其他系统和要素之间能够有序地进行协同，发挥最大的效能，必须建立科学有效的运行模式和协同配置机制。

9.3.6 发展性原则

档案信息资源配置系统应该是一个动态发展的系统。一方面，能够保持稳定运行的状态；另一方面，也能够随着社会的变化不断发展，体现其先进性。系统应具备可扩展性，系统的容量、功能、技术等要留有充分余地，以适应用户信息需求、信息技术变化和社会发展所带来的必然变革。档案信息资源配置系统的配置对象以及配置主体所涉及范围都非常广泛，且以档案信息用户的需求为导向，对外部环境的依赖程度较大，一旦外部环境发生变化，对档案信息资源配置系统的影响会较为明显。因此，发展性原则是档案信息资源配置系统在构建过程中必须遵循的一个原则，应将档案信息资源配置内容的拓展与系统建设相协调，以此推动面向用户的档案信息资源配置的合理发展。

9.4 档案信息资源多元化配置的复合方式

档案行政管理机构、商业化档案服务企业和公益性档案服务部门的关系表明，在档案信息资源的多元化配置过程中，政府机制、市场机制和公益机制都不可或缺，三者之间是优势互补、互助合作的关系。从"公平是目标，效率为手段"的配置原则出发，当前我国的档案信息资源配置，应该以政府组织为主导、市场组织和社会组织为手段实现多元复合供给，思

---

① 赵杨. 国家创新系统中的信息资源协同配置研究 [M]. 武汉：武汉大学出版社，2012：12：50~56.

路如图 9 - 4 所示。

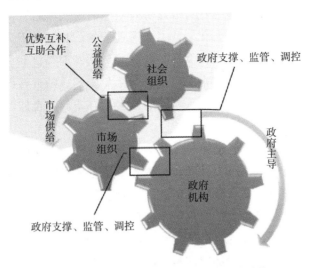

图 9 - 4　档案信息资源配置主体的互动结构

　　第一，政府组织是档案信息资源多元配置的主导者，其档案行政管理工作的目的是要不断调节档案事业系统的内部关系和外部关系，促进档案事业的发展，为国民经济和社会发展服务。[①] 配置的主要内容包括依法行政，即完成政策制定、制度统一、行政监督、咨询服务、业务指导等，从宏观上加强对商业化运作的市场组织和公益性服务的社会组织在法律政策上的监督和服务。其"主导者"地位的确立，一是源于"公平是配置的基本目标"的选择，只有代表全体人民利益的政府可以担当此任，而且市场失灵和社会组织失灵的情况需要政府去弥补，即必须由政府担当主导者；二是源于"效率是配置的基本手段"的考虑，政府配置也有失灵的时候，市场和社会组织更适合档案信息资源的供给，即政府只担当主导者，将生产、流通等供应环节让渡给市场组织和社会组织。

　　第二，市场组织和社会组织共同作为档案信息资源配置的主体，是出于"兼顾公平与效率"的原则。从档案信息资源商业化运作、市场化配置的机制来看，供给机制、价格机制和竞争机制等市场手段是一种自组织作

---

　　①　冯惠玲，张辑哲. 档案学概论（第二版）［M］. 北京：中国人民大学出版社，2006. 5：71.

用方式，其主体能够敏锐察觉到市场需求和利润空间的存在，并以创新产品、服务和营销等为手段，在赚取经济效益的同时也丰富资源供给总量与结构；从档案信息资源公益化运作、志愿性配置的机制来看，自治、独立的社会组织能够观察到涉及社会弱势群体、无法赚取经济利润的、政府政策没有关注到的社会公共需求，以低廉甚至免费的、贴近特殊群体的产品和服务获得社会公共效益并扩大自己的社会生存空间，也能够丰富资源供给总量与结构。

第三，市场组织和社会组织应作为社会公众的一员对政府及其配置行为进行监督，与政府进行充分交流，构建配置主体之间的信息回路，促进三方配置协调发展。虽说政府主体是主导者，但是市场组织和社会组织作为公众权力的监督主体，能通过选举、请愿、对话、示威、舆论宣传等形式，充分发挥自身的社会监督功能，这是社会政治文明发展到一个阶段时，每个公民和社会组织都应该具有的觉悟。随着市场在资源配置中的基础作用越发明显，社会公众自身的权利意识不断上升，二者对于政府的监督能力也会逐步增强，三者将形成相互制约、相互促进、相互作用的局面，这种局面对于档案信息资源价值的全面实现大有益处，任一方过于强势，都会阻碍配置目标的实现。

在档案行政部门、档案服务企业和社会服务机构多个主体共同介入档案信息资源配置的多元复合背景下，各参与主体及其作用机制安排详见表9-1。

表 9-1　档案信息资源配置的多元复合的机制安排

配置主体	动力机制	供给方式	供给内容	服务对象	社会条件	实现方式	主要困境
档案行政部门	捍卫国家利益/建构社会记忆	政府供给	资源建设规模	全体社会公众	资源对象条件/组织机构条件/法规制度条件	档案开放	能力问题/意愿问题
		政府干预	资源获取规则	企业、社会组织和公众		法律法规规章制定	
档案服务企业	政府失灵/追逐利润/需求刺激	市场供给	商业性档案信息资源产品和服务	市场需求/超额需求	市场机制/政策刺激/外部性解决	业务外包/产业化	市场失灵/环境制约

续表

配置主体	动力机制	供给方式	供给内容	服务对象	社会条件	实现方式	主要困境
社会组织服务机构	政府失灵/市场失灵/利他式互补	公益、自愿供给、非理性调节	公益性档案信息资源产品和服务	公共需求/超额需求	宏观社会条件/中观制度条件/微观功能条件	独立供应/合作供应	社会组织失灵/环境制约

9.5 档案信息资源多元化配置的优化战略

前文阐述的集成管理理念告诉我们，多元化配置档案信息资源，不仅要把多个配置主体复合在一起，而且要从多个层面入手，实现上述复合方式的优化。例如，国家层面上要求档案收藏部门与档案信息资源密切相关的博物馆、图书馆等其他非档案部门的信息机构进行宏观调配；组织层面上要求涉及档案信息资源供给的机构对档案管理、档案信息活动中涉及的人力、物力、资金、技术、设备等进行集中配置和控制；业务层面上要求档案管理业务与文件管理活动、档案管理系统与信息管理系统、电子文件管理与机构记忆建设等多个方面的协调与集成；技术层面上要求实现传统国家档案管理技术与现代信息技术的融合，实现档案数据处理标准与行业管理标准、国家标准的统一；用户层面上要求实现档案需求与服务手段、档案信息资源与非档案信息资源、档案公开/服务机制与档案安全/保密机制等的集成。这些层面的集成需要在宏观环境、市场环境与公益环境等多个方面进行优化，如图 9-5 所示（包括但不止于以下几个方面。未加文字解释的方框代表衍生出来的可行机制）。

9.5.1 加强政府在多元化配置中的宏观领导

对于国家整体档案信息资源的宏观调控，在信息资源产业的产业化经济运行中，微观层面涉及档案业务的商业化运作、经济实体之间的竞争等。如果缺乏宏观层面的产业政策的监督和引导，就无法保证市场朝着产业预期目标健康发展。所以，各级档案行政管理部门，要通过科学规划、决策来控制档案信息资源的总体流向，协同政府其他相关部门制定和实施合理的财政、金融、税收、人才、产业扶持等政策，实现档案信息资源的

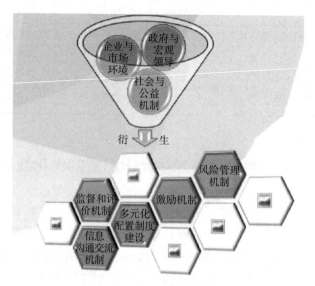

图 9 – 5   多元化配置的战略结构

合理配置和结构平衡，明晰政府在多元化配置中的职能定位。

职能之一，直接投资。政府可投资档案信息资源配置所必需的信息基础设施建设，为信息资源产业的发展构筑施展平台，同时也为政府自身打造一个行政系统内部的庞大严密的档案数据采集网络。因为行政机构也有掌握各种档案信息的职能，其收集和传播各种信息的能力使政府就像一个社会最大的信息加工处理"企业"，只不过这个"企业"只负有向社会直接提供公共服务性质的档案信息资源的义务。例如，属于《政府信息公开条例》和《档案法》公开范围的档案文件、政务信息，涉及人口、地理、自然等基础性质的公共档案数据等。不过这种投资的选择，不能对市场的资源配置功能造成障碍和扭曲，尤其是市场本身能够解决的或供给得了的档案信息资源部分，应该交给市场（例如，财政支出中相当一部分表现为政府直接购买服务和产品）。另外也不宜干扰和影响社会组织的投资选择和投资偏好。

职能之二，法制供给。通过制定档案信息资源管理、信息资源产业发展的专门法规、规章和政策，营造出保障有效配置的法制与政策环境，调节政府、市场、社会组织和用户的经济关系和社会关系，确保合理、有效、最大限度地开发档案信息资源。对于政府来讲，国家法律、政府法规可以在档案信息资源配置中确立政府间共享的范围、原则和保障措施，可以确保政府职能部门获取自身机构运行所必需的档案信息资源，还可以强制政府部门把法律规定安全保密之外的档案信息资源纳入公共资源服务体系，即明确政府应该直接供应哪些档案信息资源。对于市场、社会组织和用户来讲，有效的法制供给，可以保障企业参与档案信息资源研发、加工、营销等市场行为的合法权利，打击侵犯知识产权或计算机犯罪等行为，保护用户的信息消费权益（如规定哪些档案信息资源可以市场化或社会化和如何进行市场化或社会化）。

职能之三，促进政府与其他配置主体的竞争与合作，也是宏观领导的应有职能。从我国现阶段的经济发展情况来看，经济基础较为薄弱。为了实现经济快速增长，基础设施和基础产业的发展需要大量的投入，而这些有赖于政府的投资、融资。加上我国的市场发育不完善，市场和私人资金实力不强，不愿意参与公共投资，所以政府投资的比重明显大于市场和私人的投资。而从档案领域的发展情况来看，体制内的档案馆系统明显掌控着档案信息资源配置的全局，要谈论政府与其他配置主体的竞争与合作，实属不易。可行性差，并不代表完全没有，更不代表没有必要。只有政府、市场和社会组织的分工合作才能规避前文第 5 章、第 6 章、第 7 章中所阐述的单一体制失灵的风险，真正达到以用户需求为中心，节约公众获取档案信息资源的时间、精力和成本的目的。例如，美国的信息经济人是一个纯粹市场化运作的私营机构，但是它们面向市场和用户提供的公共信息却并非来自自己的数据库，它们主要依靠政府部门例行公开的政务信息、国家公共图书馆与公共档案馆、当地的专门信息服务机构，甚至参考服务中心提供的各种信息来满足用户需求。夏义堃援引美国布鲁克林学院图书馆参考咨询部主任 P. 布劳克（Patricia Brauch）的观点——"85% 的信息经济人利用最多的就是公共图书馆"，认为信息资源产业的运作与发展，是以图书馆、档案馆、文献服务中心等政府部门与来自社会组织的各类专业学会和各种行业协会的良好合作关系为基础的。①

---

① 详见夏义堃. 公共信息资源的多元化管理体制研究［D］. 武汉大学博士学位论文，2005. 6：137～138.

9.5.2 完善企业在多元化配置中的市场环境

多元化配置的市场环境主要包括宏观环境方面的市场经济体制改革和微观环境方面的市场机制建设。市场经济体制改革要不断深入，才能配置出成熟的信息资源市场，配套建设的市场机制才能发挥应有的作用，才能为档案信息资源的市场配置提供必需的经济基础和社会条件，才能吸引更多的档案信息服务机构参与到资源的供给中来，最终达到增加档案信息资源供给总量、丰富供给结构和提高供给效率的目的。涉及档案信息资源市场化运作的机制建设，主要包括市场准入退出制度和市场监管制度。

市场准入退出制度，主要是解决档案信息资源市场参与主体的身份模糊问题。目前业已介入的供给主体不仅包括完全商业化运作的私人信息公司，也包括半商业化运作的行业协会组织和中介服务机构，甚至体制内的事业单位。这些不同性质的机构运作的差别并不大，公益性服务与商业性服务区分不严格，公共档案信息资源的无偿利用与有偿使用相掺杂，公共服务、非营利性服务和市场服务的界限没有统一标准，成本收费与深加工之后的服务收费没有限定，不仅造成各种机构对档案信息资源的私有化有了可乘之机，而且某些体制内机构借市场主体之名行行政垄断之实导致了市场垄断或信息资源市场行为的不规范。市场监管制度，主要解决档案信息资源的安全、保密和质量问题，以及由档案信息资源产品、服务的特性和信息技术发展所带来的信息资源产品内容违法、侵权等问题。目前的监管制度仍旧存在监管措施单一、效力有限、机构混乱、人员素质不高等问题，因此需要坚持长效管理和集成管理相结合，法制监督、社会监督和行业自律相结合的综合监管。①

此外，培育社会公众的档案信息资源消费意识，为市场主体参与档案信息资源配置创造需求环境。本书第3章供需关系的矛盾运动表明，没有一定规模的需求就不可能有企业以及社会组织参与档案信息资源研发、投入、供给的可能，甚至可以说社会公众档案需求是推动多元化主体参与配置的必要前提。而这种需求要转为直接的消费意识，不仅需要社会档案意识的普遍形成与公众信息素质的全面提高，更依赖对信息资源产品与服务

---

① 详见朱雪宁. 我国信息资源市场的政府监管研究 [J]. 档案学通讯，2010.4：43～46.

的消费观念的形成。例如，政府机构既是档案信息资源的最大拥有者，也是最大需求者，可以推动政府部门、公立学校、医院等事业单位自身对档案信息资源需求的外置，采取业务外包的方式形成直接的消费，或将更多的档案信息资源产品研发和服务项目直接纳入政府采购目录之中；市场组织或社会组织作为档案信息资源的加工和供给者，也可以充分利用市场上和政府业已提供的成熟的信息资源内容产品，以提高自身的生产管理效率和盈利水平，同时完成"需求—供应—消费"的转化；对于社会公众而言，不仅需要满足其档案原件凭证类的原始性低层次的需求，而且需要通过供应深加工、内容丰富、融合各类文献信息资源的多元化内容产品和服务来引导其消费。①

9.5.3 培育社会组织在多元化配置中的公益机制

目前我国还没有严格意义上的非营利性和非政府性的社会组织，只能将一些公益性质的档案服务机构暂时归入社会组织。例如公共档案馆、档案行业协会、档案学会组织、档案中介服务机构等，加上有些机构仍然隶属政府机关，使培育社会组织和推进公益机制在档案信息资源配置中的应用，还是一项十分艰巨、复杂的工程，还有很长的路要走。从现阶段各行各业社会组织发展的总体情况以及档案行业的特殊性（是指"局馆合一"的局面）来看，加强社会组织在多元化配置中对于档案信息资源的供给水平，亟须做好两方面的工作：一是为社会组织的档案信息服务提供法制保障；二是引导社会组织中的档案服务机构自身健康发展。

以体制内社会组织的回归——公共档案馆转型——为例。从新中国成立以来国家档案管理体制改革的历程来看，尽管"局馆合一"的弊端被许多学者所诟病，但在"精简政府机构"等行政管理体制改革背景下这一模式一直难以改变。正如"档案中介机构理论与实践研究课题组"调研所发现的那样，就算是由档案馆部分社会化职能延伸出去的一些官办或官举民办的中介服务机构，都难以获得档案行政管理部门的"放权"与"放飞"，

---

① 相关分析参见王运彬. 国有档案信息资源的多元化配置研究［D］. 中国人民大学博士学位论文，2012.6：200～213.

就更别谈公共档案馆的纯粹公益化乃至"局馆合一"局面的改革。[①] 所以，从为社会组织的档案信息服务提供法制保障来讲，界定社会组织的法律地位刻不容缓，应从事业单位的非营利化改革入手，逐渐切入事业单位的非行政化。另外，对诞生于体制外的社会组织性质的档案服务机构，要促使其完善法人治理结构，并在一定程度上限制其滥用社会公信力从事档案信息资源的营利性或商业化开发，而对于公益性质的产品研发或服务项目，可放松对相应服务领域的管制，并给予其减免税收、低息贷款等优惠政策。

社会组织的健康发展，既要在公益性、志愿性和独立性等组织活动宗旨方面保持"健康"，即始终保持对社会公众的公共责任感；又要在专业化、规范化和经营性等组织管理水平方面保持"健康"，即始终保持组织自身的正常运转和良性发展。对于前者而言，各种公益性的档案中介机构、档案行业组织不能以"第二政府"的角色自居，应该以行业的自治章程办事，实行自我管治、自我教育、自我监督，以公益档案信息服务为己任，为社会公众尤其是社会弱势群体提供公益性质的档案信息资源产品与服务。对于后者而言，社会组织可以借鉴现代企业管理制度、企业家的创新精神、企业的经营管理理念等（例如，以用户为中心、善待消费者、追求专业化服务、讲究投入产出的成本核算、发掘和引导新的消费观念等被企业所运用的科学管理方法），这样一来，不仅可以从组织内部提高自身的能力，而且可以从社会外部环境提高组织所需要的社会公信力和声誉。

9.5.4 完善多元化配置的信息沟通交流机制

档案信息资源配置多元主体并不是各自孤立存在的，而是彼此关联、互相作用的。三方有各自的作用对象和地位，缺乏任一方，都会对整个档案信息资源的配置行为造成一定的阻碍。要保证三方都能够充分发挥各自作用，充分合作，共同发展，又能发挥整体作用，重要前提之一就是多元主体之间的信息沟通交流机制的完善。

一方面，完善政府主体、市场主体以及社会组织之间的信息交流机制。政府、市场或社会组织，作为档案信息资源的主要配置主体，是配置行为的最终执行者。档案信息资源配置要想效用最优，使档案信息资源最

[①] 李国庆. 档案中介机构理论与实践研究［M］. 北京：中国档案出版社，2006.12.

大限度地为人类创造福利，需要政府、市场和社会组织良好合作，三方不能各自孤立，阻碍信息充分交流。三方若各自为政，不了解其他方的所作所为，就很难明确自身在档案信息资源配置中应该扮演的角色，导致三方档案信息资源的重复性配置，造成档案信息资源的闲置和浪费。要促进多元主体信息的充分交流，一是配置主体要将该公布的信息进行公开，这是信息沟通交流的前提。只有信息公开，才能有进行流通的信息，否则信息沟通交流仅是一场空话。二是培育和发现信息获取的渠道。信息获取的方式和方法有很多，如何多途径多方法地获取信息是信息交流机制建设的一个重要问题。信息充分交流对于配置主体形成良好的竞争机制有着重要作用，只有主动获取信息和充分获取信息的主体才能在档案信息资源配置过程中具有竞争优势，否则只能被动地发展。

另一方面，完善档案信息资源配置主体子系统与外部系统的信息交流机制。本书只是针对档案信息资源配置系统中的配置主体子系统进行探讨和阐述，并不意味着档案信息资源配置系统只是这三者及其关系，是档案信息资源配置系统又从属于信息资源管理系统这个更大的系统。子系统除了要保证系统内部信息交流通畅外，还要与其他子系统互相作用、互相制约和协同合作，并与主系统保持一致。由此，档案信息资源配置机构还得与档案信息生产机构、档案信息主管部门、外部的档案信息用户等进行交流互动。例如，档案信息生产机构生成档案信息资源配置客体——档案信息资源，档案信息主管部门所制定的法规政策能够约束和引导档案信息资源的配置行为，外部档案信息用户的需求变化是档案信息资源配置的主要导向，配置的目的之一就是为了满足用户的需求，这三者又共同参与对档案信息资源配置行为的评价和监督。如果档案信息资源配置主体未能与外部系统进行信息沟通，将会影响本子系统的运行和发展。

9.5.5　完善多元化配置的制度建设

本节所指"档案信息资源配置制度"是指充分实现档案信息资源价值的一系列有机联系的规则的总称，包括内生性制度和外生性制度，也称非正式制度和正式制度。所谓档案信息资源配置内生性制度是指非人为设定的，在人们的档案信息资源配置过程中由持续不断的互动形成的共同信念，如人们的档案信息伦理，档案信息素养、道德等。而外生性制度则指的是为优化档案信息资源配置而人为设计安排的政策、法律法规及契约等。二者具有关联性和互动性：内生性制度可以通过演进成为更为强劲的外生性制度，外生性制度可以通过人们的内化作用使人们形成共有的价值判断和行为准则。二者互为补充、相互协同，共同作用于档案信息资源配置行为，实现档案信息资源配置与宏观环境的协调，促进档案信息资源配置系统的良好发展。①

由于内生性制度是通过渐进式反馈和调整的演化而发展起来的，是当事人反复博弈的结果，一般能够达到一种制度上的平衡；而外生性制度是被清晰地写入法规和条例之中，并由一个高居于社会之上的权威机构（如政府）来负责正式执行的，往往把大多数人排除在外，因此很难达到一种帕累托最优的状态，在经济生活中更多的相关制度分析也是研究这种人为设定的制度。② 由此，在档案信息资源配置过程中，我们可能更多关注到外生性制度的建设，而忽略了内生性制度的培育，或者两者都不够重视。但二者的关联性和互动性使我们无法偏重于一方，二者是共同作用的，正如一枚硬币的两面，缺少任何一面都会使这个硬币无法使用。内生性制度所产生的档案信息配置行为准则以及伦理等，对于档案信息文化、档案信息素养、档案信息能力的培育有着重要作用，而这些又能优化档案信息资源的配置行为；外生性制度不仅能够约束和引导档案信息资源配置行为，也能从外部促进内生性制度的形成。二者的良性动态发展，对于档案信息资源配置能产生非常大的助力。

在设计档案信息资源配置制度的过程中，应遵循以下几个原则。一是合理性，制度设计必须合情合理，不能脱离实际情况，凭空想象的制度实用性差，不能很好地发挥其应有的作用；二是可行性，制度设计必须切实可行，能够被政府、市场和社会组织等主体在配置档案信息资源中所用；三是高效性，正如前文所言，档案信息资源配置重视效率，设计的制度必须能够促进档案信息资源配置效率的提高，避免档案信息资源的闲置、浪费和重复；四是通用性，档案信息资源在内容和形式上都具有多样性的特

---

① 温芳芳. 信息资源配置协同制度的价值取向 [J]. 图书馆建设，2014.11：6~10.
② 严密. 信息资源配置制度研究及激励机制分析 [M]. 长沙：东南大学出版社，2011.12：97.

点，复杂程度较高，因此设计的制度应能够很好地适用于多种形式的档案信息资源，能够促进档案信息资源的共享，以带来更大的社会效益和经济效益；五是灵活性和动态性，档案信息资源配置制度必须是灵活的，而不是一成不变的，制度应该能够协调不同部门、不同地域以及不同行业之间的配置关系，且能够随着社会的变化而不断发展，与时俱进，不断更新。

9.5.6 建立多元化配置的监督和评价机制

监督在档案信息资源配置过程中是不可或缺的环节，只有对档案信息资源配置进行有效监督，才能保证配置的效果。根据监督主体所处的地位，可将档案信息资源配置的监督分为内部监督和外部监督两大部分。内部监督主要是针对配置主体自身的监督，包括政府、市场和社会组织之间的两两互相监督以及各个主体组织内部的监督；而外部监督主要是指信息主管部门、社会公众、档案信息用户、新闻媒体舆论等的监督。通过建立完善的监督机制，可将档案信息资源配置监督的主体、对象、内容、程序、方式、手段等要素构成一体，各要素间能够很好地相互依存、相互制约和相互作用，使内外部监督同时发挥作用。虽然将监督进行划分，但是要将二者进行有效的结合，实现对整个档案信息资源配置全过程的监督，保障档案信息资源配置过程的有效性。

评价是档案信息资源配置的根本依据和重要内容，对档案信息资源配置的全过程进行评价，有助于档案信息资源配置在一个安全、清楚的思路或者框架下开展相关活动。评估环节适用于社会活动的各个方面，其作用的发挥也是相当有成效的。档案信息资源配置作为一个复杂的社会活动，其复杂性也决定了其过程必然需要评估，以便于对整个配置过程进行合理的规划和改进。档案信息资源配置评价应基于档案价值的全面实现，运用多元化配置手段，以解决档案信息资源稀缺性、促进社会效益与经济效益最大化为目的。档案的价值有多个方面，配置主体多元，配置过程和参与的主体更是复杂，故需要针对不同情况做出不同评价，应当采用多种评价手段、评价指标和评价主体，使评价更为全面和客观。评价手段有很多，根据评价主体所处的地位，可将评价分为内部评价和外部评价两个部分。内部评价主要是配置主体对档案信息资源配置的评价，外部评价主要是指非配置主体对配置过程的评估。从评价组织的活动形式上看，评价又可被分为正式评价和非正式评价。对于正式评价过程，要安排好评价的各个环节，建立合理的评价指标、标准，选取正式的评价者，投入必要的设施和经费等，按照正当的评价程序，采取科学严谨的评价手段。而非正式评价对以上并不做严格要求，个人和组织都能对其进行评价。

9.5.7 建立多元化配置的激励机制

多元化配置激励机制的设计是为了实现档案信息资源最优配置，产生更大的社会效益和经济效益。信息不完全和激励不足在私人物品和公共物品供给的经济环境中是广泛存在的。私人物品供给的经济环境中的主要问题之一，是不可能存在一种"使每个人都透露真实信息，且还能达到帕累托最优"的机制，即市场机制本身也面临着信息不完全和激励不足的问题。在公共物品供给的经济环境中，这个问题更加凸显，因为在公共物品中普遍存在"搭便车"和"说假话"的现象，这在上文已经略有提及。但机制设计理论旨在说明，即使在市场机制不能够实现资源配置的效率最大化的情况下，社会仍然能够通过其他机制来实现既定的社会目标。档案信息资源多元化配置激励机制就是这样具备有效激励能力的一种制度或者规则，即通过一定的激励手段或者激励因素，促进档案信息资源配置效率的最大化，实现档案信息资源的充分利用，获得最佳的社会效益和经济效益，解决档案信息资源稀缺性问题。这种激励机制的设计和建立过程需要档案信息资源配置的所有主体共同参与（包括档案信息资源拥有者、档案信息资源配置者、档案信息资源消费者以及档案信息资源主管部门等多个参与者）。[①]

档案信息资源多元化配置激励机制的设计应遵循以下几个原则。一是可操作性原则。档案信息资源多元化配置激励机制的设计目的就在于能够很好地应用于当下的配置过程，对档案信息资源配置起到较好的引导作用。因此，设计出来的激励机制应该是可操作的，不模糊笼统，能够很好地应用于实践。二是兼顾效率与公平。设计档案信息资源多元化配置的激励机制不能只看到一时效率的提高而忽略长远利益和社会的和谐发展。配

---

① 严密. 信息资源配置制度研究及激励机制分析 [M]. 长沙：东南大学出版社，2011.12：142~143.

置活动涉及多个配置主体，配置的对象、内容复杂广泛，档案信息的用户需求呈多层次、立体化，故必须考虑到激励机制作用于配置活动后的整体效果，均衡各个配置要素，而不能仅仅偏重于某一方面，否则容易引起激励不均，导致配置活动整体激励不足，影响整个配置活动的发展。三是经济性原则。档案信息资源配置活动涉及对经济效益的追求，这也是配置活动的动力来源之一。档案信息资源的多元化配置也是一种经济活动，应该遵循经济性原则，在建立激励机制时也应该重视投入产出比。不能盲目过度投入或者不投入，应当在适当投入的推动下，使配置活动能够获得稳定的经济收益。在激励过程中一定要赏罚分明，使成功实施者得到奖励，违背者受到惩罚，这是激励机制长效发挥的重要保障。四是增值性原则。档案信息资源多元化配置追求的一个目标就是通过多元化配置，使档案信息资源的价值可以从多个角度或者多个方面得到开发，从而增值。激励机制一定要促进这种增值性活动的开展，好的激励机制应该是能够增加收益、提高效率、带来福利的。五是综合性原则。档案信息资源多元化配置不只涉及档案信息资源配置主体，配置主体只是一个子系统，这个系统还需要与外部系统或者环境相联系，牵涉面很广。应该注重内外环境的兼顾，故激励机制也应该扩大激励视角，不能局限于某一方面，应该做到综合考虑各个配置因素对档案信息资源配置的影响。六是系统性原则。档案信息资源配置是一个复杂的巨型系统工程，必须从系统的角度去看待这个配置活动。设计激励机制也必须针对系统内部的不同环节设计不同的激励措施和操作框架，建立多种形式的激励手段和措施并存的档案信息资源配置激励机制。

9.5.8　建立多元化配置的风险管理机制

风险管理已经被广泛地应用到了社会各种管理活动中，档案信息资源配置属于一种管理活动，使档案信息资源配置效率最大化是配置活动的管理目标，更何况档案信息资源配置系统是从属于档案信息管理系统的一个子系统，其本身就是档案信息管理的一个子环节。档案信息资源多元化配置的风险管理旨在预防、降低配置活动中的经济效益和社会效益的损失，以获取更高的效益。本节选取两个方面谈建立档案信息资源配置风险管理机制的必要性。

对配置环节而言，档案信息资源配置涉及从收集、组织、分析到开发利用等的多个环节，其中各个环节都会存在一定的风险。档案不似其他信息资源，是社会实践活动的原始记录，其首先要保证档案与实际活动的一致性，其真实性、完整性、准确性、可用性等基本质量要素在档案的生成、流转和保存阶段都需要严格把控。但实际生活中，太多环境要素或者人为因素对保证这些质量要素形成了很大的挑战。配置活动涉及政府、市场以及社会组织，将档案信息资源放置在如此大的环境中，所要面对的风险将更多、更加复杂。如何在使档案信息资源配置效率得到保证的同时，使档案自身的质量不被破坏，是档案信息资源配置应当要解决的问题，也是配置活动加入风险管理的一个重要原因。

档案信息资源，是一个相对比较敏感的信息资源。档案虽然是信息资源的一种，但是它明显不同于其他信息资源。在古代，档案作为一种社会控制工具，只允许统治阶级利用，"藏于金匮""置于宗庙"以及后来的架阁库、后湖黄册库，都表现出档案的封闭性，赋予了档案神秘性、政治性和垄断性，也就是孔子所言的"民可使由之，不可使知之"，以及"学士、大夫罕有窥其美富者"。即使是现代社会，档案的开放利用程度也比其他信息资源低得多，以至于档案相对于其他信息资源在开发利用过程中更加敏感，很多档案中都涉及公民的私人信息。因此哪些档案信息资源只能由政府配置，哪些可以由市场和社会组织进行配置是需要进行慎重选择的，否则会给社会和人民带来不利影响。

9.6 本章小结

档案信息资源价值的全面实现，既是一个涵盖多学科的复杂的理论命题，又是一个牵涉多领域的复杂的实践课题，而以多元化配置视角来回答这个命题，既有科学、合理、可行之处，也有局限、无奈、单一之嫌。为了保证"多元化配置"与"价值全面实现"的无缝衔接，课题组成员一度认为"多元化"之"多"应该尽可能地丰富、多样，以保证无限接近"价值的全面实现"。但是后经多方论证和调研认为，与其穷尽"多"——配置主体越多越好、配置手段越多越好、相关制度越多越好……，不如完善"化"——有限配置主体之间的复合与优化，即尽可能合理地设计、处理、协调各个主体之间的关系，分配最清晰的责任边界，厘清最现实的能力边界，筹建最有效的补偿机制，以及建立全程的评价机制等，只有"化"的目标明确、效益明显，于"档案信息资源价值的全面实现"才是最为现实的一条理论研究和实践探索的途径。

多元"化"的实现，以解决单一配置所造成的档案信息资源供给不足与资源闲置共存、资源浪费与稀缺同在的尴尬局面，提高档案信息资源的储备率、利用率，以最低成本实现最大效益，发挥档案信息资源在国家利益、经济发展、群众文化、生活水平提高中应有的作用为目标。

多元"化"的实现，需明确三种配置主体的作用领域和局限，明确档案信息资源配置不仅是政府或者市场，抑或社会组织单方面的责任，需要三方共同参与，三种之间是支撑、合作和互补的关系。

多元"化"的实现，要求遵循资源共享、效益优化、整体性、适应性、协同性以及发展性的复合原则，遵从以政府为主导、市场和社会组织为补充的复合方式。

多元"化"的实现，需遵照加强政府组织的宏观领导，完善企业市场环境，培育社会组织公益机制，完善信息沟通交流机制、制度建设、监督评价机制、激励机制、风险管理机制等优化战略。

尤其需要注意的是，"多元化"配置的框架设计，一定是顺应政治、社会、市场和技术等的发展而变化的，作为考核、审视多元化配置的评价机制的建立也应该被考虑进去。

第 10 章

配置考量：档案信息资源配置的评价机制

10.0 引言

在探讨档案信息资源多元化配置的复合与优化之余，笔者认为很多后续措施需要进一步深入展开，例如多元主体协调沟通机制的筹建，又如各个主体责任边界划分的转变，再如基于经济利益驱动的档案资源配置利益分配机制的探讨，等等。但是限于水平、篇幅等诸多因素，最迫切且必要的任务，是要对前文所有阐述的档案信息资源配置活动进行评价。评价机制是档案信息资源配置的必要组成部分之一，其实施的结果反过来将成为档案信息资源优化配置的依据。

构建档案信息资源配置工作评价机制，对明确我国档案信息资源配置工作的开展现状，谋划未来配置活动的开展目标与方向，调整档案信息资源配置在安全、可控的框架中进行，促进我国档案事业的健康有序发展等均能发挥十分重要的作用。本章以全面实现档案信息资源价值为评价的宗旨，围绕这个宗旨并根据评价对象和评价主体的不同设计出适合的评价指标，采取多种评价方法，最终形成较为完善的档案信息资源多元化配置的评价机制。同时，对档案信息资源配置活动的评价还将产生倒逼效应，促使其朝着更加合理的方向迈进。故本章从评价活动的主体选择、对象构成、指标设定三个方面展开。

10.1　评价档案信息资源配置的主体选择

　　档案信息资源多元化配置评价主体的选择是解决"由谁评价"这个命题的，是档案信息资源多元化配置评价的核心要素，引导着档案信息资源配置主体的行动目标和活动内容，决定着档案信息资源多元化配置的评价标准和评价结果。本书根据评价主体与评价对象（配置主体）所处的相对位置将档案信息资源多元化配置评价主体分为内部评价主体和外部评价主体。另外，由于档案信息资源配置是档案信息资源管理的组成部分，为了实现组织效益，配置评价往往散落在信息管理评价或者组织绩效评价中；即使仅针对档案信息资源配置进行评价，出于成本考虑，也将由这些配置主体进行，往往不会为了评价而专门设置人员或部门。

10.1.1　内部评价主体

　　所谓内部评价主体指的是由档案信息资源多元化配置主体的组织管理体系内部产生的评价主体，即将档案信息资源多元化配置主体作为评价主体，其所涉及的组织或个人，构成了内部评价体系。档案信息资源配置主体——政府、市场、社会等——共同构成内部评价主体，既是档案信息资源配置的必要组成部分，也是内部评价主体的主要构成要素。档案信息资源多元化配置的内部评价可分为纵向评价、横向评价、自评和内部专门评价机构评价四种。

10.1.1.1　纵向档案信息资源配置评价主体

　　纵向档案信息资源配置评价主体指的是政府、市场、社会组织根据上下级隶属关系形成的档案信息资源配置评价主体。纵向档案信息资源配置评价可分为上级评价和下级评价。对于政府配置主体而言，其纵向评价主体根据上下级分为两种，一是上级政府组织、主管部门或上级主管领导；二是下级政府组织、隶属部门或下属公务员。对于市场而言，企业是档案信息资源市场配置的主体，对于市场的评价实质上就是对企业的评价，企业上级评价主体主要是上级主管部门及主管领导、股东、债权人等，企业下级评价主体主要是隶属部门及其员工。对于社会组织，其上级评价主体主要是上级主管部门及主管领导，下级评价主体主要是隶属部门及其员工。具体见图 10-1。纵向档案信息资源配置评价主体均来自档案信息资源配置的组织管理体系内部，上下级之间在日常工作活动中沟通交流机会较多，对于各自的配置过程、配置目标、目标完成情况都比较熟悉，因而纵向评价在档案信息资源多元化配置评价中占有一定优势。纵向评价广泛应用于各类社会活动中，并成为评价的主要形式，因此在档案信息资源配置评价中其也是主要评价形式。

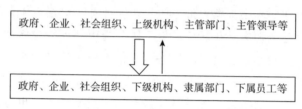

图 10-1　纵向档案信息资源配置评价主体关系

　　虽然纵向档案信息资源配置评价因评价主体熟悉配置流程、配置目标等业务活动，有利于档案信息资源配置评价的有效性和准确性，但是也存在比较明显的局限性。首先，上级评价存在明显的规范控制、监督、检查等倾向，特别是政府配置主体的上级评价在这个方面格外突出，造成评价只唯上不唯下，往往上级满意但是用户不满意。其次，当评价结果关系到部门和个人利益时，上级组织或领导往往出于利己的倾向，采用利于其部门或个人的绩效评价指标，使上级评价容易流于形式。[①] 最后，下级评价时往往出现能力较弱的员工为了自身利益、出于讨好心理的虚高评价，使评价较容易缺乏客观性。

　　10.1.1.2　横向档案信息资源配置评价主体

　　横向档案信息资源配置评价指的是在档案信息资源配置中处于同一级别的配置主体之间的评价，即政府、市场与社会组织两两之间的评价。由于三者均是从事档案信息资源配置的关键主体，业务既有不同也有交集，三者之间的评价不仅利于自身的配置活动，而且有助于政府、市场和社会组织三者复合配置的优化。根据评价主体及评价对象，可分为政府—市场，政府—社会组织以及社会组织—市场三类评价过程，这三类评价过程不是单方向的，而是双向评价。具体见图 10-2。

---

① 葛蕾蕾. 多元政府绩效评价主体的构建 [J]. 山东社会科学, 2011 (6): 156-160.

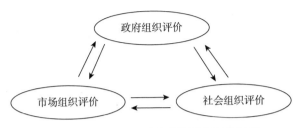

图 10 - 2　横向档案信息资源配置评价过程

作为档案信息资源配置的主体，三者对彼此的业务比较熟悉，且能从不同角度去看待各自的配置，通过与评价对象的比较，在一定程度上能保证评价结果的客观性。[①] 另外，由于横向评价有利于配置主体的协同，其评价指标、评价活动等也应设置有关协同的内容，如评价指标不应仅仅围绕单一配置主体，而应适当涉及多个配置主体，特别是考虑到评价主体与评价对象之间关系的好坏与紧密程度，这样形成的评价指标才能更有利于合作，且帮助配置主体优化自身，适应多元化配置环境。而且，横向评价往往也承担着一定的监督角色，且能够很好地调动双方的积极性，好的评价能够促进多元化配置良性发展。但横向评价也有自身的局限性，特别是政府与市场、政府与社会组织：政府的角色比较特殊，不仅是配置者，也是引导者，还是政策的制定者；市场和社会组织可能为了自身利益，对于政府的评价往往不够客观。

10.1.1.3　档案信息资源配置主体自评

自评顾名思义即自我评价，是档案信息资源配置主体对自身展开的评价。自评也广泛应用于各类社会活动，是内部评价的一个重要组成部分，是自我教育的重要条件。个人自我评价有利于个人自我完善、自我发展和自我实现，组织自我评价有利于审视组织目标是否达成、组织业务活动是否合理等，对组织的健康发展具有积极意义。与档案信息资源多元化配置的自我评价相对应的评价主体为配置主体——政府、企业、社会组织、部门以及内部人员。自我评价具有以下优势：首先，自我评价来源于组织内部，对于自身档案信息资源配置活动、配置目标、目标完成情况非常熟悉，评价更为详细、直接和专业，且能够节约评价成本；其次，可以帮助

---

①　葛蕾蕾. 多元政府绩效评价主体的构建［J］. 山东社会科学，2011.6：156～160.

政府、企业、社会组织在评价过程中发现实际情况与目标之间的差距，能够起到激励组织和员工以及完善自身的作用；最后，自我评价能够调动管理层和员工参与配置的积极性和主动性。但自我评价也存在一定劣势，自我评价往往突出成绩，回避不足，主观性比较强。

10.1.1.4　档案信息资源配置专门评价机构

专门评价机构评价是由组织内部专门的评价机构以及专职人员所开展的评价过程。专门评价机构多见于政府，社会组织和企业比较少。专门评价机构有审计部门、人力资源部门、监察部门等。专门评价机构属于内部评价形式之一，掌握一定的评价方法和评价工具，对于组织的整个评价过程比较熟悉，清楚评价的重点和难点，在评价方面比较专业，并且由于其从事专职评价工作，立场相对比较中立，评价结果较为可靠、客观和准确。但由于是专门评价机构，其组织和管理需要配备专门的人力和物力，成本较高，一般中小型企业和社会组织往往难以具备这个条件。

10.1.2　外部评价主体

外部评价主体主要是指档案信息资源配置主体以外的，与配置主体和评价主体相关的组织或个人，它们共同构成了档案信息资源多元化配置的外部评价体系，分为国家机关、社会公众、社会组织①、大众媒体四种评价类型。

10.1.2.1　国家机关

国家机关包括国家权力机关和国家信息主管部门。我国国家权力机关指各级人民代表大会及其常务委员会，是有法律效力的最高层次的监督组织。对于政府而言，国家权力机关可通过质询、诘问、不信任表决、弹劾、审批、调查等方式进行监督，还可以对政府配置的预算和决算进行审议监督，促进政府配置的透明度和公开。对于企业和社会组织而言，国家权力机关行使立法权，制定有关档案信息资源配置评价的法律法规，使档案信息资源多元化配置评价有法可依。这也适用于对政府配置的评价，国家权力机关相对于政府，其评价的力度较大，毕竟政府产生于权力机关，

---

① 此处的社会组织与前文所讲的政府、市场、社会组织三种配置方式中的"社会组织"不同，主要指除档案信息资源配置主体以外的所有与信息资源配置有关的民间组织。

对权力机关负责。但国家权力机关也存在一定的局限，国家权力机关虽处于法律效力最高层次，但由于处于"高层"，实际效力往往不足。国家信息主管部门包括国家和地方的信息管理部门，档案信息资源配置属于信息管理的一部分，也应该接受相关信息管理部门的审查和评价。但由于其信息管理范围较大，内容不仅包括档案管理，也包括图书、情报等其他信息资源，因此信息主管部门的评价相对比较宽泛。不管是国家权力机关还是信息主管部门，由于管理对象广泛，其评价往往缺乏针对性。

10.1.2.2　社会公众

社会公众评价指的是公民以个人或团体的形式直接对档案信息资源多元化配置开展的评价过程。社会公众是档案信息资源多元化配置评价的关键主体之一，但不同的档案信息资源配置主体所对应的社会公众种类应该有所不同。社会公众是档案信息资源配置的终端，档案信息资源配置必须以社会公众的需求为导向。公众是配置的最终体验者，他们对档案信息资源配置的评价对于配置的发展方向有着重要的引导和决定作用。各个档案信息资源配置主体必须积极引导社会公众对自身档案信息资源配置进行评价，收集并分析评价反馈结果，这对于自身配置活动是否满足用户需求是一个重要的参考，甚至某种程度上说是关系到自身存亡的关键。但是社会公众缺乏专业评价技术，他们的信息获取渠道也相对较为狭窄，对于各个档案信息资源配置主体的配置过程、配置目标以及配置完成情况并不是很熟悉，使社会公众评价也存在一定困难，需要配置主体提前设计好评价指标（如问卷调查）或为社会公众评价提供便利的条件（如在业务活动场所放置意见登记簿等），并且还需要有信息分析能力以便能够通过用户评价，获取评价结果。在社会公众评价过程中，档案信息资源配置主体不能"一锅端""万人评"，应该注重评价主体范围和数量的选择，合理地设置比例，使社会公众评价结果更加准确和有效。

10.1.2.3　社会组织

社会组织评价主体指的是除档案信息资源配置主体以外的所有与信息资源配置有关的民间组织，包括各类专家学者委员会、高校研究评价机构以及由专家、学者和公民代表等共同组成的综合性委员会等。[①] 此类社会

---

① 葛蕾蕾. 多元政府绩效评价主体的构建 [J]. 山东社会科学，2011.6：156～160.

组织具有公共性、公益性、非市场性、非公共权力性的基本特征，使其在档案信息资源多元化配置评价方面具有不可取代的独特优势。社会组织能够将不同阶层、不同领域的利益群体汇聚一堂，从不同的角度对档案信息资源配置进行评价，评价结果具有较高的公正性和客观性，而且在评价过程中，社会组织能够提出专业化、合理化的改进建议，能够促进档案信息资源多元化配置水平的提高。

10.1.2.4 大众媒体

大众媒体评价主体指的是拥有读者、观众、听众的各类信息传播媒介。大众传媒能够运用舆论对档案信息资源多元化配置进行评价，这也是新闻媒体所拥有的独特力量。随着新媒体，如微博、微信的不断应用，信息无处不在，每个公民利用新媒体平台都可成为"记者"，对社会现象进行曝光。而且，新闻媒体的社会舆论作用能够引起公民的关注和相关部门的重视，促进事件的解决。大众媒体的力量不容忽视，其因强大的舆论作用甚至被称为"无冕之王"。社会舆论内容广泛，谁也不清楚什么事件会成为下一个头条新闻，因此其能够对各类社会活动形成有力的监督和约束。大众媒体的力量需要理性地运用，否则容易引起社会误解和恐慌，这也是目前利用大众媒体进行档案信息资源配置评价需要重视的一点。档案信息资源配置主体应当实时关注社会关于档案信息资源配置的舆论，甚至对于信息资源配置等更大范围的信息管理相关内容都应适当关注，了解社会舆论方向，并将其作为一种参考性评价来对自身进行完善。

10.1.3 评价主体的选择

内外部评价体系各有各的优势和局限，且档案信息资源配置涉及政府、市场和社会组织配置主体，本身配置也朝着多元化方向发展，其配套的评价也必须根据具体主体有所不同，由此我们提出了档案信息资源配置主体多元化结构。科学合理地认识各种评价主体，结合多种评价形式，构建多元化评价主体结构，能最大限度地发挥多元化评价主体的整体作用，有利于档案信息资源多元化配置评价的准确性、客观性和有效性。

一是合理选择档案信息资源配置的评价主体。

评价主体并不是随意设置的，应根据不同情况和不同条件选择最合适的评价主体。上文已经提及，档案信息资源多元化配置涉及的范围十分广泛，不仅有政府、市场，还有非营利性、公益性的社会组织；不同的配置主体又包含了种类不一、形式复杂、结构不同的个体。因此，评价主体不能一成不变，应该随机应变，根据不同情况选择评价主体，并且应当选择多种评价主体：单一的评价主体毕竟能力有限，自身带有的局限性使其评价结果不够客观与准确。

二是科学准确设置多种评价主体的比例。

政府、市场和社会组织长期以来都经历着一元评价主体向多元评价主体的变化发展。虽然需要多种评价主体的参与，共同构建多元化评价主体结构，但各个评价主体之间并不是等量关系，根据主次不同，各主体所占的比例也应不同，如何设置不同评价主体的比例是建立合理评价主体结构的关键。有的评价形式虽然具有一定的参考作用，但并不是主要的评价形式，相对的，其评价主体也不是主要的评价主体。如果次要的评价主体与主要的评价主体比例一致，将不利于评价结果的有效性和准确性。配置比例要与不同档案信息资源配置评价的实践相结合，并没有固定的模式和标准，往往要根据评价目标、评价对象、评价内容等具体情况进行设置，科学的评价主体比例必须要经过一定专业、严谨的计算，不可随意。

10.2 评价档案信息资源配置的对象构成

结合档案信息资源配置活动实际，本节主要选取档案信息资源、档案信息资源配置两个方面作为配置活动的评价对象开展相关研究，力求明确档案信息资源配置评价的主要对象，为后文评价指标的构建、评价方法的选择以及监督、倒逼机制的设立明确目标。

10.2.1 档案信息资源

正如前文阐述档案资源与档案信息资源时所提及，"档案信息资源"概念的确立，是基于"档案资源"概念的狭义理解，因其作用的发挥程度受制于档案信息本体这一核心资源要素，故本书的主要研究对象为档案信息本体。档案信息作为档案信息资源配置活动开展的重要前提条件，对档案信息资源配置活动及其取得的成果和效益具有深远的影响。故在对档案信息资源配置整体活动进行评价的过程中，需将档案信息质量、档案信息资源质量纳入评价范围之中。

一是档案信息质量评价。

档案信息质量是档案信息资源形成的前提和核心，档案信息资源配置中的档案信息不管通过何种方式，经过几层配置，其真实性、完整性、不可否认性等基本内核应始终"坚守"，不能因配置活动的复杂、配置主体的多元、配置方式的多样而"遗失"了本真，即档案信息在配置前、配置中、配置后应始终坚守原始记录性的"光辉"，并随着配置活动实现档案信息质量的稳步提升。

二是档案信息资源质量评价。

档案信息资源质量与档案信息质量是一脉相承的，二者的主要区别在于档案信息资源是档案信息集成与优化的结果，单个档案信息质量无法或较难影响档案信息资源质量，结构混乱、零散的档案信息也无法构成档案信息资源。因此，如果说档案信息质量是从"微观"角度确保档案信息资源配置的质量，那么档案信息资源质量则是从"宏观"角度确保档案信息资源配置的质量，只有微观与宏观的充分结合，才能实现档案信息资源配置的目标，达到价值全面实现的目的。

10.2.2　档案信息资源配置

从事物正常演进的过程来看，档案信息资源配置过程中任一环节与因素均会对配置结果造成重大影响，故应将档案信息资源配置过程中的相关因素如工作人员、设备、技术、软件系统、服务、配置产品等纳入评价对象范围，以期全面评价该配置活动，具体而言包含以下评价对象。

一是工作人员。

工作人员包括档案信息资源配置活动的策划者与执行者，故工作人员的专业素质、教育背景、所秉持的配置理念以及配置效率等均会对档案信息资源配置活动造成重要影响。

第一，作为指导工作人员开展配置活动的前提，档案信息资源配置理念的贯彻与使用是极为重要的。具体而言，其理论体系一般包含集成管理理论、档案价值理论以及公共物品理论等先进指导理论。例如，在档案信息资源优化配置中践行的集成理念可于一定程度上解决档案信息资源的稀缺性问题，通过将档案信息资源配置活动从组织层面、业务层面、用户层面等多层面入手，实现多层面优化配置的目标，① 因此配置理论应被作为重要对象纳入档案信息资源配置评价范围之中。

第二，在秉持客观科学的档案配置理念的基础上，工作人员的教育背景、知识结构作为配置活动的关键因素，也应被纳入评价对象之中。随着档案工作的不断发展，档案人才队伍也在不断壮大之中。但在实际档案工作建设中，档案人才队伍建设仍处于现在进行时，档案人才队伍的知识结构、学历背景等均能对档案工作产生重大影响，因此在档案信息资源配置评价过程中，不应忽视工作人员的专业素质，应将其纳入评价对象范围之中。

二是配置方法。

信息资源配置的方式方法作为档案信息资源配置活动的重要途径与手段，其科学性、实用性在很大程度上可影响档案信息资源配置活动的成功与否。因此对于配置过程中具体方式方法的选取，配置主体与实际操作人员应结合自身实际情况，选择合适的档案信息资源配置模式加以利用。笔者倡导从宏观层面入手，以政府、市场以及社会组织为主要配置机制，三管齐下，实现多元配置的融合与优化。

三是配置技术。

档案信息资源配置过程中的技术、硬件设备、软件系统也应被作为评价对象纳入实际评价中。在具体的档案信息资源多元配置过程中，工作人员需要借助必要的技术手段与硬件设备，采用先进的软件系统与科学方法对档案信息资源进行合理加工、处理以及配置，从而满足动态多元的档案信息需求，解决档案信息资源稀缺的问题，完成价值全面实现的档案信息资源配置活动。

四是配置成果。

关于对配置成果的评价，其涉及范围广，且作用时间长。具体而言，可从档案信息资源配置的实际效用、客户反馈与待改进之处着手，主要针对配置成果的使用、优缺点等方面加以自查并开展用户调查评估，以获取有效信息进而优化配置活动。由于该内容涉及主体广泛且作用时间长，故实际过程中可通过问卷调查、市场调查、内部自查等调查方式针对信息资

---

① 王小云，王运彬．集成理念下的档案信息资源优化配置探析 [J]．档案学研究，2010.5：47~51.

源配置成果的易用性、时效性等指标获取有效的反馈信息。

10.3　评价档案信息资源配置的指标设定

由于档案信息资源配置活动涉及面广、内容复杂且实施周期较长，故对其进行评价工作的组织开展是一件复杂的全局性活动。确立了档案信息资源配置活动的评价对象与评价主体后，要实现对档案信息资源配置活动的全面评价，使评价结果更加准确、可行，同时发挥其监督、倒逼优化作用，需要进一步构建一套系统性强、实用性高的档案信息资源配置评价指标体系，以便在不同的配置环境下，均可对档案信息资源配置活动加以科学评估，更好地实现档案信息资源的价值。

10.3.1　指标设定的总体考量

在评价指标具体设定之前，需要明确两个基本点（即在档案信息资源配置评价指标体系构建过程中应当遵循）：配置有效和档案有效。这两个基本点，一个直观，一个则相对比较内敛，只有二者同时具备，评价指标才能适用于档案信息资源多元化配置，凸显自身的独特性。

考量之一——配置有效。配置有效是档案信息资源多元化配置的直接目标，有效配置是一切活动的前提和基础。有效配置包含很多方面，如档案信息资源配置过程是否有效，配置结果是否达到了预设的目标，用户体验是否满意，配置主体的复合模式是否有效且能够长久运行等，这些都是配置有效的指标。这些指标若运用于实践，还需继续细化，以满足不同评价主体的评价诉求。在进行配置有效的指标设计过程中，应注意以下两个方面。一是配置有效的评价涉及整个配置过程，其评价指标所覆盖的内容广泛，在设计过程中只有尽可能熟悉不同配置主体的配置活动全过程，把握好各个指标之间的逻辑关系，得到的评价指标才会尽可能全面、准确、系统。系统、逻辑性强的指标可为日后工作人员进行分析提供极大方便，更容易看出前后的相关关系。二是配置有效不能认为只是针对档案信息资源多元化配置的过程的有效，更要关注到配置所造成的结果——档案用户的体验。可以说配置有效应该包含两个部分，一个是档案信息资源配置过程有效；一个是档案信息用户的体验有效。上文评价主体已经提及，社会公众，特别是档案信息资源配置所针对的档案信息用户是关键评价主体之一，唯有了解用户需求，以需求为导向的配置才能应势而行。

考量之二——档案有效。档案信息资源配置与其他信息资源配置不同的是，档案所具有的本质属性在配置过程中是不能被替代、被忽视的，否则档案信息资源配置就不用添加"档案"二字了。故在评价过程中，除了保证配置有效之外，还应该增加保证"档案有效"的评价指标。档案信息资源配置是一个复杂的过程，档案信息需要在许多环节进行流转、利用，保证档案的真实、完整、一致，确保档案的凭证价值，是配置过程中必须明确的基本点。如果档案信息资源在不断配置过程中，损失了作为档案的关键要素，那么这并不是一场名副其实的"档案"信息资源配置，仅仅是打着"档案"的名号进行的一场伪配置。如此一来，对于档案信息资源配置各个环节的要求就颇高，毕竟保证档案在多次流转后依旧保持自身独有的档案功能，使其不受到影响是不容易的。因为档案本身与其他信息资源不一样，档案的真实、完整、内容全面性是其他信息资源无法比拟的，这也是档案信息资源多元化配置的独特所在。但档案有效对于用户体验而言是很难被察觉的，毕竟社会公众只是利用者。因此档案有效的评价在档案信息资源配置的内部评价过程中必须得到关注，确保内部在对档案信息进行加工、分析时不损害档案内容的真实、完整。本书所说的档案有效性并不意味着配置主体只能将档案原汁原味地提供给用户利用（毕竟许多档案内容枯燥、难以阅读，需要一定的加工、整合才能得以更好地利用），而是意味着档案的内容形式可以随着用户需求发生变化，但"档案对于凭证信息真实性的维护功能"不能发生变化，这也是档案之所以是档案的根本所在，也是档案信息资源配置评价指标不同于其他信息资源配置评价指标的关键所在。

10.3.2　指标设定的具体考量因素

一是档案信息资源评价考量因素。

档案信息资源作为人类信息资源中的重要组成部分，也是本书阐述的信息资源配置活动开展的主要对象，档案信息资源的质量高低很大程度上决定了档案信息资源配置活动的成功与否，因此对档案信息资源配置活动开展全面评价就应对档案信息资源质量展开周密的评价。

对于档案信息资源的评价，基于不同角度会产生不同指标，本书将按照档案形成到进馆再被利用这一时间主线，从档案形成时的"个体"到进馆后的"集合"馆藏这两个角度来构建档案信息资源的质量评价体系。对于用户利用过程中的档案信息资源所发挥的具体"效用"，笔者将在档案信息资源配置中的用户评价板块加以详细评价。①

就档案信息个体质量的评价指标设置而言，具体包含客观性、正确性、背景性解释三个指标。档案信息资源的客观性，即档案所反映的事实总是某个客观事物中某一方面的属性，其不受人为主观或社会背景所左右。客观性是真实性与可靠性存在的保证与前提，故应将档案信息资源的客观性评价纳入评价体系之中。档案作为政府机构、社会组织或个人在社会实践活动中直接形成的具有凭证查考价值的原始记录信息，其在形成与进馆过程中不可避免地会引入一定的主观性成分，该主观性与事实、公认的道理以及标准相一致的程度，便成为档案信息正确性的重要测度条件。关于背景性解释，每份档案在形成过程中，均伴有相关背景性信息、文件的生成，该文件、信息本身也成为档案信息资源，且其对于原档案文件的管理、使用均有重要辅助作用，故背景性解释的数量、质量也会对档案信息资源质量造成较大影响。

就档案信息资源集合质量的评价指标设置而言，其具体应包含丰富度、系统性两个重要指标。在丰富度方面，档案信息个体在进馆或在档案室管理阶段，便在全宗理论与来源原则的指引下，形成各类全宗，其中，全宗内档案的数量、载体类型均可对档案信息的丰富度产生重大影响，因此应在条件允许的前提下多收集与主题范围、时间范围等相关的档案信息资源，提升可用档案数量，实现档案类型与特色的多样化。系统性，指围绕同一主题内容、时间范围等的档案集合的关联度与系统化程度，可直接影响后续档案信息资源配置活动的开展。系统化程度较高的档案信息集合提供信息服务的能力更强，信息使用更加便捷，因此系统性也应作为重要评价指标被纳入评价系统中。具体见图 10 – 3。

---

① 参见王小云，蓝少华. 档案信息质量评价之指标权重分析及运用——基于层次分析法 [J]. 档案学通讯，2010. 1：41 – 45.

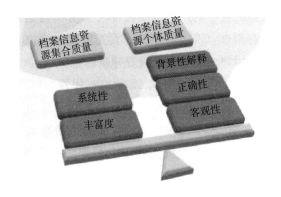

图 10 - 3 档案信息资源评价考量因素

二是档案信息资源配置评价考量因素。

就档案信息资源配置的评价指标设置而言，笔者根据信息资源配置活动的实际过程，分别从配置工作人员的角度（配置活动的主体方）与用户利用的角度（配置活动主要受益对象，笔者称之为客体方）入手，从前期的档案信息资源配置工作与后期的用户满意两方面设置相关评价指标。

就档案信息资源配置工作而言，可从成本、服务两方面入手设置评价指标。其中，人力资源是档案信息资源配置活动中的重要资源，信息配置工作人员作为配置工作的主导人员，其教育背景、工作经验、思想理念均可在配置工作中发挥重要作用。成本评价包含经济成本、时间成本、物力成本以及上述人力资源所涉及的人力成本。为解决档案信息资源稀缺性的问题，以"有限的档案信息资源"的合理配置以实现最大的利用价值，在档案信息资源配置活动过程中，尽可能地控制配置过程中各种成本的支出是十分有必要的，降低成本支出以实现最优的配置并实现档案信息资源价值的全部实现，是档案信息资源配置活动中的重要原则。在配置服务评价中，应侧重在服务理念、方式、技术、优化改进方面加以客观评价：在档案信息资源服务中，是否秉持了先进无私的服务理念，面向大众提供最优的信息服务；在服务方式中，是否利用了便捷高效的信息服务途径、信息化平台；在服务技术上，是否改进优化了后台配置、前端服务技术，与相关专业公司开展技术服务合作来提升配置活动的技术水平；在配置服务的再优化、改进之中，是否实时动态维护了档案信息资源配置系统，在需求多样化、动态变化的情况下优化服务。

就档案信息资源配置中的用户满意度而言，由于其受众范围广，且时效长，故可采用问卷调查、市场调查等方式开展用户评价工作。其中用户评价可从配置效益与用户成本两方面设置评价因素。

在用户配置效益方面，可从配置成果的实用性、时效性入手加以评估。用户配置成果的实用性，即配置成果是否能够满足用户日常活动的基本信息需求，以及用户在利用过程中是否被激发了潜在的利用需求，是否提升了用户的工作效率并最大限度地实现了档案信息资源所蕴含的价值。用户成果配置的时效性，不仅档案信息资源的开放有一定的时间规定，在应对动态变化的用户利用需求时，其响应时间也应尽可能缩短，实现高效利用。这就使档案信息资源配置及其服务必须在有限的时间内开展，从而满足用户多样化、动态的档案信息需求。

在用户成本方面，可从人力成本、时间成本、经济成本入手加以评价。在实际档案信息资源配置活动中，工作人员应尽量提供便捷的档案信息资源服务，以缩小用户利用时所投入的人力成本、时间以及经济投入，力求面向不同用户提供个性化的服务，以高效便捷的方式为用户提供档案信息资源配置的成果，实现档案信息资源价值的全面实现，具体见图10-4。

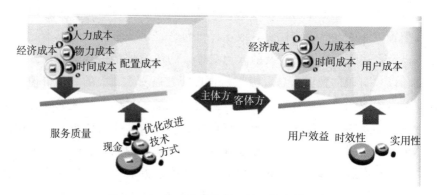

图 10-4　档案信息资源配置评价考量因素

10.3.3　指标体系的具体设定

档案信息资源配置评价指标的设计需要考虑不同评价主体及评价对象。由于档案信息资源配置是一个复杂的系统，本书只研究了大致的评价方向，未给出细致的评价指标。但是各个配置主体可以参考这些方向，并结合自身的特点，设计出一个适用于自身的评价指标。评价需要一个具体的评价对象，模糊的太过宽泛的评价对象不利于评价的进行。本书的档案信息资源配置主体是政府、市场和社会组织，三者构成多元化配置结构，设计的档案信息资源配置评价对象也仅针对这三者。但不管政府、市场还是社会组织都是比较广泛的评价对象，为了将评价对象具体化，我们选取政府以档案馆和档案室为主，市场以信息企业为主，社会组织以具体社会组织效能为主，然后根据不同组织主要的配置活动进一步细化。

10.3.3.1 面向档案馆/室档案信息资源配置的评价指标

此处的档案馆/室仅指国家所有的档案馆/室。作为政府配置的执行对象，国家所有的档案馆/室由于自身意愿和能力的局限，虽不能满足较高层次的档案信息需求，但是基础的档案服务却必须由政府进行提供。这不仅是出于公平考虑，也是出于成本的考量。政府应做好的基础档案服务包括档案信息收集、档案信息开放、档案信息利用，那么针对档案馆/室的评价，也就是针对这三个具体活动进行评价。

一是档案馆/室的档案信息资源建设评价。

正如前文提及"收集端"是多年来政府配置档案信息资源的传统方式，这里强调的是规范化的文件归档和档案收集以保证原始数据的真实可靠，规范化、程序化的按部就班的工作利用政府的规范化运作机制足以完成。政府组织遍布社会各个角落，组织结构、体制完整，如此巨大的组织造就了政府庞大的信息收集能力，政府也成为社会信息的最大拥有者，其信息资源量远远超过了任何一个社会组织。虽然能力足，但如何收集得更加科学、全面是政府必须仔细考虑的问题。例如档案馆收集的内容一般都是政府公文，内容单一，对于社会其他领域的档案资源则收集不足，因此近年来有关学者一直提倡档案馆资源齐全完整、丰富多元，使覆盖人民群众的档案资源体系更加完善。档案馆在资源建设方面应做到量与质并重，通过收集活动，逐步使馆藏资源结构趋于合理。

档案室相对于档案馆而言，属于组织内部机构，并不对组织外的社会公众进行档案公开。虽然档案室收集的内容仅与本组织有关，但是关于组织的档案信息内容也十分丰富，如高校档案馆（升级版的档案室）就有学籍档案、文书档案、基建档案等类型，其他社会组织也有自身业务档案、会计档案、基建档案等相关档案种类。使组织档案信息资源结构合理，为组织的精确决策提供依据，也是档案室的工作任务之一。

档案馆/室的档案信息资源建设评价指标的设置可以从几个方面入手。一是档案信息资源数量，包括馆（室）藏的总量，各类档案信息资源量，应收集进馆（室）的档案信息资源数量，网络、数字化档案信息资源量等；二是馆室藏档案信息资源结构，包括馆（室）藏档案信息资源种类、各类档案信息资源占总量的百分比、新型档案（民生档案、家庭档案等）所占百分比等。

二是档案馆/室档案信息资源开放评价。

政府除了做好收集工作以外，随着公民意识的提高，政府信息公开呈现出全球化的趋势。作为最重要信息资源的政府信息涵盖全社会信息的80%，既是社会公众了解政府的最直接途径，也是公众监督政府的依据，因此，政府信息必须公开。2016 年 5 月 9 日，李克强总理在全国推进简政放权放管结合优化服务改革的电视电话会议上指出："目前我国信息数据资源 80% 以上掌握在各级政府部门手里，'深藏闺中'是极大浪费。"档案信息资源配置为何要强调开放？因为档案馆保存着大部分有价值的未开放的政府信息。除了政府信息，还有许多历史档案因为档案馆单方面的顾虑，即使到了开放期限也以"涉及国家安全或者重大利益以及其他到期不宜开放"等理由不对外开放，这些档案往往极具研究价值。开放的档案信息资源能创造出更大的价值，社会组织或公众可以通过利用开放的政府信息，从中发现更大的社会价值和经济价值。然而，在我国，政府在收集和开放档案信息方面都做得不尽如人意，政府自身缺乏相应的能力开发档案，又不开放给有能力的组织和公民去开发，档案价值实现也仅仅是空谈，使档案只能成为档案馆的"尘埃""故纸堆"。政府相比其他组织（企业、社会组织）更有权力和义务去开放档案信息，开放评价必须成为档案信息资源政府配置的评价内容之一。

档案室对于所属组织的开放程度是相对比较高的，很少出现组织内部人员不能查阅档案的现象（只要不涉及内部重要档案，一般可查）。但是随着信息公开的不断深入，各类组织也应该向社会公开应该公开的档案信息。但是不公开或者公开不充分的现象在我国比较普遍。组织信息公开还应该有另外一个理解，就是交流。"档案信息孤岛"现象往往就是组织各自为政、组织信息之间无法交流整合的结果，为档案信息整体价值的实现造成了障碍。故档案室档案信息公开评价应该从对社会公众公开和组织间信息交流整合两个方面入手。

　　档案馆/室档案信息资源开放评价指标的设置可以从以下三个方面进行。一是公开的档案信息内容是否及时、全面、权威、准确。二是公开手段是否便于用户利用，包括检索系统的建设、网站的建设是否良好，用户利用公开档案信息的方式是否多样，是否开设了在线、电话等多种交流方式，互动方式是否有效等。三是公开的监督、反馈是否有效，档案信息公开是否有具体的规范进行监督与操作，公开后的反馈信息是否收集充分等。

　　三是档案馆/室档案信息资源利用评价。

　　档案利用是档案工作的归宿和目的，是档案理论和档案实践研究的重点、难点、热点，做好档案利用工作对于整个档案工作有着重大意义。档案馆/室需要通过利用工作体现自身价值，提高自身的社会地位。同时档案利用也是档案信息资源政府配置最为重要的环节，是配置活动与档案信息用户正式联结的环节，政府配置是否成功、用户体验好与坏都可在利用工作中得以体现。档案信息资源配置评价中的利用评价相当关键，通过利用评价可以发现很多潜在问题，发现用户需求变化，对于档案信息资源配置的下一步改善有着重要的引导作用。利用评价关系到档案馆/室服务的广度和深度，也可在一定程度上体现档案馆/室与用户的关系，注重利用评价信息的收集和分析，对于档案馆/室的工作而言有百利而无一害。

　　档案馆/室档案信息资源利用评价指标的设置可以从以下两个方面考虑。一是利用广度，档案信息资源是否能够满足不同需求，档案信息资源利用是否覆盖了社会地位、需求不同的档案信息用户，档案服务形式是否多样化等。二是利用深度，档案利用服务是否深入，所提供的档案信息数量是否充分、系统化，信息相关性是否充分，利用服务是否能够真正做到让每个人有所收获等。

10.3.3.2　面向企业档案信息资源配置的评价指标

　　企业相对于政府档案馆/室而言，其配置的弹性空间相对大一些，不像档案馆那样规范；但也存在随意性过大、档案工作水平相对弱等问题。对企业档案信息资源配置的评价也可以从四个方面进行。

首先，企业获取或收集档案信息资源评价，可从建设企业档案信息资源体系的角度来考察。这一体系主要包括两个部分，一个是企业内部运营所产生的档案信息；一个是企业产品加工所需要的档案信息资源（原料）。前者辅助后者的加工，相当于业务流程中的一个重要环节；后者所加工出来的信息产品或服务是档案信息资源市场配置的基本内容。评价过程中要注重对这两者的评价，但是以"加工原料"的档案信息资源建设评价为主。与档案馆/室不同的是，企业的一切活动均是为了最后的盈利。在进行企业档案信息资源体系建设时，要特别重视其在利用档案信息资源过程中有无损害档案的本质属性，在利用档案信息过程中有无损害他人利益，获取档案信息资源的渠道是否正当、有效等。另外，对企业档案信息资源建设的评价要与企业的目标、产品或服务属性等相结合，对其数量和结构的评价也应该从目标和属性出发，如若其用于生产的档案信息资源数量多，用于其他的档案信息资源数量少，不能因此判定企业档案信息资源建设不完善，过于单一。

其次，企业档案信息加工评价，应根据其加工流程、加工方法等进行评价。业务流程的评价对于一个企业而言是重要的，其不仅是对企业关键业务的一种描述，更对企业业务运营有重要指导作用。对于以生产档案信息资源产品或服务为主的企业而言，对其档案信息加工过程的评价，有利于其优化自身业务流程、降低生产成本、迅速响应用户的需求及提高利润。对于企业业务流程的评价可以由企业内部组织人员进行，也可以聘请外部专业业务流程设计专家进行。

再次，企业档案信息资源产品或服务的用户体验评价。ISO 9241 – 210标准将用户体验定义为"人们对于针对使用或期望使用的产品、系统或者服务的认知印象和回应"，简单来说，就是这个产品或服务"好不好用，用起来方不方便"，这是用户注重产品实际应用效果的表现。企业要重视用户体验反馈信息的收集，开拓多个评价渠道，并采取相关措施便于用户评价。企业用户不仅包括使用产品的用户，还应包括原料供应商、股东，以及与企业有合作关系的相关企业等。通过多个主体的评价，可获取更多的评价信息，进而做好分析工作，尽可能保证自身产品或服务能够响应用户的显性需求，开发用户的潜在需求。

最后，企业的一个重要原则是盈利，对盈利的评价实际上就是对其档案信息资源产品或服务的效益部分进行评价。经济效益能够在年度或季度利润报表中充分体现，有明确的数字，清楚明朗。但是社会效益却不容易计算，如企业品牌效益，这种隐性效益往往不能通过计算金钱数量而得出。另外，现代化企业的价值，不仅在于产品，更为重要的是在于其所掌握的信息，尤其是以信息作为生产要素的企业，如 Facebook、Twitter，其所拥有的信息就是金钱。但这种信息价值该如何计算，目前也没有一个很好的计算公式。不过，随着时代的发展，也出现了对信息进行估值的企业，如我国首家开展数据资产登记确权赋值的服务机构——中关村数海数据资产评估中心，可以从最后所得与预期所得的差距、附加所得以及潜在价值等方面对信息价值进行评价。

10.3.3.3 面向社会组织档案信息资源配置的评价指标

社会组织独立于政府和市场，将提供政府和市场都无法提供的档案信息资源服务或产品作为组织本身的运营优势。其作为社会和政府的联系中枢，也可以辅助企业，因此对社会组织而言，其评价指标与政府、市场的评价指标相似，但又存在不同。

首先，档案信息资源建设是否完善也是评价的一部分，这一部分也可从档案信息资源的数量、结构以及获取渠道等方面设计出符合社会组织特点的评价指标。社会组织的档案信息资源建设与企业更为相似，其服务对象与政府相比，范围要小，种类也少，故其档案信息资源相比于档案馆/室可能会呈现出一定的单一性，因此对其的评价也应该充分考虑社会组织的运营目标、属性等，不可片面地以为其单一性就是资源建设的不完善。

其次是对档案信息用户在通过社会组织获得档案信息过程中的体验的评价。体验评价对于社会组织而言也是至关重要的，毕竟社会组织是将政府和市场不能或不方便提供的档案信息资源服务或产品作为自身运营的根本优势，这部分资源的用户本身就是小众，若社会组织不能很好地挖掘用户需求，那么社会组织自身的生存将会遇到很大问题。

最后是对社会组织在配置过程中是否真正体现了自身公益性的本质特点的评价。社会组织以公益著称，公益性是其存在的根本。正如上文所言，很多社会组织在运营过程中往往会丧失自身的公益性，向着政府化或市场化偏移。评价对于社会组织而言就是防止这种现象发生的一个措施。在评价过程中重视对公益性的评价，对偏离公益性的部分进行修改、完善，可使其在不断评价过程中保持自身的本质属性。

10.4　本章小结

在构建档案信息资源配置评价机制过程中，笔者在分别确立了评价主体与评价对象后，着手建立适用于档案馆/室、企业以及社会组织三方面的档案信息资源配置的评价指标，以供政府机构、社会、企业以及个人用户据其实际利用情况加以选择，自主建构便捷实用的评价指标体系，以对档案信息资源多元配置开展评价工作，获取行之有效的改进方案与建议，以便在今后的配置活动中继续优化与改进配置活动，实现档案信息资源价值的全面实现，为国家经济、政治、科学、文化等领域的发展贡献力量。但在评价机制的实际建构中，笔者发现其中仍存有尚待改进的问题，特在此提出，望日后加以深入研究。

一是亟须引入更加科学的研究方法。在构建评价体系的过程中，本章仅就档案馆/室、企业与社会组织评价的指标做出划定，为各行业、领域的评价活动做出方向性指引，对评价活动的重要构成因素划定了范围，提供了相应指标供用户选取，对评价工作进行了定性的指引。但在实际的档案信息资源配置评价过程中，仅对配置活动开展定性的评价研究是远远不够的，应当引入科学研究方法，对配置活动及其成果进行定量评价；或对评价对象进行数学运算以求更加精准地评价，获取有效的反馈信息，促使配置活动在日后的发展中不断优化、完善，进而提升配置活动效率，并全方位实现档案信息资源的价值。

对评价指标进行精准量化处理时，可引入层次分析法（Analytic Hierarchy Process，简称 AHP）。层次分析法是由美国运筹学家、匹兹堡大学萨第（T. L. Saaty）教授于 20 世纪 70 年代提出的一种系统分析方法，80 年代初引进我国，是一种定性与定量分析相结合的多目标属性决策分析方法。应用这种方法，决策者通过将复杂问题分解为若干层次和若干因素，通过在各因素之间建立数学模型进行运算和比较，可得出不同方案间的权重，并根据权重来选择最佳的决策。该方法融定性分析与定量分析为一体，可为评价指标赋予权值，使之进行精确运算，从而获得最优评价方案，为配置活动的优化提供直观的参考依据。

同时，对于评价指标的优化，还可引入数据包络分析（Data Envelopment Analysis，简称 DEA）。数据包络分析是由美国著名运筹学家 A. Charnes 和 W. W. Cooper 于 1978 年提出的一种分析方法，是使用数学规划模型评价具有多个输入和多个输出的一系列决策单元间的相对有效性的一种系统分析方法。可利用该分析方法，在评价对象、评价主体内划分出多个输入单元、输出单元的变量，进而构建目标函数，进行数学运算，以对配置活动进行更加精准的评估，实现高效评价活动与更优的配置活动。

二是亟须在实践中构建灵活的指标体系。由于多元档案信息资源配置活动参与配置的主体多元，配置对象不一，且配置活动使用的配置方法、比例以及现实背景等均存有差异，故配置活动可谓一个个性化且动态发展的过程，因此与之相匹配的评价机制也需适应其特点，实现无缝衔接，对其开展高效的评价活动，进而优化配置成果。作为评价机制中核心部分的评价指标体系，应顺应评价活动的实际开展，建立灵活的评价指标体系，可就实际配置活动的开展灵活调整评价指标，确保评价指标建设的完善，评价体系的客观性、系统性、全面性，保证评价结果的真实性与可靠性，从而优化档案信息资源的配置活动，全面实现档案信息资源的最优价值。

对于档案信息资源评价指标体系，本章主要围绕档案馆/室、企业以及社会组织三方面开展具体评价活动，构建相应的评价指标体系。但纵观实际配置活动，其多为复合多元配置活动。因此评价体系的建设还需立足于多元配置层面，构建复合的评价指标体系，并赋予相应的权值，以实现对多元配置的综合评价，获取有效的反馈信息，从而优化档案信息资源的多元配置活动，全面实现档案信息资源价值，为国家经济、政治、文化、教育、科技等领域贡献力量。

第 11 章
结　语

本书的研究以档案信息资源供给的不足/低效与档案用户需求多元化发展的趋势之间的矛盾为起点，综合了档案信息资源配置中政府能力的有限、市场和社会组织的可行以及档案信息资源本身的多层次性，来论证多元化配置的复合与优化的必要性、可行性和措施。

11.1　主要结论

研究档案价值的视角应该分三个层次。一是基于价值客体的视角，以职能鉴定论为代表，源于档案的本质属性形成了档案价值的基础，是产生档案需求的根源；二是基于价值主客体关系的视角，以利用决定论为基础，研究档案价值的发现和获取，是档案需求的外现；三是基于价值主体的视角，以市场价值发现为起点，研究档案增值或创造价值，是对档案需求的利用。前两种视角是国内档案学者多年研究成果的结晶，第三种视角是研究团队在市场经济和产业发展的视域中，结合马克思主义政治经济学相关理论总结出来的。

档案价值的研究是一个理论命题，同时必须时刻关注实践的发展，尤其是与档案事业发展关系紧密的国家宏观政策，例如文化强国战略；信息技术平台，例如"互联网＋"；社会发展潮流，例如城镇化战略下的农民工问题等。这些情景的转变对于档案价值的理论认知水平和实践探索状况，都有着举足轻重的促进作用。不关注文化强国战略，哪能形成对中国档案价值观以及"走出国门"的探索？不关注"互联网＋"促进的各行各业的融合与发展，哪能敏锐察觉出从"档案外包"到"档案众包"的机遇？不关注城镇化发展战略以及农民工问题，哪能体会到"三农"档案建设之于国家档案"三个体系"建设的重要性？类似的比喻，也因为实践发展之快、变化之大，而难以穷其所有。眼睛朝下，扎根研究，才不会错过档案价值涌现的每一块新土壤。

资源相对稀缺与需求多元发展之间的矛盾，是促使档案信息资源配置不断改善和优化的根本原因。在谈论档案信息资源的稀缺时，我们从抽象价值层面和具体作用层面分别阐述。抽象价值层面是在档案价值理论基础上扩展到三个层面，具体应用层面主要从有用性、非同质性和制度设计等方面论述档案信息资源的稀缺从"可能"发展到"必然"再到"常态"的过程。而需求方面恰恰经历了社会环境、网络环境和市场环境的洗礼，多元化趋势已成定局，需求与资源两者之间存在既对立又统一的矛盾，这组矛盾的良性运动需要多元化配置策略。

档案信息资源的公共物品属性并不是一成不变的，其中包含着大量的准公共物品，这决定了在供给制度和主体的选择上应该多元主体共同参与才能保证资源与需求的契合。本书认为来源原则依然是细分公共物品属性的重要依据，来源于国家政府机关的大多是纯公共物品性质的档案信息资源；事业单位混杂着纯公共物品与准公共物品性质的档案信息资源，即混合公共物品；而来源于企业的就要看企业改革中建立现代企业制度背景下产权的确立情况和股份比例的情况，尤其是股份制改革对这部分档案信息资源的"国有"名分造成了冲击。

政府一包到底地供给所有档案信息资源，是造成目前资源—需求矛盾的主要原因之一，"国有"产权的划分与"国管"的配置局面并不一定存在逻辑上的因果必然性。本书简要梳理了国家档案事业管理体制的几次重要变革历程，从变革的主要内容——对档案国有与国管关系的处理——来看，基本上选择了大体不变，这也是本书论证的实践背景和现实条件。

"数字化"似乎不属于本课题研究的范畴，但是对于档案价值全面实现的认知转型，却有着巨大的作用。因为数字化表达，档案信息真正实现了独立表达——档案信息的确定性、独立存在性以及可交换性；也因为数字化表达，档案价值实现了状态的进阶，即从工具化阶段，进阶到产品化阶段，再进阶到产业化阶段。可以这样说，"数字化"扮演着档案价值

"认知转型"与"全面实现"的桥梁，扮演着档案价值理论探索（"档案价值论"）与档案价值实践探索（"档案信息资源配置"）的桥梁。一个完善的数字化方案，既是档案价值理论研究的重要内容，也是档案配置实践探索的重要前提。

公共档案馆有着社会组织的性质和宗旨，却也履行着政府行政管理职能，这是造成社会组织参与档案信息资源配置并发挥作用的最大障碍之一。从社会组织的严格定义来看，国内确实很少有完全符合的；但是从国外社会组织的不断发展壮大和业已起到的重要作用来看，也确实有着培育社会组织的必要性；从国内社会组织的普遍情况和档案行业的特殊情况来看，社会组织的发展促使着一些公共档案馆的完全转型，或者在政策的引导下促使了一些档案中介机构的转型。

公共物品理论对于公共物品的广义解释对本书涉及的档案信息资源的非竞争性、非排他性等特征的细分有着较强的指导意义，尤其是公共物品理论在分析公共物品供给时，典型的几种供给方式，例如政府供给、私人供给、自愿供给以及联合供给等，给本书的多元化配置提供了逻辑思路和理论支持，即公共物品不一定非要由政府一元供给，其他性质的组织甚至私人市场都可以提供。

政府、市场和社会组织配置档案信息资源，各有优缺点，只有三种配置主体合作与优化，三种方式充分复合，全面实现档案价值才有希望。这种复合和优化，涉及宏观、中观、微观多个层面，牵涉目标、原则、方式、战略等多个视角，需要评价机制加以引导、修正和检验。

11.2　存在问题

档案信息资源多元化配置的复合与优化，属于借鉴外来相关学科的理论和实践，用于指导档案事业的实践发展和档案学的理论建设，类似于用新方法解决老问题。"拿来主义"相对比较容易，但是要想真正在老问题上发挥作用，限于本书的知识深度和实践经验以及选题，还需要更加深入的分析和研究，以进一步促使多元化配置档案信息资源的理论更加完善和实用。

档案信息资源的概念体系还不够完整和统一，与国家档案信息资源概念的区别还不是非常明晰。在当前国家档案信息资源占据档案信息资源绝对多数的情况下，这种权属的区分在实践和理论上有必要予以进一步澄清。

现代社会市场经济的发展，是一个不断高度专业化和精细化分工的过程。尽管档案深入各行各业，但是档案信息资源无论是作为生产要素，还是作为管理要素，甚至是作为信息要素等渗透到市场经济活动中去，都需要把分散、零碎的各行各业的研究情况进行整合，方能得出普遍性的宏观性的研究结论。

档案管理众包模式下社会化参与的程度、水平、利益分配、制衡机制等很多方面还处于空白地带，毕竟"互联网＋"与"档案众包"的契合还是一个十分新颖且有待实践证实的课题。目前可供借鉴参考的案例，本书也只是有限地提供了美国的"公民档案员项目"以及英国的"志愿者项目"。有效且完善的档案管理众包模式，究竟是技术驱动管理的创新还是纯管理模式的尝试，究竟是纯社会化组织的参与还是需要政府实施干预等，诸如此类的问题还需要进一步研究。

多元化配置档案信息资源用图示的方式表达，也就是三个圆圈相互交叉重叠，或者是一个表示公共物品供给的圆圈里三个主体各自占据一片天空。理论上或模式上可以这样表示，但是实际情况要复杂得多，尤其是市场主体和社会组织介入档案信息资源领域的作用和范畴相当有限。更为复杂的是，有些组织机构兼具两种性质，或同时具有行政和公益性质，或同时具有公益和市场性质，或者其他。所以本书的实证研究明显不足，三元配置复合的精细分工和权责划分还不明朗。

本书仅重点阐述档案信息资源配置的评价机制，而档案信息资源配置的评价可涉及宏观、中观、微观多个层面，各种配置方式、各种配置主体、不同配置领域等评价指标设定的科学性、评价方法的适用性、评价结果的验证性等方面尚待深入。

用资源配置理论研究档案价值全面实现，指导国家档案事业发展和完善档案学基础理论，还是一个刚刚起步的研究课题，一些迫切和关键的研究还需要今后继续深入。

参考文献

1. 中文著作

1. 冯惠玲. 政府信息资源管理 [M]. 北京：中国人民大学出版社，2006.
2. 冯惠玲，张辑哲. 档案学概论 [M]. 北京：中国人民大学出版社，2005.
3. 王英玮. 知识经济时代档案部门的生存与发展策略 [M]. 北京：中国人民大学出版社，2011.
4. 王英玮. 档案文化论 [M]. 北京：中国人民大学出版社，1998.
5. 王英玮. 论档案用户需求的实现 [M] ∥陈兆祦，文件论与档案管理，北京：中国档案出版社，1993.
6. 张斌. 档案价值论 [M]. 北京：中央文献出版社，2000.
7. 陈永生. 档案学论衡 [M]. 北京：中国档案出版社，1994.
8. 胡鸿杰. 中国档案学的理念与模式 [M]. 北京：中国人民大学出版社，2005.
9. 覃兆刿. 中国档案事业的传统与现代化：兼论过渡时期的档案思想 [M]. 北京：中国档案出版社，2003.
10. 何嘉荪，傅荣校. 文件运动规律研究——从新角度审视档案学基础理论 [M]. 北京：中国档案出版社，1999.
11. 吴宝康. 档案学理论与历史初探 [M]. 成都：四川科学技术出版社，1986.
12. 刘国能，王湘中，孙钢. 档案利用学 [M]. 北京：中国档案出版社，1996.
13. 刘国能. 体系论——中国档案事业体系 [M]. 北京：中国档案出版

社，2001.

14. 周毅．信息资源宏观配置管理研究［M］．北京：中国档案出版社，2002.

15. 周毅．信息资源宏观配置管理研究［M］．北京：中国档案出版社，2002.

16. 王小云．基于价值实现和权利保障的档案资产论建构研究［M］．北京：社会科学文献出版社，2018.

17. 姜之茂．档案馆理论与实践新探［M］．北京：中国档案出版社，2000.

18. 孙爱萍．北京档案信息资源管理理论与实践新探［M］．上海：世界图书出版公司，2010.

19. 孙爱萍．非档案信息资源管理［M］．北京：中国档案出版社，2009.

20. 马费成，李刚，查先进．信息资源管理［M］．武汉：武汉大学出版社，2001.

21. 查先进．信息资源配置与共享［M］．武汉：武汉大学出版社，2008.

22. 吴锦良．政府改革与第三部门发展［M］．北京：中国社会科学出版社，2001.

23. 裴桐．当代中国的档案事业［M］．北京：中国社会科学出版社，1988.

24. 张世林．档案信息利用法律研究［M］．北京：中国法制出版社，2004.

25. 陆小华．信息财产权——民法视角中的新财富保护模式［M］．北京：法律出版社，2008.

26. 宋世明等．西方国家行政改革述评［M］，北京：国家行政学院出版社，1998.

27. 薛四新，杨艳，黄存勋．现代档案管理基础［M］．北京：机械工业出版社，2007.

28. 刘家真．拯救数字信息——数据安全存储与读取策略研究［M］．北京：科学出版社，2004.

29. 何振，蒋冠．电子政务环境下政府核心信息资源整合与共享：以湖南档案信息化建设为例［M］．湘潭：湘潭大学出版社，2007.

30. 王健．电子时代机构核心信息资源管理：OA环境中的文件、档案一体化管理战略［M］．北京：中国档案出版社，2003.

31. 李国庆．档案中介机构理论与实践研究［M］．北京：中国档案出版社，2006.

32. 乌家培，谢康，王明明．信息经济学［M］．北京：高等教育出版
社，2002.

33. 吴宝康，和宝荣，丁永奎．档案学概论［M］．北京：中国人民大学出
版社，1988.

34. 黎民．公共管理学［M］．北京：高等教育出版社，2003.

35. 郑杭生．中国人民大学中国社会发展研究报告2010_走向更加合理的社
会：社会资源及其合理配置［M］．北京：中国人民大学出版社，2010.

36. 何增科．公民社会与第三部门［M］．北京：社会科学文献出版
社，2000.

37. 陈振明．公共管理学［M］．北京：中国人民大学出版社，1999.

38. 黄霄羽．魂系历史主义——西方档案学支柱理论发展研究［M］．北京：
中国人民大学出版社，2006.

2. 中文译著

1. 〔美〕曼昆．梁小民译．经济学原理［M］．北京：机械工业出版社，
2003.

2. 〔美〕埃莉诺·奥斯特罗姆余逊达，陈旭东译．．公共事物的治理之
道——集体行动制度的演进［M］．上海：上海三联出版社，2000.

3. 〔英〕霍奇逊．向以斌等译．现代制度主义经济学宣言［M］．北京：北
京大学出版社，1993.

4. 〔美〕莱斯特·萨蒙斯．第三域的兴起［A］∥李亚萍，于海编．第三
域的兴起［C］．上海：复旦大学出版社，1998.

5. 〔美〕林德布洛姆．朱国斌译．政策制定过程［M］．北京：华夏出版
社，1988.。

3. 中文期刊文献

1. 冯惠玲．档案馆的"亲民"战略［J］．档案学研究，2005（1）.

2. 冯惠玲．档案信息资源在国家经济社会发展中的综合贡献力［J］．档案
学研究，2006（3）.

3. 冯惠玲．信息资源产业内涵及其与相关产业的关系探究［J］．情报资料

工作，2011（8）.

4. 冯惠玲．档案记忆观、资源观与"中国记忆"数字资源建设［J］．档案学通讯，2012（3）.

5. 王英玮．关于档案学研究中的"惯性"与"规律"的思考［J］．档案学研究，2005（4）.

6. 王英玮．关于专门档案在综合档案馆资源建设中的地位与作用思考［J］．档案学研究，2007（2）.

7. 王英玮．关于公共档案馆服务社会化的思考［J］．档案学通讯，2005（3）.

8. 王英玮，陈玉清．关于信息管理原理问题的新思考——人们为什么需要信息和信息管理［J］．北京档案，2010（4）.

9. 王英玮，陈玉清．关于信息管理原理问题的新思考——信息管理能够帮助用户解决哪些基本问题［J］．北京档案，2010（10）.

10. 王英玮，陈玉清．关于信息管理原理问题的新思考——信息管理者如何行动满足用户的需求、信息管理的效果和效益如何衡量［J］．北京档案，2011（1）.

11. 陈永生．档案信息资源均衡配置方案——我国档案信息资源分布状况及均衡配置研究之三［J］．浙江档案，2008（10）.

12. 陈永生．档案信息资源城乡分布状况分析——我国档案信息资源分布状况及均衡配置研究之二［J］．浙江档案，2008（9）.

13. 陈永生．档案信息资源地区分布状况分析——我国档案信息资源分布状况及均衡配置研究之一［J］．浙江档案，2008（8）.

14. 陈永生．政府信息资源整合共享研究——从国家档案馆的角度［J］．档案学研究，2010（1）.

15. 陈永生．档案可供利用情况的数据分析——档案充分利用问题研究之一［J］．档案学研究，2007（3）.

16. 陈永生．档案开放利用情况的数据分析——档案充分利用问题研究之二［J］．档案学研究，2007（4）.

17. 陈永生．档案已供利用情况的数据分析——档案充分利用问题研究之三［J］．档案学研究，2007（5）.

18. 陈永生．档案充分利用的措施保障——档案充分利用问题研究之四

[J]. 档案学研究，2007（6）.

19. 陈永生. 从政务公开制度反思档案开放——档案开放若干问题研究之二 [J]. 浙江档案，2007（7）.

20. 陈永生. 从政务公开制度反思档案开放——档案开放若干问题研究之三 [J]. 浙江档案，2007（8）.

21. 胡鸿杰. 论档案学的逻辑起点 [J]. 档案学通讯，2001（3）.

22. 胡鸿杰. 论档案职业的发展空间 [J]. 档案学通讯，2007（6）.

23. 胡鸿杰. 论中国档案学的结构与功能——档案学概论评析 [J]. 档案学通讯，2002（6）.

24. 胡鸿杰. 管理资源分析 [J]. 档案学通讯，2009（1）.

25. 黄霄羽. 政府信息资源管理的现实进展与未来走向 [J]. 北京档案，2007（6）.

26. 黄霄羽. 政府信息资源管理萌生的背景与条件 [J]. 北京档案，2006（7）.

27. 张斌. 政府信息公开背景下公共档案馆建设刍议 [J]. 档案学研究，2010（6）.

28. 张斌，郝琦，魏扣. 基于档案知识库的档案知识服务研究 [J]. 档案学通讯，2016（3）.

29. 张斌，徐拥军，褚峻，刘越男，聂伟. 知识资源管理：企业档案工作改革的新思路 [J]. 中国档案，2004（10）.

30. 付华. 国家档案资源建设研究 [J]. 档案学通讯，2005（2）.

31. 周毅. 电子政府信息资源集成管理研究 [J]. 情报理论与实践，2004（3）.

32. 周毅. 试析网络环境下信息资源配置的特点与基本策略 [J]. 图书情报工作，2004（3）.

33. 周毅. 论信息资源配置的理想状态及其控制 [J]. 图书情报工作，2003（11）.

34. 周毅. 论公共信息服务的法制化 [J]. 中国图书馆学报，2016（4）.

35. 周毅. 论公共档案馆的信息权利 [J]. 档案学通讯，2008（4）.

36. 覃兆刿. 价值目标与伦理重构——关于档案馆社会化服务的功能与效能研究 [J]. 档案学研究，2005（5）.

37. 覃兆刿，张斌．"自觉"、"自主"、与"自我完善"——民营企业档案管理究竟应该选择怎样的模式 [J]．档案管理，2008（6）．

38. 周耀林，赵跃．档案资源建设与服务联动模式探析 [J]．档案学通讯，2015（5）．

39. 周耀林，常大伟．国家重点档案信息资源融合及其实现策略研究 [J]．档案学研究，2018（2）．

40. 周耀林，赵跃，段先娥．大数据时代信息资源规划研究发展路径探析 [J]．图书馆学研究，2017（15）．

41. 周耀林，朱倩．论我国档案文献遗产保护资源的共享 [J]．档案管理，2013（2）．

42. 周林兴，王婷婷．基于公共文化服务体系建设的档案信息资源规划研究 [J]．档案学通讯，2012（2）．

43. 周林兴，仲雪珊．以公众需求为导向的档案信息资源规划探讨 [J]．档案学通讯，2012（5）．

44. 胡小明．信息技术的本质——"以知识化为灵魂的信息化"系列之一 [J]．中国信息界，2006（6）．

45. 胡小明．知识经济与知识积累机制——"以知识化为灵魂的信息化"系列之一 [J]．中国信息界，2006（6）．

46. 胡小明．信息技术的本质——"以知识化为灵魂的信息化"系列之二 [J]．中国信息界，2006（7）．

47. 胡小明．信息技术在推进社会知识化中的作用——"以知识化为灵魂的信息化"系列之三 [J]．中国信息界，2006（8）．

48. 胡小明．知识是信息化的灵魂——"以知识化为灵魂的信息化"系列之四 [J]．中国信息界，2006（9）．

49. 查先进．近20年我国信息资源配置研究文献计量分析 [J]．图书情报工作，2010（20）．

50. 查先进．信息市场失灵与政府干预 [J]．中国图书馆学报，2000（4）．

51. 丁华东．建立适应社会主义市场经济的国家档案全宗理论 [J]．档案学通讯，1999（2）．

52. 张江珊．信息民主与控制权衡下的档案信息公开研究 [J]．档案学通讯，2011（1）．

53. 赵跃，周耀林．知识管理视阈下的档案信息资源合作开发模式探析 [J]．档案学研究，2015（5）．

54. 夏义堃．公共信息资源市场配置的实践与问题 [J]．中国图书馆学报，2007（4）．

55. 胡小明．信息共享目标合理性检讨 [J]．中国信息界，2004（10）．

56. 胡小明．四种不同的信息资源共享模式 [J]．中国信息界，2004（9）．

57. 胡小明．电子政务信息资源共享的经济学研究（之五）——政府信息资源的市场化服务 [J]．中国信息界，2004（21）．

58. 胡小明．信息资源开发利用观念的与时俱进 [J]．中国信息界，2005（4）．

59. 胡小明．中国信息化焦点研究（四）信息资源开发利用的经济学问题 [J]．中国信息界，2005（7）．

60. 周献红．我国政府信息资源配置研究 [J]．图书馆学研究，2010（17）．

61. 周萍．政府公共信息资源适应性配置研究 [J]．图书情报工作，2008（17）．

62. 王国振．对"三个体系"内涵及相互关系的几点认识 [J]．档案学研究，2010（5）．

63. 刘英．认真贯彻"三个体系"建设要求_扎实推进档案事业科学发展 [J]．档案学研究，2010（5）．

64. 王小云，王运彬．档案信息质量评价之指标体系构建 [J]．档案管理，2008（4）．

65. 王小云，王运彬．2000~2007年档案用户需求研究综述 [J]．档案学通讯，2008（4）．

66. 王小云．现行文件开放若干问题的思考 [J]．湖北档案，2006（5）．

67. 王小云，王运彬．集成理念下的档案信息资源优化配置探析 [J]．档案学研究，2010（5）．

68. 张世林．档案所有权收益新探 [J]．山西档案，2002（2）．

69. 任越．文化哲学视阈下档案文化层次问题研究 [J]．档案学通讯，2016（1）．

70. 沈蕾．非档案——概念界定及其构成分析 [J]．档案学研究，2009

（3）.

71. 陆小华 . 信息的财产化进程 ［J］. 中国政法大学学报，2009（1）.

72. 沈满洪，谢慧明 . 公共物品问题及其解决思路——公共物品理论文献综述 ［J］. 浙江大学学报（人文社科版），2009（6）.

73. 马费成，龙鸳 . 第五讲_信息商品和服务的公共物品理论 ［J］. 情报理论与时间，2002（5）.

74. 涂晓芳 . 公共物品的多元化供给 ［J］. 中国行政管理，2004（2）.

75. 熊志云 . 档案信息资源产权制度的确立及其效率分析 ［J］. 云南档案，2007（5）.

76. 叶鹰 . 图书馆集成管理：理论原则和操作法则 ［J］. 图书馆杂志，2002（12）.

77. 霍国庆，杨英 . 企业信息资源的集成管理 ［J］. 情报学报，2001（2）.

78. 霍国庆 . 我国信息资源配置的模式分析（一）［J］. 图书情报工作，2000（5）.

79. 霍国庆 . 我国信息资源配置的模式分析（二）［J］. 图书情报工作，2000（6）.

80. 王乾坤 . 集成管理原理分析与运行探索 ［J］. 武汉大学学报（哲学社会科学版），2006（5）.

81. 薛四新 . 基于集成管理思想的服务型数字档案馆研究 ［J］. 档案学通讯，2010（2）.

82. 薛四新 . 面向服务架构的数字档案馆建设方案研究 ［J］. 档案学研究，2007（4）.

83. 黄存勋 . 论国家档案资源建设的理念与体制创新 ［J］. 档案学通讯，2004（2）.

84. 李财富，张骁勇 . 新时期历史档案开发利用研究 ［J］. 档案学研究，2016（1）.

85. 王健 . 关于档案数字化优化模式的探讨——档案数字化对象之优化鉴选 ［J］. 档案学通讯，2007（1）.

86. 何振，蒋冠 . 电子政务环境下企业图书、情报、档案一体化探析 ［J］. 档案学研究，2005（6）.

87. 杜晓宇 . 电子文件管理研究的新进展——InterPARES 跨领域研究工作

组的研究策略与步骤［J］.档案与建设，2007（8）.

88. 曹航，杨智勇.档案管理模式改革：困境与对策——从和县模式的现状说开去［J］.档案学通讯，2010（3）.

89. 王协舟，刘安福.档案信息服务与产业型档案信息服务——档案信息服务及其产业化的经济学分析之一［J］.图书馆，2007（1）.

90. 徐焱.档案信息商品论——档案信息服务及其产业化的经济学分析之二［J］.图书馆，2007（3）.

91. 程栋梁.浅谈社会档案信息需求规律及影响因素［J］.档案与建设，2007（11）.

92. 华春雷.公共档案馆开发档案文化资源的商业化模式——文化产业发展背景下档案文化资源开发探析之二［J］.云南档案，2007（2）.

93. 周林兴.公共档案馆服务的制度分析及政策启示［J］.山西档案，2006（5）.

94. 周林兴.公共档案馆事业发展进程中的政府责任研究［J］.档案学研究，2010（3）.

95. 周林兴.基于政府视角下的档案馆管理体制创新［J］.中国档案，2008（3）.

96. 周林兴.重申弱化档案价值鉴定的合理性存在［J］.档案学通讯，2016（2）.

97. 周文泓.Web2.0式的档案信息资源整合原则与模式探析［J］.档案学研究，2015（1）.

98. 周文泓.公众参与理念下的档案信息资源开发研究［J］.档案管理，2017（4）.

99. 周文泓，耿越.家庭档案建设策略研究——基于澳大利亚家庭档案的案例分析［J］.档案与建设，2018（1）.

100. 王向女.档案用户研究方法［J］.档案学通讯，2016（3）.

101. 肖文建，王广宇，彭宁波.和谐社会构建中档案馆关注弱势群体研究——基于信息能力与信息需求的思考［J］.档案学研究，2009（1）.

102. 肖文建.走出"档案产业化"的误区——与"档案产业化"论者商榷［J］.档案学研究，2004（2）.

103. 梁孟华 . 面向用户的档案信息资源的市场服务模式 [J]. 档案学通讯，2006（4）.

104. 牛力，王钰涵 . 面向政府的档案信息资源开发利用研究综述 [J]. 档案学研究，2016（2）.

105. 杨立人 . 档案所有权的保护与限制 [J]. 档案学通讯，2007（3）.

106. 潘连根 . 档案学逻辑起点探究 [J]. 档案学通讯，2016（3）.

107. 潘连根 . 论档案的记忆属性——基于社会记忆理论的分析研究 [J]. 浙江档案，2011（8）.

108. 王运彬等 . 档案意识的发展——从十年前"生产日报单案"的讨论说起 [J]. 山西档案，2005（4）.

109. 王运彬，王小云 . 档案机构在政府信息公开中的地位探讨 [J]. 档案学研究，2005（6）.

110. 王运彬，王小云 . 信息素养对电子文件利用的影响 [J]. 档案，2006（6）.

111. 王运彬 . 档案馆参与文化遗产保护的方式探讨 [J]. 档案学研究，2010（2）.

112. 王运彬 . 基于客观环境的档案用户需求变化规律研究 [J]. 档案学通讯，2010（3）.

113. 黄萃 . 档案利用者需求特征研究 . 上海档案 [J]，2001（1）.

114. 徐拥军，张斌 . 我国科技档案管理体制机制的现存问题 [J]. 档案学研究 2016（2）.

115. 徐拥军 . 档案记忆观的理论基础 [J]. 档案学研究，2017（6）.

116. 徐拥军，王薇 . 美国、日本和台湾地区文化遗产档案数据库资源建设的经验借鉴 [J]. 档案学通讯，2013（5）.

117. 胡振荣 . 档案产业发展的必然性和必要性研究 [J]. 档案时空，2008（6）.

118. 陈永成 . 档案信息产业化 [J]. 中国档案，2002（11）.

119. 文燕平 . 信息资源的公共物品属性辨析 [J]. 情报杂志，2009（1）.

120. 程翼 . 政府资源配置职能的理论综述 [J]. 经济研究参考，2005（6）.

121. 孙振嘉，张向先 . 政府信息资源配置评价方法及实证研究 [J]. 情报科学，2010（10）.

122. 郭欣仪．企业档案信息化的探索与实践——以东汽综合档案信息化平台建设为例［J］．档案学研究，2016（3）.

123. 潘玉民．论国家档案资源的内涵及其构成［J］．北京档案，2011（1）.

124. 蒋卫荣，赵之咏，董庆凤，黄青，李倩雯．关于档案文化资源商业化的思考——基于苏州数家档案馆现状的调查与分析［J］．档案学研究，2016（6）.

125. 闫冬，袁芳．基于博弈论的档案业务外包风险管理研究［J］．档案学研究，2016（2）.

126. 陈能华．美国信息资源共享市场的发展及启示［J］．中国图书馆学报，2006（5）.

127. 倪丽娟．网络信息资源建设的政策法规调控及配置问题研究［J］．档案学通讯，2006（4）.

128. 王逸舟．国家利益再思考［J］．中国社会科学，2002（2）.

129. 杨霞．对全国档案馆网布局问题的思考［J］．档案学研究，2011（4）.

130. 朱广忠．公共利益的界定与测度［J］．中国行政管理，2010（12）.

131. 楚艳娜，谭必勇．档案基金会资金筹集与运用策略探析——以美国国家档案馆基金会为例［J］．档案学研究，2017（1）.

132. 薛辰．档案馆移动服务方式与模式研究［J］．档案学研究，2016（5）.

133. 吴月红，叶常林．政府信息服务外包的理论依据与模式选择［J］．图书情报工作，2010（11）.

134. 朱兰兰，任琼辉．档案信息微传播初探［J］．档案学研究，2016（5）.

135. 郭东升．档案馆大可不必视档案文化产业为禁区［J］．北京档案，2005（4）.

136. 孙爱萍，沈蕾，逯燕玲，朱建邦．国家层面私人档案信息资源体系的构建［J］．档案学研究，2016（6）.

137. 吴湘玲．公共管理的重要主体：迅猛崛起的第三部门［J］．武汉大学学报（人文科学版），2004（9）.

138. 邢以群，马隽.中国"第三部门"起源的经济分析［J］.浙江社会科学，2005（1）.

139. 朱国云，姜爱林，李强.第三部门、事业单位与社会网络［J］.国家行政学院学报，2006（4）.

140. 王冬.行业协会自治：市场调节与国家干预间的第三条道路［J］.社会科学研究，2004（2）.

141. 王玉钰，刘佳欣.国外档案馆跨界合作模式及启示［J］.档案学通讯，2017（2）.

142. 伍振华，杜鹏，晃小萍.同构性档案本质的思维模型与解析［J］.档案学通讯，2017（1）.

143. 鲍宗豪.社会需求与社会和谐［J］.中国社会科学，2007（5）.

144. 董长春.统筹视域下的档案文化休闲利用与服务研究［J］.档案学研究，2016（6）.

145. 朱雪宁.我国信息资源市场的政府监管研究［J］.档案学通讯，2010（4）.

146. 薛匡勇，张斌.论档案馆的社会信任［J］.档案学通讯，2002（1）.

147. 赵之咏，张照余，黄青.档案文化资源商业化开发路径探索［J］.档案学研究，2017（1）.

148. 马仁杰，丁乙.档案欣喜服务评价的指标体系构建与应用［J］.档案学通讯，2017（1）.

149. 丁文霞，谢众.社会记忆理论视角下纪录片的档案属性探析［J］.档案学通讯，2017（2）.

150. 邵华.试论档案价值及其泛在［J］.档案学通讯，2017（2）.

151. 于丽娟.档案管理软件的市场走向及思考——由 IBM 公司收购 Tarian 公司想到的［J］.北京档案，2003（6）.

4. 外文文献

1. Catherine Bailey. From the Top Down：The Practice of Macro-Appraisal. Archivaria［J］. The Journal of the Association of Canadian Archivists. University of Toronto Press. Number43，Spring1997.

2. Anne Gilliland, Sue Mckemmish. Building an Infrastructure for Archival Research [J]. Archival Science (2004) 4: 149 – 197, Springer 2006.

3. Heather Macneil. Contemporary Archival Diplomatics as a Method fo Inquiry: Lessons Learned from Two Research Projects [J]. Archival Science (2004) 4: 199 – 232, Springer 2006.

4. Terry Cook. NO Innocent Deposits: Forming Archives by Rethinking Appraisal [J]. The American Archivist, (Spring/Summer 2005): 164 – 169.

5. Bernadette G. Callery. To Preserve and Protect: The Strategic Stewardship of Cultural Resources [J]. The American Archivist. (Spring/Summer2005): 169 – 170.

6. Catherine O'Sullivan. Diaries, On-line Diaries, and the Future Loss to Archives; or, Blogs and the Blogging Bloggers Who Blog Them [J]. The American Archivist. (Spring/Summer2005): 53 – 73.

7. Catherine A. Johnson, Wendy M. Duff. Chatting Up the Archivist Social Capital and the Archival Researcher [J]. The American Archivist. (Spring/Summer2005): 113 – 129.

8. Timothy L. Ericson. Building Our Own "Iron Curtain": The Emergence of Secrecy in American Government [J]. The American Archivist. (Spring / Summer2005): 18 – 53.

9. Jim Suderman. Appraising Records of the Expenditure Management Function: An Exercise in Functional Analysis [J]. Archivaria 1997.

10. Y Barzel. The Market fo a Semipublic Good: The Case of the American Economic Review, The American Economic Review, Vol. 61, No. 4 (1969).

11. G. Hardin, The tragedy of the Common, Science, Vol. 162, No. 3859 (1968), pp. 1243 – 1248.

12. Johnansen L. The Theory of Public Goods: Misplaced enphasis? [J]. Journal of Public Economics, 1977 [7]: 148.

13. Kimiaki Shirahama · Yuta Matsuoka · Kuniaki Uehara. Event retrieval in video archives using rough set theory and partially supervised learning. Multimed Tools Appl. DOI 10. 1007/s11042 – 011 – 0727 – z.

14. Nicholas Popper. From abbey ro archive: managing texts and records in early

modern England. Arch Sci (2010) 10: 249 – 266. DOI 10. 1007/s10502 – 010 – 9128 – 8.

15. Victor Rosenberg. The power of a family archive. Arch Sci (2011) 11: 77 – 93 DOI 10. 1007/s10502 – 010 – 9135 – 9.

16. Samuelson and Nordhaus: economics, 16th Edition, MaGraw—Hill Book Company, 1998.

17. Goldin, Kenneth D. Equal Access VS Select Access: Acritigque of Public Goods Theory [J]. Public Choice, 1977. 29: 53 – 79. 3.

18. Fililppo De Vivo. Ordering the archive in early modern Venice (1400 – 1650). Arch Sci (2010) 10: 231 – 248. DOI 10. 1007/s10502 – 010 – 9122 – 1.

19. Maurice B. Wheeler. Politics and race in American historical popular music: contextualized access and minstrel music archives. Arch Sci (2011) 11: 47 – 75 DOI 10. 1007/s10502 – 010 – 9133 – y.

20. Randolph C. Head. Preface: Historical research on archives and knowledge cultures: an interdisciplinary wave. Arch Sci (2010) 10: 191 – 194 DOI 10. 1007/s10502 – 010 – 9130 – 1.

21. Eric Ketelaar. Records out and archives in: early modern cities as creators of records and as communities of archives. Arch Sci (2010) 10: 201 – 210 DOI 10. 1007/s10502 – 010 – 9123 – 0.

22. Victor Rosenberg. The power of a family archive. Arch Sci (2011) 11: 77 – 93 DOI 10. 1007/s10502 – 010 – 9135 – 9.

23. Anthea Josias. Toward an understanding of archives as a feature of collective memory. Arch Sci (2011) 11: 95 – 112 DOI 10. 1007/s10502 – 011 – 9136 – 3.

24. R Nadiminti · T Mukhopadhyay · CH Kriebel. Research Report: Intrafirm Resource Allocation with Asymmetric Information and Negative Externalities. INFORMS (2002) 13 (4): 428 – 434).

25. JC Moore. HR Rao. AB Whinston. K Nam. TS Raghu. Information Acquisition Policies for Resource Allocation Among Multiple Agents. Information Systems Research (1997) 8 (2): 151 – 170.

26. Y Zhao·Q Song. Construction and Implementation of Distributed Information Resources Allocation System for Collaborative Innovation. Information Science （2012）4（13）：109 – 117.

27. Y Huo·L Ma·X Zhang·P Liang. Inverse Optimization for Resources Allocation of Information Services in IMC. International Conference on Innovative Computing （2009）30（2）：717 – 720.

5. 学位论文

1. 陈永生. 档案合理利用研究——从档案部门的角度 ［D］. 中国人民大学博士学位论文，2006.

2. 丁华东. 范式转型与社会变迁 ［D］. 上海大学博士学位论文，2008.

3. 付华. 国家档案资源建设研究 ［D］，中国人民大学博士学位论文，2004.

4. 徐拥军. 企业档案知识管理模式 ［D］. 中国人民大学博士学位论文，2007.

5. 罗军. 我国档案管理体制改革研究 ［D］. 中国人民大学博士学位论文，2008：48.

6. 李欣. 当代档案信息资源开发研究 ［D］. 中国人民大学博士学位论文，2002.

7. 程万高. 基于公共物品理论的政府信息资源增值服务供给机制研究 ［D］. 武汉大学博士学位论文，2010.

8. 卞昭玲. 档案信息服务论 ［D］. 中国人民大学博士学位论文，2004.

9. 周林兴. 中国档案学术生态研究 ［D］. 中国人民大学博士学位论文，2012.

10. 黄霄羽. 魂系历史主义 ［D］. 中国人民大学博士学位论文，2002.

11. 刘越男. 建立新秩序：电子文件管理流程研究 ［D］. 中国人民大学博士学位论文，2003.

12. 夏义堃. 公共信息资源的多元化管理体制研究 ［D］，武汉大学博士学位论文，2005.

13. 王运彬. 国有档案信息资源的多元化配置 ［D］. 中国人民大学博士学位论文，2012.

14. 王小云. 档案资产论 ［D］. 中国人民大学博士学位论文，2015.

15. 周文泓. Web 2.0 环境中参与式的信息档案化管理：走向全景档案世界 ［D］. 中国人民大学博士学位论文，2016.

6. 网络资源

1. 覃兆刿 . 档案信息产业化之辩 . http：∥www. kmcenter. org/html/zhuanlan/
   qinzhaogui/201012/01 - 12082. html.

2. 福建师范大学电子镜像数据网址 . https：∥vpn. fjnu. edu. cn/web/1/http/
   0/china. springerlink. com/home/main. mpx.

3. 国家档案局网站 . http：∥www. saac. gov. cn/daj/zhdt/201809/5f431e512259
   458895a2186c9ef66ae6. shtml.

4. 侯欣一 . 全国政协委员侯欣一：让档案多和研究者"见见面". http：∥
   www. rmzxb. com. cn/c/2016 - 03 - 09/729090. shtml.

5. 张国祚 . 习近平文化强国战略大思路 . http：∥theory. people. com. cn/n/
   2014/0911/c112848 - 25643796 - 2. html. 2017. 11. 5.

6. 赵超 . 人大代表赵超建议：完善农民工信息档案管理机制 . http：∥fi-
   nance. sina. com. cn/china/hgjj/20140304/151918400602. shtml.

7. 李白蕾 . 福州市总工会放宽困难农民工建档条件 圆学子求学梦 . ht-
   tp：∥fz. fjsen. com/2015 - 07/18/content_16373571. htm.

8. 中国统计年鉴（2017）. http：∥www. stats. gov. cn/tjsj/ndsj/2017/indexch.
   htm.

9. 世界记忆网站 . http：∥www. unesco. org/new/zh/communication-and-infor-
   mation/memory-of-the-world/register/.

10. 档案被拍卖 . http：∥xmwb. xinmin. cn/html/2012 - 11/26/content_26_1.
    htm.

11. 2017 年社会服务发展统计公报 . http：∥www. mca. gov. cn/article/sj/tjgb/
    2017/201708021607. pdf.

12. 甘肃信息化年鉴 2004 年 . http：∥www. gsei. com. cn/xinxinianjian/200401/
    200514155144. htm.

13. 中国气象数据网 . http：∥data. cma. cn/article/getLeft/id/269/keyIndex/
    2. html.

14. 地震科学数据共享中心 . http：∥www. most. gov. cn/ztzl/kjzykfgx/kjzygjjctjpt/
    kjzyptml/201407/t20140716_114263. htm.

15. 中国纺织产业网联盟 . http：∥lianmeng. ctei. cn/.

后 记

2014 年 6 月，笔者荣获国家哲学社会科学基金青年项目资助，以"基于多学科视域的档案价值及实现机制研究"为题开展项目研究，项目编号为 14CTQ047。项目历时 3 年，形成的最终研究成果便是本书。

自 2000 年 9 月，笔者考上湖北大学档案学本科专业以来，便致力于档案学的考研、考博等学习任务并立志从事档案学的教学科研工作，不仅是一名"名副其实"的"三档团"成员（本科、硕士、博士皆是档案学专业，无任何跨专业经历，说明笔者跨专业知识的欠缺），而且是一名"纯纯正正"的"专业型"教师（硕士毕业即投身大学教育工作，说明笔者专业实践能力的欠缺）。学习与工作、课题与论文、理论与实践、教学与科研等事情接踵而至，压力持续不断。很幸运的是，有覃兆刿教授（湖北大学）、陈永生教授（中山大学）和王英玮教授（中国人民大学）三位导师先后的宽容与关爱；有中国人民大学冯惠玲教授、胡鸿杰教授、张斌教授、黄霄羽教授、徐拥军教授和武汉大学周耀林教授等诸位恩师的教诲与帮助；有福建省档案局黄建峰副局长提供的诸多调研和实践机会（以及一直鼓励我砥砺前行）；有好友南昌大学周林兴教授、黑龙江大学任越教授的指点与鼓励；有福建师范大学叶青教授、樊如霞教授两位领导的鼎力支持与引导；有单位同事丁春梅教授、杨立人副教授、钟文荣副教授、隋鑫博士等教师的帮助与关心，经过多年努力，笔者终于顺利地完成了国家社科基金青年项目，并于 2017 年形成本书初稿。

应当说，大学以来，每个学习阶段的训练都是一段难以忘怀且非常重要的经历，对我的一生都是宝贵的财富。感谢覃兆刿教授的厚爱，本科阶段玩世不恭的人生是在您的宽容与教诲下，才"转轨"到正确的"档案学"人生；感谢陈永生教授的厚爱，硕士期间对专业冷淡的误解是在您的指导与教诲下，才"发掘"出真正的"档案学"风采；感谢王英玮教授的厚爱，博士期间工作、生活、学习的诸多压力是在您的帮助与教诲下，才"领会"到鲜活的"档案学"魅力。

这些年，还要感谢我的爱人王小云，同学、同乡、同事……，诸多的相同成就了多年的伴随与相守，无论生活曾经多么艰难、学业曾经多么艰苦、工作曾经多么艰辛，我们都是一路走来，共同面对。无论是本书的资料搜集与文字校对等细节性工作，还是选题的斟酌讨论与大纲的修改完善等纲领性工作，都离不开你的参与和帮助。当然，本书的成型，也离不开家人的支持与鞭策，父母承担全部家务，让我腾出时间精力全身心投入科研，儿子聪明乖巧听话，是我工作、学习、生活的动力源泉。

感谢社会科学文献出版社的编辑赵慧英老师对本书选题、内容与思想的肯定和出版支持。

该课题完成以及本书形成过程中，还要感谢我的研究团队承担了大量问卷调查、资料查阅、数据统计、文字校对等工作。其中，黄隆瑛主要负责档案拍卖的案例调查，叶曦主要负责档案众包的案例调查，李健主要负责社会配置的案例收集与分析；特别感谢朱莉莉、张苏媛、陈闽芳、杨岚、林朗、郑洁洁、林君雅、谢咏含等，正是你们的付出，该书才能及时出版。

由于本人学识水平有限，书中难免诸多不足之处，欢迎读者批评指正。

王运彬于福州

2018.8.1

图书在版编目（CIP）数据

基于价值全面实现的档案信息资源配置／王运彬著
. -- 北京：社会科学文献出版社，2018.12
ISBN 978 - 7 - 5201 - 4073 - 7

Ⅰ.①基…　Ⅱ.①王…　Ⅲ.①档案信息－资源配置
Ⅳ.①G272

中国版本图书馆 CIP 数据核字（2018）第 288049 号

基于价值全面实现的档案信息资源配置

著　　者／王运彬

出 版 人／谢寿光
项目统筹／赵慧英
责任编辑／赵慧英

出　　版／社会科学文献出版社·社会政法分社（010）59367156
　　　　　地址：北京市北三环中路甲 29 号院华龙大厦　邮编：100029
　　　　　网址：www.ssap.com.cn
发　　行／市场营销中心（010）59367081　59367083
印　　装／天津千鹤文化传播有限公司

规　　格／开　本：787mm × 1092mm　1/16
　　　　　印　张：24　字　数：393 千字
版　　次／2018 年 12 月第 1 版　2018 年 12 月第 1 次印刷
书　　号／ISBN 978 - 7 - 5201 - 4073 - 7
定　　价／118.00 元

本书如有印装质量问题，请与读者服务中心（010 - 59367028）联系